演劇に何ができるのか？

妹尾伸子
嶽本あゆ美
堀切和雅

アルファベータブックス

まえがき／この本ができた理由

ひとが行うことには、たとえそれが相当な労力を伴うことであっても、ひとつひとつ「何のために」という理由が裏付けとしてある、というものでもないだろう。

とくにものごとが始まるときには、そこにさしたる必然性はないように見えることも、ある。だがしかし、なにごとかが続いていく際、自分に、自分たちに、そして演劇の場合はもちろん観客にあるいはその向こうにある世の中に「何かが起きた」と感じることはある。

そうでなければ、こんなに多くの人々が演劇というとっても手間のかかることに、食らいついては落っこち、しかしまた食らいつき、ということは起こらない。

本書に集まった三人の、演劇に深く関わって生きてきた人々。それぞれのつくってきた舞台も、つくるときの立ち位置も、相当に異なる。たまたまそうなった。が、偶然の恵みで、「演劇に何ができるのか」という問いに、少なくとも途中まで答えるものになっている。読む人次第で。

二〇一一年に、演劇界の伴走者のひとり、米屋尚子さんの『演劇は仕事になるのか？』が世に出て、みんなが直截に口に出すのを避けてきたかのようなその問いが大いに問われた。同書の「改訂新版」はこのアルファーベータブックスから出ており、そのいずれにも編集者の春日俊一さんが深く関わっている。

「演劇に何ができるのか」という恐るべき問いを発したのも、春日さんだ。

三人は、この問いにモゴモゴになりながらもそれを持ちかえり、それぞれの演劇歴に向き合う機会を与えられた。

全身で考えることになり、それぞれの「何ができるのか」が姿を現した、と思う。少なくとも、切迫感をもって。

二〇一七年八月

編著者　堀切和雅

演劇に何ができるのか？／目次

目次

第一章　共に育つための演劇

妹尾伸子（元高校演劇部顧問）

姉妹劇場『マッチ売りの少女』

「まりな！　本気でやってる?!　そのマッチ売れなかったら、ご飯が食べられないんだよ！　おうちに帰れないんだよ！」

「うん」

「わかった？　じゃあ、お姉ちゃんの最初のナレーションからね。もう一回」

「うん」


『あるクリスマスの夜のことです。雪の降る中、一人の女の子が、街角でマッチを売っていました』

『マッチ、マッチはいりませんか？』

『クリスマスの街を楽しげに行き交う人たちの中に、女の子の声に足を止める人はいません』

『マッチ、マッチはいかがですか！』


「だから〜。なんでそんなに元気なの？　この子はマッチが売れなくて、寒くて死んじゃうんだよ！　マッチが売れなかったら死んじゃうの！　本気で考えて！」

「うん。元気がないの？　寒く？　寒くするの？」

「そうそう」

我が家の二人娘の幼少期——静穂《しずほ》、小学一年生。鞠菜《まりな》、保育所の年中さん。「あるクリスマスの」一週間前の休日である。

ともに〇歳児から筋金入りの保育所育ちの我が家の娘たちは、行事が大好き。保育所は、実に多くの行事で一年が彩られており、当時の私は感動したものだが、中でも娘たちが大好きだったのが、年度の終わり、三月の「お楽しみ発表会」だった。四歳児クラスからは「劇遊び」がある。節分の行事が終わると、演目と配役が決まり、家でもそれぞれの台詞やら踊りやらの練習が始まって、それはもう、しっちゃかめっちゃかなのである。

なにしろ母親である私も高校教諭で演劇部の顧問と来てるから、その時期は春の高校演劇祭の稽古も本格的になってきている。帰宅するやいなや（いや、下手すると帰りの車の中から）、娘たちはそれぞれの仮の相手役になって「稽古」をしているし、どたばたと夕飯、入浴と走り抜けたあとの私はといえば、彼女たちの就寝時刻をみはからってパソコンを開き、生徒の脚本に直しを入れていたりする。「それ、今度のお芝居？」などと長女が生意気にも聞いてくる。「早く寝なさい」「ねえねえ、徳さんは出てくる？」「あれはもう終わったの。これは新しいの」「え？ じゃ誰が出てくる？」「……いいから早く寝なさい」

ばたばたとフルタイムで働く私にとって、娘たちが小学生までは子育ても仕事も常に全力疾走だった。比喩ではない。新学期始まりがよーいドン！ だ———っと走ってゴールデンウィーク。だだだっと走って短い夏休み。長距離走の二学期を走り抜いて転がり込むように年末年始。そんなふうだから、折々の休憩ポイントは大変貴重な時間で、朝から晩まで数日間、連続で娘たちと過ごせる親子ともどものゴールデンタイムなのだった。どうせならその時間を出来るだけ工夫したい、一緒に遊んでしまえ、というのが我が家の方針。季節季節の「家族行事」は目白押しで、春のキャンプ、夏のプチ避暑旅行と並んで、クリスマスはその中でも一大イベントだった。何しろ、いつからだったか、それは家族みんなが「出し物をする会」になったのだ（敬虔なクリスチャンの皆さま、ゴメンナサイ）。

この年、娘二人の出し物は「劇遊び・姉妹版」。小学生になって保育所の劇遊びを卒業してしまった長女静穂が、長年の経験を活かして脚本・演出・衣装・大道具小道具・ナレーション、そして妹・鞠菜が主演、というか一人芝居の、劇だ。親が言うのもなんだが、大変よく工夫されている。何しろ二人姉妹だから、役者は二人まで。クリスマスだから、それに合ったもの。無類の読書好きの長女は、絵本の『マッチ売りの少女』を選び、地の文をナレーションに、少女の言葉や心の声を台詞にした。二人で出来る！

　それからあれよあれよという間に、妹に手伝わせながら姉・静穂は段ボールに描いた舞台の書き割りを作り（四面が違う絵になっていて、くるりと回転させながら場面転換が出来る）、ちびた鉛筆をまとめてマッチの束にし、妹の頭や腰に、何種類ものハンカチや風呂敷を巻き付けては「ウ――ン、こっちかな～」と衣装を決めていった。

　そして。いよいよ稽古が始まり、姉から妹への厳しい演出、ダメ出しが連日繰り広げられることになったのである。

「おかあさん。絶対に見ないでね。ホンバンまでのお楽しみだからね！　見ちゃダメだよ！」
「はいはい、わかったよ」

　リビングと畳の部屋を仕切る引き戸をぴっちりと閉めて、畳の部屋で稽古が始まるのだが、そこはまだまだ子ども。丸聞こえなのがわかっていない。姿を隠しても、その様子は母には手に取るようにわかるのだ。

『その時です！　一台の馬車がものすごい勢いで少女のそばを通り過ぎました』
《ガラガラガラ!!!》　（あれ、この子はＳＥも口立《くちだ》てでやってるよ）
『きゃあああ！』　（どさっと、少女が倒れる音）

「ダメダメ！　もっと、こう、本当に！　お姉ちゃんの《ガラガラガラ!!!》にちゃんと合わせて」
「うんうん。」

「うんうんって。わかってる？　まり！　痛そうじゃないし。びっくりしてないし。もいっかいやってみ！」

（お姉ちゃん厳しい〜！）


『きゃああああああああ!!』　（どさっ）　（うわ、痛そう……）

「違う違う。わざとやるんじゃないの！」　（ひゃあ……。それは高校生でも無理！）


「あのときのお姉ちゃんは、本当に怖かった……」

もう、アラサーになる次女鞠菜は今でもしみじみと言う。

「でも……楽しかった！」

二人が毎回、口を揃えて言う。


何回もファミリークリスマス会はやったのに、いまだに家族が集まったときに話題になるのは「マッチ売りの少女」。父母のリコーダーの合奏も、鞠菜の「オーロラ照子の夫婦道ワンマンショー」も、静穂のピアノ演奏も、「姉妹劇場・マッチ売りの少女」には、勝てないのである。

演劇には力がある――「高校」という現場と演劇の力

さて、これほどの入れ込みようの我が家の娘たちほどとは言わないが、子どもたちはみんな「劇遊び」が大好きだ。

幼稚園、保育所、そして小学校の低学年までは「お楽しみ会」や「学習発表会」のプログラムの中で、『カラスのパン屋さん』だの『大きなカブ』だのをお芝居仕立てにして発表したという人は多くいるだろう。

それでなくても、戦隊ものやおしゃれ変身ものの、ヒーロー、ヒロインになりきって自主的に遊んでいる子どもたちはどの時代にも必ずいる。ままごとのごっこ遊びも同じことで、「パパはお仕事に行くのよ〜。バイバイしましょうね」なんて言いながら、ぬいぐるみの腕を振る子は「ママ」の役になりきっている。

何かがあるのだ、劇遊び、なりきりヒーロー遊び、ままごと遊びには。

発達心理学的には「まねび」の効果で、社会的役割学習を遊びで先取りしながら幼児は身につけていくのだ、とかなんとか説明しているが、そういう「学問」ではなくて、私は遊んでいる本人たちに訪れている、説明抜きの「楽しさ」にまずは注目したいのだ。


何かがある。

我が家の娘たちに、いまだに「楽しかった！」と言わせる何かが。

なりきること、演じること。そしてその世界に没入するために舞台から持ち物から衣装から、工夫できる事のあれこれを考えること。そしてそれを姉妹やお友だちと一緒に体験すること。保育所や幼稚園で先生たちに誘導されなくても、遊びの中で自然にそういう世界に軽々と「行ってくる」子どもたちに備わっているその力は、人間が人間として生きるための、本能のようなものではないかとさえ、私は思うのである。


ところがである。

小学校高学年、中学校、高校と進むに連れ、おおかたの子どもたちは、それを忘れていく。失っていく。小学校高学年のクラブ活動や中学校の部活動に参加する時期になると、「劇遊び」「学芸会」みたいなものはもう卒業、と言わんばかりになり、ましてや高校生になって演劇部に入る友人がいようものなら、むしろ「ちょっと変わった人たち」という眼差しまで向けるのである。ちょっと待ってよ、みんななりきり遊び、大好きだったでしょ？　役をとりっこまで一緒に遊んだじゃないの……！

さらに教育現場の環境もよろしくない。欧米では当たり前の「ドラマ」の授業は、日本の教育課程には組み込まれていない。全員には無理でも、心の中ではやりたいなと思っている一部の児童・生徒に対してさえも、小学校のクラブ活動、中学校の部活動に演劇部があるところは極端に少ないのだ。活動できる場所がない！　高校生になってやっと、ある程度の割合で演劇部が部活動として存在するところが出てくるものの、野球部だの吹奏楽部だのと比べれば少数派だ。

あんなにみんな大好きだったとしても、幼少期の「劇遊び」からのブランクが長ければ、高校生になる頃には他の部活動より若干ハードルは高くなる。

かくしてそれでも入部していく友人に、ちょっとした好奇の目を持ってしまうということになるのだ。

何がこの変化を生むのだ？

思春期の到来？　そう、周りからどう見られているかが一大事になる思春期に、あえてこちらから、自分をわざわざ人目にさらすようなことをしなくてもよいではないか。そういう声も聞こえてきそうだ。

しかし、私は確信している。

演劇には力がある。じわじわと思春期の鬱屈にとらわれていく高校生たちにこそ、演劇は格別な力を発揮するのではないか、と。演劇が持つ多様で豊かな世界には、百人百様の鬱屈の出口が用意されているのだ、と。

思春期の光と影を過ごさざるを得ないその高校時代こそ、演劇をやるといいのだ！　演劇活動は、君たちに多くのものを与えてくれる。高校生と長く時間をともにしてきた私は、はっきりとそう断言できる。

とはいえ、では演劇で、「具体的に」いったい何ができるのか。

私にとっては、高校の特別活動、つまり部活動としての演劇部、そしてその顧問としての現場経験が、それを語る拠りどころだ。高校生の部活動の現場を舞台(まさに!)に、私が生徒たちと一緒に経験してきた実際の出来事と、その折々の私の実感を語りながら、その「演劇の力」、「演劇に何ができるのか」、ということを明らかにしていこうとするのが、私がこの文章に込める本意なのである。

もちろん、「演劇教育研究」とか「コミュニケーション能力としての演劇教育」とか、専門的な学術研究や実践研究、論説、そしてそういうことを研究・実践している団体などが多々あることは承知しているし、それはとても心強いことだと思う。さらに、全国に目を転じれば、高校の専門課程として商業科や工業科や農業科があるのと同じように、音楽科や美術科などの芸術系課程を設置している高校はそこそこ存在する。そしてまだ数は少ないながら演劇科や舞台芸術科も設置されてきている。

私が籍を置いていた埼玉県にも、その名も「芸術総合高校」が、音楽科・美術科・映像芸術科・舞台芸術科の四学科で二〇〇〇年に新設開校されている。開校までの数年間、舞台芸術科の設置準備委員を務めた私は、そこでの教育目標やカリキュラムの詳細にも関わった経験から、高校教育そのものの課程の中で、芸術教育が果たす役割についてもある程度の知見はあるつもりだ。

しかし本章では、「演劇教育論」を展開することが目的ではない。

私が生身の一教師として、様々な教育活動を重層的に経験する中で、演劇部の一顧問としても歩いてきたその具体的経験を語りながら、そこから感じたあれこれを率直に綴っていきたいのだ。そして綴ることによって、演劇が若者たちに対してどれほどの力を持っているのかを分かち合えたらいいと思っている。私と同じように、教育の現場で「演劇には力がある」と感じている誰かと。そして苦しい思春期、自分自身をのたうちながら生きている若い君たちと。

さて、高校演劇部の日々を具体的に語るためには、前提としてそれが属している「高校」というところと、そこでの三年間を生きる「高校生」について、その特性をどうとらえておくかも大切になる。私が実際に身を置いてきた四つの高校の現場を通してのとらえ方であるから、つまりは私にとっての、という条件付きにはなるがざっと紹介しておこう。

私が埼玉県の公立高校の国語教師として着任したのは、一九八三年春。大学の教育学部を卒業したばかりの初々しく、ちょっと生意気な新人だった。それから四つの高校を経験し、定年退職を待たず二〇一四年度を最後に、三十二年間の教師生活を自主的に終わりにした。新任時はワープロもパソコンも普及前夜であり、クラスの成績一覧表は「大ビラ」と呼ばれるA1版の用紙に手書きで書き込み、縦横の計算を電卓を叩いて合わせていた時代から、校内ネットワークで教科担当者がコンピュータに打ち込んだ成績がそのまま、クラスの成績一覧表になってプリントアウトされて出てくる時代まで。まさにIT革命の過渡期を生きた。生徒ももちろん、リーゼントのツッパリ時代から、「LINEはずし」のネットいじめまで、大変変化の激しい時代だった。

その間、三つの高校で演劇部顧問を経験した。もちろん、クラス担任やら教科担当やら生徒会顧問やら教育相談係やら、教師としての仕事は多岐に亘っており、演劇部という、部活動顧問もその多岐な仕事のうちの一つに過ぎない。そしてすべての仕事が、多感な時期を生きる一人一人の生徒たちをさまざまに支援し、その伸びていく命を守っていく「生徒のための教育活動」であることに違いはない。

高校三年間とは、その主人公である生徒たちが非常に不安定な季節の中にいる特別な時期だ。その実感は、三十二年の現役教師生活の中でひとときも変わることなく心の奥底にあった。だから、すべてが大事な教育活動であり、伸びていく命に伴走する大事な仕事をしているという自覚は、意識しすぎてしすぎることはない。その根っこを揺るがせにしたり、勘違いしたり、ふと忘れてしまったりすると、教師自身も迷いや誤りが生じるし、さらに危機に際して学校組織として機能不全に陥ることもある。とんでもない事故・事件につながったりする。あたりまえだが、学校をめぐる事故・事件は誰も許しはしない。私自身も、しっかり奥歯を噛みしめて自分を保っていないと、足元からくずおれてしまいそうなつらい出来事にも何度か遭遇した。

不安定な若者たちに日々向き合う覚悟――その覚悟を常に懐に携えていなければならない場所。それが教師である私にとっての、「高校」というところだった。

また一方で、学校というところは現在の日本ではほぼ百パーセント近くの人々が「知っている場所」である。かつて自分自身が児童・生徒として経験した場所、もしくは自分の子どもの保護者として知っている場所。誰もが一度はその内部に所属したことがある、よく知っている場所なのだ。これはすべての人々にとって、「学校」を語るときの強みでもあるが、良くも悪くも主観的なそれは、また一方で全体が見えない危険性もある。わたしの、通っていた学校。うちの、かけがえのない、大事な子が、行っている学校。

そのときその人がその学校を見る窓は、その人にとっての窓だから、多くの場合、一つだ。もちろんそれでいい。かけがえのない主観的なわたし・うちの子を通してみる目。

しかし、もう一方で、圧倒的な人数の生徒たちに触れ、客観的に相対的に、ときに俯瞰的に見る、教師の視点がある。プロとしての目だ。これは多くの人が語れる「よく知っている場所」に対する視点と同一・同質ではない。いや、同質であってはならない。しかしながら教育現場が簡単に多くの人の批判にさらされやすいのは、これらの混同・混在、同質であるはずだとの意識が無自覚に働いてしまうからだろう。私は、プロ以外は学校について訳知り顔に語るべきではないと言いたいのではない。主観には主観の、客観には客観の、大事な役割がそれぞれある。主観と客観の二つのまなざしがあり、互いに補完しあって、教育という現場は成り立ち、その中で当事者である児童・生徒は真に豊かに育っていくと私は考えている。これもまた、私にとっての教育の現場、「高校」というところのとらえ方である。

さて次に、当事者である「高校生」はどうだろう。どんな時期なのだろう。
長い人生の中で、この三年間の意味は？　思春期のただなかを、ほぼ同年齢の者たちとのみ、時空間をともに密に過ごすということは？　そして彼らと常に向き合う教師たちにとってはどうなのだろう。

もし、こんな計算が成り立つならば、高校の三年間とは、単位時間当たりに換算すると、他のどんな人生の場面よりも、極端に変化の大きい時期なのではないかと思う。自分を取り巻く刻々と変化する状況や環境はもちろん（卒業式のとき、「ついこの間、入学式だったのに！」と言うのは、生徒の嘆きの定番だ）のこと、思考や感情さえも、あがってんの？　さがってんの？　と大忙しだ。そういう三年間を生きる若者の光と影は、ＩＴ機器の登場で社会環境が急激に変化しているデジタルな平成生まれにとっても、長髪やリーゼントで自己主張していたアナログな昭和の若者にとっても、実は本質的には何も変わらないと私は考えている。

それは、中学を卒業したての十五歳から十八歳までの、いわゆる「己とは何か」という根源的な問いに好むと好まざるとぶち当たってもがく、かなり、「イタい」時期だ。まあ、程度の差はあれ例外はない。思い返してみると、ふんわり甘酸っぱい、体育館の裏の思い出とか、ものすごく熱い感動の嵐で見上げた体育祭の空とかもある一方、ちょっと思い出したくない、いや、二度と繰り返したくないあの何とも言えない時空間、ああ、ぞっとしてきた、という人もいるはずだ。なにしろ発達心理学的に言えば、青年前期から青年後期への移行期、激動の、疾風怒濤の日々なのだ。光と影の嵐の連続にいたぶられる日々。

もちろん得難い感動に純粋に心ふるわせる美しい瞬間、楽しくてたまらない時間もある。でも感動も苦悩も、実はジェットコースターのようなめまぐるしさなのだ。昨日の高揚が今日は急激な虚しさに取って代わったりする。かと思えば、もう何もかもめんどくさい、何もしたくない無気力地獄にずるずると陥り、説明の付かないかったるさにとらわれてしまう時もある。そんなふうに過ごす中、常に頭に引っかかっている「己とは何か」の問いは重い。

ただ、どんなに素晴らしくても、どんなに怒濤になぶられても、その三年間はいつしか過ぎゆく。期間限定の不思議な三年間。みな、いつかそこを離れる。これもまた、好むと好まざると。

一方、教師として生徒たちを迎える側となると、これはもう話が全く違う。「誰もがよく知っている場所」なんかではない。「期間限定の三年間」を過ごす生徒たちを迎えては送り、迎えては送りだす。それは紛れもなくプロの世界だ。毎春、まだ「中坊」の匂いがプンプン残っている十五歳の生徒たちを迎え、その多感な三年間に伴走し、いつしか「大人」の香りを漂わせ始めた十八歳の彼ら彼女らを、実社会や上級学校へ送りだす。来る日も来る日も。来る年も来る年も。何百人も、何千人も。しかもすべての生徒を、主観的主人公であるかけがえのない個人として尊重しつつ！　これをプロと言わずしてなんと言おう！

私はこうして三十二年間、ずっと十五歳から十八歳の生徒たちと過ごしてきたわけだ。圧倒的な時間。圧倒的な人数の若者たち。一年間で平均五クラスの授業に出たとして、四十人×五クラス、二百人。一年間に二百人の若者！　想像してみてほしい。毎春、一気に二百人全員の名を覚える(当たり前です！)。授業では個々の個性を前提に、それぞれの、そしてクラス単位としての力をどうやって伸ばしていくか日々工夫をする。クラス担任としては、これまた個々の個性を前提に、集団の中の個の力、個の協調による集団の力をいかに自覚させ、自己を知り、他者を知り、共に伸びていく豊かさをどれだけ多く経験させることができるか、援助する、工夫する。これが三十二年間で六千四百人。重複分を差し引いてもほぼ五千人。それぞれ濃淡はあるが、ずっと、絶え間なく、五千人の生徒たちの三年間の成長に立ち会ってきた。至近距離で彼ら彼女らの喜びとつらさの現場を目撃してきた。むき出しの感情の噴出にも対峙してきた。国語教師として。クラス担任として。これをプロと言わずしてなんと言おう！(しつこい)

これらが、私が長年、自らの身を実際に置いてきて感じる「高校」というところ、そしてそこでの三年間を生きる「高校生」に対する、私の大まかな印象であり、とらえ方なのである。

そして当の私は、そういう「高校」のどこに、具体的に身を置いてきたか？　もちろん、担当教科である国語の何クラスもの教室。クラス担任として毎朝生徒の顔を見ながら出席を取ったホームルーム。行事に燃えたグラウンド、体育館。運営の激論を見守った生徒会執行部室。涙を流す生徒と静かに向き合っていた生徒相談室、国語科準備室。そして、もう一つ——それが演劇部だ。

演劇部顧問として生徒と共に過ごした、何万時間もの時を考える。

そして思うのだ。

部活動顧問、演劇部顧問として部員生徒と共に見た風景は、なぜこんなにくっきりと鮮やかに私の中に残っているのだろう。クラス担任として四十人の生徒と仰いだ修学旅行の北海道の空や、遠くその果てを見つめた沖縄の海。そして汗まみれもいとわずのめり込んだ、文化祭のクラス出し物の準備も、もちろん忘れがたいのではある。『羅生門』の朗読に全員が息を飲んで聞き入っている気配が、空気圧として確かに伝わってきた梅雨どきの国語教室も。

高校生とともに過ごした、ということには何ら違いはない。クラス担任や教科担当の生徒と、部活動の生徒が、高校生として何か決定的に違う、ということもない。どちらかの場面で教師としての私が手を抜いた、もしくは入れあげた、ということも誓ってない。

だとすると、これはもう「演劇」という活動に何かがあると言わざるを得ないのである(あれ? これもまた、入れあげた、もしくはえこひいきということになるのかしら)。

演劇には力があるのだ。

疾風怒濤の嵐を生きる高校生の、その三年間にこそ、明らかで決定的な力がある。長年、高校の全体の現場と、高校演劇の部活動の現場に身を置いてきた私自身の、この実感に揺るぎはない。

まだまだ魂が柔らかで、感受性が豊かで、何でも吸収したがり、世界の理不尽には純粋に腹を立てる。そのくせカタツムリのツノみたいに、他者に触れればたちどころに伸ばした触手は、おびえるようにひっこんでしまう情けなさ。周りとの距離のつかみ方がわからない。己に強烈な自負を抱く者も、悲惨なほど自己卑下に陥っている者も、他者が自分をどう見ているのか、容姿にも内面にも、痛々しいほどのアンテナをいつもピリピリと張り巡らせている。十代後半とは、一応大人になった身からすると何とも気の毒な時代である。青春の輝き？　そんなものは追憶の中にしかない。

高校時代のそんなキツさは、ぜ——んぶ、芝居の、演劇の稽古の中に、ぶち投げてしまえるのを君たちは知らないのか!!　と、演劇部以外の悩み多き若者たちに声を大にして私は言いたい。

震えるほどの感動も吐きそうなほど苦しいことも含めて、「己とは何か」「己と世界(他者)とは何か」という命題の答え(そんなものは一生わからんと思うけど)に対する、強烈でストレートな希求は、十代後半の若者にとっては結構きつい渇望である。そのうえ性的動揺・衝動までもが、自分ではどうにも出来ない得体の知れない噴出を迫ってくるではないか！　ああ。もう、誰かどうにかして。

だから、とりあえず、保健体育の教科書に書いてあるように、スポーツに昇華する者、好きなことに没頭して代替する者、勉強さえしていればなんとかなると逃避する者など、あの手この手で問題から目を逸らすしかない。

みんな、演劇をやればいいのに。

「これは部活動」、という免罪符。「この役は、『あたし』じゃない。この役がしゃべってることはあたしじゃないんだから。お芝居なんだから」という、なんとすばらしいエクスキューズ！　そのエクスキューズの中で、「これって、ホントは私も叫びたかったことだよ……」とか、「人前でしゃべるのなんて絶対無理！　と思ってたけど、芝居なら出来ちゃった」とか、「おれ、ITオタクとか陰口叩かれてるけどさ、他のヤツじゃ、このSE(効果音)の編集、できなくね？」とか、ありとあらゆる「己」と、ありとあらゆる「己と他者」とを考える、訓練する、「生きること」のすべてのシュミレーションができる場が、演劇部の活動の中にある。一緒に一つの芝居を作る集団の中に、その過程に、そういう力が明らかにあるのだ。

演劇は人生そのもの——まさに『ライフレッスン』そのものだ。「生きる」ことの問いに、その嵐の渦に、人生で初めて激しく巻き込まれる若者たち——高校生に、芝居作りほど幅広い教育活動効果を用意してくれるものは、他にはないとさえ私は思う。

「高校演劇」という世界——高校演劇は教育活動か芸術活動か

さて、「高校演劇」だ。すなわち、高校の演劇部の話に具体的に移っていこう。

そもそも高校の部活動とはどのような世界なのか。比較のために高校の部活動全体の話や他の部活動のことにも少し触れながら、「高校演劇」の世界を紹介しよう。

「目指せ甲子園！　高校野球」とか「国立で激突！　高校サッカー」とか「花園を合い言葉に！　高校ラグビー」とか「都大路をつなぐタスキ、高校駅伝」などといったスポーツ系特別活動(部活動)は、メディアで報道される機会も多く、スポーツ愛好家にはもちろん、スポーツに縁遠い人々にもイメージしやすいものだ。さらにうっかりテレビ中継などを見てしまうと、プロの競技にはまったく興味がない人でも「キラキラした高校生たち」の真摯で熱い戦いに心奪われてしまう(らしい)。そういう季節を過ぎてしまった大人たちはノスタルジイとともにえもいわれぬ感動を覚える(らしい)のだ。ましてや、その全国大会に出場したほんの一握りのかつての選手たちや、そこを目指しつつ懸命に汗を流しながらも叶わなかった全国津々浦々の同じ競技の経験者ならばなおさらだ。観戦・応援にも力が入る。

つまり、「高校運動部」はわかりやすい。うらやましい。

かたや「高校文化部」はどうだ？　文化系特別活動(部活動)にだって、全く同じように日々の活動(練習とか稽古とか実験とか、呼び方はさまざまだが)があって、年に数回の地区大会(コンクールとか審査会とか出展とか、呼び方はさまざまだが)があって、関東大会みたいなブロック大会もあったりする。はるか彼方には目指す頂点、全国大会だってちゃんとあるのだ。高校文化部の活動にあまり詳しくない人のためにそのへんをざっと説明すると、例えば高校演劇の場合はだいたいこんな感じになっている。

まず各都道府県単位で「○○県高校演劇連盟」なるものが組織されている。公立私立に関わらず、各高校演劇部は所属する県の連盟に加入する。これでいわゆる「公式な演劇部」としての活動が認められ、部活動の一つの目標である地区大会、つまり公式大会にも参加できる。その「高演連(高校演劇連盟)」は、さらにすべての文化部を束ねる「高校文化連盟(高文連)」なる組織に包括される。つまり「高野連」と「高体連」の関係と同じだ。

しかし、「高野連」「高体連」なら、省略形でも一般の人にわかるのに、「高演連」とか「高文連」って何？となるのはいかがなものか。文化部だってがんばってる。文化部だってキラキラしてる。この理不尽で不当な扱いの差に、私はずっと憤りを感じてきたのだ！

……話が横道にそれた。

まあ、そんなふうに各都道府県の「高演連」は、他の「高書連」とか「高美連」とか「高写連」とか「高放連」とか(何部かわかります？)の文化部団体とともに「高文連」に名を連ね、そして関東などのブロック、更に全国へとつながっていくわけだ。

そうはいっても、多くの高校は全国大会はおろか、関東大会さえほぼ縁がないままだ。それでも各校の演劇部で日々、部員たちは楽しくも真摯に芝居作りをし、仲間とともに成長していく。青春の一ページを演劇に懸けるわけだ。二度と戻らない高校時代という三年間に何をするかは全くもって個人の自由なわけだが、それが野球でもバスケットボールでもなく、「演劇」を選んだ人は最初は「間違った！」と思うかもしれないが、最終的には「当たり」である。「高校演劇」には確実に、どんな生徒をも受け入れ、そして成長させる懐の深さがある。誰にでも居場所があり、誰もが自分の役割を持てる。異なる能力を結集させて一つのものを創り上げる、総合的で相互的な力を育てる活動——

それが「高校演劇」だからだ。

　十五歳から十八歳までの期間限定、年齢制限ありだから、十六歳の乙女でも八十歳のおばあちゃんを演じるし、二年生でも演出となれば、三年生役者にダメ出しをする。高校三年間の期間限定というのはどの部でも同じことだが、演劇部のそれは、こんな例を挙げただけでもちょっと他とは異なると私は思っている。だから高校で演劇部を選ぶ生徒はえらい！　すごい！　とさえ思う。なにしろ芝居づくりはやることが多岐に亘り、それらが複雑に絡まり、しかもそれらが最終的には一つにまとまらないと作品ができあがらない。言ってしまえば実にめんどくさい活動なのだ。こんなにめんどくさいことに貴重な三年間を懸ける生徒たちは、本当にすごい。


　さて、日々の活動で得るものが多いのはもちろんだが、表現活動である以上、人に観てもらわなければ意味がない。「発表」と「コンクール」の話もしておこう。

　活動の到達目標としての発表、成果を計るための発表。さまざま見方はあるが、どこの都道府県でも折々に発表会やコンクールが行われている。ただ、発表会とコンクールは、実は目的が異なっている面がある。

　文化祭公演とか、クリスマスミニ公演とかを各校単位で企画して、主に校内で年に数回の発表の機会を設けているところは多く、これは発表会。中には地域の高齢者施設などでの上演を企画する学校もある。観る方々に喜んでもらいたいという純粋なボランティア活動の場で、これも自主的な発表会だ。

　また、近隣の高校の演劇部が複数集まって行われる「地区発表会」と呼ばれるものもあり、私が籍を置いていた埼玉県では、春と秋の二回が公式発表会だ。他校の芝居を見ることは大変勉強になるので、地区発表会は貴重な経験になる。しかも、運営も生徒たちの「実行委員会」によって行われるから、他校の生徒たちと一つの大会を企画から本番まで運営していくという、プロでいうところの「制作」とか「マネージメント」の実践もしているのである。ただ、この春と秋の二回の公式地区発表会は、日々の成果を発表するという点は同じでも、実は性質が異なる。

　それが「発表会」と「コンクール」の違い、ということなのである。春は純粋に発表会であり、「春季演劇祭」な

ど と呼ばれる、その地区のフェスティバルだが、秋の地区大会は、そこから県大会、関東ブロック大会、そして全国大会という、上位大会につながる「コンクール」という形式になるのである。

「コンクール」はもろもろ悩ましい。

校内の発表会や春の地区発表会は純粋に発表会だから、本番の緊張感は同じだけれど「コンクール」よりは悩ましくない。純粋に、観に来てくれる観客に何を届けたいかを目標にすればいい。「コンクール」は、そうはいかない。日々の活動の成果としての「発表会」であると同時に、他の高校と力比べをしなければならない。審査員がいる。審査され、講評を受け、「順位」がつけられる。そして上位大会に進む学校が決まるのだ。

埼玉県の場合、公式コンクールは、だいたい夏の終わりから秋の初めに地区大会、秋の終わりに県大会が行われる。そして、その二つを勝ち抜いた高校が、関東ブロック大会に駒を進める。冬に入っていることが多い。そしてそのブロック大会の最優秀校、ナントカ高校演劇部がブロックの代表校として次の年度の夏の全国大会、「総文祭」に出場する。ず――っと同じ芝居で。だから全国大会に出るとなると、一年間近くの「ロングラン公演」になる。『ライオンキング』には負けるが、高校生にとってはかなり長い。

「総文祭」とは、「全国高校総合文化祭」のことで、文化部のインターハイとも言われる。「総合」文化祭だから、もちろん演劇だけでなく文化部のほとんどが、頂点を極めるためにこの「総文祭」に集う。演劇部門も大会期間中にブロック代表各校の上演が行われ、審査が行われ、その中から日本一が選ばれるわけだ。今のところ高校演劇は、この「全国高校総合文化祭」演劇部門で最優秀賞を取ることが、唯一の全国一位、つまり頂点に立つ手だてである。他に全国コンクールの機会はない。春にもあって夏にもある、などという高校野球みたいな贅沢な環境にはない。同じ高校生なのに、青春をかけているのは同じなのに、なんたる差だ！　などとここでは憤ったりはしない。

なぜなら芝居作りには相当な時間がかかるからだ。そのうえ演劇部門の場合、「総文祭」でトップに立つまでに、特殊な事情を抱えているということもある。前述したが、文化部のインターハイ「総文祭」演劇部門は、前の年度の、地区大会、県大会、ブロック大会を経た代表校が、次の年度の夏の「総文祭」に出る、という年度をまたいだ形式なのだ。現時点では、これが「高校演劇」が抱える公式大会システムの悩ましいところなのだ。もし、秋の地区コンクールまで活動していた三年生を含む高校が、順調にブロック大会まで進み、さらにそこで全国大会出場を決めても、なんと本人は次年度の総文祭での全国大会に出られないという事態になる。だって、卒業しちゃうもん。

悩ましい問題である。

しかし私がそれよりもずっと悩ましいなと感じていたのは、こういうシステムではない。

高校演劇部顧問ならば一度ならず感じるであろう、「高校演劇は教育活動か芸術活動か」という命題である。そしてその命題に対する顧問たちの本音や齟齬《そご》は「コンクール」の現場で、しばしば露呈するのである。

大会の審査では、やはり作品の「芸術」としての完成度やスタッフの技術力が問われるわけだし、事実、県大会の審査員は演劇のプロが招かれる。埼玉県の場合の具体的な内訳を挙げれば、長年、例えば演出家・劇作家一名、俳優一名、舞台美術家(や照明家など)一名の計三名で構成されていた。

近年は「教育的視点」からか、三名の審査員のうち一人は、他県の現役の演劇部顧問が入るようになった。もちろん誰でもいいというわけではない。その県での県大会常連校やさらにはブロック、全国大会出場経験校を率いてきた実績のある顧問たちだ。それでも、プロとは違い現役の高校生たちと日々接しているわけだから「教育活動」としての視点を持っている。

コンクールは悩ましい。そりゃ、誰だって「いい芝居」を作りたいと思っている。当事者である生徒も指導する顧問もみんな、コンクールで評価されればうれしい。文化祭公演で「ウチの親が泣いてた」っていうのも、お年頃なので恥ずかしいけど実はうれしい。でもやっぱり、公式戦で認められたい。

大会後のオフレコの飲み会などでも、審査員も交えて顧問たちの話題はどうしても作品論、芸術論になる。今年の最優秀校は、どういうところが観客(審査員を含む!)の心を動かしたのか。どこがどう評価されたからイチバンになったのか。テーマの深さってなんだ? 高校生らしいみずみずしさっていうけど、それってなんだ? 語り合いつつ、探り合う。

「芸術」だから本当は物差しが一つであるはずはないのだけれどコンクールである以上、優劣が付けられる。「勝つ芝居」(私はこの言葉が大嫌いだった)は何が違うのか。顧問たちはみんな、自分の指導基準、物差しに矜持《きょうじ》と不安を持っている。それでもやっぱり誰もがうなる芝居を作ってくるカリスマ顧問がどの県の高校演劇界にもいて、若手顧問などは憧れや嫉妬を持ってその指導法、作劇法を知りたい、盗みたいと思うものだ。もしくは、ウチの方が遙かにいい芝居だったはずなのになぜだ、審査員の好みか、なんて内心もやもやしたままコンクールを終えるベテラン顧問もいる。

あたりまえだが、運動部、文化部の別なく、活動の主人公は生徒だ。でも公式戦で勝ちたい、勝たせる指導者でありたいという熱意が、いつしか「教師の自己実現」のすり替えになってしまい、本人もそれに気づかず「生徒のために」がんばっているのだ、となっていく場合もままある。生徒の方も自分たちがそうしたいのか、先生がそう言うからなのか、自覚があいまいになってくると問題はますます複雑になってくる。

勝つための演劇。より芸術性の高い作品を創ればコンクールで評価される? いや、評価を抜き去っても、人の心を打つ絶対的に「いい芝居」っていうのはあるはずだ。「いい芝居」を創りたい、創らせたい! 芸術の高みへ、何としても生徒たちを引っ張っていきたい。味わわせてやりたい。

そしてそういう作品を創り、全国大会で最優秀校に輝くこと、それこそが演劇部の、芸術活動を主とする部活動の、最高かつ最終的な目標なのではないか!

そうかも知れない。
そうかも知れないけれど、世の芸術活動と同じような地平に立つことが「高校演劇」の到達点なのだろうか。それを求めるあまり、真摯な日々の活動の意味を見失ったり、何か大切なものを取りこぼしていくことはないのだろうか。「順位」がつくコンクールは、そういう危険を常に内包しているがゆえに、悩ましいのであり、「高校演劇」の場合、根っこをたどっていくと「教育活動か芸術活動か」という究極の命題にぶち当たってしまうのがつらい。多分、他の芸術系文化部も同じだろう。メディアの扱い度で言えば、合唱部とか吹奏楽部などは、注目度が演劇部とは格段に違うから本当にお気の毒である。そういうことを真剣に考えてしまうと、という限定付きだけれど。

「教育活動か芸術活動か」というジレンマは、おそらく演劇部のみならず芸術系文化部の永遠の課題だろう。何しろもう十七、八歳にもなれば、高校という枠の外側では、プロとして芸術活動をしている若者はいくらでもいるのだ。「高校演劇」だって、芸術だ。芸術の高みを目指して活動することこそが目標だろう、と強弁されれば私も「う――ん」となってしまう。

けれど、この本を書くにあたってつらつら考え直してみると……いや、考え直さなくたって、私の答えははっきりしている。

高校演劇は、教育活動である。生徒たちが仲間たちと日々活動する、そのこと自体に意味がある教育活動だ。芸術性を極めることが目的ではない。

私とて、最初からそうはっきりと自覚していたわけではない。もやもやしていた若い顧問時代もある。ただ、明確に「教育活動だ」と目を開かれたきっかけはあったし、過ごしてきた日々をあとから振り返れば、すべてがその証左であったとつくづくと思うのである。

ちなみに、あえて芸術とのあり方をどう考えるか、私見を付け加えておくなら、高校演劇では、「芸術への入り口」に気づいてもらえれば、それでいいと私は思っている。教育とは、ある一つの方向に教化することではないのだから、本物への入り口をあれやこれやと多様に豊かにたくさん示せればそれでいいのだ。そして当事者である生徒は、三年間あれやこれやめいっぱい多様なものを経験すればいい。そこからどういうものをつかみ取っていくかを決めるのは生徒自身だ。本人が、自分で、自らの芸術性や志向性に気づき、そういう方面に進みたいと思ったならば、「自分にとっての本物」「自分にとっての芸術観」を極めるために進んでいけばいいし、鑑賞することに目を開かれたならば、それは芸術が生活の傍らにあるという一生の宝物として、彼の人生を豊かにしていくことだろう。

教育活動としての演劇は、生徒たちが共に育つ場としての演劇だ。

私がそう言い切る所以《ゆえん》を、演劇には力があると迷いなく思う所以を、これからいよいよ具体的に辿っていこう。演劇を通じて高校生に実際起こったことを。私が至近距離で見て来たことのあれこれを。

みんなで創ればいいのだ――集団創作脚本と自己解放

私が新人演劇部顧問としてスタートを切ったのは、初任校に十年間勤務したあと、二校目となった男子校においてである。ここで、後に長く私の指導スタイルとなった「生徒集団創作脚本」を、初めて見事に作り上げた生徒たちに出会う。

え？　初任校で十年勤務したあと？　ではあなたは、演劇には全くのド素人だったのですか？　いやいや、さにあらず。

ちょっとだけ、私自身の演劇生活に触れておくと、なんと私と演劇の出会いもまた高校演劇だった。高校時代、何のきっかけだったかもう忘れたけれど、演劇部に入部し、三年間バリバリの演劇少女時代を過ごした。中学校の時には卓球部だったから、高校入学直後の部活動勧誘時に卓球部の見学に行ったことは覚えているのだが、演劇部のことはまるで覚えていない。新歓公演を観に行ったのだっけ？　気がついたら体育館の舞台で「あえいうえおあお」をやっていた。まあいい。人生とは、往々にしてそんなものだ。

そのままガンガンのめりこみ、二年生の時は地区大会を突破して県大会に出場までしてしまった。今でもそうだが、地区大会を突破して県大会に出場するというのは、演劇部にとってはおおごとだ。地区を突破して県に出られるのは当時十二校。県大会出場イコール県ベスト12、ということなのである。ちょっといい気になった。ますますのめり込んでいったさまは、周辺にも認識されていたらしく、卒業時にこんなこともあった。

卒業間近、私立大学に落ちまくった挙げ句、やっと本命大学一本だけに合格し、担任に報告に行ったら、隣のデスクの若い国語教師に「えっ?!」、と相当驚かれたのだ。「あなたが!?　大学に？　行くの？　あなたは進学せずに劇団に入るとばっかり思っていた！」……ということだった。いったいこの教師の目に、私はどう映っていたのだろうか。

さすがに劇団には入らなかったけれど、大学でも劇研に入ってしまった。ところがその劇研がゆるかった（何と生意気なんでしょう）ために、二年生の半ばからは友人のつてで東京の小さなアングラ劇団に出入りしていた。これはもう、一つ間違えばどうしようもない「勘違い演劇人」への道へまっしぐらのパターンだ。当時、「自分は真剣に芝居に向き合っている！」と本気で思い込んでおり、大学生活は勉強か芝居か一人旅か、という学生だった。大学の勉強もおろそかに出来ない気が小さい私は、在籍していた教育学部での勉強も人並み以上の取り組みようだったから、四年生の前半は教育実習や教員採用試験の準備に取り組みながら、食事が喉を通らなくなるくらい「教師か！　演劇か！」と、ハムレットよろしく人生最大の選択（当時）に大げさに悩んでいた。

ああ、我が懐かしき「己とは何か」の青年時代後期。結局、根が小心者かつまじめな私は高校の教員採用試験に一発合格、埼玉のとある高校に何食わぬ顔で新人国語教師として着任した。

着任したその高校には演劇部がなかった。新人教員だった私は「なかったら創部する」などという知恵も回るはずもなく、言われたとおりに山岳部の顧問になった。放課後、生徒たちと校地の外周を走ったり、新人顧問の研修会で冬の富士山に連れて行かれ、アイゼンはいてピッケル持ってアンザイレンして、ほぼ半泣き状態で滑落止めの訓練などをしていた。

若いってすばらしい！　あっという間になじんでしまい、正顧問になってしまい、気づいたら夏の合宿北アルプス表銀座縦走五泊六日引率、槍ヶ岳全員登頂成功！　などを成し遂げていた。教師が務まらなかったらさっさと辞めて、芝居の世界に戻る、などと往生際の悪いたくらみを腹に持っていたはずだったが、そんなものはいつしかどこかに吹っ飛んでいた。教師は楽しかったし、やりがいや手応えを感じる日々だったのである。

これが、私の「演劇生活、空白の十年」である。


このまま山岳部の顧問で行くのだろうな、と思い始めていた私に、ついに転機が訪れた。男子校への転勤が決まったのだ。その高校にも山岳部はあった。あったが、さすがに全員屈強の男子生徒たちの顧問に、身長一五二センチメートル、どこから見てもチビちゃん、三十三歳二児の母の私が振り当てられることはなかった。いざという時に役に立たない。初任校で山岳部顧問が務まったのは、男女混合部で、常に一番弱い一年生女子に合わせて、登山計画が立てられていたからだ。

転勤初日の会議資料の中の、部活動担当一覧。演劇部の欄に私の名はあった。

私の高校演劇部新人顧問時代は、こうして男子校への転勤と共に始まった。

しかしまあ。自分自身は三姉妹の中で育ち、高校時代は女子校。教師初任校では商業科の女子クラスの担任。何の因果で男子校に転勤したのか。四月の着任式で体育館のステージに並ばされ、紹介を受けながら端から端まで千二百人ほどの学ランで真っ黒に埋め尽くされたフロアを見て、覚悟はしていたけれどうわあ——男ばかりだと、ちょっとめまいがした。これ、何？　という、不思議な匂いとともに、ここでやっていけるのだろうかと一抹の不安を感じたのだった。

がしかし。一週間後には、その体育館のステージで、もう何年もそうしていたように生徒と一緒に「あえいうえおあお」とやっていた。若いってすばらしい！　指導者としては新人だけど、自身が演劇をやっていたセンセイ、しかも一応女性。歓迎された。どんな部活動でも、着任直後は特に二、三年生にさりげなく拒否されることはよくあることだが、私の場合、動機はどうあれ、顧問として生徒たちにすんなりと受け入れられたのはラッキーだった。男子校でよかった！　現金な私である。そのうち、専門的な指導に飢えていたのだろう、こちらが提案する基礎練習の内容や稽古の進め方、スタッフの仕事の中身など、彼らはどんどん吸収し、それまで好き勝手にやっていたのが、部活動らしい内容に整っていったのだった。

私はといえば、顧問とか指導者という感じはさらさらなく、長ーいブランクを経て高校演劇に戻ってきたという感覚で、まさにOG気分。あーこれこれ！　という、心身へのたまらないフィット感とともに、身の内からするすると糸が引き出されていくように芝居の体感がいくらでもいくらでもよみがえってきた。十年も芝居現場を離れていたのに。その間、結婚もして二人も子どもを産んで、もはや「青年後期」とか言ってられない人生のステージアップも経たのに。

芝居の感覚は死んでいなかった。恐るべし、演劇。畏るべし、芝居の神様。ありがとう。

最初の三年ほどは、当時男子高校生演劇部に人気のあった高橋いさをの作品に片っ端から取り組んでいた。何しろ出てくる役者は圧倒的に男が多いから、男ばかりの部員が取り組む脚本として選びやすいし、人気もあった。私はといえば、その頃には役者訓練やスタッフワークの基本など、生徒に対する指導というか、アドバイスの勘所をつかみだしていた。もはやＯＧ感覚ではない。育てる視点を自覚し出したのだ。生徒がいかに芝居を通して何ものかをつかんでいくか――そのサポートをするのが顧問の役目だと、遅まきながら新人顧問は気がついた。

そして四年目。

私にとって運命の生徒たちが、ついに入部してきたのである。彼らこそが、入部二年目の中核となったときに、「生徒集団創作脚本」第一号作品を作り上げた生徒たちなのである。

ちょうどその前後だったと思うが、基礎練習や稽古の時に体を触られるのを極端に嫌がる生徒がいた。その子だけかと思っていたら、なんと次の年にも一人いた。巷《ちまた》ではちょうどポケットベルが飽和状態になり、携帯電話の登場前夜、といったくらいのころだったと思う。こりゃいかんな、何かまずいことになりそうな気配だな、こういう生徒が出てきたっていうことは。身体接触を極端に拒否するというのは、生徒の個人的環境や心理的状態から発せられる何らかのサインであることが多い。ことは身体接触の拒絶に留まらないのではないかと、直感した。この世代に、何かが起こりつつあるのではないか。何ともいえない違和感、落ち着かない気分に襲われたのを覚えている。

しかもここは演劇部だ。多くの人間が絡んで、芝居という一つのものを作っていく集団が、嘘くさくなってしまう。互いにそれぞれの体がそこにあること、それぞれの思いがそこにあることが大前提の集団。それが演劇部であるはずなのに。

その危機感に駆られて動き出したわけではない。いろいろなことが同時期に一致しただけだが、私の顧問人生で初の「生徒集団創作脚本」の作品が生まれたのもちょうどこの時期なのだ。振り返ってみると、これはかなり思い出深い出来事となった。感動的な出来事といっても過言ではないくらいだ。今思うと単なる時期の偶然の一致ではないだろう。

男子中学生が、神戸で衝撃的な連続幼児殺害事件を起こしたのはこの直後だった。私の周りにはもちろん、演劇部員の他にも大勢の「男子高校生」がいる。彼らの水面下での動揺は半端ではなかった。訳のわからない動揺の中で、何としても自分を保たねばならないと、何人もの生徒が「先生、ちょっと話したいんですけど」と、私が常駐していた生徒相談室を訪ねてきた。誰にも知られないように。誰にも言わないでくれと懇願して。

彼らは、同年代の仲間たちに自らの動揺、内面、精神性を吐露することができないのだ。

さて、高校演劇の公式大会の上演時間は「六十分」以内とされている。だからプロの書いた既成の脚本を使うにしろ、自分たちで書くにしろ「六十分」に収めなければならない。高校演劇用に出版されている脚本集から選べば話は早いが、そのころ、どこの高校でも生徒たちはいわゆる劇作家の書いた物を選びたがる傾向があったように思う。もちろん、それは芝居として面白いからだ。脚本の完成度が高く、テーマに挑みがいがあり、観客だけでなく自分たちをも惹きつける。そのころ勢いに乗っていたプロの劇作家が書き、評判を取ったものだから当たり前だが、前出した高橋いさを他、野田秀樹、鴻上尚史、高泉淳子や、ちょっと背伸びをして別役実、井上ひさし。当時の高校生たちはこんな劇作家たちの作品を好んで取り上げていた。

しかし、いかんせん元の本を六十分にカットしなければならない。それは許されることなのか。カットしたものはその作家の作品と言えるのか――こういうハードルを超えなければならないから、作品性を損なわずにカットする、「テキストレジ」は、実は至難の技である。では、誰か生徒の中に六十分の芝居を破綻なく書ききる者がいるのか？仮に今年、すごい力量の生徒がいたとして、来年は？　再来年は？　では顧問である自分が書くか？　そもそも書けるのか？

既成脚本か、創作脚本か。この問題は「次の芝居、何にする？」という時期に、常に頭の痛い問題なのだ。

他校での、こんな話もよく聞いた。

会合で顔を合わせたある顧問仲間が、「いや～、今年は参ったよ」と言う。

「中学の頃からお話を書くのが好きっていう子が二年生にいてね。実は書きたいことはたくさんあるって言うから、じゃあ、脚本の形に書いてみたらってアドバイスしたんだ」

「へー、いいなあ、そういう子ウチにも入ってこないかな。で書けたの？」と別の顧問。

「うん、なかなかの出来でね。脚本決めのミーティングに出したら、部の全員一致でその生徒の書いたのをやろうって決まったんだよ」

「おうおう、ついにあんたのとこも生徒創作で打って出るか！」

「ところがどっこい。書いた子が、キャスト・スタッフ決めのミーティングで、主役も自分、演出も自分。この主役をやるためにこの本《ホン》(脚本)を書いたんだからって、がんとして譲らないんだ。脚本研究に入ったら入ったで、質問や疑問にはすべて彼女がそうでなければならない理由を滔々《とうとう》と述べて、一言一句、セリフを変えさせない。せっかくの創作なんだからみんなで話し合ってよりよい脚本にしていこうよって、部長が言ってもダメ。『あたしのホン』だから、あたしが一番わかってるんだからって」

「いじられるのがいやなんだ、自分の世界を」

「そうそう、そうなんだよ」

「で、どうなったの、もう夏休み半分過ぎだよ」

「今、空中分解状態。周りはもう彼女に付いていけないって感じで」

あとは、ため息。

十七、八歳になれば、いろいろな方面で才能を輝かせる生徒たちはたくさんいる。絵だって、写真だって、音楽だって大人をうならせる作品はいくらでも出てくる。小説を書く生徒も詩を書く生徒もいるのだから、芝居の脚本六十分くらい、かなりの完成度で書く子はいるところにはいるのだ。

ただ、演劇の脚本の場合、他の芸術作品と決定的に違うのは、文字で書いた自分の脚本を、生身の時空に芝居として立ち上がらせるために、部活の仲間という「場」に、投げる覚悟がいるのだ。

詩人や作家として、自覚を持って世に出て行く人たちは「作品は作品」、という意識があるだろう。もちろん、自分という唯一無二の感性を勝負所に、そこから紡がれていくのだから「自分の作品」ではあるが、作品が全部自分そのものか、というとそうではない。むしろ創作の醍醐味は虚構にこそある。だが、高校生の場合、自分の多感な内面を出所に脚本を書くと、「作品は自分そのもの」になってしまうのだ。手放すことができない。ホンにちょっとでも意見をされると、自分自身が切り刻まれ、否定されるような気がしてくる。かくして、前述のようなことが起こるのだ。この話と似たようなことは顧問生活の折々でよく耳にしたものだ。

自己解放、自己開示、自己表出。内面の吐露。

何と呼んでもいいが、そのさじ加減というか手だてというか、自分の中身を仲間に向けて発することは、この年齢の若者たちにはかなりハードルが高い。できれば「本当の自分」(そんな大層なものは実はまだ構築中なんだけどね、思春期前期は)を友人たちにさらすのは、ちょっと勘弁してもらいたい、というのはこの時期の特質でもある。

何しろ、己とは何か、他者とは何か、びくびくしながらさぐり合いをしているのが思春期なのだ。まさに今、そこを生々しくリアルタイムで生きている生徒たちに、どしどし「自己解放」せよ、批判を怖れるな、とはきつい話だ。他者から自分がどう思われているのかが人生の重大事である時期なのだから、隠したいものは隠したい。よく見せられるなら小さな嘘もつく。そのくせそんな自分のケチくささに自己嫌悪に陥る。あとはもう、負のスパイラルに、ずんずん落ち込んでいく。無間地獄であわあわ溺れている惨めな自分。こんな自分のことは、ますます誰にも知られたくない。

仲のいい友だちは一応いるけど、全部自分の事を話してしまうのは怖い。深く理解し合って何でも相談できる親友？　そんなのいるのか？　みんなそんなフリしてるだけじゃないのか？　俺、結構キツいこと抱えてるけど、そんなの聞かされたって、引くだけだよな、みんな。誰も俺のことわかってくれやしないだろうし。でも、もし叶うのならば心から気のおけない友だちが欲しい。……いや、やっぱり本当はすごく怖い。自分の内面を打ち明けるのは怖い。もし、受け入れられなかったら？　こいつは？　あいつは？……誰かと、本当に深くつながってしまうのは、怖い。だけど、やっぱりひとりぼっちは嫌なんだよ……。隠したい。いや、わかってもらいたい。この強烈なジレンマ。

本当は上手に自己解放することこそが、その苦しい負のスパイラルから抜け出す、すごく有効な手段なのに、渦中の彼らはそれを知らない。

創作脚本を集団で書いていくという作業は、そこに関わる人間すべてが上手に自己解放していく力を促す、うってつけの共同作業だった。しかもその共同作業は、自己解放とともに仲間とのつながりをも得るというオマケがもれなく付いてくる！　という特典があった。そんなことを生徒たちと私に、図らずも教えてくれた得難い経験となったのである。

そもそもは前述した、一人の才能ある個人が書いた「私のホン！」には、どうしても書き手がホンを手放さないという思春期ならではの限界がついて回るのを実感して、一人で書くっていうのがダメなんだね、じゃあ、そうさなあ、何人かで書くとか、いっそ部員みんなでわいわい書くっていうのはできないものかね、と単純に思ったのがスタートだ。

ちょうどそのころ、顧問研修会でやっていた、何らかの「お題」に沿ってメンバーが何でもかんでも思いつきを挙げていき、さらにエチュードを繰り返して十五分から二十分程度の即興芝居を作ってしまう、という実習がかなり面白かった。ブレーンストーミングとエチュードが合体したような手法だ。一日の研修で作ってしまったそれを録音しておき、あとで中心となる先生が脚本のかたちに書き起こしてくれ、ホンとしての練り直しや整合性も見直し、年度終わりに顧問芝居の形で上演した、ということもあったくらいだ。

エチュードや個々の役者の自己解放から作品を組み上げていくという手法は、プロの演劇やダンスの制作現場でも行われていると、折々耳にする。

そして、ナント私は国語教師。新任時代から授業中の私の口癖は「自分の感じたこと、考えたことを自由に書きなさい」「ひとことでも一行でもいいから自分の言葉にすること！」だった。初めて教壇に立った年から、「表現する」指導に徹底的に取り組んできたのが私のスタイルだ。工夫して工夫して、なんとか生徒たちに「書く力、話す力」といった「自己表出の力」をつけてもらいたいと、それこそ祈るような気持ちで様々な取り組みをしてきた。私たちは因数分解から逃れられても、言語生活から逃れることはできないのだ。

人は自分の感性を元手に、そこからさまざまな世界に触れながら生きていくのだから、まずは自分からスタートするしかない。「自己表出」するしかないのだ。そこからしか、他者との距離や凡庸さや非凡さや個性を、つまりは己を、測ることはできないのだ。そして現時点での自分が知っていること知らないこと、好きなもの嫌いなもの、それに気づいていくしかない。気づくためにはそれを投げ出す「場」が、それを受け止めてくれる「仲間」が必要だ。その「場」で自分を表出すれば、まずは仲間という他者や、ひいては世界との差異を知る。自分をさらに磨くチャンスを得る。成長するとはそういうことだ。

そして、その「場」が、演劇部の集団創作脚本をつくる現場だったというわけだ。

それぞれが内面に抱える鬱屈はもちろんあるだろうけれど、十五人もの同期がいたその学年は、表向きは実に屈託なく、しかも驚くほどの多様な個性を持ったメンツがそろっていた。

一教師として、一演劇部の顧問として、さまざまな問題意識が重層的に私の中で熟成発酵していた時期だったということもあったのだろう、私は彼らに、秋のコンクールに向けての脚本を自分たちで書いてみないかと持ちかけた。

彼らにとって、初めての創作脚本への挑戦だ。しかも生徒が「誰が書くんですか？」と聞いても、この顧問は「みんなで！」と答えるだけ。二年生秋のコンクールは三年間のなかでもかなり力が入る大会だ。リスクは高い。取り組んでみてもホンとしてまとまらず、空中分解する怖れもあるだろう。

集団で組み立てていく構想は、私の中ではほぼできあがっていたが、経験と実績はない。なにしろこっちだって初めてなのだ。それでも、この学年ならできるという、妙な確信が私にはあった。十五人の二年生はもちろん、まだぴよぴよな一年生もそろって、根拠もないのにもうできあがったみたいな顔をして首を縦に振った。

そのプロジェクトは五月のゴールデンウィーク明けから走り出した。

まずは原案をランダムに出すことから始めるが、自分を仲間たちに丸ごと投げることはなかなかできなくても、自分が抱えている問題意識の端っこを「断片」の形で投げてみることはできる。

「原案提案シート」を配ると、二十以上ものテーマが集まった。一つ一つ検討していく。自分の原案に対して「ああ、そういうことってあるよね」という仲間もいれば、「えっ、そんなこと考えたこともなかった」という仲間もいる。でも、芝居の脚本を書くためという、いわば隠れ蓑があるからいたずらに傷つくこともない。上手に自我をプロテクションしながら自己を表出でき、そのうえ、共感、反論、異論を得ることで、他者を知ることもできる。しかも最後は「自分たちの脚本」ができあがり、今の自分たちにとって切実な、実感を伴った問題意識、テーマを芝居の形で世に問う（大げさだけど）こともできてしまうのだ。

たくさんのプリント、何回ものミーティング。誰かのぐちゃぐちゃになったメモの解読に大笑いしたり、「ちょっと動いてみようか」の提案でエチュードに入り、録音したものを起こしてみてそのカオスにまた大笑い。そのうち、自分がひらめいたことや実際に経験したことを提供することに抵抗もなくなり、むしろ出し惜しみする方がもったいないような雰囲気が部内に浸透し、それを繰り返し繰り返ししているうちに、一本の創作脚本が見事にできあがったのである。

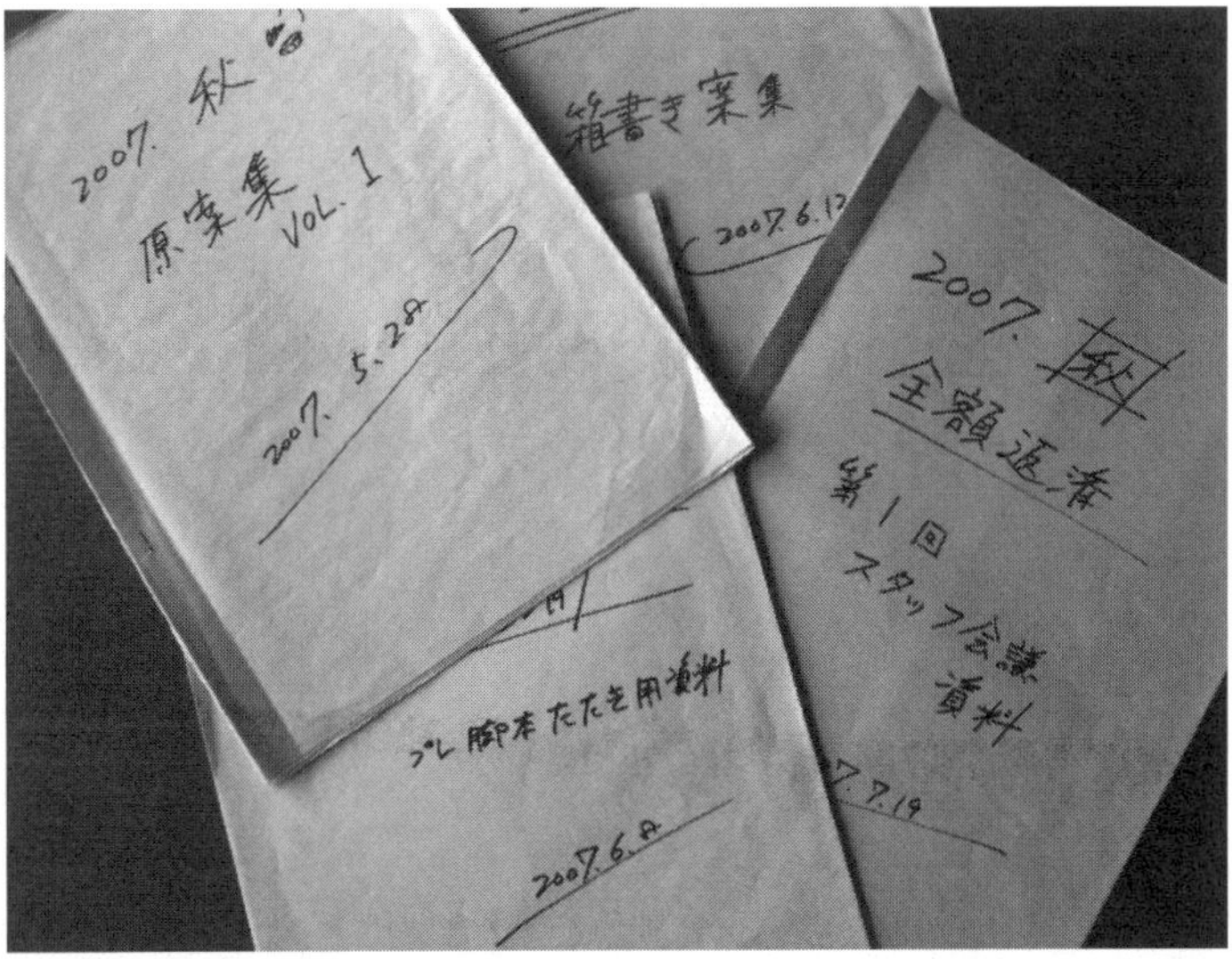

「生徒集団創作脚本」に至るまでのさまざまな資料

資料の中身。ミーティングでの書き込みがいっぱい

この年をスタートに、何年かかけて集団創作脚本のための数種類のシートを、私は考案した。そしてそれが、長く私の顧問としてのスタイルとなった。原案シート、登場人物個別シート・相関シート、箱書きシート、きらりと光る単発セリフシートなどなど。

原案シートでまずは徹底的にミーティングをする。誰かと誰かのがくっついて一本になったり、原案を出した本人が驚くほどの膨らみに育つものがあったりして面白い。

そこからどうやって集団で創作していくかの手法を詳述するのは今回の趣旨ではないので割愛するが、一番最初に集団創作の脚本を創ったその男子校を含め、私は三校の演劇部を経験したが、どこの高校でも、これらのシートを使ってミーティングを重ねるという手法で、必ず脚本ができあがった。何本も何本も生徒と一緒に集団創作脚本を作った。途中で行き詰まり、でき上がらなかった、という事例は一つもない。みんなで創っているから誰か特定の個人が苦しくなってしまうということもない。誰にも触らせない！　という人が出てしまう危機にも陥らない。そして上演の形になるころには、立派な「チーム」ができあがっている。みんながちょっとずつ自己解放し、育てていった「自分たちの脚本」に愛着を持っているからだ。県大会で「創作脚本賞」を受賞したこともあった。

思い出深い脚本はたくさんある。

でも、一番最初に集団創作脚本を作り上げた男子校で、出てきた意見が黒板いっぱいにぐちゃぐちゃに書かれた教室で「もうどこがどこやらわからん！」などと笑っていた自分を、その初夏の一日を、まっさきにくっきりと思い出す。私自身もこれからどうなるのか、わくわくしていたあの気分は、おそらく他者とつながることを内心では求めながら怖れていた彼らが、上手に自己解放することで得られる世界に踏み出した、高揚した気分と重なっていたのだろう。

みんなで脚本を書くという目標のもと、断片でも自己解放をし、時に共感し、時に反発し、たまにひどいケンカをしても怖れずに、一番身近な他者である部の仲間とつながる。そういう経験を繰り返し持つことができる、演劇部の生徒たち。

たとえ、現実の社会で心脅かす恐ろしい事件が起きても、そういう現場を三年間持っていた生徒たちは、なんとか上手に内面の動揺を少しずつでも吐き出し合う事ができるだろう。

人生を手探りし、仲間や世界との距離をどう測っていくか——自己解放がまだまだ不器用な青年前期は、苦しい。だから、みんな、演劇をやればいいのだ。

異業種異能力者集団——自己肯定と他者肯定

四十代初めに工業高校に転勤した。

私の現役教師時代の信条は「長居は無用」。

長居は無用。長くなるとその学校について何でもわかったような気になってしまう。よろしくない。

前身は旧制中学という伝統校で、地域の中堅進学校でもある、まずまず居心地のいいその男子高校で二回目の担任卒業生を送り出そうという頃。長居になってきたな、そろそろ転勤だ！　と決意した私は、人事異動の希望調書に「専門高校」を書きまくった。初任校が商業科と普通科の併設校で興味深かった。それで他の専門高校も経験したいと思ったからだ。国語科教師はどの高校にも転勤可能なのだから、工業高校や農業高校にも行ける。専門科の先生たちはその専門科のある高校にしか勤務できない。工業の機械科の先生は、機械科のある工業高校にしか異動できないというわけだ。私は国語科。せっかくの利点を活かさない手はない。そうだ、次は工業高校に行こう。

自分が現役高校生の時は普通科で過ごしたから、〇〇商業高校とか××農業高校とか名称は知っていても、具体的にどういう高校生活なのか中身を知るよしはなかった。教師になって初めて、初任校で商業科で学ぶ生徒に接し、十八歳で社会に出て行く彼女らの履歴書の取得資格欄が、簿記検定や珠算検定、和文タイプ検定などでびっしりと埋まっているのを見て頭が下がった。中には記入欄が足りずに紙を貼って足していた生徒も一人や二人ではなかった。商業実践室(向こうとこっちが東京と大阪の模擬会社オフィスになっていて、壁には株価のボードが掛かり、デスクに電話が何台もあって事務処理用紙が詰まったケースがだだだっと並んでいて、未決・既決の箱があって)やタイプ実習室(後にパソコン室になっていくが)にいちいち驚いて感動し、ああ、こういう高校生活があるのだ、そんなことも知らずに「高校教師」になるんだ! と私は意気揚々としていたのか——と学生時代の自分の不明を恥じたものだ。

いろいろな生徒に会いたい。

二回めの卒業生を送り出したのと同時に、希望通り工業高校に転勤が決まった。男子校に八年。同僚からは、まだ早いよ、なんで自ら進んで転勤希望なんか出したの、と不思議がられた。致し方なく転勤させれらるまで、ぎりぎり、その落ちついた伝統校にいたいと思っている教師が多かったから、私は変人扱いだった。ほっといてくれ。私の人生航路は自分で決める。

なんかすごく高邁《こうまい》な教育思想をもって毅然と転勤希望を出したように見えるが、実は私には下心もあった。

工業高校! ものづくりの現場ではないか! 建築科の生徒が大道具を担当! 電気科の生徒が照明! 情報科は音響だな、パソコンで編集してもらって。機械科の生徒はなんか仕掛けのある道具を作ってくれそうだな……。夢のようなエキスパート集団の演劇部ができあがるではないか! 最近の工業高校には女子もそこそこいるっていうから、今までみたいに男だけの脚本に苦労しなくてもいいぞ!……とかなんとか。

工業高校の中身も何にも知らないのに、何となくのイメージだけでぽわぽわぽわ~んと下心を膨らませ、普通高校の演劇部とはまた違った面白さがあるのではないかと勝手な妄想を膨らませ、密かにワクワクしていた私なのだった。

まったくもって脳天気な、いい迷惑野郎である。ただ、演劇部のある工業高校は当時県内広しといえども皆無に等しかった。「高演連」の名簿を見ても連盟に加盟しているのは普通高校が圧倒的に多く、専門高校はマイノリティーだった。

そしてもちろん、着任したその工業高校にも演劇部はなかった。

想定内である。私はもう、右も左もわからない新人教員ではないのだ。なかったら創部すればいいだけだ。ただ、まずはその新しい学校で、国語教師として、一教師として、工業科目を中心に学ぶ生徒たちのために、何ができるかが先だ。どんなに芝居好きでもその辺のところはわきまえている常識人のつもりだ。まだ開けていない自分の中の教師としての引き出しのなかに、どんな力量が発見できるか。そっちのワクワクが先だ。教育学部出身のサガである。どんな生徒にも工夫せよ、工夫を怠るな、どう工夫できるのかが教師の力量だ、と叩き込まれた。

高校演劇連盟の顧問仲間には「二、三年、地下に潜る。転勤先に演劇部がないからね」と言い残し、顧問名簿から私の名は消えた。

二、三年？　いやいや。何がどう巡り合わせたか、なんと異動初年度の一月には、合宿所の二階で生徒と一緒に「あえいうえおあお」とやっていた。これは自分でも驚きの展開だった。私の人生の転機はつねに「あえいうえおあお」とともにある。

なぜそんなに早く演劇部を立ち上げることができたのか、いまだに謎である。まるで待っていてくれたかのような生徒たちとの出会い、巡り合わせの運、としか言いようがない。とりあえず受け持った部活動は放送部で、生徒と一緒にラジオドラマなどを作っていたら、どこで聞きかじってきたのか、一年生の生徒が「先生、演劇部やってたんですよね！　演劇やりたいです！　教えてください！」と言ってきたのだ。「生徒会規約だと五人集めなくちゃだね〜」と軽くかわしておいたら、翌週には五人集めてきた。「そっか〜。みんなちゃんとやる気あるの〜。評議会に出して、職員会議にも出して、そんで生徒総会で三分の二の賛成票がないとダメらしいよ〜。それに前に新しい部を作ったときは五回も生徒総会で却下されたって聞いたよ〜」何しろこっちは二、三年は地下に潜るつもりだ。またまた軽くいなした。生徒総会は五月と十二月の年二回だから、そうそう新しい部はできない。

ところが、である。直近の十二月の生徒総会にとりあえず、のつもりで「演劇同好会設立議案書」を出させてみたら、一発可決、演劇同好会が一月に発足することになってしまった。なんで？　生徒は自分たちが在学中に叶わないかもしれないと思っていたから狂喜乱舞、こっちは「へ？」って感じで、何がどうなったらこうなるのかと、心の準備ができていない。でも、こうなったらやるっきゃない。

かくして、年明けの一月、稽古場として仮に確保した合宿所の二階で、まずは「あえいうえおあお」の基礎練習が始まったというわけだ。放送部と演劇同好会の掛け持ち顧問でのスタートだが、年度が替わったら演劇同好会一本にしてもらえばいい。もう私も腹が据わった。先輩もいない、備品もない、まるまる初めてから立ち上げる演劇部の活動手順などを頭の中で構想しだしていた。四月から本格始動するとして、連盟にも加盟して、まずは年度初めに、この地区の春の地区発表会に見学に行くところからだな、とスタートの目標を設定し、生徒にもそう話したら、「見学じゃなくて、ボロボロでもいいから芝居を作って参加したい」と言うではないか！　若いって素晴らしい！　それなら、という勢いで私もだだーっと四十分くらいの脚本を書いてしまった。前の学校で原案だけ出てボツになっていた「芝居の素」のストックがいくつかあったのだ。四十分くらいなら初挑戦にちょうどいいだろう。芝居を作る集団にはどんなスタッフが必要なのか、一本作るにはどんな手順で進むのかを伝達しつつの稽古。全部のスタッフの仕事はこの少人数ではカバーしきれないから、最初から多くを望んではいけない。一応、ほぼ役者と兼任で各スタッフの責任者は決めたが、どういう表現にするかはほぼ全員の合議だ。大道具は物語の舞台となる駅舎の柵を簡単に作って置くだけ、物語の要となる桜の枝を舞台袖から伸びる形で吊すだけ。音響はＭＥ(効果音楽)を最初と最後だけ。照明はほぼ点きっぱなしのベタで、回想シーンだけサスペンションライト一本の表現。それでも演出担当者は、複数の役者やスタッフの方向性を最終的に束ね、焦点をボケないようにするために、芝居を作る上ではなくてはならないものと説き、専従を生徒の中から出させた。

そうして、彼ら彼女らは、創部四ヶ月で地区発表会に参加した。四十分間、上演しきった。もちろん芝居の完成度としてはよちよち歩きだったけれど、みんな自分の持ち場をしっかり守った。『スイミー』みたいに。自分の持ち場をしっかり守った上で、しかもみんなで一緒に息を合わせて泳ぐことによって、大きな魚に対抗したあのお話のように、四十分をみんなで泳ぎ切り、初舞台の緊張をはねのけた。

やっぱり、恐るべし、演劇。いきなりの仲間たちを、そして顧問さえも見事に一つの芝居のもとに収斂《しゅうれん》させた。演劇には力がある。ありがとう、芝居の神さま。


人生は、出会いである。あのとき、創部を諦めなかった一年生男子三人女子二人と、生徒総会で発足を知り、たった一人で「一緒にやりたいです」とやってきた二年生電気科男子一人。この六人の創立メンバーは、今でも私の宝物だ。彼らが私の前に現れなかったら、「二、三年経ったら」なんていうもくろみはどうなったかわからない。私は日々の仕事に追われ、うまく創部のチャンスをつかめなかったかもしれない。この一年目の出会いから工業高校在任中の九年間は、私のすべての演劇部顧問生活の中でも、最も充実していた九年間となったのだった。


着任した工業高校は、工業化学系・電子電気系・機械系、五学科六クラスで構成されていた。建築科が設置されていない高校だったのが想定外(妄想外)だっただけで、演劇部が立ち上がってみたら、毎年ほぼすべての学科から誰かしらが在籍していた。学科によってやはり個性があり、全員普通科目しか学んでいない前任校より、圧倒的に生徒たちは面白かった。異なる学科から、一つの芝居を作るために集まってくる、工業高校の演劇部。転任時に抱いた無責任な妄想下心は、あながち的はずれではなかった。多様性の底力に真に目を開かれたのは、顧問二校目であるこの工業高校においてだったからだ。

演劇部は、様々な得意技や個性を持った、異なる個が集まってこそ厚みが増す集団だ。同質な者が多く集まるより、むしろ異質な者が多種多様にいた方がいい。

誰もが自分の好きな分野、得意とする分野で活躍できる。この芝居の、ある部分を確かに他ならぬ自分が支えているという自覚。補欠なんていないし、ベンチ入りできないなんてこともない。一度も「試合」に出られないまま卒業なんてこともちろんない。芝居づくりには、一つも欠かすことのできない役割が何種類もある。新しい芝居の座組の度に全員が何かしらその一つを受け持ち、それら異なる能力が結集され、一つの芝居ができあがる。すべての異なる個性と能力が、その存在を認められるのだ。

だから演劇部は、どんな生徒でも必ず居場所と出番がある「異業種異能力者集団」——そして多様性の結集を目指す場所。

自己肯定と他者肯定の固まりなのだ、演劇部は。


全員野球とかいっても、ほんとに九人しか部員がいない場合を除けば、「野球」が他の者より上手くなければ野球部ではレギュラーになれない。厳しいがそれが現実だ。もちろん試合だけが部活動ではないから、三年間ずっと補欠で、ときに後輩である一、二年生にも追い越され、彼らをも支え続けながらやめずに引退まで頑張る三年生は、本当に尊いと思う。実際にそういう生徒を何人も見てきたし、レギュラーの生徒とはまた違った何かを、彼らは得ていくものだし、そこで得たものの真価は、五年後十年後のクラス会などでの、彼らの立ち居振る舞いや顔にだいたいは立派に現れている。だけど、「試合に出られなくても平気だった、と言えば、まあ、嘘になりますけどね」とつぶやいたりはする。

全員が「レギュラー」である演劇部とは、やはり何かが違うだろうと感じる。どっちがいいとか悪いとかの問題ではなく。


さて、その「全員レギュラー演劇」の中身の構成だが、私は生徒に必ずキャスト(役者)を経験せよとか、スタッフを経験せよと強要したことはない。今度の芝居で自分が一番やりたい役割で、できればそれが自分の得意技で、それによってチームの一員として貢献できる。それが一番いい。顧問の中には「演劇部はキャストをやってなんぼでしょ」、と言ってはばからない大馬鹿者がいるが、それは本人がキャスト至上主義に陥っている偏った指導者で、キャストが主でスタッフが従、という誤った高校演劇の考え方を生徒にも浸透させてしまうから大変よろしくない。教育活動としての演劇部は「役者部」ではない。それぞれの得意技と役割は、どれかが上とか下とかいうのではない。多様性の本質とはそういうことだろう。キャストをやりたい！　という生徒は、それが自分の好きなこと、得意技、というだけである。他のパートもしかり。

そして、そういう異業種異能力者集団の豊かな多様性を実現できることこそが、高校演劇の大変重要な特質だと私は考えている。

一つの芝居を作るとき、キャスト・スタッフすべてのパートがとりあえず揃うことが前提だ。そしてすべてのパートに、それぞれ誇りを持ってあたる生徒たちがいる。結果、その芝居を生の時空間に立ち上げる集団としての、ものすごい力が結集される。何を担当するかは、例えば大道具をやりたいと宣言して入部し、その通り三年間ずっと大道具で通す生徒がいて、それでいい。一方、担当するパートを一つに固定せず、複数経験することもできる。最初に担当した分野で、何となく自分らしさが発揮できなかったなと思ったら次の芝居では他の分野にトライし直せばいい。高校演劇ではそれができるのだ。

そもそも演劇という表現活動は、総合芸術と言われる豊かさと懐の深さを持つ、異分野結集表現活動だ。「商業演劇」の世界では、そこに関わる多数の職能は専門的に細分化され、それぞれその分野のプロが担い、表現を豊かに磨き深める。そしてそれらが演出家によってまとめ上げられ、更なる豊かさを表現していく芸術だ。

「高校演劇」ももちろん、総合芸術としての豊かさは同じだが、職能分化の不可逆的な固定のないところが、もう一つの豊かさだと私は考えている。

高校演劇ではいつか必ず「これだ」と思えるパートに出会える。音楽好きだから音響やってみたけどなんだかいまいちだった、それで大道具やってみたら図面づくりもパネル建てるのもすごく面白くて、そこから後は引退するまでずっと大道具。それでいい。引退する頃には、その分野では部員から一目置かれる存在になっていく。

それまで自分の中にそういう力や志向性・嗜好性があることに気づいていなかった生徒が、ある仕事の面白さに目を開かれ、どんどんのめり込んで自分の可能性を広げていく姿を見るのは、顧問として教師として、何物にも代え難い経験だ。

「生徒の成長に立ち会うことができる」。この喜びは、部活動に限らず教師である私にとってどんな場面でも最高のごほうびだったと思っている。

教育の期間とは、お試し期間なのである。生徒にとってその期間は、トライアンドエラーを何度も繰り返すことが許され、やり直しができ、自分という者の意味や価値を集団の中で知っていくことができる大事な時間だ。そういう多様性と包容力が、特に高校演劇という活動の中には存分に用意されていると私は思う。中学校までの学校生活で、自分の何かがクラスや部活動の役に立ったという経験を持たなかった、という生徒はたくさんいる。この成功体験が乏しかったであろう生徒たちが、演劇部の活動の中で、トライアンドエラー、アンドトライ！　の末、ある仕事に自分の存在意義を見つけていく。美しく、たくましく、自信と誇りを持った真剣な眼差しを持つようになる。

それは、かけがえのない自己肯定感を得る、力強い経験なのだ。

人を責めてばかりいたり、ねじくれた嫉妬や自分の鬱屈のために特定の人をおとしめたりいじめたりするのは、その人自身が自分の個性をもってして充実することを知らないから、もしくはそういう機会を得て来なかったからだと私は考えている。自分自身を、まずは自らの力で充実させることを知っている人は、自分の心の空洞を、他者の不遇を笑うことや他者をおとしめたときの気分の高揚で埋めたりはしない。自己肯定の健全な魂を持っていれば、たとえ自分の心に空洞ができても、それは自分の領域として、いつか自分で埋めるために抱え続ける強さを持つ。

そして自分で自分を認めることができるようになった生徒は、他者にも同じように認めるべきかけがえのない力があると気づき、仲間の仕事のすごさに気づき、認めることができるようになる。そうすると、他者を認めて受け入れることで埋まる空洞もあることにも気づく。豊かな循環が生まれる。

自ら充実し、互いに響き合う。そうして満たされる空洞は、自己と他者とのつながりを生む場所に他ならないのだ。

そうやって、演劇部では「仲間の仕事に惚れる」ようになる。

自己肯定と他者肯定。その土台の上に、ともに芝居づくりをしていく。一つの芝居を作り上げる過程の作業や稽古を通じて、自他を、異なる個性のまま受け入れ、素直に讃えあうことを自然と身につけていく。

だから工業高校で過ごした半ばくらいから、芝居づくりの現場はいつもこんな感じだった。

例えば外でずっと作業をしていた大道具チームが、初めて稽古場にパネルを持ち込んで舞台背景である倉庫の壁が立ち上がった日。お――っとみんなが歓声を上げる。「そこのドア、開け閉めしてみてよ。蝶番《ちょうつがい》ちょっとヤスリで削ってみた」「うわ、軽い。引っかからない！」「ここ、ほんと錆びてるみたいだね」「だろ？」「すげ――」。今回の大道具チームは四人中三人が機械科だ。

演出に何度もダメを出されていた芝居半ばのしっとり見せたいシーンの曲が、今日の通し稽古でやっとOKが出た日。「いいじゃん、これでいこう」と演出。「えへへ」と照れるのは音響チーフに言われて提案してみた、まだ一年の音響サブ。情報技術科だ。一曲だけど自分の提案が通った。「もうCD聞きまくるの限界っす！」と言いながら嬉しそうだ。「なんか、うんと前からこの曲だったみたいな不思議な感じがした！　いいね、これ」と言うのはメインの役者、三年生。

役者の今回の衣装の半分は、衣装メイク部の手づくりだし、さらに今回のチームは小道具までかなり自前で作ってしまう。「芝居終わったら、これ、記念に欲しいな」と役者に言われ、「え――……」と、丹精込めて作りながら愛着が湧いている二年女子は返事保留。手作業が大好きな工業化学科の二人組。

こうやって、仲間の仕事に惚れるのだ。

仲間に惚れられる仕事をするのだ。

互いに惚れだしたら、そろそろ芝居としての完成度も高まって来る頃で、稽古場も雰囲気がどんどん明るくなり、毎日新しいエネルギーが満ちてくる。仕上がりが見えてくる頃だ。

みんなと同じではない、かけがえのない個性でいたい、青春期。

みんなと同じにしないと不安で、いつも周りを伺ってびくびくする、青春期。

二律背反のその青春地獄に、演劇は異業種異能力を認め合うという特質で、一つの答えを与えてくれる。異なる仕事を受け持っているけれど、実は一つの芝居をみんなで一緒に作っているという実感。

好むと好まざると、この国は同調圧力の強い国だ。そういう社会文化の中で過ごさざるを得ない若者たちに、芝居づくりの経験がもっともっと広がってもいいのではないかと強く思う。生きるということは他者とともに生きるということであり、それは本来、楽しく美しく尊いものであるはずだ。全く個性の異なる他者と豊かにつながる実感が、自分も他者も同時に強く優しくしていくことに気づけば、生きることはもっと楽になるはずだ。

ＩＴの時代に――演劇は他者とつながる身体感覚

「役者は自分の体で動いてなんぼ！」

「詰まったらとにかくあれこれ動いてみる！　自分と相手の体が教えてくれるから！　アクション、リアクションでしょ！　仕掛けて、受けて、流して、また仕掛けて！」

「最初から頭で作らない！　体が動けば理由なんか後からわかるんだから」

中堅顧問として工業高校生たちと芝居づくりに「のっていた」ころ、私がよく口にしていた言葉である。

前述したとおり、顧問二校目の工業高校では、異なる個性をそれぞれ尊重しながら一つの芝居を作っていく面白さを私も生徒も実感しながら活動していたが、何もトラブルがなかったわけではない。「仲間の仕事に惚れ合う」領域に達するまでは、衝突もあるし、いい仕事をしたいがために悩みすぎて潰れそうになってしまう生徒もいれば、受け持った仕事に違和感を持ちながら苦しんでいる生徒もいる。ただ、演劇部内でのトラブルは「芝居を作る」という、最終的な目標に向けてであるから、人間関係が救いようがないほどこじれることはなかった。

やっかいなのは役者訓練だ。多くの生徒は役者になって初めて、自分の体をもてあます。

あたし、普段どうやって動いていたっけ？　この、二本の腕のなんと所在ないこと！　にわかに自分の体の、圧倒的存在に気づく。自分のものなのに、今まで「身体」が何かを表現していたなんて、全く気にもとめていなかったことに愕然とする。悩み出すと、仲間みんなで体育座り、車座だ。得意のミーティングが始まってしまう。そこへひょいと稽古を覗きに来た私に言われるのだ。

「またミーティング!?　役者が座っててどうするの！」

そして冒頭に挙げた「おこごと」につながる、というわけだ。

舞台の上、役者同士のコミュニケーションの基本は「言葉」と「身体」だ。言葉だけでいいならラジオドラマでも足りる。役者の生身の体がそこに存在することそのものが、演劇という表現の最大の強みであり、魅力なのである。

演劇部の毎日の活動はまず「始まりのミーティング」があり、本日の活動内容を全員で共有してスタートする。

「役者はシーン3、4に入ります。セリフ、大丈夫だよね?」「音響は隣のスタッフルームで編集で〜す」「美術は?」「大道具は外でパネルの塗りに入ります。衣装は足りない材料を買い出しにもう行ってます」とかなんとか、こんな感じだ。

ミーティングのあとは、それぞれの仕事がよほど詰まってこない限り、キャストもスタッフも一緒になって基礎練習をする。声と体の調子を自分でも確認し、仲間の調子も知る。上級生は下級生の声の様子を見てやり、腹に手を当てたり肩を揺すって力を抜いてやったりする。二人組になってストレッチや柔軟体操のために相手の体にじわ——っと力を加えあう。

こんなふうにして毎日毎日、彼らは互いの声を注意深く聞き、生身の体に触れる。触れられる。演劇部では人間の「身体」を認識する土壌が、日々耕され準備されているのだ。

そのころ、生徒たちを取り巻いていた環境はと言えば、携帯電話が高校生の間でものすごいスピードで普及していた時期だ。そしてその携帯電話は、「音声電話」としての利用よりも、「メール」利用の方が、コミュニケーション手段として圧倒的に生徒たちに受け入れられた。ネット社会の急速な伸長期に、教育現場の対応が追いついていけず、ある種、初めての混乱を現場が抱えていた頃でもある。もっとも、その後さらに七、八年の間にはスマートフォン、タブレット端末、LINE、ツイッター、フェイスブック、インスタグラム……と、次から次にIT器機とその機能とは進化し続け、この先もとどまるところが見えないのだから、教育の現場でどう対応していくかは永遠にイタチごっこの憂鬱であろう。

ともあれ、初期であるこの頃の生徒たちの関心事は、自分のホームページを作ってどれだけのアクセス数があるかとか、メールを送ったのにすぐに返事が来ないのはなんなんだとか、メールが来たからすぐ返信しないとやばいよ、たとえ授業中でも!　などといった「焦り」のようなものだった。

何度も繰り返すが、青年前期は他者との距離や差異に異常に敏感な時期だ。自分が周りからどう思われているかは、人生そのものであるというくらい重大事項なのだ。

そこに、即時性のコミュニケーションツールが登場した。しかも家に帰ってパソコンでメール交換していたという、まだのどかな時期はほんの短期間で、あっという間にメールアドレスは携帯電話によってまさにモバイル(携帯)できるようになってしまった。

入学したらまず、クラスメイトとの「メアド交換」だ。まだ相手がどういう人物かもわからないままにメアドを集める。メアドをいくつ獲得しているかがステイタスだ。直接交換したならまだいい方で、メディアリテラシーなどという概念を学ぶ前に、聞かれれば他人のアドレスも平気で教えてしまっていたから、「友だちの友だち」からある日突然メールが来る。

かくして、顔は知っているけど一度も話したことがない人、もしくはメアド交換の時に一回だけ話した人とメール交換が始まって、それだけでトモダチがたくさんできたことになる。極端な場合、メールで「告白」してメールで「付き合って」メールで「別れた」という話も聞くことがあったくらいだ。別れのメールがいきなり来て、どうしようと泣いて相談に来た女生徒によくよく話を聞いたら「メール恋愛」だった。私は気さくに見えるのか、生徒たちからの恋愛相談は新人の頃からよく受けていたが、これにはさすがにのけぞった。そこまで来たか。「そもそもそういうのは、付き合ってたって言わないんじゃないの?」と言ったら、余計に泣かれてしまったが。

担任していたクラスの四十人の生徒も、入学後五月頃の二者面談で「どう? 学校には慣れた? クラスに仲のいい友だちはできた?」と、この時期の定番の質問をすると「まあ——話したことはないけどメールやってる人も結構いるし」と言う。教室の中に一緒にいるんだから、実験・実習も一緒にやってるんだから「話、しようよ、直接!!」とつっこみを入れたくなるのだった。これはまずいんじゃないかと、ホームルームの時間にグループ・エンカウンターやら体を使ったコミュニケーションゲームを試みたが、入学後たった二ヶ月で、時すでに遅しの状態だった。不覚だった。

まず、コミュニケーションから「身体」がいらなくなった。ついで「声」までが抜け落ちていく。目の前の、手の届くところ、声の届くところに、まだ話したことがないクラスメイトがいるのに。

果たしてほどなく、偽メールによる嫌がらせ事件が学年内で何件か起きた。数人の生徒が、ある生徒をターゲットにして、その反応を面白がるという、あまりにも情けない、思慮に欠けた、子どものような「悪さ」だ。ただ、彼らはもう子どもではない。高校生であり、数年後には社会に出て行く若者たちだ。「悪さ」では許されない。手にしたこの新しい「おもちゃ」は、人を傷付ける「凶器」になりうる危険性を孕《はら》んだものであると、教師共々、ここでしっかりと確認しておかなければならなかった。

だれがそれを仕掛けてるのかわからない。話をする友だちもいるけど、だれが本当のことを言っているのかわからない。その生徒がどれだけ怖かったか、傷ついたか。嫌がらせを起こした生徒グループには意を尽くして説諭したつもりだが、あの時点でどれだけ伝わったか、今でも心許《こころもと》ない。そもそも、携帯電話を抜きにすれば、まだ人間関係の初めの一歩さえ、成り立っていなかった時期なのだ。

匿名の手紙とか、落書きとか、日常会話とかの、言葉による嫌がらせ、暴力はいつの時代にもある。それらに対して、一国語教師として「言葉の力」には人一倍敏感に、様々な場面で考え続け、直面する現場でもアンテナは常に高く鋭く張ってきたつもりだ。けれどもこのころからどうにも手に負えない感が出てきたのも事実だ。目の前でかわされる、心ない言葉なら、即刻その場で指摘、説諭することができる。しかし彼らの「言葉」は、電子に変換され、生身の「声」がない。そしてその生身の声のない「会話」が交わされている現場を、我々は直接知ることができない。お手軽でしかも大量の情報が、時と場所を構わずそこいら中を「飛んで」いる。

生身は面倒くさいのだ。時に生身はひどくきつい圧力で、私たちを傷つけもする。

だけど、生身を抜き去ったところには、人としての深い感動や交流も宿らないのではないか？　むしろ、それらはどこに宿ればいいのだ？　痛みも感動も、他ならぬこの身体に宿るのではないのか？

ポケベルが普及しきった頃、前任校で身体接触を拒否した生徒たちに出会って、何とも言えない危惧を感じたことは前述した。あれは何だったのだろうと、そして今また何が起こり始めているのだろうと、ＩＴ技術がさらに進んで、教育現場にとどめようもなく浸潤しだしたこの頃、またまた考え込むことになった。


本来、我々が他者と分かり合うとか、つながるとかいうのは簡単なことではない。それぞれが固有の生身の身体を持っているのだ。その身体感覚を発露《はつろ》とする相互理解などというものはひどくもどかしいものだ。

何しろ、生身の「身体」には生身の「感情」も「意志」も宿っている。それらをあわせて「身体感覚」だ。感情も意志も生身の体からしか発せられない。生身の体が言語以前に何かを感じ、思い、それがなんとか言語化され、そこからやっと絞り出されて外へ出る。明確な言語にできる場合もあれば、身体表現にしかできない場合もあるかもしれないが、ちゃんと身体を潜《くぐ》ってきたものは、よくよく醸成された真実であるだろう。時間が掛かっても、とにかくそうしてやっと他者に向かって発せられるのだ。受け取った側は、その逆順を辿って、自分の身体感覚にまで染みてくるものがあったとき、初めて、ああこういうことかと「腑に」落ちる。まさに身体の芯で、他者を受け取るのだ。その場でじわじわとわかることもあるし、二十年経ってから、ああ、あのときオレの親が言ってたことってこれかと、痛みとか暖かみとかを伴って腑に落ちることもある。いずれにしても誰かの身体感覚から発せられ、受け取る相手の身体感覚にまで染みたものは、それぞれの人間にとって「真実」なのだ。それが他者と真につながる、ということなのではないか。もどかしくても、面倒くさくても。


コミュニケーションの発信体・受容体は「脳」である、とは現代医学、大脳生理学がとりあえず辿りついた明白な理論であろうが、そういう「学問」は他で役に立ててもらうことにして、若者のそばにずっといた私はこう言いたい。

手のひらの熱さや、体中に熱い何かが駆けめぐる高揚や、背中のうすら寒さや、胸がふんわりと満たされる暖かさや、お腹がすうすうする心許なさというような、自分の体が発する、感じる感覚は、大切にしなければならない。嬉しいのもつらいのもあるけど、身体が直接訴えてくる、あの感覚をないがしろにしてはいけないよ。それが何なのかよくわからなくても、たとえもどかしくても。そして自分自身が感じるその感覚は、もちろん他者にも同じようにあるんだ。それにも想像力を深くして寄り添っていこう。身体感覚を大切にしよう。それぞれの体を通してこそ、そこにこそ、コミュニケーションの入り口があるのだから、と。

コミュニケーションの発信体も受容体も、まずは生身の体だ。熱くても冷たくてもいい。隣にいる人に、例えばうなだれて元気のない友だちの背中に、その手をそっと伸ばそうよ。

そして、演劇部の生徒たちだ。

彼らは図らずも毎日そういうトレーニングをしていることになる。前述したように基礎練習で「声」を出し、「体」に触れあってストレッチを補助し合う。

「先輩、今日、なんか声ひっかかってないっすか？」「あー、体育で叫びすぎたかも。バスケで対抗戦だったから」とか「う――ん、相変わらず背中、堅いなあ、お前、ちゃんとお風呂上がりもストレッチしてる？」「やってますよ～」とか、生身を通した「会話」がちゃんと聞こえてくる。

役者が稽古に入れば、登場人物の内面は、どうしたって役者の体を通して表現されなければ芝居にならない。ただの活字が役者の声と体を通し、生身として立ち上がらなければ。「元気よすぎ！　ここ、そういう場面じゃない。もっと背中丸めた感じでやってみて」とか、二人の役者が立てば、「心理的距離は物理的距離！　なんでそこでそんなに離れてるかな～」と、演出が私の口癖をまねてダメを飛ばす。自分が演じる役が今、何を抱えているのか、相手に対してどういう気持ちか、想像し理解し、相手役と相談したり、演出に指示を受けたりしながら模索して行くわけだが、究極は「役者は動いてなんぼ」だ。偶然、稽古中に体が響き合って「あ、そういうことか！」と、体で理解していくのだ。動く体がわかれば、「動かない体」の意味もわかってくる。ただ突っ立っているわけではないのだ。

たとえそれが、芝居のための訓練だったとしても、人間が生きることのあれやこれやを表現することが、演劇部の活動の日常だ。どうしたらより深くこの役を理解できるだろう、この体で表現できるだろう、仲間と表現できるだろう、そう考え、動き、もがき、毎日、生の声と体を響き合わせる彼らだ。

そうこうしているうちにいつしか、芝居のためだけでない、仲間に対する配慮や想像力や対応力が深くなっていくのは当然である。

その事件は、夏の合宿の最終日に起きた。

二年生になっていたヤベ（仮名――以後登場する人物名はすべて）は、ある発達障害を持っていて、ときどき感情爆発を起こす。けれど仕事は丁寧だし能力も高い。周りの状況が読めず、ときにみんなの意図とズレるという特性はもちろんあるものの、部員たちはそれはそれ、ヤベの個性として受け入れていた。ちょっと周りと衝突の気配があると、上手に察知して気をそらす役割のしっかり者の女子もいて、「一緒に芝居を作りたいという人なら誰でもＯＫ！　誰でも何かできる！」と常に言い続けて部を育ててきた私も、今年のチームもいいチームになってきてるなと頼もしく思っていた頃だった。

そのヤベが、疲れもあったのだろう、合宿最終日、昼食片づけ当番の仕事中に仲間に何かを注意されたのがきっかけか、稽古場に戻ってから突発的に感情爆発を起こした。

昼食が終わって、ごちそうさまの前、「午後の予定」を舞監（舞台監督）が確認した。私は食事の支払いのお金を取りに「ちょっと職員室に行くね。みんな、ちゃんと食休みするんだよ」と言い残して、合宿所を出た。

合宿棟から体育館前を過ぎ、職員棟にさしかかろうとするとき、後ろから「先生！　ヤベが！　ヤベが!!」と、トモがすごい形相で走ってきた。「どうした!?」「腕を切った！」詳しく聞かなくても何が起こったかわかった。おそらく「何か」が起こり、その感情爆発のままひとりで大道具の仕事を始めてしまったに違いない。「トモ、そのまま走って事務室！　救急車呼んでもらい！」トモは否定しないから、救急車は必要なのだ。

私はきびすを返して合宿所に走る。一階の食堂を覗くが片づけは済んで誰もいない。稽古場まで一気に駆け上がる。登り切ったところの階段にヤベとカズが血だらけになって座っている。ヤベの左腕をカズが「だめだ、さげちゃ！」といいながら一緒に高く持ち上げている。もう一方の手で、ヤベの腕をタオルで押さえつけているが圧迫止血では間に合いそうもない出血だ。

「ユウ、衣装の中から長袖の柔らかめの持ってきて。カナミ、道具の木っ端、そうだな二十センチくらいの！　止血に使うから」「はい！」二人が飛び出していく。「チハル、名簿！」チハルは舞監だ。合宿入りにはかならず全員の、そのときの緊急連絡先を出させ、顧問と舞監が持つ。「はい！」名簿を持ってすぐ戻ってきた。優秀だ。

「そしたらチハル、大道具四人に救急車の誘導配置ね、トモがわかってる」「はい！」大道具連中は大会の時の搬出でトラックを頼むとき、ちょっと面倒くさい入り込み誘導をいつもやっているから校門からここまで心配はない。ユウが持ってきたロングTシャツの袖を利用してヤベの腕をきつく縛る。布の間に木っ端を差し込んで締める。これでも救急救命講習は受けている。

ヤベは痛いだろう。でも、一緒に腕を上げているカズもその同じ痛さを感じているだろう。指示に従ってきぱきと動いている他の部員もみんな、ヤベの痛さと動揺を、我がことのように感じるから、顔を痛そうにゆがめながら、その痛みに突き動かされて動く動く動く。

出血がゆるやかになってきたのを確かめ、チハルに言う。

「あとは、必要な仕事をチーム単位でみんなに割り振って。午後の通し稽古は中止、風呂掃除、部屋掃除、トイレ掃除、廊下、階段、いつもより念入りに。とにかく体を動かしているんだよ」

「はい！」唇をぐっとかんでいる。

保護者に連絡がついて、私は救急車に乗った。病院で会う算段だ。

副顧問の安田先生に後を任せる。私が戻ってくるまで、部員たちにはとにかく体を動かして合宿上がりの掃除や片づけをやらせて欲しい、誰かがひょいといなくなるようなことが絶対ないようにと頼む。こういう突発的な事故は、ショックが後から来るのだ。

「ヤベ、ヤベ！　大丈夫だから！　大丈夫だからね!!　死んじゃダメだよ！」とアユが救急車のとば口にしがみついて叫んでいる。いやいや、このくらいじゃ死なないと思うよ、大げさだなぁとわざと軽く言おうとして飲み込む。彼女の伸ばした手がブルブル震えているのだ。ヤベを励ましながら、彼女の方が怖がっている。震えた手が、ちゃんと私にそれを伝えている。救急隊員が素早く専用の止血帯に交換したのを見て、「大丈夫、もう血は止まってる。ありがとね。じゃ、行ってくる」と言いながらアユの頭をなでてやった。

「アユ、役者チームはトイレ掃除だよ。ヤベは先生に任せて。行こう」ヨーコが後ろからアユの肩をしっかり抱いて連れて行く。

頼む、みんな。ここはみんなで乗り切っておくれ。

幸い、ヤベの傷はきれいに縫合された。特に心配はないという。

中年の外科医は「そうとう血が出てびっくりしたでしょう、左のここね〜、結構太い静脈が浅いところに通っているんですよ。ちょっと切っただけでも出血量、多いんですよね」と、胸からべったり血に染まったヤベの体育着を見ながらのんびり言った。

ヤベとお母さんを見送って学校に戻ると、おおかたの掃除は終わっていた。いつもなら合宿上がりのミーティングが始まるくらいの時刻だ。全員を広間に集めて大きく輪になって座らせ、全員の手をつながせた。

起こったことを、今日中にみんなで確認し、感情を共有し、突然の事件に遭遇してぎゅっと収縮してしまった体と気持ちを緩めておかないと、帰宅して一人になったとき、体と心が思わぬ時に急に暴れる。

私は、「ヤベは心配ない、激しい運動部でなければ二、三日で部活にも戻れるとお医者さんが言ってた、本人も落ちついている」、などと情報を伝えてから、

「みんな、怖かったね。怖かったのに、よく頑張ってくれました」というと、アユがまずメソメソと泣き出した。両隣のユウとヨーコが握った手に力を込めたのがわかる。聞けば何人かの女子は、ヤベの腕から激しく血潮が吹き出した瞬間を見てしまったという。何が起こったかわからないまま、ただ目の前は血の海になっていく。まだ、十六、七歳の生徒たちに、動揺するなと言う方が無理な話だ。

真っ先に駆け寄ってタオルで止血するカズ、先生へ！　と駆け出すトモ。一年生を心配して遠ざける上級生。みんな、気が付いたら体が先に動いていたという。そして今、ぐるぐるといろいろなことがそれぞれの頭の中を巡っているのだろうが、両隣には仲間がいて、互いに手を握っていてくれる。男子も女子も、しっかり握った手を離さないでいてくれる。

「あ――、オレ、今頃、ひざがガクガクしてきたわ」

「あたしもだ……」

素直に今、体が訴えてくる自分の状態を、仲間の前で口にすることができる。

「おい、トモ、ちびるなよ」

「ちびんねーよ」

女子が泣き笑いし、みんなの硬かった表情が少しほぐれてくる。私は緊張がほどけない生徒はいないか、注意深く一人一人の表情を見る。


演劇部でよかった。

この子たちは、生身の体を怖れていない。時に怖いことも生身の体は引き起こすけれど、その怖さを受け止め、回復していくのもまた生身の体であること、仲間たちの体であることを、経験として体感として知っている。「身体」

は、自分の状態を如実に表現し、他者に伝え、他者から受け取る、欠くべからざる「リアル」なのだと、無意識でもちゃんとわかっている。

生身のやりとりこそが、演劇部の土台なのだから。

ＩＴ全盛の幕開け期。

演劇部では常に、「身体感覚」に還元してすべての表現に向き合う。そうやって作っていく一つの芝居を核に、しっかりと仲間たちとつながっていく。こんな面倒くさい活動を、厭《いと》わない、怖れない演劇部の生徒たちは、実に人間らしい、愛すべき生徒たちなのである。

首つりシーンの衝撃——教育か芸術か、再び

少し時間を戻すが、男子校八年間の終盤ころだったか、私は教師として演劇部顧問として、ひどく衝撃を受ける出来事に遭遇した。

そのころの私は、顧問研究会にも頻繁に顔を出すようになり、県大会での役員なども少しずつ担当するようになって、中堅顧問の領域に少しは足を踏み入れたかなと思い始めていた。校内指導にとどまらず、積極的に他校の顧問と交流することや、役割を担うことでまた一つ世界が広がっていく充実感を得、またそれらはもちろん、自校の生徒たちにも還元されていった。前述した、第一作の生徒集団創作脚本から二年後には、その手法を使って生徒たちが書いた脚本で地区大会を突破し、初めての県大会に出場を果たしもした。

そうやって、県レベルのコンクールや、キャリアの長い先輩顧問が多く集う顧問研究会で個性豊かな先輩たちに学び、多くの高校の芝居を見、ふむふむなるほどと多くを吸収し、何かいろいろわかってきたもんね私、と調子づいて

いた頃。いきなり横っ面をはたかれた。

　ある年の県大会で信じられない光景を見たのだ。


それは県大会常連校の芝居の冒頭だった。

関東大会、全国大会進出の常連校でもあったその高校の芝居は、役者はもちろん総合的なスタッフワークも含めて極めてレベルが高く、毎年毎年、全県の演劇部員たち、顧問たちの期待度は半端ではない。大会に集う生徒たちは、ほとんど憧れに近い感情で食い入るようにその高校の舞台を見つめる。そして期待通り、その高校の芝居は全県の演劇高校生たちを毎年魅了し続けていた。

　今年はどんな芝居を作ってきたのだろう。いやがおうにも会場の期待が高まる。

　幕が開く。何か短いやりとりがその前にあったかどうか覚えていない。ほぼ幕開き直後、高みに歩み出た少女が、首をつったのだ。

　制服だった。確かにその少女の、いや、その役者の両足が中空に浮いた。まるまる、彼女の全身が、生身の高校生の体が中空で揺れた。あっ！　と思うまもなく、照明が消えてその不安定な体は闇に消えた。


　今はそこしか覚えていない。ただ全体を見終わった直後、この芝居のストーリー全体に照らして、どうしてもそのシーンが必要だったのかどうか、動揺しながらも出来るだけ冷静に考えてみようとしたことは覚えている。脚本はほとんど毎年、その高校の顧問の創作なのだ。なぜこのシーンを書いたのだ？

　しかし深く考えれば考えるほど、激しい怒りのようなものが噴き上がってきて、私は混乱した。作り手が表現したかったこと、観る人に受け取ってもらいたいことに、どうしても欠くことの出来ないシーンだったのか？　よしんば、絶対に妥協することの出来ないシーンだったとしても、教育の現場で行われる活動で、やっていいことではない――

それが私の怒りの根元だったと思う。

あの役をやった生徒は、稽古の度に首をくくる自分をどう思っていたのか？　それを毎回見ている他の部員たちは？　身近に縊死《いし》した親しい人がいる、という生徒はいなかったのだろうか？　今は大丈夫でも、誰か、いつか、心の傷として噴出することはないのか？　その子の成長を慈《いつく》しんでいる親御さんは、本番を見に来て、お芝居だからと納得できたのだろうか。自分の娘の体が宙に浮くシーンを直視出来たのだろうか――。

いや、考えすぎだって。体の安全な確保については専門家に相談もしたし。稽古、かなりしたから。ラグビー部の連中が、より確実に、より安全に体の動きを獲得するために徹底的にトレーニングするのと同じだから。何度も何度も確実に。慣れるまで、何度も何度も練習したから――。

そんなふうに、本人も部員も思っていたら？　そっちの方が怖くないか？　慣れる？　首つりシーンに？　慣れる？　どうしたら本当に首をつったように見えるか、何回も稽古した？　首の角度とか？　照明カットアウトのタイミングとか、みんなで何度も話し合った？　それは、怖いことではないのか？　深いところで。君たちはプロじゃないんだ、高校生なんだよ。

少なくとも私には、そんなことは恐ろしくて出来はしない。

本当のところは何も知らない。どんなやりとりが稽古中の部内で交わされていたかは、私の想像の域を出ない。ただ、体の確保は専門家の指導を仰ぎ、安全には万全を期した、ということを後から聞いただけだ。

当初は雲の上のような存在だったそのベテラン顧問とも、すでに親しく話をするようにはなっていた私だが、なぜかあのシーンの意図を、その日、直接たずねることができなかった。強烈に感じた違和感と怒りに似た感情を、自分で整理しきれなかったのだから、直接相手にぶつけることもできなかったのだ。

次の学校の上演が始まって、混乱した頭のまま、人のいなくなったトイレで私は一人で吐いた。そして何年も経った今でも、心の深いところにひっかかったままだ。

私は、教師になったばかりの春、教科担当の生徒を縊死で喪っている。五月だった。私自身まだ二十三歳にもなっていない、青年後期をもがく一人の、危うい若者だった。

緊張とワクワクの入り交じった、まだぴよぴよ新人教師一年目の私が、国語の教科担当として受け持った三年Ｂ組に彼はいた。教科書も出さず、いつも物憂げに机の上に両腕を乗せ、かといって眠るのでもなく不規則発言で授業妨害をするでもなく、時折じっと目を上げてこっちを見ていた。その目はひどく大人びていた。

ゴールデンウィークのある日、電車の中でばったりその彼と会った。ベースギターのケースを抱えていた。学ランとはうってかわって、明るい色のジーパンとジーシャツを着て、教室では見たこともない笑顔で「先生！」と、びっくりしたように私に向かって声を挙げた。私もびっくりした。外で会って、声を掛けてくるタイプの生徒と思っていなかったのだ。「あれ！　山岡くん。どうしたの、何か集まりの帰り？」またまた彼が驚いたように目を見開いた。「オレの名前、わかるんだ」「わかるよ〜、山岡靖之くん。Ｂ組。もう六クラス全部覚えたよ」「すげー、まだ五月なのに。若いから？　教師なんて生徒の名前、全部は覚えないもんだと思ってた」諦観なのか達観なのか、さらりとそんなことを言う。でも、いつもの物憂さがすっかり消えている。話が弾んで、彼が社会人の仲間とバンドを組んでいること、今日はその練習の帰り、などと快活に自分のことを話すのを聞く。私も友人の芝居の手伝いをしてきた帰り、と言って「なんだ、二人とも外で好きなことやってんのか」と、二人で笑った。「面白い先生が来たなぁって思ってたんだ。授業の合間に演劇やってたこと話すでしょ。授業より演劇の話の方がずっと面白いよ、先生」「う、うん……。それは……ほめられているのか？　責められているのか、な？」と言ってまた笑った。

別れ際、「オレ、今はバンドやってるけど、将来はミキサーになりたいんだ」と、力強い目をしてはっきりと夢を語った。「目標は大事だよね〜。しっかし、そんなかっこうしてると高校生には見えないね、二十歳過ぎのいい青年だね」という私に、彼はあいまいに笑って、先に電車を降りる私に軽く手を挙げた。

それから、ほんの数日後なのだ。職員朝会で、B組の担任教師が彼の自死を告げたのは。頭の中が真っ白になった。そしていきなり、昨日集めた国語のノートを返さなくっちゃ、どうやって返そう、とか、あれ？　彼はミキサーになるんだよ、担任は知らないのかな、などという、その場ではどうでもいいようなことが無秩序にぐるぐる頭の中を駆けめぐった。私は、完全に度を失っていた。

教師になって二ヶ月も経たないうちに、私は生徒の告別式に参列することになった。経験も長く、僧侶でもあるB組の担任教師は、よっぽど青い顔でもしていたのだろう、新人の私を気遣ってくれ、式の最中も「ここへ座りなさい」と私を隣に導いてくれた。

そして式の合間や帰り道で、諄々《じゅんじゅん》と諭すように「初めてのことでつらいだろうが、長い教師生活の中では、どうしたってこういうことに遭う。でも周りの教師を見ても、みんな三十数年の中で、こんなことは一回あるかないかだから。大丈夫か？　しっかりしろよ」と、ゆっくりと話してくれた。

「辞めるなんて言うなよ」ということだったのだと思う。まだ二ヶ月の私に、つらくても「ヤツのいないB組の教壇に立ち続けるんだ。それが教師としてこれから長く歩いてゆくために大切なことなんだ」という励ましだったのだろう。ありがたかった。

でも、続いてひょいと「ヤツはなぁ。二年も留年して、それでもがんばってたのになぁ」というつぶやきを聞いた。途端に、あの日の彼のあいまいな笑顔の意味を悟った。もしかしたら私は、快活な外見の奥にあった、彼の何か暗いものに無神経に触れてしまったのかも知れない。担任のその言葉は、再び私をひどく震撼《しんかん》させたのだった。

衝撃の首つりシーンを舞台で見せられたとき、私は三十代後半。十五年選手の中堅教師になっていた。それでも、強烈に過去をえぐられたのだ。そのシーンに遭遇して自分でも整理しきれなかった感情の底には、ある日突然、本当に喪われてしまった命への深い悲しみとやりきれなさが、そのままの状態でうずくまっていたのだ。今ならそれがわかる。

本当に喪われてしまった命を、そうやすやすと忘れられるものではない。あの夜、電車の中で彼が着ていた服の色も、交わした会話のひと言ひと言も、どうしてこんなにもはっきりと、今でも覚えているのだろう。

軽々しく語れる死などない。ましてそれが若者であれば、教師としての私にとってはなおさらなのだ。


ただ、あの芝居の衝撃のあと、私の中で明確になったことがある。「死」は禁じ手、ということだ。誰がなんと言おうと、私は高校生の芝居作りに「死」は禁じ手とする。軽々しく「死」をドラマのために表現として選んではいけない。


創作脚本を作る過程で、「なぜダメなんですか」と何度も生徒に問われた。私はいつも生徒たちにこう返してきた。

「本当に、身近かな大切な人を喪った人が、観ているお客さんの中にいるかもしれないと、いつも考えなくちゃ。想像しなくちゃ。自分自身がキワキワの所にいる人もいるかも知れない。そういう人たちがそれでも観てよかった、と思える芝居が今の自分たちに創れるのかと、本気で問うてみなさい。『死』を描くことは生半可ではできない。本気の覚悟がいるんだよ」

芝居作りは創造する作業であるけれど、その底の所にあるのは想像力だ。若者であればあるほど、まだまだ足りない経験をいかに想像力で補うか。人の痛み、喜び、苦しみといった、他者への配慮を想像力で補って寄り添い、その上で、少ない経験ながら一本の脚本を書き、上演する。観てくれる人々に独りよがりではない思いを届けたいと願う。それが高校生が目指すべき演劇の、一つの形なのではないか。

そして、その未熟ながら誠実な想像力を生徒たちに促すことこそが、顧問の役割だと思うのだ。

若者と演劇との出会いには、いくつかの深い危険も潜んでいるのを忘れてはならない。

演劇を通して、「生と死」に思いを巡らせがちになることは特に、その危険の中でも最も細心の注意を払わねばならないことだ。私は強くそう思う。

「生きること」の合わせ鏡である、「死」への問いを、常に抱えている若者たち。なぜ生きるのか、なぜ死んではいけないのか――それを芝居の中で描きたいと思うのは、もしかしたら若者にとって必然の希求なのかもしれない。「死」に、より近いのは老年者ではない。物理的年齢経過ではない。若い彼らは「死」に近いところを、なんと危なっかしく歩いていることか。観念的に哲学的に、若者は「死」に近い。時間と経験の蓄積が与えてくれる客観の広野《ひろの》に辿り着く前、若者の狭隘《きょうあい》な主観の海は深く、そこは実に「死」に近い場所なのである。

こんなふうに、本当は切実に「死」に近い、そういう時期を生きている若者たちの芝居で、軽々しく「死」を扱ってはならない。いたずらに蓋をして遠ざけてもいけないのは承知の上で、私はそう主張したい。

長い高校教師の経験を通じ、実は新人時代のあの経験のあとも、私は何度か生徒の現実の「死」に直面した。若い命が喪われていくのは、本当に耐え難い。それを痛感してきた私にとって、改めて高校演劇では「死」は禁じ手、そう思う。


高校演劇は、芸術活動ではない。教育活動だ。それは揺るがない。

演劇はすべての人を解放する――「ハレとケ」の自由な往来

「学年団に演劇部の顧問が二人いるんだから、この学年はもちろんお芝居だよねぇ?」

予餞会《よせんかい》の学年団教員出し物に、外野からこんなプレッシャーがかかり始めたのは二学期の終わり頃だったか。工業高校で担任を持ち、なんだかんだで結構な怒濤の日々を過ごし、やっと三年生まで持ち上がった。最後の難関、就職・進学指導もまずまず目処がついた。あとは年が明けてからの卒業認定まで、生徒たちも我々教員ももうひとがんばり、という頃だ。
「学年団」とは、同じ学年の六クラスを横並びで受け持っていた担任六人と副担任三人、そして学年主任を合わせた十人の教員団のことだ。ここまで来ると「同志」とか「戦友」的な、そこそこ結束の堅いチームになっている。「予餞会」とは、中学校でいうところの「三年生を送る会」のことで、学校によって伝統的に様々な形があるようだが、全体プログラムの中に、三年生学年団の教員が、生徒たちの卒業を祝って最後くらいはいつもの威厳(?)を取っ払って「出し物」をする、というのが組み込まれているパターンは多い。
ハンドベルの合奏、教員バンドの熱演熱唱、その年流行したJ-POPやダンスを衣装もつけて歌って踊るなどなど。職業柄、先生たちはアイディア豊富だし、なんだかんだでいやだいやだと言っていた先生も最後はノリノリになったりする。毎年、なかなか力作ぞろいで、笑いあり、涙は……あんまりないけど、生徒たちは大喜びなのだ。

さて。ここに最強軍団が現れた。今年の学年団はお芝居をやるらしいと、すでに噂が先行していた。

沈痛な面持ちが並ぶ学年会議。最後まで残ってしまった議題は、困ったちゃん生徒の卒業認定をどうするかでも、就職が決まらない生徒のことでもない。生徒たちはみんなちゃんとがんばった。問題は我々なのだ。予餞会で何をするか、決まらない。「どなたかいい提案はありませんか」と、何度目かの学年主任の声に何人かがちらりと私の方を見る。期待を込めた視線が横頬に突き刺さる。
う――む。芝居かあ。そんな簡単なことじゃないんだよ〜。演劇部は常に鍛えているわけで、芝居を作る段取りもわかっている。しかしこの集団は芝居の段取りの「だの字」もわからない人々の集まりなのだ。出来るかな。台詞覚えて、出番覚えて、動き覚えて。そもそも準備期間が短か過ぎる。一緒に稽古する暇なんてあるのかな。やるならそれなりのものを仕上げて、ちょっとは生徒たちをあっと言わせたい。もしくは爆笑させたい。演劇部正副顧問がいて、指揮をふるう以上は、生半可なものは見せられないのだ。私のプライドが許さない(笑)。

「私に企画せよと言うなら、歌でちょろちょろっていうのはないですよ。芝居です。ちゃんと、お芝居、やってもらいますよ」

早くも芝居がかった言い回しで、他の教員たちに向かって自慢の低音で言い放つ。仲間うちで姐御と呼ばれた私の声音《こわね》に恐ろしくなったのか、早く会議を終わらせたいだけなのか、何人かがかくかくと頭を上下に振る。

おうよ、やってやろうじゃないの。腹を決めた。このあたくしが、脚本も書きましょ。演出もしましょ。次回の学年会議で大まかのアイディアを出すことでその場は収まった。

こうなったら、俄然燃えてしまうのが私のいいところ、お馬鹿なところ。最小の時間で、最高のパフォーマンスだな、うん。それぞれの先生たちの魅力を引き出して、女性教員は私だけだから何人かには女役してもらって、と……。わわわわ――っと、アイディアがあふれてきた。

まだ脚本の形にはなっていなかったが、次の学年会議で構成や配役などの原案を出すと、やれオレの台詞は少なくだの、出番は少なくていいけどかっこよくネだの、この役ならカツラがかぶりたいだの、えーっスカート履かなきゃダメなの？　だの、主役は誰なの誰なの!?　だの――言いたい放題、わがまま放題。うるさいよ！「お任せします、何でもやります」って、先週の学年会議では言ってたぞ、君たち。

でも、ちょっと待てよ。なんだかみんな生き生きしている。わがまま放題の発言は私のアイディアを面白がってくれているからだ。もう頭の中でそれぞれ自分がステージに立つ姿を思い描いているのだ。

恐るべし、演劇。すばらしきかな、芝居！

何が、普通のヒトビトをもこんなにも惹きつける？　面白がらせる？

しっちゃかめっちゃかなみんなの要望を汲み、いよいよ脚本の形にまとめていく。でもただのドタバタじゃダメだ。三年間、生徒たちも色々あった。我々学年団も頑張った。それも匂わせつつ、「予餞会」の名にふさわしく、旅立つ生徒たちへのエールを込めたい。

そのころＮＨＫの人気番組だった『プロジェクトX』は、「ものづくりに賭ける男たち」をテーマにしたものが多かった。ここは工業高校だ。生徒たちには染み渡っている。そこで脚本は『プロジェクトX』の構成やあの特徴的なナレーションをベースにした。その中に、近年流行したいくつかのドラマや映画、生徒たちに馴染みのあるアニメの主人公などを登場させる。そしてこれまた大流行だった『マツケンサンバ』をみんなで踊って大団円。

登場人物は全員がドラマや映画の主人公なのだから、みんなの要望通り全員が「主役」という設定で、脚本が書き上がった。配役は、有無も言わせずに私が振り当てた。三年間、苦楽をともにした仲間だから、個性はよくつかんでいる。みんな、はまり役なので脚本を配ったら即、目をキラキラさせて自主的に役作りに入る、入る！　だからこの学年団は好きなのだ。

『セーラームーン』チームは衣装を自前で買いに行き、ご満悦。セーラームーン姿もタキシード仮面姿も本番では大喝采。『冬ソナ』チームは雪だるまの小道具を自分たちで作ってチュウの練習。『セカチュー』チームはスカートのサイズ直しで奥さんまで巻き込む。『マツケンサンバ』チームはキラキラ和服の調達からカツラ探しまで入れあげる。「腰元ダンサーズ」を快諾してくれた、普段はドまじめ物理教諭が、ＤＶＤを自費購入、自宅で踊りの自主練までしてくれたという話に私は涙した……。当日ほっぺに赤い丸のメイクの何とかわいらしかったこと！

私も実は自宅でＤＶＤ（私はレンタル）を研究、『マツケンサンバ』をみんなにわかりやすく覚えてもらうために、自分で踊っては確認しながら、振り付け解説をイラストで作成したのである。「ちょっと、お母さん、『仕事』するんだから、誰も入ってこないでよ、見ちゃダメだからね！」と十数年前に娘たちが発した言葉をそのまま返し、ぜいぜい息を切らしながら、「卒業証書授与式」の前の、この学年での最後の仕事のためにめいっぱい頑張ったのである。

いつも演劇部が使っている合宿所二階を占拠し、なんとか二回くらいの全体通し稽古はできた。あとはみんな忙しいから自主練習としたが、衣装も付けた全体稽古は爆笑渦巻き、こんな楽しいこと勤務時間内にしてていいのか？

というほどの面白さ。本番の大ウケは言うまでもなかった。

なんでこんなに頑張る？

普段全く芝居に縁のない人たちが、なんでこんなに楽しんでいる？

観てくれた生徒たちを何ゆえこんなに楽しませる？

「自己解放」と「何でもあり」が芝居の醍醐味だ。「芝居だから」というエクスキューズの中では、誰もが日常の自分から解放されるのである。解放していいのである。この、「解放儀式」がもたらすものの力とその効果を、人は誰でも潜在的に知っているのではないか。古代から私たちの体に流れる、血の記憶として。

今、私たちにとって、古代から共同体の中に自然と組み込まれていた「ハレ」と「ケ」の、絶妙な時空間の行き来は、身近なものではなくなってしまった。それは、二つの世界の行き来による豊かな力を失いつつあるということだ。悲しき近現代人。

歴史的には、私たちは「ハレ」と「ケ」の時間と空間を、その自由な行き来を、自然に持っていた民族の一つだ。『古事記』・『日本書紀』を引き合いに出すまでもなく、神々でさえ「ハレ」の場では羽目を外す。ギリシャ神話でも同じことだ。

我々の神々は、天《あめ》の石屋戸《いわやと》の前ではだか踊りをする女神を見て、みんなでどっと笑って騒いだ。この場面は「ハレ」そのものというより、天照大御神《あまてらすおおみかみ》（太陽神）が石屋戸の中に隠れて、世界が闇に閉ざされてしまったから、こりゃ非常事態だと策を練り「ハレの演出」をしたのだ。なにしろ、神のはだか踊り！　究極の自己解放だ。それが許されるには「何でもあり」の「ハレ」を演出する必要があったのだ。

一方、民も農作業が一段落すれば、若者たちが「歌垣《うたがき》」に集い、歌い、踊り、農作業の「ケ」から解放される。

「ハレ」の祝祭の広場で、これぞという相手との出会いを求める。意中の相手と気の利いた、もしくは直球の歌を詠み交わし、二人して闇に消えていくのだ。上代《じょうだい》(奈良・平安期)の古典文学や近代の民俗学の研究書には、そういった「ハレとケ」の現場やその役割などに言及した解説を、いくらでも見ることができる。

失ってしまった古代の伸びやかさを懐かしんでも取り戻すことはできないので、現代を生きる私たちには、分かりやすく「ハレ」と「ケ」を「非日常」と「日常」と言いかえてみる。「日常」は生きるための労働と生活が中心だから、これこそが人の営みの基盤であり、尊さや喜びもそこに宿るものだけれど、一方でそれは長くて淡々としていて、紛れもない現実だからたいした面白みもなかったり、時にはひどく苦しいことにぶつかったりもする。

我慢もしなくちゃならない。共同体の中ではやってはいけないことがある。「ケ＝日常」の時間には絶対やってはいけないことが。ルールは共同体の生活を安寧に保つ大事な約束事だ。好き勝手にやる「何でもあり」や、いきなりの「いつもと違う行動」はとがめられる。それは裏返せば、そうやって約束事を守ってさえいれば、明日もまた同じような(つまらなくても)日がやってくるという暗黙の安心がもたらされ、我々の生活の平穏を担保してくれるということだ。それが、個人と共同体の生活＝「日常」を支える、ということになる。

ただ、そういう「日常」には、澱《おり》のように人の胸底に溜まっていく何ものかがあるのも確かだ。「日常」に中にこそ、尊さを見つけ、淡々と自らを磨き、常に心が平らか。そんな人はよほどの人格者か高僧かだろう。めったにお目にかかれない。我々凡人には「日常」で溜めてしまう、溜まってしまう澱を、時々は抜きさる「非日常＝ハレ」の時空間への移動体験が必要なのだ。必要なのに、どうすればいい？　われわれは身近な「ハレ」を失った。「ハレ」を上手に経験できなくなっている。

そうだ、祭りがある。

「日常」から「非日常」への軽々とした踏み越え経験として、地域に根ざした祭りは古代の伸びやかさを残している、我々の財産だ。年に一度、御輿を担ぎ、山車を曳き、笛太鼓を奏で、神楽を舞う。締め込み一丁の裸体で御神旗を奪い合ったり、大きなご神木にまたがって山の急斜面を下ったりもする。まさに堂々たるハレの姿、ハレの時空間だ。祭りという「非日常」の時空間へ、思いっきり「日常」から遠く遠く、飛ぶのだ。そのひととき、人は「日常」からの全き解放の至福を得るのだ。もしかしたら、行きすぎて神との交歓を得ている人もいるかもしれない。

ただ、地域の祭りのある共同体に属し、地域ぐるみで「非日常」を定期的に体験できている人は、今、どれくらいいるのだろう。共同体が細っていき、祭りの担い手が減り、やがていなくなる。そして伝統的な祭りが自分の人生の一部に組み込まれていない人が、どんどん増えていく。「都会神話」にあこがれ、古くさい故郷《ふるさと》の祭りを自ら捨ててきた人もいるだろう。気づけば「日常」につぐ「日常」の海の中で、息継ぎができなくなっている。生活の平穏は確かな「日常」の連続によって得られるが、魂の平穏とたくましさは「ハレとケ」の健全な往来の中にいてこそ保たれ、育まれるのではないか？

澱を吐き出し、また戻ってくる。「ハレ」はどこに行ってしまったのだ。

それでも。

子供らは、アニメのヒロインになりきって、スティックを振る。シャラリラリラ——ン！　戦隊モノのヒーローとなって中空を蹴って飛び降りる。低いベンチからだけど、気持ちは敵のアジトの資材置き場の上からだ。え——いっ！　とうっ！

みんな小さいときは、保育所の劇遊びも含めて、なりきりの世界、「ハレ」の舞台が大好きだったのに、長じるに連れてそれを忘れていく。そしてそのまま高校生になってしまった彼らは、気がつけば演劇部の人たちを「ちょっと変わった人たち」と呼ぶ。「稽古」とか言って、泣いたり笑ったり、時には怒鳴り合ったりしてるし、なんか妄想してること多いし。

ちょっと待って。「日常」「非日常」の自由な往来を忘れてしまった君たちこそ、変な人たちかもしれないよ？　演劇部員は、豊かな「非日常」を常に大らかに行き来し、本人が気づかないうちに、例えば親とのモヤモヤを、現実の澱を、稽古の中でロールプレイして上手に吐き出していたりするのだ。

でも、劇遊びの楽しさを忘れてしまった彼らも、その本質まで無くしてしまったのではない。そうでなければ、いい大人があんなに予餞会芝居に燃えたりしない。宴会の出し物にグッズを用意したり、コスプレの週末にワクワクしたり、ライヴで腕を突き上げて絶叫したりはしない。「演劇」という形ではないけれど、ここにも何らかの「ハレとケ」の往来があるからだろう。

私の最終勤務校になった四つ目の高校の文化祭では、三年生がクラス単位で演劇やミュージカル仕立てをベースに、歌ったり踊ったりするパフォーマンスの発表が伝統になっていた。わざわざ受験の踏ん張り時の夏休みに、何度も集まって練習するのはなぜなのだ？　脚本を作って、配役・裏方を決めて、振り付けを決めて、大道具も衣装もつくる。夢中になって準備をする。もちろん、受験が心配だったり若干冷めていたりする子はいる。でも、すったもんだの末、どこのクラスも九月始めの文化祭当日には、クラス一丸となってパフォーマンスに臨むのだ。

私の担任したクラスも、オリジナルの脚本を生徒が書くところから始まり、総勢四十一人にすべて役割があり、暑い暑いひと夏を、みんな汗まみれで練習と受験勉強に取り組んでいた。

本番当日。

セリフが飛ばないかなと、ちょっと心配しながら見ていた芝居の部分も観客に大ウケで無事に過ぎていき、スタッフも揃っての最後のフィナーレダンスになった。舞台いっぱいに並んで、まさに全力を傾けて踊る四十一人を、私は頼もしく、そして誇らしく見ていた。奇妙な着ぐるみを着たり、顔に派手なペインティングをしたり。鮮やかな彩りの衣装に身を包んだ制服じゃない自分、何者かになった自分。そんな四十一人が力一杯、みんなで息を合わせて踊る姿の、なんと楽しそうだったことか！　爆発しそうなほどの自己解放の喜びに満ちた顔、顔、顔を、私は今でもくっきりと思い出すことができる。

大丈夫。この子たちは非日常の世界へ存分に自分を解放しに「行ってきた」。だから「帰ってきた」ら、また、すっきり前に進んでいける。仲間たちとこんなに一体感を持ち、今まで知らなかった仲間たちの姿、仕事、特技に惚れ、それによって互いにつながることも知るという、大きなおみやげを持って帰ってきた。演劇部の生徒たちに起こることと同じことが、ここにも起こっている。

「ハレ」が、芝居だからだ。「芝居」が「ハレ」の手だてだからだ。

芝居は、演劇は、どんなに時代が移ろっても、そういう普遍的な魅力と力を持つ。

その体験は、演劇部でなくても、その気さえあれば、いつでも、誰にでも、どこででも起こるのだ。私はそう信じている。

兄弟姉妹のように家族のように——深い喪失からの恢復

「先生、飲み会最終連絡です！　金曜日の夜七時、大宮駅集合で。私とサーヤと、それからはるみさんも参加です。キョンは仕事が終わり次第、駆けつけるそうです」

「了解！　前回、はるみさんに会えなかったから、楽しみにしています。ヤイチはまだ金沢？　ホントに帰ってこないヤツだな〜。じゃあ今回も女子会だな」

大学三年になったミルクとのメールだ。

演劇部で一緒に芝居づくりをした生徒たちはみんな仲がよい。クラス担任だった生徒たちより、演劇部の卒業生から飲み会の誘いが掛かる方が圧倒的に多い。いいオッサンになった男子校時代の卒業生たちとの飲み会もいまだに続いているし、工業高校時代の卒業生たちからは今ちょうど、結婚式のお声が掛かる時期である。

それにしてもミルクたちの代は特別だ。まだ卒業して間がないというのもあるし、工業高校のあと、私の最後の勤務校となった高校の演劇部員たちということもある。在学中から「あんたたちは兄弟みたいだね〜」というのが私の口癖だったくらいだ。

部長だったサーヤ、なぜか今はすべてのまとめ役をしているミルク、大学に行かず公務員になったキョンの、女子三人と、大道具が高じて？　木工がやりたいと、金沢の大学に行ってしまったヤイチ。この代は今はこの四人。

ヤイチは大学に行っても芝居を続けていて、卒業後二年目の春四月、ミルクがわざわざ観に行くと言うから、私も！　と、一緒にヤイチの芝居を観に行ったことがある。ちょうど退職直後で、ちょこっとごほうび旅行に行こうかな、なんて思っていた私にはいい機会だった。観光半分なので兼六園でミルクと落ち合い、夕方ヤイチの芝居の会場に向かう。寡黙なヤイチが、芝居がはねた後、もそもそと出てきて「どうも。わざわざありがとうございます」なんて言うのを聞いて、あれ、ちゃんと挨拶できるようになったね、と嬉しいようなしんみりなような。久しぶりだろうからと、わたしはちょっと遠慮して、遠目からミルクとヤイチが話しているのを見る。ふざけあって楽しそうにしている二人の再会の様子を何とはなく眺めていたのだが、まったく相変わらず兄妹みだいだね、と思った途端、急に泣きそうになってあわてて夜空を仰ぐ。ああ、埼玉から遠く離れた金沢に、今いるんだな、その夜空の下なんだな、そこに、ヤイチとミルクと私か。不思議だね。みんなで来られたらもっとよかったな――などと思う。

ホテル取ってあるんだよね？　とミルクに聞くと、「ヤイチを追い出してヤイチの下宿で寝る、私はヤイチと一緒でもべつにいいんだけどさ――」と言うミルクに、いくら何でもとあきれて、前ノリしている私の宿にミルクを連れて帰る。

「あざ――す！　先生はさあ、あたしたちの第二の母だからね！」などと言う。

確かに気づけば私も年を取った。駆け出し顧問の頃、休日の稽古に連れてきていた当時保育所通いだった私の二人の娘たちは、常に高校生である日々の教え子たちをとうに追い越し、独立した。私も生徒たちの保護者といつしか歳が並び、そして追い越すほどになっていた。ミルクが私を「第二の母」と言っても全く不自然ではない。


同じ五月のゴールデンウィーク、今度はヤイチが地元に戻ってきて、みんなで食事会をしようということになり、一つ下の代も一緒に全員が集まった。実は私の退職祝いだったらしく、私は一人一人から抱えるほどのプレゼントをもらった。

それがまた、ヒアルロン酸たっぷりのフェイスマスク、竹製の涼しげな玄関マット、おしゃれな茶筒、品のいい花の絵付けのご飯茶碗と湯飲みのセットなどなどで、どう考えても「母の日のプレゼント」なのだ。昨日帰ってきたばかりのヤイチはいつものぼそぼそ声で「早めに食べて下さい」と、漬け物を差し出した。

まだ未成年がほとんどなので、お酒はなし、お腹いっぱいお好み焼きを食べて、しゃべって笑って近況を聞いてわいわい過ごしたあと、みんなにお礼を言う。

「前にも話したけど、私が早期退職したのは前の学校にいたときからずっと考えていたことで、んー、ほら、ケイとのことじゃないからね。四十五歳の時、お花畑を見てしまったほどの事故に遭ったからさ。生還したとき、戻ってこられたことに感謝して、かつ、あと十年、頑張らせて欲しいって、神様？　にお願いしたから。その十年が経った」

「先生は不死身に見えるから、これからはもう大丈夫ですよ！」とサーヤ。

「そうだね。みんなもこれからそれぞれ、自分の道をしっかり歩いて。プレゼントもありがとう。全員集まれて良かった……って一人足りないけどね」と私。

「あー、来てます来てます、この辺に！」と、ミルクが自分の隣の空間に、人型をなぞるように両腕を上げ下げする。

みんなが穏やかに頷く。

大丈夫、この子たちは大丈夫。ここまで来た。もうすぐ二十歳になる四人と、この春、高校を卒業して大学生になった、一つ下の後輩三人。かつて一緒に、一つの芝居を作った七人。混乱の海に、ある日突然投げ出されても、決して手を離さず一緒に泳ぎきった七人。

みんな、それぞれの別の道に歩み出している。

彼らは、十七歳と十六歳の夏、ある日突然、仲間を喪った。

あの日から彼らは何度も何度も、胸の中でその日を反芻してきたことだろう。

仲間が死んだ。夏の終わり。

今週も一緒に、いつも通りみんなでガッチリ稽古をした。

明日は部活はお休みだ。夏休みもあと少しで終わっちゃう。コンクールは近い。

軽口を叩いて校門で別れた。

「じゃ、月曜日！」

「みんな脚本持った？」

「稽古場に置き忘れてると、また先生の雷が落ちるよ！」

「『誰だ！　脚本ほったらかしにするヤツは!!』」

「あははは!!」

いつもと同じ週末だった。

それなのに、月曜日の朝、ミーティングで先生は言った。

「ケイが、死んでしまったよ……」

え？　なに？　どういうこと？　目の前が暗転した。

いつもと同じ月曜日の朝のはずだったのに。
ケイのカバンの中には、ちゃんと脚本があったのに。
ケイは、いない。
急にいなくなっちゃうって、死んじゃったって、どういうこと？
どういうこと？　どういうこと？　どうして？

そう、演劇部の生徒が死んだ。二〇一二年夏の終わり、秋のコンクール地区大会の三週間前だった。命を預かっている現場で、起こってはいけないことが起こる。本当に起こる。テレビドラマや映画の話ではない。自分の現場で、本当に起こる。

前述したが、私は教師になったばかりの五月、教科担当の生徒を亡くしている。あの時は私はまだ二十二歳の終わりで、自分自身も危うい若者だった。それから何年も若者たちと時を過ごし、さまざまなことを教師として経験し、たくましくもなったし、腹も据わって来た。生徒とのトラブルも、保護者のクレームも、三十数年の間にはかなりきわどい場面もあったが、教師としての仕事の大体のことは耐えられた。就職指導に納得がいかない父親が突然学校にやってきて、すれすれまで顔を近づけられて怒鳴られても、別に怖くなかった。何度も生徒指導案件を繰り返し、今度事件を起こしたら退学だというキワキワの生徒がいても、夜の家庭訪問がつらいとも思わなかった。

だって、肝心の生徒は、生きている。生きて、いつか何かをつかんでくれればいい。

だけど——だから。生徒が死ぬのだけは耐えられなかった。

生徒は死んではいけない。若者は死んではいけない。なぜ？　理由なんかない、死んではいけないから死んではいけないのだ。

でも、死んでしまう。突然の事故で。進行の早い病気で。急に呼ばれたように自ら。

何人かの生徒が、突然、私の前から、仲間の前から、学校からいなくなってしまった。

あったはずの未来も一緒に、ふっつりと絶たれて消えてしまった。

生徒が死ぬのだけは耐えられない。


その月曜日の朝、前日に管理職とも打ち合わせをしたとおり、いつもの稽古場の合宿棟二階ではなく、職員室の並びの物理講義室に集まるよう部長に連絡した。合宿棟は職員室から遠い。人の出入りも少ない。

稽古中も何度も直しを入れた脚本の決定稿が刷り上がったから、広い物理室の机を借りて綴じ込み作業をしよう――朝、職員会議がちょっとあって私は遅れるけど、早くに印刷物は用意しておくから、みんなで先に作業は始めていてね――と舞監にも連絡しておいた。ちょっと、嘘だ。ごめん。

夏休みだから、授業はない。ホームルームの集まりはない。まずは今日、いつも通り稽古があると思っている演劇部の生徒に伝えなければならない。仲間の死、という現実を。


「みんな、おはよう」

「おはようございまーす！」

「まだ来てない人は？」

「いつも通り、ケイが遅刻でーす。あとはみんないまーす」

さわさわと起こるいつも通りの笑い声。

いつも通りなら、「しょうがないな〜、舞監、連絡は入ってんの？」と続けるけれど、今日はそれが言えない。ケイは、ここには来ない。もう、二度と。

「ミーティング始めるよ、作業は中断ね」

物理室の後ろに、椅子を持って丸くなって座るように指示する。

「みんな、手をつないで」この辺りからいぶかしそうにする生徒がいる。エチュードでもコミュニケーションゲームの時間でもないのに、なんで？　物理室の入り口近くには教頭先生と養護の先生が座ってるし。

「今日は大事な話がある。しっかり聞いて」今度は不安そうな顔になる。ああ、ごめん。みんなにひどくつらいことを聞かせなければならない。間髪を入れずに「ケイが、金曜日に事故で死んでしまいました」一気に言う。一瞬の間のあと、おどおどと焦点の定まらない眼差しでみんながこっちを見る。ぱっと体が緊張して、それから、腕から無意識のうちに力が抜けていくのがわかる。「しっかり手をつないで！　離しちゃダメ！」励ますようにそれでいて厳しく声を掛ける。その声は私をも励ますものだ。勘のいい演劇部の生徒たちは、もう、これは、仲間の死は、悪い冗談でもなく、夢を見ているのでもなく現実なのだと悟る。

頑張って。頑張っておくれ。最初の嵐を、しっかり受け止めておくれ。ミルクが泣き出す。ミルクとケイは入学当初、男子と女子だけれど背格好が大層似ており、まさしく姉弟のようで、二人して年中ふざけ合ってきた仲だ。二年生になってさすがにケイの身長がどんどん伸びてきてミルクを見下ろすようになり、最近はそのネタでよくじゃれていた。「ちっちぇーままだな～おまえ」「へん、中身はまだあんたの方が子どもだね～」とかなんとか。

みんな泣き出す。泣きたいだけ泣かせる。私はぽつぽつと、状況を伝えたりしながら、みんなのことを一人一人注意深く見ていく。ヤイチだけが、泣かない。後輩の男子は泣いている。一年生二年生あわせて、このとき泣かなかったのはヤイチだけだった。

前述したが、若者は精神的に「死」に近い。友人の死は、同時期を生きている自分の死と、危うくすると同義になる。自分にとっての死生観をものすごく近いところで刺激する。まだまだ未熟な、その死生観を。私は、この七人を守らなければならない――何としても。

この日から、残された七人の生徒たちに対する、私の渾身のグリーフ・ケアが始まった。そしてそれは同時に、芝居を作る集団、一つのものを作っている仲間というものが、どれだけ強く結びつき、どれだけ深く支え合い、そして突然の深い喪失からいかに一緒に恢復していく力を持っているかを、図らずも教えてくれた。私に、彼らに、そして我が子を突然喪った母親、「はるみさん」にも、それを強く信じさせることになっていくのである。

文化祭公演が一週間後――地区コンクールが三週間後――。地区コンクールが行われる公共ホールでの会館スタッフとの打ち合わせ、ヒアリング、その資料準備。運営のための生徒実行委員会の集まり。会場準備、道具搬出、リハーサル……。地区コンクール本番の前はやることが目白押しだ。たくさんの他校の生徒や顧問、会館スタッフとも顔を合わせなければならない。やっていけるか？　このつらさを抱えたままで。平気な顔で去年と同じように打ち合わせや会議を乗り切っていけるか？　二学期の授業だって始まるのだ。始業式には校長先生が、全校生徒の前でケイの死を告げるだろう。クラスメイトのみんなも混乱するだろう。ケイ君って演劇部だよね？　大丈夫？　たくさんの友だちに何度も何度も聞かれるだろう。何度も何度も、何かしら答えなくてはならないだろう。そんな中で本番上演まで、辿り着けるのだろうか。

毎日、悪夢から醒めて、やっと体を引きずってきたような生徒たちと「いつも通り」ミーティングと基礎練習。だけど彼らは、体も気持ちも、「いつも通りではない」。誰も休まず、誰も遅刻せず、きっちりそろって毎日ミーティングの時間には顔を揃えている。誰かが何分か遅れ、誰かが体調不良で欠席、そういうのが当たり前なのだけれど。きっちり揃う。みんなと一緒にいなければ――みんなと一緒に。一人でいたら、大きな穴に吸い込まれるような得体の知れないものが襲ってくる。

そうやって、みんなでいることを生徒たちは求め、選んだ。誰も、家に閉じこもってしまわなかったのが、救いだった。

生徒たちに事実を告げてから、家庭とも頻繁に連絡を取り、家での様子や学校での様子を確認し合っているが、眠れなかったり一人を怖がったり、食が細っている生徒もいる。高校生で？ と信じられない人もいるかも知れないが、「幼児返り」のような行動も起こる。一人でお風呂に入れなくなる。「お母さんとお風呂に入りたい」と言う。妹と一緒の布団で寝ている、という話も聞いた。帰りが少し遅くなった息子を心配した母親が、帰りを待ってソファでうた寝をしてしまい、ふと気がついたらその息子が母親の足下で、百八十センチ近い長身を縮め、小さく丸くなって寝ていた、とも聞いた。その度、「もう高校生なんだから」と言わず、本人が求めるようにしてやって下さい、今、最初の、自分でも訳のわからない嵐に耐えて、本能的に自分を守っているのです、普通でないことが起きたときに起きる、普通の行動ですから、その通りにしてあげて下さい、大丈夫です、だんだんと収まりますから——と、母親たちを励ます。自分も不安になっている母親たちにもなんとか安心してもらわなければならない。

そしてそんな生徒たちは、とにかく体がガチガチになっている。突然の大きなショックに出くわすと、人は体がぎゅううと緊張してしまう。四六時中、無意識にいつも体に力が入ってしまい、抜くことができない。頭はぐるぐるととりとめもなく動き続け休まらず、変に頭がパンパンに張った状態と、疲れてぼうっとした状態が交互に襲ってくる。

演劇部は、体が媒体の表現活動をする集団だ。過去にもいくつかの危機のたび、ああ演劇部でよかったと思ったが、それをこのときほど痛感したことはない。どれほど彼らの体に触れても、長い時間二人組のストレッチを入念にやらせても、特別なケアを受けているなどとは意識されない。やっていることはいつもと同じ、基礎練習だ。まずは二人組になってゆっくり互いの体に触れて、ストレッチや呼吸の助け合い。いつもと同じ。でも、相手の体の確かな存在をその手に感じることは今の彼らにとって最優先の大切なことだ。生きている、今、確かに生きている自分の体、相手の体。みんな、ここにいる。その実感。でも。その一方で、ケイはいない。死んでしまった。なんでいない？ 心の中にわき上がる答えの出ない問い。それは、問うていい問いだ。問うべき問いだ。避けなくていい。答えは、今は出ないけど。今はただ、目の前にある仲間の体の存在の確かさと、理不尽な不在への不安。それを何度も何度も行ったり来たり、繰り返せばいい。

そして私も、いつもの基礎練習では少しの癖や硬さを端的にアドバイスするだけだが、このときばかりは七人全員の体に一人一人、毎日毎日、丁寧に触れて状態を確認した。ゆっくりと丁寧に、緊張した筋肉をほぐしていく。上腕が異常に張っている子、下肢からなかなか力を抜けない子。発声練習をしながら私に軽く手を置かれて、肩がぎゅっと上がっていることに気づく子。フロアに体を横たえて、二人組の相手からされるがままになっているように見えて、いつものように脱力できなくなっている子。「ちょっと代わって」と、私が代わってやる。私に触られまくられても、赤子のようになっているだけだ。「う――ん、背中バリバリだよ」と言いながら、肩甲骨周りを丁寧にマッサージしてやる。「先生、私は？　私は？」他の生徒が寄ってくる。一週間前なら、「え――、先生とペアか――」「なんだよ、いやなのー？　拗《す》ねるぞ～」なんて軽口叩いていたけれど。

最初の数日間はいつもの基礎練習がそのままグリーフ・ケアだった。違うのはいつもよりずっと丁寧に時間を掛けたこと。毎日ずっと私が彼らと一緒に基礎練習をし続けたこと。体の緊張を少しずつ解く。浅くなりがちな呼吸をできるだけ深く導く。最初の嵐を、体は拒否し、緊張する。その緊張に疲れ、自分の緊張した体に気づき、ほぐしていくことに気づく。仲間と共に。互いを気遣い合って。先生と一緒に。甘えながら。

ヤイチは、肩甲骨がどうにもこうにも硬くてほぐれない。うつぶせにして肩甲骨に手を当て「力を抜いてごらん」と言っても難しい。軽い圧擦マッサージをするうち、やっと力が抜けてくる。ついつい力が入ってしまう今の自分の体に気がついていないのだ。部内ではなんだかんだとケイを話題にし、タブーではないのだが、ヤイチはケイの話をしない。同学年でたった二人の男子だった。ヤイチは一人で残された。

みんなの中で、一番最後までヤイチの肩甲骨の硬さは私の手に残った。

生きていることは、頭で納得させられるものではない（死んでしまったことも）。

生きていることは、体がその状態を表しているのだ。

生きるのだ、と体が言うのだ。

今、きついんだよ、と体が言うのだ。

そして仲間の体が、それを受け止めてくれる。


嵐の一週間が過ぎようとし、目の力が少し戻ってきたころ、部の状態はいつもの本番前の様子に戻ってきていた。でも、輪っかの一部が突然欠けてしまったこのチームは、何をしていても、やはりどこかとんちんかんなとまどいの中にいる。注意力散漫。怖いのは稽古中や本番中に潜む、怪我や、それこそ事故だ。平時でさえ、舞台は危険なところなのだ。準備に入っている文化祭公演は、もう明日。

「つらかったら、文化祭公演、無しにしてもいいし、コンクールも出場辞退してもいいんだよ」思い切って、彼らに言ってみた。

沈黙。そして最初に、静かに部長のサーヤが口を開く。

「やりたいです。やります」

「やって欲しいと思ってる、ケイも、きっと」とキョン。

「だって、いるし。ここに」ミルクが続ける。

ふと見ると、主の居なくなった演出用の椅子の上に、いつの間にかルーズリーフで折られた鶴が置かれていた。

ケイは演出だった。だから彼らは、演出上、何か聞きたくなると無意識にふとケイに呼びかけてしまいそうになる。そうしていっそう、その不在の苦しさに改めて引きずりこまれる。それを何度も何度も繰り返し、そのたびに歯を食いしばり、彼ら彼女らは芝居を作り続けることをやめなかった。ケイの椅子に置かれた「鶴」が、それを受け止め、見守っていた。

そう、芝居を作り続けること。

一緒にいて、一つのものを作り続けること。

途中でやめずに、みんなで一緒に作り続けていれば、そこには亡き仲間もすぐそばにいると信じ続けた彼ら。思いを同じくする仲間が一緒にいることの、なんと心強いことか。一緒にいて、一つのものを作り続けることが、不安なそれぞれの魂をどれだけしっかり結び続けてくれたことか。


文化祭公演も、地区コンクールも、見事に上演しきった。暑い暑い夏の終わり、物理室のあの日から、三週間。芝居は、彼ら一人一人を、チームを、決してバラバラにしなかった。深い喪失の海の底に、誰かが膝を抱えて沈んでいってしまうのを引きとどめてくれた。

そして「ケイ鶴」。いつの間にか名前がついたその折り鶴は、ケイの形代《かたしろ》となってミーティングもリハーサルも本番も、ずっと居場所が与えられ、ずっと彼らとともにあった。「危ない！　しっかり押さえて！」とリハーサルの道具立ての最中、顧問に怒鳴られたときも一緒に叱られてくれた。


そしてその鶴は、無事地区コンクールが終了したことを全員でケイの自宅に報告に伺ったとき、遺骨の前でお母さんに手渡された。

「ずっと、一緒にいました」

「全部、見てくれてたと思います」サーヤとミルクが言う。

お母さんは当初から、演劇部の仲間をずっと心配してくれていた。あれこれと電話で話す機会には、最後に必ず「みなさんは？」と気遣ってくれた。聞けばお母さんも高校時代、演劇部だったという。この芝居で演出になったケイとは、夕食後のソファで「ここんところがどうもうまく行かないんだよなぁ」「どれどれ」などと時折芝居談義もしていたという。お母さんは文化祭公演にそっとやってきてくれ、舞台を見届けてくれた。ご自分がどれほどつらくとも、息子のことを思うように演劇部の生徒たちのことを気遣うその気持ちは、生徒たちにもちゃんと伝わる。何度か自宅をみんなで訪ねるうち、お母さんは息子がかつて楽しげに部活仲間を呼んでいたその通りに、ひとりひとりをニックネームで呼ぶようになる。

そしてのちに卒業し成人した彼らも、お母さんを「はるみさん」と呼び、今でも交流が続くのだ。いきなりミルクから「今、はるみさんと飲んでます〜。二人の女子会で〜す」などと、写真付きのメールが来るようにもなった。

こうして秋の公演が終わり、春の引退公演準備にはまだ少し間がある時期には校内クリスマス公演を企画して、歩みを止めることなく芝居を作り続けた。彼らは視聴覚教室を観客でいっぱいにした。

引退公演になる年度明けの春の地区発表会に向けても、彼らは集団創作脚本を書き、一月二月三月四月と、またしても休む間もなく芝居づくりに明け暮れた。役者、スタッフ合わせてたった七人のメンバーだったけれど、それこそそれぞれの個性をチーム力でしっかりつなぎ、たくさんのアイディアを出し合いながら、ちょっと頼りないお父さんとしっかり者の小学生の娘を中心とした、ほんわりとしたファミリードラマを仕上げた。結局ヤイチは一度もメインの役者はやらず、最後まで大道具。リビングを表す何枚かのパネルを、図面を引くところから始め、一人で黙々と、職人のように作業をしていた。

こうして彼らは新三年生となり、高校生活最後となる春の大会も終わった。それを機会にみんなでケイの自宅に引退報告に行くことになった。一つの区切りだった。一人一人、芝居終了報告と引退の言葉を、ケイの仏前とお母さんに伝えることにしたのだ。

ヤイチは最後まで大道具を貫いた。そして、自分が出会って惚れた大道具という「仕事」の総仕上げになにか思うところがあったのだろう、過去への回想シーンに移る場面用に、パネルの一部がどんでん返しになる仕掛けの壁を見事に一人で作った。どんでん返しの滑らかさにみんながすごいすごいと大騒ぎし、用もないのにくるくる出入りをしていたものだ。ヤイチの仕事にみんなが惚れていた。

女子があれこれ、そこそこにぎやかに報告し、最後にヤイチの番になった。

ヤイチは少し沈黙したあと、

「仕掛けのパネル、ケイに、すげ――って言って欲しかった」と、ぼそぼそとそれだけ言って、みんなの前で初めて、少しだけ、泣いた。ヤイチがケイのことを直接口に出して言うのを聞いたのは、そのときだけだった。

ケイが、みんなの前から急にいなくなってから、八ヶ月が経っていた。

生徒が死ぬのだけは耐えられない私が、やっと一人で泣いたのは、ケイを喪ってから二年後の夏――八月だった。

一人旅の山の湖畔で、読んでいた本にふと蝶が留まった。なかなか飛んでいかない。何気なく「ケイ？」と呼びかけてしまった次の瞬間、いきなり涙がだ――っと吹き出してきた。どうにもこうにも止まらなくなった。それぞれの場所で元気にしているだろう卒業生たちや、はるみさんのことを思い、そして何よりもまぶたの中に残るケイの、まだ少年っぽさが残る笑顔に目をしばたたかせながら、ありがとうね、ケイ、みんなを守ってくれて、と、そばに誰もいないのをいいことに、吼えるように声に出しながら、泣きたいだけ泣き続けた。

共に育つ演劇――演劇部で過ごした生徒たちが得る力

工業高校の時、副顧問だった安田さんは機械科の教師だったが、私はある時、彼からこんな話を聞いた。

「金属というのは、一つの物質だけで作られるより、何％かの異質な物質を混ぜた方が強度が増すんですよ」

何の話の流れだったか細部は忘れてしまったし、もしかしたら話の中身も間違って記憶しているかも知れないが、そのときの私は妙に感心し、そのあともその話はずっと心に残った。

演劇部に入ってくる生徒たちは、すべてとは言わないが、本当は生きるのにあまり器用ではない生徒が多かったように思う。彼らは新入生のころ、しばらくして演劇部に慣れてくると部活動では実に生き生きとした姿を見せるようになるのだが、おおかたは教室では目立たない生徒なのだった。クラスメイトとのコミュニケーションにすら苦労するような生徒もいて、担任からはよく「この子は演劇部でちゃんとやっていけてますか？」と聞かれたものだった。けれど二年生になる頃には、校内公演を観に来た担任に、「すごい！　あんな活発な姿、初めて見た！」と驚かれ、感動される。芝居が始まって十五分くらい、自分が担任している生徒だと気づかなかったという笑い話もあるくらいだ。スタッフの生徒のことも「あのパネルはゴウ君とフジタさんが作ったんですよ。塗りがきれいでしょう」とか「出だしの不思議な音響、あれナミちゃんがコンピューターで作ったんですよ」とか「ハシやん？　演出ですよ！」と紹介すると本当に感心してくれる。そして「ありがとうございます！」となぜか私が感謝される。いやいや、頑張ったのは生徒たちだから。

時はいつもあっという間に流れ、そうやって高校三年間が過ぎる。卒業を迎えるときには、今度は保護者たちが卒業式や卒業ミニ公演のあとなどに、もう私の手を取らんばかりの勢いで「演劇部でなかったらこの子は学校も続かなかったかも知れません。先生、ありがとうございます！」と、涙する。いやいや、頑張ったのはあなたのお子さんと仲間たち。見守ってくれたのはお母さん、あなたですから。

教室以外での、こういう「成長の促し」は、「部活動」という特別活動が果たしている大事な役割だ。教室ではちょっと不器用な生徒でもその促しを受けて、それぞれ何らかの力を得ていく。成長しようとする意志はもちろん主人公たる生徒自身の力だから、手にしたその成長の証は、本人のその後の人生の豊かな財産となる。

例えば剣道部でも囲碁将棋部でも、その他どんな部活動でも、それは起こっていることだ。しかし、演劇部の顧問として、時にキラキラとまぶしく輝き、時に危うくてヒヤヒヤさせられる高校生たちと長く過ごしてきた私は、今はっきりとこう言ってはばからない。

演劇に、力があるのだ。

他にはない、何か特別な、いや、違うな、何か当たり前の力が。

人として当たり前の、まっとうな何かを促す力。人が人のなかで共に生きていくという、当たり前のあれやこれやを育てる力。それを、演劇が持っているのだ。つまりは演劇活動の中に、人が人としてこの社会で生き続けるすべての材料が、場面が、ヒントが、方途が、練習が、十全に用意されているのだ。だから、ここで育った高校生たちに起こる成長は、演劇のおかげなのだ。仲間と一緒に芝居を作ってきたことのおかげなのだ。担任を驚かせ、保護者を心から安堵させるほどに。

演劇は、青年前期の疾風怒濤の海を泳ぐ若者たちにこそ、多様で懐の深い滋養を存分に与えてくれ、彼らにはまたそれがよく染み透っていく。そしてそれぞれの身のうちに、それぞれの美しい花を咲かせる力を促してくれるのである。

例えば、自己解放を促し、他者とつながる怖さを喜びに変える力。

手探りで自己解放しながら、最初に集団創作脚本を作り上げた男子校のあの生徒たちはつながる力をさらに広げていった。

私はその高校を去る年、演劇部だけでなく映像制作やバンド活動をしている生徒、イラストが得意な生徒、さらには同じ市内の女子校の演劇部にも声を掛け、いわゆるアートな人々をつないで、卒業アートフェスティバルを企画した。主人公はその年の卒業生だけれど、企画の詳細、緻密なスケジュール、さまざまな準備、広報、全体進行、当日進行、会場となる会館スタッフとの折衝まで、裏方を徹底的に引き受けてくれたのは、在学時、私と一緒に初めての集団創作脚本を創ったそのOBたちだった。卒業して数年経ってはいても、フェスティバル（お祭り）を回していくことはお手の物だ。

この企画は、現役生、卒業生入り交じり、他校生である女子校の生徒はもちろん、映像制作やバンド活動の生徒たちなどとのさらなる「異分野」の集まりがキモだ。だから互いに初対面か、もしくは顔は知っているが話はしたことがない、という集団。そんな多様で規模の大きい集団が一緒に動き始めることになったのだけれど、OBたちは、ミーティングや準備の段階からどんどん彼らをつないでいき、あっという間にニックネームで呼びあうチームに導いていった。

それがどれほど素敵なフェスティバルだったかは、また別のお話なので詳述は避けるが、演劇部内で出会った生徒同士がつながるだけでなく、他分野の表現者たちがどんどんつながっていくさまや、若者のあふれ出るエネルギーの輝きがフェスティバルの多様な企画をどんどん実現させていくのを、私は至近距離で目撃し体感することができた。何と自分は果報者なのだろうとつくづく思ったものだった。

人は、他者とつながろうとする意志や感情を誰でも心の中に持っている。確かに、他者との摩擦に時に傷つくこともあるかも知れない。それが怖いという若者がいることもわかる。けれど、怖れずに踏み出してみることだ。せっかく生まれてきたのだから、人生は豊かなほうがいい。豊かさとは多様性だ。知らなかったことを知ることは何と豊かなことか。ただ、自分とは異なる感性に触れ、世界を広げていくには、まず自己解放、自己開示が第一歩となる。少しずつでいい。怖れずに進もう。

そしてそういう仲間にどうやって出会うか。いつか何か、いい出会いが降ってくるのか？　いやいや。待っていても、降っては来ない。それに「いつか」って、いったいいつなの？

自分から、自己解放してつかみに行った方が、待っているよりずっと早い。自分一人の繭《まゆ》に籠もっていないで、外とつながるアクションを起こすことだ。その一歩を自分から仕掛けたら、あとは面白いようにいろいろな出会いが、糸を紡ぐように次から次へときっとつながってくる。

なんなら演劇部で集団創作脚本を書くといい。そんなことが日常茶飯事だからね。

そして異能力を認め合い、仲間の仕事に惚れる力。その共同作業を純粋に面白がる力。

自分の「これだ！」は必ずある。仲間の「それだ！」にも必ず気づく。誰にでも、自分が自分であることで受け持つことができる役割と出番が必ずある。認め合えば、もう後は放っておいても絶妙のチームに集団自身が育っていく。

つい先日、工業高校時代の卒業生の結婚式があった。新郎新婦ともに同学年の演劇部員同志という、何ともめでたいカップルの誕生である。そんなわけだから演劇部から招かれた仲間も、そして顧問の私も、挨拶に余興に大活躍だったのだが、とりわけ傑作だったのが余興の小芝居だった。私は笑いまくり、会場にも受けまくりだ。翌日「笑い疲れ」で一日、脱力していたくらいである。

同期四名のうち二人はひな壇だから、のこりは二名。そこに一学年後輩の二人を加えてその小芝居は四名で企画された。「先生、私、久しぶりに脚本書きましたよ〜」と、サオリ。脚本書いたんだ、適当に段取りあわせするだけじゃないんだ、エライ！　と私は感動。「役者も九年ぶりにやりますよ。緊張しちゃう」彼女はずっと舞監で、役者をやったのは一回きりだ。「でね、私、女神さまの役なんです。何枚かひらひらの布を持ってきたんだけど、先生に何とかそれらしくしてもらおうかな〜と思って」ちゃっかりしている。

式場の係の人がやってきて、「そろそろご準備を」という。「部屋借りてあるから、先生も早く！」小部屋に入るとサオリも含めて四人ともやおら脱ぎ出す。おいおい、余興って、ちょっと上に何か羽織るくらいなんじゃないの？用意してあった「衣装」に着替えている。凝ってるなぁ。この本気度が演劇部だ。男三人はさっさと着替え、何やら動きの最終確認をしている。そのそばで、ひらひらの布を二枚、あーでもないこーでもないと、私とサオリは試行錯誤する。ぱっとひらめいた工夫でサオリは神々しくもキュートな女神に仕上がった。「いい！　すごくいい！」ご機嫌のサオリ。男たちは手をくるくるさせて、踊りなのか、動きの確認に余念がない。

コンコンとドアをノックする音がして、係の人が覗く。「あと五分くらいですが、大丈夫ですか？」小芝居の内容は何も知らない私だが、ぐるりと四人を見回して「行けます。いや、行かせます」と仕切ってしまう。係の人は「鬼顧問、ってこれですね」と笑ってドアを閉めた。披露宴最初の、私の主賓挨拶をちゃんと聞いていたらしい。

「じゃ、客席で見てるから」と一足先に会場にもどる。まさに現役時代の本番前と同じだ。スタンバイが終わるといつも私はこう言って、本ベルぎりぎりで客席に滑り込んだものだ。つい同じ言葉が出た。この子たちが卒業してから八年。八年経ったとはとても思えないこの現場感覚が何とも小気味よい。

コンテンポラリーダンスをやっているナオキのソロダンスでスタート。後輩のミヤが加わって長身を活かした二人のダイナミックなダンスで魅せる。と思いきや、遅れてきた体でヨウが加わり、ここから一気に笑いに加速。どう考えてもヨウにダンスは無理だ。でもどこか間の抜けたセリフ回しはそれだけで会場を沸かす。そして会場が暗くなったと思ったら厳《おごそ》かに女神登場……。ひな壇の二人も巻き込んで爆笑の渦。最後は中島みゆきの『糸』を抜群の歌唱力で四人で歌い上げ、会場をほろりとさせる。が、ここでもヨウが歌詞の「縦」と「横」を二回も歌い間違って、ミヤからはたかれ、会場の泣き笑いを誘った。

仲間の魅力を知っている。今でも知っている。互いの個性を理解し合い、認め合っている、演劇部でともに時間を過ごした仲間たち。どんなに間があいていても、絶妙のチームワークを見せてくれた。こんな仲間に祝ってもらえて、ひな壇の二人には何よりの贈り物となったことだろう。

和装でバッチリ決め、それまで主賓の大役を上品に務めていた私も、小部屋に呼ばれた辺りからジャージを着ているような身ごなしになってしまい、動き回り、四人の小芝居に笑って泣いて、ひな壇の二人にも心からの祝福を祈ったのだった。

合宿で腕を切る事件を起こしたヤベは、立派な社会人として今もとある会社で働いている。高校三年生時の就職活動では発達障害のこともあって、会社と、学校の進路指導部と、ハローワークも加わっての情報交換と共通理解が行われた。その上で就職試験が行われるのだが、緊張が強かったり初めての場所が苦手だったりの彼を心配して、試験前日に声を掛けたら、「大丈夫です、芝居の『本番』と思えば。慣れてますから！」と笑ってくれた。

就職試験の「本番」も無事にこなし、合格も勝ち取り、さらに社長さんに「県大会を観に来て下さい！」と宣伝までしてきたというヤベ。地区コンクールを突破して彼ら三年生にとって最後の県大会に、その会社の社長さんは本当に足を運んで下さり、「実に素晴らしい舞台だった」と感想を残してくれた。発達障害があったって、学校でも職場でも適切な環境と少しの配慮があれば誰だって居場所があって活躍できる。演劇部という集団の中で仲間たちとともに生き生きと活動しているその現場を見てもらえれば、試験では現れないヤベくんの社会性や、彼ならではの個性を感じてもらえるし、理解して認めてもらえる。本当に観に来てくれた社長さんに、頭が下がった。

本番終了後、楽屋で「来てくれたんだ、本当に来てくれたんだ！」と顔を真っ赤にして喜んでいたヤベ。嬉しい感情爆発ならいくらでもいいよ。「わかったよヤベ！　何度もうるさいよ。もう、わかったから～」と言いながら、ずっと近くでヤベの個性を受け止めてきた仲間たちもうれしそうだった。

そしてミルクたち。
芝居を作り続けながら深い喪失に一緒に耐えてきた、あの同期四人。
すでに社会人のキョンを除いて、大学四年生になった三人は、就職活動真っ最中だ。
就活が本格化する前の三年生の夏八月。女子会で集まったのだが、私がわけあってこの夏は避暑地でカフェのアルバイトをしているというと、「えー、おっしゃれ～！　行こう、ねえ、みんなで行こうよ！」とミルクが騒ぎ出した。

はるみさんは最近は一人でガンガンいろいろなところに旅をしているそうで、ピンクグレープフルーツハイを結構なピッチで楽しそうに飲みながら「車出すよ～」なんて言っている。さっそくスマホを出して、私のバイト先を検索し、「あ、これだ」と、画面に見入る。そこは標高千メートル以上にある絶景カフェで、景色もごちそうの一部の店だ。「本当にこんななの？」の問いに「天気にもよるけど、晴れたらその写真よりすごいと思いますよ。本当に、空に、近い」と私。

その言葉に、多分、みんなが同じことを考えている。

九月になって、やっと都合がついたのがミルクとはるみさんの二人、ということでメールが来た。はるみさんの車で、二人は本当に私のアルバイト先にやってきた。

よく晴れた日だった。遠くの山並みまで見晴るかすことができる。空は初秋の清澄。どこまでも透きとおって続く。ほんとうに天に届くほどに。二人がテラス席を選んで静かに話を始めた様子を見届け、私は持ち場の厨房に戻った。帰り際にレジ近くで軽く二人に挨拶をすると、大きなガラス窓を透かして改めてしみじみと景色を眺めやり、「ほんとうに……」と言ったきり、はるみさんはその先の言葉を続けなかった。目に涙がうっすらと浮かんでいる。ミルクがその傍らにそっと寄り添って静かに佇んでいる。

みんなして、ケイを突然喪ってしまってから四回めの八月が、過ぎたところだった。

彼らが高校に入学してきたのは二〇一一年四月。あの、未曾有の災害である東日本大震災の直後だったから、中学の卒業式も手放しでは祝われず、高校の入学式もどことなく無条件の晴れがましさとは遠い感じだった。喪われてしまった命の重さは、災害の規模で語るものではなく、ひとりひとり、どこでも誰でも同じ重さだ。その次の年の夏だ、彼らも身近な友人の死に、一生懸命、まさに手を取り合って耐えた。

被災地にも、地域住民も加わってミュージカルに取り組んだり、学校現場で演劇の形で閉じ込めていた被災の苦しみを表現しようとしている活動があると聞いた。

みんな、どこかで知っているのだ。生身のとらえどころのない苦しさを、演劇の形に寄り添わせることで自分のことも友人のことも抱きしめることができることを。そこには喪った家族も友も刹那、一緒にいてくれるということを。そしてあたかも、仏師が一本の木から導かれるように仏像を彫り出すのと同じようにして、奥深くしまい込んでしまった自分の苦しみに、毎日毎日稽古をしながら少しずつ少しずつ、気づいていくのだ。自分が彫りだしたものも仲間のものも、みんな一緒に共有し、観てくれる人にも届け、少しずつ少しずつ、再び自覚的に身の内に収めてゆく頃には、悲しみは居場所を与えられ、時に自分を励ます力にもなってくれる。

時間をかけてゆっくりと一つの芝居を作っていく作業には、人を深いところで静かに恢復させ、共にある人を共感の力でつないでいく。演劇には、そういう力がある。演劇は、そういうことができるのだ。

ミルクたちもまた、おそらくはまだその途中だろう。私たちはこれからも時に集い、芝居は一緒に作らなくても、悲しみを静かに共有しあうだろう。

絶景カフェをあとにする二人を見送りながら、私はこんなことを思った。

私が第二の母なら、はるみさんは第三の母で、みんなは兄弟姉妹だね。みんな、いつまでもケイのことを、はるみさんのことを、大事に思ってくれてありがとう。私たちは、きっと、ゆるやかで大きな、家族なんだね。そして、ねえ、ミルク、サーヤ、キョン、ヤイチ。君たちが演劇部でよかったよ。私が演劇部の顧問でよかった。もし演劇部じゃなかったら、あの日々、芝居を作り続けていなかったら、私は、君たちを守り切れただろうかと思うんだよ。

そしてね。君たちは実は私のこともずっと守ってくれていたんだ。君たちを守ろうという必死な日々が、君たちのそばにできるだけいようとした日々が、君たちが親しい仲間を喪ったのと同じように、大事な教え子を喪った私のつらさを、助けてくれていたんだ。

そうだ——生きるのが不器用なのは、実は私なのだ。

男子校でも工業高校でも最後の普通高校でも、演劇部の顧問である私は、演劇と、演劇部の生徒たちにずっと救われてきたんだ。いや、ずっとその前、自分が高校時代に演劇と出会ってからずっとだ。人一倍自分の殻を堅固にしてかたくなな少女だった私に、自己表出をすること、人とつながること、そしてそうやってつながった世界からは多くの人生の宝物を得ることができる、と、演劇は教えてくれた。

演劇に出会わなかったら、私は世界とつながることができなかったかも知れない。世界とつながることに不器用なまま、途方に暮れていたかも知れない。

演劇は、人間がまだ神と共にあることを信じていた古代から、洋の東西を問わず、どこにでも何らかの形で存在し、原初からずっと人というものに寄り添ってきたものだ。いくら時代が移ろうとも、演劇、もしくは演劇的なるものは、現実を生きる人間の傍らに、虚構だけれど確かな伴走者としてあり続ける。それは私たちの内なる力となって、日々の私たちを静かに励まし続けてくれるだろう。

純粋な金属よりも、混じりけのある金属の方が強いのだ。

人生の土台も、自分だけの何か一つの考えやただ一つの色に塗り固められているよりも、いろいろなものが混じって美しく組み合わさった、モザイク模様のような彩りの方がきっと豊かで強いのだ。たとえその中に暗くて悲しい経験の色が混じっていたとしても、だ。いや、混じっていればこそ、だ。

自分を開いて、異なる他者とつながろう。これは自分に合わないなと思ったら、何度でもいろいろな他者に出会い直せばいい。それが人でも、場所でも、学問でも、趣味でも、仕事でも、同じことだ。そして人はそれぞれ、他者や世界とつながる自分の方途をきっと、誰でも持っているのだ。

私には演劇だった。

そして、これまで書いてきたように、演劇部で共に育った実に多くの若者たちにとっても、演劇は生きることの力を豊かに与えてくれたのだ。もちろん、演劇とは普段無縁な生徒たちにも。

みんな、演劇をすればいいのにね。

本番の朝

ちょっとひんやりした空気を吸い込んで、本番の朝、私は自宅で目を覚ます。

本番の緊張感と期待感は、なぜかいつも冷たくなりだした秋の空気とともに私には記憶されている。みんなで頑張った末、目標であった県大会に出場すると、その本番は十一月も半ばの頃がほとんどだったからか。

そういう朝、私の頭の中にはいつも同じイメージが浮かぶのが常だった。

私がここで目を覚ます。会場から一番遠いトモヤも自宅でもう目覚めているだろう。そして朝食の支度をしながらも、西のほうでヒロユキが、東のほうではユウダイもミヨコも起き出しただろうと想像する。そのちょっと先でシュンスケが、その隣町でカナコがてきぱきと準備をしている。アオイは眠れたかな。

高校生は中学生と違って、県内の実にいろいろなところから集まってくるのだ。

頭の中に、透き通ったボードのようなものが浮かび、あちこちの地点にさまざまな色の点が浮かぶ。その点は立ち上がり、やがてすうー―と動き出す。ボードの四方八方から鮮やかな軌跡を描きながら、それらはみな一つところを目指して移動していく。ある点とある点が途中から一緒に動く。また別の線も重なる。

劇場へ。

劇場へみんなが集まってくる。それぞれさまざま、別な所で目覚めた一人一人が、いろいろな方向から同じ地点を目指して、一つところに集まってくるのだ。同じ芝居を一緒に上演するために。同じ時間をともに過ごすために。それは奇跡のようにも感じられる。劇場という一点に、あやまたず集まってくるかけがえのない仲間たちが今、ひたすら歩んでくる。一人も欠けることなく。

そのイメージは、家を出て駅まで歩く間も、電車の中でも続く。そして、劇場への道を実際にゆっくり歩みきったその先で、楽屋口に集まった部員たちが私を見つけて一斉に声を挙げるのだ。

「先生！　おはようございます！」
よし、全員、今ここに集《つど》った。
今日も、みんな元気そうだ。
さて、行くか！
祭りだ。
君たちの、二度とは戻ってこない青春の祝祭日！

「先生にとって、演劇って何ですか。なんで演劇が好きなんですか」とまっすぐに聞かれたことがある。

演劇は、現場の芸術。演じているそばから消えていく表現。演ずる者も観る者も、その現場に居なければ享受することのできない芸術。そしてそれぞれが役割を担い、誰かが欠けても成り立たない。でも、万一のことがあっても、誰かが必ず助けてくれる。

別々のところから人が集い、そしてまた四方へ散っていく。劇場という広場に集《つど》っては去る多くの人々。演ずる者も観る者も、集まっては去るのだけれど、確実に一つの時空間と魂を共有した事実は四方に散った後も人々の心に残る。目の前から無くなってしまう芸術だからこそ、胸の底にくっきりと残る。残そうとする。

ほら。演劇とは――人生そのものだ。
いづかたより来たりて、いづかたへか去る。
我々のその人生の、どこかでひとときだけ交わる、奇跡のような時空間。

そして高校演劇は、その活動をする生徒たちにとってこそ最も意味がある、特別な演劇活動だ。商業演劇のような興行成績も、社会的貢献度も、芸術的価値も、高校演劇には「ねばならない」という縛りはない。評価する新聞や雑誌の劇評とも無縁だ。コンクールの評価は、それぞれの受け止め方でいい。

高校演劇は、人生のひととき、四方八方から演劇部という場所に集まってきた若者たちが、そこで共に育ち、生きることの苦楽をなぞり、そこで得たそれぞれの力をその手に携え、そしてまた四方に散っていく広場。

豊かな育みの広場なのだと、私は思っている。

第二章　支配を脱するための演劇

嶽本あゆ美（劇作家・演出家、
演劇集団「メメントＣ」主宰）

第一部　職業としての演劇人

演劇は職業か？

私はメメントCという演劇ユニットを主宰している劇作家で、まさにUnmarketableで、どちらかというと市場価値の狭い、社会派重量級と言われる分野の戯曲を書いています。また演出家、プロデューサーでもあり、演劇や音楽の講師業もしています。もちろん、市場価値のある商業演劇でも実績はたくさんあります。そして既婚で二人の息子を持つ母親で、一九六七年生まれで静岡県出身です。高校は普通科で、大学は武蔵野音楽大学を卒業しました。属性としてはこれ位の露出が必要かと思います。私はこの本に関心をもって下さった読者の大多数が、演劇畑との関わりがあまりないことを望んでいます。なぜなら、演劇が社会で果たす役割を伝播させるためには、普段、あまり芝居と関わりのない方に読んで頂きたいからです。

私は「支配を脱するための演劇」というテーマを掲げてこの章を担当します。そういうわけで、まず「職業としての演劇人」について私個人の経験からお話し致します。

さて、芝居や興業を生業《なりわい》とし、芸の実演で生きる職業は、昔から「堅気」の職業と区分けされ「河原者《かわらもの》」と括られてきた商売です。古い概念かもしれませんが、社会の価値観や職業への偏見はそれほど簡単には変わりません。そして、一見真面目なクラシック音楽家も、同じように不安定な職業です。三十年前のステレオタイプなドラマでは「俺、俳優になります！」と言うと、親の答えは「勘当だ！」となったものです。サーカスや旅芝居の一座が村へ現れ、その流れ者が土地の娘と駆け落ちしてしまう話も有りがちで、概ねそれは人生転落のイントロなのです。そして「芸能家の成功」とは、大スターになってマスコミや世間を賑わし、故郷に錦を飾る図と言う傾向にも、大きな変化は見られません。売れてなんぼと言うところが世間の物差しなのでしょう。その上、舞台の裏方という職業については、さらに社会の認知度が低いままです。現代では演劇やコンサートなどの芸能の興業は、裏方と言われる専門的な舞台技術スタッフや、表方である興業を仕切る制作というマネージメント部門がなければビジネスとしてなりたちません。そして私のような劇作家は、舞台の上に乗る人＝表方と、それを支えるスタッフ＝裏方、その両方の性格を担う職業です。

さて、実演で芸を売る職業は、稼いだ額で価値が判断されがちです。ところがいくら売れていても、プロか？　アマか？　と問われると、業界内部には別の基準が存在します。私自身はプロとアマの違いをまず二点に絞ります。

①技芸が玄人のレベルにあるか？

②世間一般には無い独創性があるかどうか？

つまり、プロフェッショナルであることとは「時間の淘汰に耐えうる類いまれな独創性と技術を持つこと」であると私は定義しています。これは伝統芸能や美術工芸品、さらには大工の棟梁《とうりょう》や産業デザインの分野にもほとんど当てはまるでしょう。

また、ここに芸術に対する一つの意見があります。

需要と供給のバランスによって商品の「交換価値」が動くように、芸術もまた市場原理の法則によって交換価値が決まる。

何のことはない、『資本論』(1)の中でマルクスとエンゲルスが、「企業家に雇われた歌手は生産的労働者である」と書き、芸術家を労働者とみなすなら、「需要があって売れてこそ芸術も価値がきまる」と言うのです。私がこの言葉と出会ったのは、職業としての演劇の入り口でした。いろいろな就職活動の挫折と、大学院試験に落っこちた挙句、就職先として「四季株式会社」の演出部研修生を選び、採用されたのです。その当時、劇団四季は『オペラ座の怪人』や『キャッツ』などのロングランで興業界の常識を破り、革新的な公演制作で年商を塗り替えていた時代でした。一九八八年に入社して途中休団も含め十三年間お世話になった企業です。何よりもドギモを抜かれたのは、最初の新入社員研修で、当時の劇団代表の浅利慶太氏から聞いたこの「資本論」の芸術の価値にあたる部分でした。さてここで、この芸術を演劇に変換してください。「ふざけるな！」という声もたくさん聞こえて来ますし、私自身もこの真逆の裏街道をひたすら駆け続けております。演劇人とは厄介な人種です。昔から世間や親兄弟に、「どうしてこんなにお金にもならない面倒を、自分から好き好んでするのか？　売れないなら、他の職業を確保して日曜音楽家のように、たまに発表会でもやればいいじゃないか」と罵声を浴びせられても、芝居を続ける人々が今でもあとを絶たないのです。私にとっての「職業としての演劇」の始まりは、このマルクスだったのです。

はじまりは○と□

このマルとかカクとかを初めて目にしたのは、早稲田大学や神奈川大学の校舎の張り紙でした。私が大学生だった一九八〇年代、世間はバブルだったので、年末になるとベートーヴェンの第九交響曲・合唱付きのコンサートがあちこちで催されていました。プロだけでなく、アマチュア楽団も、謝礼を出して、プロのソリストや、合唱の助っ人を呼んで第九の演奏会をしていました。それは得意な歌で稼げるおいしいコーラスのバイトで、友達とあちこちの大学へリハーサルに行ったものです。そこで目にしたのはマルとカクでした。耳で聞いた時には○と□の略かな？という認識で、通常の音大生にとっての「革命」と言えばショパンのエチュード(練習曲)の『革命』で、西洋音楽史で習う「フランス革命以降、疾風怒涛の十九世紀ドイツ文学が醸成したロマン派及び国民楽派や、オーストリア・ハプスブルグ家支配のポーランド独立運動とかロシア革命の『オルフェウスの窓』というディレクトリー構造でした。

話が脱線しますが、実は高校時代、全共闘世代の先生にこういうカクマルな話を散々、聞かされていました。しかし馬耳東風で、全ての□○用語は耳をつき抜けて、脳みその片隅に凍結されたのです。しかし、それが役に立ったことがあります。あるプロデューサーに依頼されて加藤登紀子著『青い月のバラード』[2]を原作とした舞台脚本を書く羽目になったからです。このエッセイには、故・藤本敏夫[3]さんと登紀子さんの馴れ初めから藤本さんが亡くなるまでが綴られています。「団塊世代を代表する歌姫の青春ラブロマンスと、激動の安保、全共闘時代を描く意欲作‼」の商業演劇企画は、元々の脚本家が降板してしまい、ピンチヒッターとして私に白羽の矢が立ちました。執筆の依頼が来た時に渡された資料の小熊英二著『１９６８』と藤本敏夫氏の著作集を読みながら「ああ、そう言えばあれか……」と、高校時代の記憶が突然、解凍されたのです。そして、わずか四日で第一稿を上げて上演中止を救いました。この時、自分が「プロだなあ～」と自己満足したものです。何でも耳にいれておいて損はない。閑話休題。

「芸術も市場原理にそって価値が決まるのだ」と入社してすぐに言われた音大出は卒倒しそうになりました。なぜなら、その価値観が既にトラウマだったからです。すさまじい苦労と高い入学金を払って入学できた音楽大学で、自分たちの専門性が世間では金にならないという現実を、嫌と言うほど思い知らされてきたからです。本来はこのまま劇団四季のキラキラした話をする方が「つかみ」としてはいいのですが、クラシック音楽に人生を捧げる、演劇人よりも更に頑なな人種のことを書かずには、○と□に対抗する価値基準を示せないため、私の音大時代の極北体験にお付き合いください。

魔の山

私は一九八四年(昭和六十年)四月に武蔵野音楽大学器楽科ピアノ専攻に入学しました。当時、一、二年生の間は埼玉県入間市仏子《いるまししぶし》にある入間キャンパスで学びました。池袋から西武池袋線で五十分ほどの僻地、入間周辺で目立つものは、自衛隊基地と西武球場です。どれだけ秘境だったかというと、「入間の竪琴」(ビルマの竪琴)というギャグにもなるほどでした。地方出身者は大抵、大学敷地内の女子寮武蔵野ハイムに入りました。

そこは「魔の山」でした。駅から歩いて二十分の山上にある寮には食堂と風呂、さらに売店まであるので、滅多に大学の敷地を出る必要がありません。普通科の高校から専門分野に進んだ私や周囲の寮生は、これでやっと好きなことに没頭できると欣喜雀躍《きんきじゃくやく》しました。圧倒的に男子が少ないため、すこぶる付きの開放感があります。女子寮は四人部屋で二段ベッド。居住性は良くはないのですが、音楽以外には無神経な私にとってはどうでもいいことでした。

出身高校は普通科で男女の比率が二対一で、芸術系大学志望者はかなり奇異な目で見られていました。確かに音大志望者の多くは個人主義で、体育で球技があれば見学、スキー教室も不参加など協調性があるとはいえません。声楽家志望の同級生などは、学生音楽コンクールの予選で東京へ行った時に、東京駅の雑踏の中と会場のヤマハビルの屋上で発声練習をするのです。伴奏者として制服で同行した私も、それほど抵抗なくその場にいましたが、通行人からはぎょっとされました。でももう大丈夫！　この「魔の山」に放たれた野獣、いや私は、この上もない音楽的自由を満喫したのです。

ところで、真面目な音大器楽科の寮生活というのは修道院生活とほぼ変わりません。朝、六時半に起き、七時に食堂で朝食を食べ、八時半からの一限に向います。寮と校舎は歩いて四分なので、七時半から開いている練習棟で小一時間ほど、朝のウォーミングアップをします。それぞれ発声や指ならしです。授業は一、二年生にはまだ一般教養履修があるので、美学や哲学、経済学だの生物学まで取らされます。私は教職課程もとっていたので保健体育もあり、ハードルも跳びました。専門に関係するものは、西洋音楽史や和声という作曲法、英語、ドイツ語、楽理やソルフェージュと、個人指導を主体とする専科のピアノ、副科の声楽などです。音大ならではの音響工学や邦楽概論などの講義もあります。単位にはならなくても面白ければ授業に出ました。

そんなわけで忙しい毎日です。授業が午後四時頃に終わると、二時間ほど練習棟に行って自分の専攻楽器の個人課題を自主練習します。夕食を食べ一風呂浴びた後も、また練習棟に戻り、閉館の二十一時半まで籠ります。寮に戻ったら二十二時に寮母の点呼が軍隊のようにあります。その後は学科の勉強です。土日ともなれば、布団を屋上に干し、洗濯機に並ぶ他は、読書か昼寝。朝から晩まで練習棟に居ました。

練習棟とは、五階建ての数棟のビルで、そこにはカプセルホテルのように穿《うが》たれた三畳くらいの個室が蜂の巣のごとくに並んでいて、アップライトピアノが備えられています。寮生は日々、その個室で楽器や歌の練習に明け暮れ、図書館や視聴覚室でレコード（当時はまだ主流）やＣＤを聴き音楽に没頭します。もちろん、クラシックや伝統音楽などの邦楽がほとんどで、いわゆる流行の世俗の楽曲はありません。これらの活動は歌うこと以外、寡黙になされました。もちろん声楽科はそこまで練習はしませんし、弦楽器や管楽器は集団でのアンサンブルの時間があります。これは孤独なピアノ科の特殊な話かもしれません。

外から見れば気は確かですか？　と言われそうですが、私は満ち足りていました。肩こりが酷いので時々、グラウンドを一周だけ走り、大浴場で背中を流しあいます。ロビーと談話室にしかテレビがありません。新聞だけが娯楽、そして四人部屋にプライバシーはありません。一週間に一、二度、山の麓のスーパーに行くのが息抜きです。門限は十九時半。当時は携帯電話もパソコンも無いので、ロビーの公衆電話の前は長蛇の列。ひと月に二、三回は都内へ演奏会に出かけます。これが娑婆での最大のイベント。寮に外出許可願いを出しての遠出です。特別門限は二十二時四十五分。上野の東京文化会館だともうギリギリの時間で門限破りになります。夜の仏子駅から寮までの山道は野犬も出るため、友人と乗り合いタクシーです。当時、真冬には三十センチの積雪ともなり、タクシーは山の上まで登ってくれません。ザク、ザクと雪を踏みしめ、山を登ってバッハザールというホールの前にある偉そうなバッハ（J.S.Bach）

像の前を目をつぶって転がるように走り、女子寮に駆け込んだことは忘れられません。このバッハ像は、夜中に笑うという噂があり、寮生は本気で信じていました。また、当時の仏子駅にはタクシーが三台しかなく、有名アーティストのコンサートに十数人ほど寮生が行くと、帰路はサラリーマンとの争いです。ハイヒールで階段を駆け上がり飛び降り、タクシーに三人が先着すれば、十二人は乗れます。皆、足が速くなりました。サラリーマンの中には、私達と争って転び、骨折した人もいました。どうもご迷惑をおかけしました。

脱線しましたが、このように勉学をしている大学生は、当時のバブル時代には絶滅危惧種でした。二年生になると多少は気が大きくなり、寮の先輩に誘われて早稲田のインカレ・サークルに参加した時などびっくり仰天、未開の種族も同然です。合コンでカラオケに行き、「何を歌いますか?」と言われて「私達、世俗の曲は知りません」と答えるしかないのです。辛うじて高校時代に流行った中島みゆきと薬師丸ひろ子を歌うことが出来ました。しかも歌うと声がデカいので引かれまくり、合コンは成立し難く、双方向に「未知との遭遇」です。何よりも当時出会った普通の大学生が勉強をしないでイベントや飲み会に精を出しているのにはびっくり仰天でした。アルバイトも寮生のうちは不可で、長期休暇の間に限られました。何が楽しくて生きているのか? 音楽です。

そういう毎日がしごく当たり前でした。それでも技能や才能は足りず、誰もが挫折をします。俳優でも何でもそうですが、演奏家になるのには膨大な記憶容量が必要です。ショパンのエチュードやベートーヴェンのソナタを数曲、全楽章を暗記し続けているのはとても脳味噌が疲れますし、今ではどうやって覚えたのか分からない長大なコンチェルトや現代音楽もあります。若さと壮絶な練習時間というのは、才能が足りなくてもそれを可能にするのです。カリキュラム内での個人指導が足りなければ、講師の自宅での個人レッスンに通うため、その経済的負担もかなりなものです。そんなこんなでアルバイトをする時間はほとんどありませんでした。

こういう生活を続けていると、精神不安や宗教、自殺への傾斜は増して行くものです。実際にトイレやグラウンドに現れる幽霊の話は尽きず、新興宗教から抜けられなくなった先輩もいました。数日にして白髪になった先輩も居ます。しかしながら楽譜という神聖な原典に対峙して何の遠慮も無く、楽友とお互いの音楽について批判し、共感をして過ごしたあの頃の体験は、今の私にはお金には換えられない宝ものなのです。

バッハやベートーヴェンは数百年前に死んでいますが、出版されているスコアが全て語ってくれるのです。それを読み解くことは、玄奘三蔵[4]が経典を求めて西域へと行くことに似ていました。二十歳の頃、ほとんどの友人は、音楽が将来の生活を担保してくれるとか、職業になるかならないかを考えもせず、何も見通しのないまま練習に打ちこみ、眼の前の現実を不安に思わなかったのです。良く云えば純粋、結局は馬鹿で無知でした。社会と交わりを持たない生活、修練のみの時間を生きていた私たちだからこそ可能だったのでしょう。

三年生になり江古田キャンパスに移ると、江古田にも「紫寮」という女子寮はありますが、大抵は寮を出て独り暮らしを始めます。一般的な家庭の地方出身者が入居可能な物件は、十六平米のワンルームで、そこにグランドピアノを置き、ピアノの下で寝起きします。それでも寮に比べれば自由を手に入れて住めば都、遅れてきた青春のようでした。

江古田ではサークル活動にも没頭しました。オペラ研究会です。練習ピアニストやコーラス練習、スコアの勉強で寝る間もありません。通常、三年生の秋、賢い人は己の才能に見切りをつけ、就職活動や教員採用試験に照準を合わせて、進路を決めてバランスを取り始めるのに、私はまだまだ音楽をやるのだと、現実社会に向き合うこともしませんでした。その上、四年生のある頃から専科のピアノに支障を来しました。練習しても練習しても、教授のレッスンへ行くと頭と体がうまく機能しません。三十代に同じことがおこり、多発性硬化症の疑いという診断がありましたので、その前触れの何かがあったのでしょう。今ではフォーカル・ジストニアという診断例もあります。過度な練習による脳神経の異常です。そうなるとますます、オペラに逃避し、大学院に行かせようという門下の教授の指導にストレスを抱える毎日。私はオペラなどの舞台の仕事のプロになりたいと思い始めていました。しかし、気が付くと大学四年の夏の終わり、秋風が吹く中で求人票の掲示板を見入っている取り残された自分が居ました。オペラの友が教えてくれました。

「劇団四季が研究生を募集しているよ。先輩も居るからきっと受かるよ」

友人はとても親身で、会社説明会と教育実習が重なった私の代わりに、横浜市あざみ野の社屋での説明会へ出向き、社長の話を録音してきてくれたのです。

当時、音大生の就職先は、教員になるか音楽教室講師になるかがほとんど。もっと早く芸術に見切りをつけた知人の中には、タレント活動をする人、大成建設の内定を一発で取った猛者、演奏へのこだわりを捨て音楽事務所などでのプロデュース業に就く先輩など様々な職種も増えてきました。私のように舞台の仕事のプロになりたい（俳優ではなく）と言う人は、オペラの演出家志望くらいでしたし、裏方を職業にするなんて、普通の音大生は考えないものです。

ひとまず入社試験が終わって、合格通知を貰った時、ようやく自分に自信が戻ってきましたが、なかなか親には本当のことを告げられませんでした。田舎の両親にとって劇団とは、やはり河原者というイメージしかなかったし、職業としてのイメージを説明できませんでした。

その年の学祭シーズンは昭和天皇が危篤で、江古田周辺の大学でも自粛ムード一色でしたが、武蔵音では自粛のじも見当たりません。私は学生最後のオペラ研究会公演のフンパーディンク作曲『ヘンゼルとグレーテル』の稽古と編曲に没頭していました。

まだバブル経済の余韻が、二日酔いの頭痛のように残っていた頃、昭和が終わりました。平成元年の春、楽友たちは正に悲喜こもごも。大学院に入り、演奏家として果てしない修業を続ける覚悟の人、外国留学へと旅立つ人、教職の採用試験に合格し、公務員として希望と自信に満ちた友人達など皆それぞれ。私自身は、もう学校で学びたいことがなくなっている自分にも驚きました。そして「これからは舞台の仕事で食べて行くのだ！」と背水の陣で江古田を去りました。今思えば辿るべき道を辿り未来へ進んだのでしょう。過去の積み重ねの上にしか自分は居ない。

入社式には、武蔵野、国立、桐朋などの音大卒業生が六人いました。揃いも揃って世間知らずで傍若無人な私達は現場でスニーカーさえ履かずに怒られ、何かものを言うのにも遠慮を知らず、対人関係で摩擦を生み、大学で学んで来たことが現実社会に意味を持たないことに打ちのめされる日々……ああ、暗い日曜日♪

走馬灯が回って脱線しまくりました。かくかくしかじかで四季に入社した私が、まず出会ったのがマルクスとエンゲルスだったという――まあ長々とお付き合い、ありがとう御座いました。

演劇は経済活動か？

本物の人生の試練がようやく始まりました。まず三か月の新人研修で、演劇が経済活動であるという驚くべき真実を「これでもか！　これでもか！」と叩きこまれたのです。研修では興業予算の成り立ちから説明を受け、エクセル某というものを知ったのもこの時が初めてでした。

この後は、メメントCでは作家だけでなく制作プロデューサーもしている私の体験を含めて、ざっくりと演劇の興業制作について解説します。

これはチケット単価が五千～一万円位で、客席数五百～千人程度のホールでの、商業的な収支が成り立っている演劇興業の場合です。

①収入の部

通常、興業収入の柱はチケットの売上です。予算は小学生なみの計算で、チケット単価×客席数×集客目標の割合×日数です。これに、協賛企業からスポンサー広告収入がある場合もあります。またプログラム販売やグッズ販売も、原価を除けば大きな収入にもなります。場合によっては公的助成や民間の企業メセナなどの、助成金という赤字補填のお金が入る場合もあります。また買い取り公演といって、演劇鑑賞団体や企業、宗教法人、学校団体などの貸切公演もあります。この場合、一回の公演でいくらという支払いなので、とりはぐれがありませんし、広告費も節約できる手堅い興業です。実は多くの劇団では東京での主催公演は赤字で、地方の演劇鑑賞会や企業などの買い取り公演による黒字によって、収支を何とか健全にしています。何をもって黒字というかというと、主催者にもきちんと収入があることで、企業なら当たり前ですが、おいおいにして、小さな劇団ではスタッフや外部出演者にはギャラを払えても、主催者や劇団メンバーには、ほとんど収入が無いこともあります。メメントCは、まだそういう意味では黒字を出したことがないので経営者としては失格ですが。

②支出の部

さて、通常は興行収入の六〜七割程度の金額で予算立てが行われます。大きな項目を並べます。先ず、舞台作品には脚本が必要です。新作書下ろしなら脚本料、再演なら上演料といって、上演権を持っている人にギャランティを払って許可を得ます。戯曲なら劇作家に、ミュージカルなら作詞家、脚本家と作曲家などです。著作権管理団体が上演権利を持っている場合もあります。作家主催の劇団は自分で自分に支払うわけでゼロ経費になりがちです。これはダメな例です。そして演出家には演出料、舞台美術、衣装、照明、音響などのデザイナーにプランニング、またはデザイン料が必要です。これは、クリエイティブなプランニングに関する部分です。デザインを具体化する大道具、小道具、衣装製作などの費用は別途必要です。次は俳優やアーティストの出演料などです。そして作品や公演規模に相応しい劇場を借りるための劇場使用料、付帯設備といって楽屋や劇場の機材、備品借用代、電気代を払います。劇団に稽古場がなければ、稽古期間中の稽古場も準備します。そして、公演を実際に運営するための舞台スタッフ人件費がそれぞれの項目にかかります。職種としては公演運営を統括する舞台監督、舞台操作員、照明・音響エンジニア、輸送、劇場での仕込み要員の人件費、着付け、ヘアメイク、受付係や誘導員……この辺りまでが、舞台の実際的な現場スタッフです。ところがそれだけでは興業は回りません。制作という縁の下の報われない地味な仕事が肝心です。

制作という事務方は、興業の指揮者の役割です。公演計画を立てて予算やスケジュールを管理し、宣伝のためにチラシを企画、デザイナーにデザインを発注し、印刷して広報宣伝をし、営業部員がいなければ自身で演劇鑑賞会や学校、企業などに団体営業し、プレイガイドやオンラインでチケットを販売します。チケットそのものを管理決済する票券担当も制作の仕事に含まれます。興業中の当日受付窓口係、ケータリングと呼ばれる弁当買出し係――一番大事な最終的な経理の決済まで、要するにクリエイティブ以外の全ての雑用を仕切ります。

全ての興業がこんなに複雑ではなく、小劇場なら一人の人間が脚本、演出、出演、制作なんてこともよくあります。仕込みも俳優兼スタッフの劇団員全員でやります。衣装もヘアメイクも舞台転換も俳優がやります。しかし、ここまでに挙げた細かい職能の役割が、演劇制作にはどこかで必ず必要になるのです。

劇場で配布されるチラシを見ると驚くほど沢山のスタッフクレジットがあります。

「スーパー・ヴァイザーって何するのさ?」

「特権的にあれこれ口だけ出す人さ」

「スペシャルサンクスって何? 協力と違うの?」

「協力は俳優の所属プロダクションとか団体。友達に手伝ってもらってもボランティアだったんで、名前をクレジットしました」

チラシの裏で人間関係が見えたりもします。

そして誰かがこの込み入った共同作業の手綱をうまくさばかないとチームとして進めませんし、鵜匠《うしょう》のいない鵜か、野放しの羊も同然です。予算の歯止めも効きません。

鵜匠とはプロデューサーです。興業全体の方向性を決め、財務に責任を持つ役割、指揮官です。どの部門に金をかけるべきか、興業の方針を決める権限と責任を有します。ところがこのプロデューサー、本当に興業収支を黒字にする場合と、単なるお飾りで、口だけ挟み逃げて行く卑怯者の二種類があります。一番重要なのは「赤字になったら誰が支払うのか?」というのっぴきならない責任の行き場です。この責任を果たさずにプロデューサーとは言えません。

天才的で突出した才能と言えど、それを舞台上で表現し観客に観てもらうためには、プラットフォームとなる制作者が必要となるし、それを支える経済力が無ければ劇場さえも借りられません。舞台上で輝く人は、見えざる沢山の手に担がれた神輿《みこし》にのっているのです。もしも赤字を出したらどうなるかって？　企業なら損失になるし、任意団体の劇団なら割カン、または代表者が自腹で補填します。払わないで夜逃げする人もいます。要するに切った張ったの大博打です。

こんなとんでもない博打の責任を分散して受け持つ方式で、忘れてはならないのが、小劇場に多い「ノルマ」型です。劇団はチケットが売れずに制作費用を払えないとつぶれます。それで出演俳優にチケット販売ノルマを課して制作費を割り振るのです。売れれば公演は成功し活動も持続します。しかし、もし売れなかった場合には、俳優本人がノルマのチケット代金を払います。制作者側と出演者の利害が一致するか、目的を共有できれば成立する方法です。どこか搾取に似ていますが、上演に向けて劇場と脚本や技術スタッフを揃え、稽古場を借りて環境を整え、チラシを印刷して宣伝活動をする時点で経済活動は始まっているのです。制作はボランティアだけでは成り立ちません。そして間接費は誰が払うべきでしょうか？　これが意外と理解されていません。会社勤めをしていれば、会社の封筒やコピー機があるのが当たり前ですが、フリーになればその事務仕事のインフラから自分で準備しなくてはならないのです。

もしも、自己表現（出演、演出、作劇などなど）を舞台でしたければ、自分で劇団を持つか、こういうノルマを担って舞台に立ち、技術と人気を高めて自分の客を増やしていくか？　オーディションなどで抜擢されるか？――もしくは発表会です。

一つお願いがあります。芝居を観たら客の人数とチケット単価を掛け算してみてください。そして座席の座り心地、劇場の雰囲気、受付係の人数、出ている俳優の技量、脚本の面白さ、演出などが、その値段に相応しいかどうかを具体的に数値化して考えて欲しいのです。A―狭い劇場でとても面白い脚本と演出、達者な無名俳優がたったの四千円なのか？　B―大劇場でステレオタイプな脚本や漫画アニメ原作のドラマに有名タレントが出演し、照明や音楽がド派手なスペクタクルが納得の一万円なのか？　C―全員が良く知っているお馴染みの俳優が出演する芝居で飲み会もあって三千円が妥当なのか？　どれがよいかは好みの問題です。けれども、ちょっと掛け算と割り算、引き算をすれば、どれだけ芝居が青息吐息で上演されているのかが分かります。チラシをもっとよく見れば、公的助成金が投入されているとかも書いてあるし、その額も大抵は関係省庁のＨＰで開示されています。それらは適切でしょうか？　好みと価値観で判断が分かれるところです。

さて、劇団四季に入社して一番驚いたのは、それら三つのどれでもない、通常とは違う価値観と方法で演劇活動と経済活動が両立されていたことです。

①無名でも訓練された俳優、ダンサー、歌手が、
②市場価値の高い完成度を持った脚本と音楽と演出によって、
③資本力で設備投資された専用劇場で、最先端の舞台機構、照明、音響などの専門スタッフの高い技術で担ぐ神輿の上にのってミュージカルを提供する。

という次第です。しかも観劇する日に、どの俳優が出演するのか、観客は全く知らなくてもオペラ座の怪人やキャッツのチケットを買うのです。スターが居ようがいまいが、舞台が素晴らしければ関係なくなったのです。いつでも美味しいラーメン屋のように、観客の望む舞台成果が担保されるのなら、一年先のチケットを予約する客もいます。浅利氏の主張する「等価交換の法則」とはまさにこれでした。そして、需要と供給の法則によってチケットの売り切れ状態は続いたのです。曰く「ストレートプレイは赤字だから、ミュージカルでかせぐ。これは世を忍ぶ仮の姿だ」。

金、金、金に嫌気が差しましたか？　演劇はいくらで売るべきか？　買うべきか？　演劇は形がはっきりせず保存

の効かない芸術ゆえに、対価を払って得られる「感動」という精神的な価値を数値化することは不可能です。そして人間はとても不可解な動物で、凄惨なシェークスピア劇やギリシャ悲劇を観て不愉快になっても、心を揺さぶられて価値を認めることもあるのです。予算から弾かれる数字と、舞台成果は、観客の主観的な好みに左右されるので、必ずしも万人にとっての等価交換にはならないのです。

冒頭の課題に戻りますが、ではなぜ演劇をするのでしょうか？　経済目的としての取り組みならほとんどが失敗です。しかし、それでも演劇をする目的は、利潤の追求や活動の永続性ではありません。でなければ芸術家が格闘しつづける理由が無いことになります。

徒弟時代

入社して演出部に配属され、三か月の研修を終えると、同期の新入社員はかなり減っていました。私は稽古場での「ダメ取りコンテスト」という、演出家の指示を聞きとってメモするコンテストでビリから二番目の成績となり、演出部から音響課へ配属されました。それから仕事が面白くなり音大時代のようにのめりこんでいきます。何より、台本やら楽譜を眺め、稽古場に居ることが面白くて仕方がないのです。とはいえ、劇場やオーケストラ・ピットで上司にひたすら怒られる日々。おまけに浅利社長には「君たちは本当に役に立たないね。お味噌だ」と言われ続け、あんまり悔しいので音響オペレーターの仕事である、オーケストラのミキシングを覚えました。まだパワハラという言葉が存在しなかったのと、「芸は見て盗め」という世界で育ったので、「今に見ていろ」と闘志を燃やしたのです。

機械やパソコンに詳しくない私にとって幸運だったことは、一九八九年当時、劇団四季には、既にイギリスのClive Green社のCADACというコンピューター制御のミキシング・コンソール（音響調整卓）が導入されていたことです。イギリス人が開発した数千万円の精密音響機器のプログラム構造は、オーケストラの「フル・スコア」に似ていました。

スコアというのは楽譜で、フルがつくと総譜と訳されます。コーラスやオペラ、オーケストラ楽曲の全てのパートが記された指揮者が見る分厚い譜面のことです。各楽器の奏者は自分の担当楽器だけが記されているパート譜を見て演奏します。バイオリンならバイオリン、トランペットならトランペットの部分だけ書いてある譜面を見て、全員で指揮に合わせて「せーの」で合奏し、初めて、自分が休みの間にはトロンボーンが吹いてるのね、などと分かります。オーケストラや、ブラス・バンド経験者なら知っていますが、数百年前からそういう習慣です。なぜかというと、もしも三十人近くいる演奏者全員が総譜を使用したら、分厚い譜面のページをめくり続けることなり、演奏どころではありません。

かつては手書きの写譜屋さんというのがそこそこありました。新作のオーケストラ曲、オペラなどのフル・スコアを、パート毎に抜き出して綺麗に見やすく書き写す職人です。クラシックの大御所作曲家はまだまだアナログな人がほとんどですが、最近ではパソコンなどでの音声編集ソフトも一般的になりました。大抵のソフトウエアでは、いくつものトラックが、ブレーメンの音楽隊のように縦に積み重なっています。時間軸は左から右へと横に進みます。フル・スコアと同じですね。そして、時間の区切りである小節は縦方向に仕切られます。英語ではｂａｒ、小節線です。音響卓のプログラミングでも、同じように情報が積み重なり、時間軸にそって事前に設定された各種フェーダーが動作し、付随する効果（ＭＩＤＩ情報の変化や、各種エフェクターのオン・オフ、そのパラメーター変更）などが進行していく成り立ちは、音楽家にはとても理解しやすかったということです。もうマニアにしか訳が分からない話です。いやはや。

オペラやバレエでは、スコアに沿って全てのセリフや所作、演出が設定されます。どちらかというと脚本よりも作曲家の書いた譜面の縛りの方が厳しく絶対なのです。スコアを勝手に改編するなど、言語道断、聖書（バイブル）の冒涜くらいに思っているのがクラシック音楽関係者なのです。演劇人が聞いたら卒倒するでしょう。

音響係が実際に何をやるかというと、ミュージカルにおいて、千人規模の劇場でオーケストラが鳴っていたら、明瞭にセリフも歌も聞こえません。そのため、俳優の声をマイクで集音して補正を加えて拡声します。同様に、オーケストラピットの楽団も、それぞれのパートにマイクが備えられていて拡声されます。バイオリンなどは通常のコンサート・オーケストラよりも人数が少ないし、出番の少ない一部の楽器は、シンセサイザーなどで代用されます。それらを元々の譜面に近いバランスに歌とミックスして補正、拡声する仕事です。

例えばロングラン中のオーケストラのミキシングだとしたら、スコアと台本を頭の中に入れ、ピアノで鳴らして和声を掴みます。そして劇場に行って前任者の仕事を音響ブースで見学し、基本的な段取りを覚えます。振付を覚えるように、フェーダーと言われるボリュームコントロールを操る手の動きを覚え、あとは本番でオーケストラの音が鳴れば、バランスを補正していくだけでよい仕事です。

現場では「あれあれ？　フルートが聞こえないぞ、第二バイオリンが埋没して和声がおかしいぞ」となります。生のオーケストラをそれまで散々聞いているので、絶対的なダイナミックレンジ(強弱の幅)や固有の楽器の音色に迷うことがありません。料理人が酢豚とマーボ豆腐の味を間違えないようなものです。要するにスコアに書かれた各楽器のバランスを再現すればよかったのです。時々上司に「お前はＣＤを作っているのか？　舞台の生の芝居を見ろ！」と怒鳴られて言い返しました。「だってスコアに書いてあるから」。非常に生意気で迷惑な人間で、脚本よりもスコアを尊重していました。オーケストラ・ピットの深さで、音がどう変わるのかなんて、素敵な実験もできました。そんなことを体験して喜ぶのは音響家くらいです。

もちろん血が凍るような機材トラブルもあります。電波も音も目に見えません。音響機材は複雑で、やはり技術の習得が必要です。絶対音感どころか、何キロヘルツの音が鳴っているのか聞き分けられないと、だんだん、仕事が捗らなくなりました。二十世紀の最後の十年はまだ会社や社会全体に余裕があったように思います。稽古が無い時に英文のトリセツをずっと訳し続けるとか、音響の実験をやり続けるなどの時間を貰えました。バブルは終わっていましたが、まだまだ当時は、よい環境に恵まれていたのです。思い返せばある意味、幸せな徒弟時代でした。

歴史にコミットする劇団

入社二年目に『李香蘭』(5)というオリジナル・ミュージカルの創作が始まりました。これは日中戦争時に中国人映画女優・歌手として活躍した李香蘭こと山口淑子さんの自伝『李香蘭　私の半生』(山口淑子・藤原作弥著　新潮社刊)を、舞台化した作品です(プロデュース・作・演出＝浅利慶太　作曲＝三木たかし　主演＝野村玲子)。

ストーリーは、日中戦争などの大陸侵略や、満洲帝国建国などの昭和史を背景に、李香蘭の半生と満洲映画協会での活躍が描かれます。華やかな歌謡ショーのシーンだけでなく、日本敗戦時の漢奸(祖国の裏切り者)裁判がラストのクライマックスです。いわば日中戦争自体が主役といってもよい異色ミュージカルです。ヒロインの「李香蘭」は芸名で本名は「山口淑子《よしこ》」といい、国籍は日本人。彼女は生まれ育った中国と、祖国日本の間で葛藤します。そしてもう一人、清朝の愛新覚羅家の王族で軍人、東洋のマタハリと言われた男装の麗人、「川島芳子《よしこ》」で知られる中国人のヒロインが登場します。二人の「よしこ」がそれぞれの祖国の狭間で戦争に翻弄される運命を描いたものです。

この創作チームの末席を許され、企画の立ち上げから構成会議をつぶさに見聞きすることができました。浅利氏の創作意図は、「日本の大陸侵略を左右どちらの側にも偏らずに描く」ことに集約されていました。二・二六事件、満洲国の理想と現実の乖離、そして武力侵略、撫順《ぶじゅん》炭鉱での日本軍による住民大量虐殺(平頂山事件)や、毛沢東の長征やら、周恩来についての力のこもった話を毎日、聞かされました。

私は音響アシスタントで、当時の流行歌に軍歌、双発飛行機とかゼロ戦などの効果音を上司と聴き続けました。四十人以上の俳優の出演香盤が毎日変わり、作曲家から譜面が届くと、音楽プロデューサーがそれを弾き、モチーフをはめ込んで音楽の進行を決めていきます。オーケストラ編曲も、演出家がNOと言えばやり直しになるなど、集団が初日に向かって舞台を創り上げていくダイナミックな日々でした。その経験は今となっては宝ものです。

一九九一年一月七日、青山劇場で初日を迎えた『李香蘭』は、重いテーマにも関わらず、連日早朝から当日券を求める人がチケットボックスに並びました。評価の未だ定まっていないオリジナル・ミュージカルが、正月明けのお目出度さを吹き飛ばし、怒涛のように集客をしていくのです。これが博打のような当たり興行を見た最初です。眼の色を変えて劇場を訪れる、実際に戦争を経験した世代の観客によって、通常の公演とはまるで客席の雰囲気が違いました。私の郷里の医師で中国戦線に赴いた元軍医が、不自由な体をおして上京し、「李香蘭を見るまでは死ねない」と言ったのも強烈でした。その時、正に演劇が社会にインパクトを与え、コミットしていたのです。

この後、『李香蘭』は再演を重ね、一九九二年には浅利氏の執念とも言える、中国ツアーが敢行されました(私は訪中団には入れませんでした)。その公演は、日中国交回復二十周年記念事業として政治に担保されたものでしたが、日本の劇団が中国各地において関東軍の軍服姿で殺す側を演じ、殺される側も含めての住民虐殺のシーンを劇中で再現したことは、言葉に言い表せない何かを刻んだことでしょう。訪中した劇団員には壮絶な体験だったとのことです。ある女優は、長春の劇場で、「残留婦人」(6)と言われる大陸に取り残されたままの満蒙開拓団の婦人と日本語で話したことを、帰国後、何年も経ってから語ってくれました。

舞台終幕の漢奸裁判で、裁判長は蒋介石(7)の「以徳報怨」という言葉を歌いあげる。「徳を以て怨みに報いよう」それによって、日本は戦後賠償から逃れることができました。日中国交正常化交渉の際、周恩来首相も再び「日本人民と中国人民はともに日本の軍国主義の被害者である」という立場に立ってこの言葉を用いました。それはそれで素晴らしいとは思いますが「それで済むことと済まぬことがあるし、やはり済まぬだろう」とも思えます。

二十世紀の終わりに、浅利慶太率いる「劇団四季」の創造した演劇が日中の間で果たした役割は非常に大きく、今更ながら畏怖に似た尊敬を抱きます。今となっては、双方の安定した国内政治状況さえ懐かしい気がします。あの頃のような対話のある関係を欠いた社会が、今この「二十一世紀の現実」なのです。

さて、味噌と呼ばれた私は、初演のすぐ後、過労から病気になりました。当時、仕事にやりがいがあっても、倒れるまで労務管理はなく、私は退団届けを出し会社を黙って去りました。消えた私を探して実家に訪れた上司は謝罪とともに、「とりあえず休団ということにするよ」と言って帰っていきました。この対応が労働法規的に正しかったかどうかは分かりません。なぜなら当時、私は雇用上の立場を全く理解していなかったからです。演劇関係では、現在でも労働法というのはほとんど理解も適用もされにくい現場ですが、劇団も株式会社ともなればそういう「常識」と「法規」を逸脱しつづければ、いつかはしっぺ返しをくらうでしょう。音楽関係はまた更に不毛地帯です。

やがて勝手気ままな元音大生は、喉元過ぎれば熱さを忘れ、七か月後にまた何食わぬ顔で劇団に復職しました。恐る恐る浅利社長に挨拶に行くと、機嫌よく「おや珍しい顔がいるな」――今思えば上司や周囲の太っ腹に感謝するばかりです。

また当時、若手は海外研修に行くことができたため、研修リポートを書いて提出するのが条件で、42丁目とウエストエンドで様々なプロダクションのバックステージを覗きました。この世の春とはあの頃です。

テロも無く世界が平和だった一九九〇年代の前半、最も良い時代に劇団に居たことに感謝するばかりです。

震災とサリン事件

一九九五年、阪神大震災の頃から、世の中の変化と自分の携わっている仕事のずれを感じて、次第にミュージカルが楽しいと思えなくなりました。それまでにも、大阪は南の界隈に長逗留することが増え、難波や西成地区、そして多文化の鶴橋界隈、神戸、尼崎という「東京からは見えない世の中」を知ったからかもしれませんし、場末のビジネスホテルが定宿になったお陰もあるでしょう。当時の大阪は東京よりも、あらゆる意味で確実にニューヨークに似ていました。臨港地域のワールド・トレード・センターという名の摩天楼と貧困、高層ビルの下での救世軍の募金、ホームレスの人があちこちに横たわる道路、それは両極端な風景でした。

その頃、私は『ウエストサイド・ストーリー』近鉄劇場公演の音響チーフをしていました。震災当日は月曜で休演日。宿泊していたホテルは難波にあり、被害はゼロです、その後、凄まじい被害状況が伝えられるなか、関西で唯一、四季だけが休演をしませんでした。社員であるかぎり、その決断に従うしかないのですが、ロビーでの募金活動もなぜか苦痛でした。もちろん被災と関係ない観客もいて、そのお陰で利益があるのだという浮世の仕組みをやっと直視したのです。

被災してきた人々でコインランドリーはふさがり、コンビニにはパンや水が無くなり、公演関係者の中には被災の酷かった宝塚方面から通っていた俳優、スタッフもいて、非常に大きなショックを抱えたまま公演は続きました。「こんなことをやっていてよいのか?」という苦痛とともに、華やかなショーは続くのです。

震災の影響で関西電力の送電圧が不安定となり、毎日、瞬間的な停電が多発しました。東京では安定した電源供給が当たり前でしたが、関西では震災だけでなく、敦賀や高浜の原子力発電所の異常や、変電所の故障などの電源トラブルが多く、そのたびに事故報告書を本社にFAXしました。世間一般では、高度な精密機器が当たり前のように使われていますが、それもこれも電源あってのことです。電源が水や空気と同じように、そこにあるのが当たり前だった私には、このことがようやく足もとの板一枚下になにがあるのかを疑うきっかけにもなりました。それから楽しくて便利な社会というものを、次第に嫌悪する自分が生まれていきました。

演劇の無力感を実感した大阪公演は一月末で終わり、次は四月から霞が関にある日生劇場で再び『ウエストサイド・ストーリー』の開幕です。その間に、私にとっては大きな転機が待っていました。三月の中旬、ディズニーミュージカルの仕事のためにアメリカ西海岸のセンチュリー・シティに居た時に、地下鉄サリン事件のニュースが入って来ました。その後には、グローバル化というディズニーの黒船がやってきたのです。

ディズニーの黒船

一九九五年の『美女と野獣』に始まる『ライオンキング』などのディズニーのミュージカル作品は正に黒船でした。

ロングランが続くこれらの演目によって、会社はグローバル経済の洗礼を受けたのです。ビジネスとしての黒船だけでなく、ディズニーのプロデュース力を、日本側は見せつけられました。それはまるでマッカーサーが厚木飛行場に降り立ったようなものでした。

まず最初に、最近知られるようになった知的財産権としてのミュージカル版権についてご理解ください。

海外のミュージカルのみならず、オペラや演劇などのコンテンツの全て(脚本・音楽・演出・振り付け・美術・衣装・照明・ヘアメイク・特殊効果・使用機材・小道具、etc)には、著作権が存在します。それらは大抵、パッケージになっていて、契約無しに舞台で上演することは御法度です。ミッキーマウスを勝手に商品デザインに使ってはいけないことと同じです。

そして契約はコントラクト(契約書)で守られ、勝手な変更は許されず、細かくギャランティ(報酬)なども決められます。場合によっては、本家本元をそっくりそのまま再現することが求められます。その演出プランが書き込まれた台本をバイブルと呼び、契約成立とともに、もたらされるのでした。

出た！　まるで無条件降伏、という感じです。まだ馴染みの薄いこの版権ですが、クラッシック音楽業界では当たり前です。だって何百年も前の楽曲を楽譜通りに演奏する行為は要するにスコアの再現です。来日アーティストの興業は、コントラクト無しには有りえませんし、欧米のショー・ビジネスは契約書というものが当たり前の文化です。腹芸や口約束がまかりとおる日本の業界には未だに根付かない習慣です。版権トラブルを巡る上演中止も国内で起きています。

また、海外作品の上演には台本の翻訳作業が必ず伴います。国が違えば言葉も違い、翻訳されたセリフや歌詞に合わせて、日本語版演出がなされます。

アニメーションが原作のミュージカルのシリーズで、ディズニーの劇場部門は、突出した才能を束ね、幅広い世代に受け入れられる舞台芸術を完成させました。特にロングランを更新中の『ライオンキング』では演出家、装置家、美術家、音楽家の仕事ぶりの凄さを誰でも識別できるのではないでしょうか。

音楽一つとっても、グラミー賞アーティストと同等に、アフリカ人作曲家レボ・M(8)に多くの楽曲を担当させ、音楽面のオリジナリティーと大衆性を両立しています。演出家ジュリー・テイモア[9]の前衛的な演出も、際立っています。著名な劇評家たちが散々書いているので今更ですが、一九九二年に長野の音楽祭、サイトウ記念フェスティバル松本[10]で上演されたストラヴィンスキー作曲のオペラ『エディプス王』（指揮＝小澤征爾　演出＝ジュリー・テイモア）を見ていたら、テイモアの凶暴でラディカルな芸術性を、よくあそこまで一般的なミュージカルに落とし込めるなあと感嘆するばかり、プロデューサーの辣腕ぶりを感じずにはおられません。この二つを見比べるだけで、オペラに求められる芸術性と、ミュージカル作品に必要な大衆性の差が分かるのではないでしょうか？

テイモアは過去に日本やアジアに長期滞在して、民族芸能を学び、淡路島や八王子の文楽や伝統芸能などの技法を過剰なほど演出に取り入れています。そして、所作の真似ではなく、歌舞伎や浄瑠璃的表現の本質が、ミュージカルの演出に巧みに生かされているのを目の当たりにして、音響ブースで頭を殴られたようにショックを受けました。もちろん、美術家によるパペットの意匠、装置家とテクノロジーの融合があって初めて、回転するでっかい岩山のセットが舞台の奈落からせり上がって来るのです。

これらのアーティストを鵜、プロデューサーを鵜匠だと考えてみてください。鵜飼いの手綱が緩かったら、この個性あふれるクリエイティブ・チームは、幅広い世代に長年に亘って売れ続ける大衆性という到達点には至らなかったでしょう。きっと金だけ使って、とんでもなく前衛的なガウディのザクラダ・ファミリア教会のような楼閣を、ぶち建ててしまった可能性があります。そして舞台版の演出コンセプトには、文化人類学的な「王殺し」がくっきりと寓話化されていました。子供向けアニメの原作からの大転換です。

私自身は『ライオンキング』の一九九九年の大阪初演、二〇〇一年の福岡初演に、音響チーフオペレーターとして携わりました。凄まじい残業時間や、終わりの見えない音声の編集作業にイライラしながらも、芳醇なアフリカンビートとポリフォニックなコーラスアレンジに、苦労よりも尊敬と喜びの方が勝ちました。作曲家のレボ・Mとの録音作業も、天才を直に感じる瞬間でした。音楽に国境は有りませんし、本物の才能はあらゆる不可能を可能にしていくのです。

『ライオンキング』の十年を超えるロングランは、浅利氏が主張した『資本論』的な「芸術の交換価値」を証明しました。優れた価値の作品と演出のパッケージ＝版権の塊はパテント(特許)として、いくらでも利潤を生み、芸術性を再生産するES細胞のようです。例え、俳優がどれだけ交代しても商品の再生産は可能です。興業システムと版権は、ディズニーによってディズニーランドのように世界中に移植されます。そして日本人は、それをコピーするだけでなく、そこから新たな価値創造が果たして可能なのか？

まだ証明されたとは言えません。更に、このグローバル化の効率主義は音楽家に大いなる不幸をもたらしたのです。

カラオケの不毛地帯

実演家のユニオン(組合)がある欧米の興業界では、舞台の伴奏は全て生オーケストラが担うことを前提としています。地方へのツアー公演などでの音楽テープ再生の場合でも、ユニオンへの支払義務が生じますが、日本には実演家の共通するユニオンはありません。一般の労働組合自体も欧米と日本では大きく異なります。

現在、国内ではクラシック音楽公演以外のコンサートや演劇上演では、予め録音されたカラオケ音源や、コンピューターソフトを用いた打ち込み音源の使用がスタンダードになっています。その理由にはオーケストラを雇用する場合の、大きなコストの問題があるからです。芸術的側面からいえば、本当にがっかりします。

輸入ミュージカルの国内版の初演でも、興業会社は次第に生オーケストラを使用しなくなりました。そしてカラオケでの舞台上演には、独自の音響プランが必要となります。それにより、版権の契約条項に含まれない領域が生じ、ついては日本側独自のサウンド・デザインが可能になりました(使用機材などはディズニー指定のものを買わされるので制限を受けます。まるでTPPです)。

入社四年目以降、カラオケのレコーディング・アシスタント・ディレクターや再生用ソフトのプログラム作りが私の主な仕事になりました。このカラオケによる音楽再生係というのは不条理な仕事なのです。生きている俳優が演じる限り、毎日、上演は微妙に異なります。ところが同じ音源を使用し続けると、パフォーマンスとかみ合わなくなるのです。歌と伴奏がずれるのではなく、もっと盛り上がりたいのに、テープのオケは一緒にテンポが変わったりできません。ダイナミックレンジという、強弱を変化させるくらいです。歌う俳優が交代しても同じ音源です。興業を再生するのには合理的でも、表現者としての人間の生理には合いません。

当時、現場では、音楽やコーラスを再生するために、16チャンネルのOTARI社製MTR(マルチトラックレコーダー)が使用されていました。メディアとして使用する1インチのアナログ・テープを、フェザーカミソリの刃で切ったり張ったりする編集は、羅臼昆布によく似たテープの切れ端に埋もれながらの作業で、ちっとも音楽的でも楽しくもない仕事です。今ではパソコン一台あれば、殆どなんでも出来る時代です。私にとっては例えギター一本でも生の音楽の方が価値があります。

バブルが終わり、すっかり興業から指揮者や楽団がいなくなりました。録音もコンピューターでの打ち込みが主流で、一生のうちに一度も生のオーケストラを聴かない人もたくさんいるでしょうし、伝統芸能でさえも録音伴奏が増えてきました。人間の耳は本来、豊かな音を聴き分けることが可能なのにとても残念です。裏方や俳優、音楽家など、実演家のユニオンが出来れば解消するのでしょうか？　このままいくと、文化も芸術も「なんちゃって」のまがい物だらけになりそうです。

技術革新と演劇――Show must go on!

二十一世紀目前の一九九〇年代は、世界中のショー・ビジネスが一番活気づいていました。巨大な資本投下によって、興業のコンテンツを持っている会社や劇場と、産業技術のコラボレーションが起こり、大規模な舞台機構の開発や、ITによる技術革新が興業界で進んだ時代でした。「劇団」などでは不可能な「メガ・ミュージカル」が次々と生まれました。当時の日本の産業界においては、劇場建設以外で、巨額の投資で革新的な舞台技術の開発をしようと考える会社はごく一部でした。ですからその頃、ブロードウェイやウエストエンドの新作というものは、脚本演出などの著作物のみならずハード面の技術力でも日本にとっては黒船状態でした。

例えばこんな具合です。当時の外来ミュージカルでは、特殊な舞台機構の心臓部分はブラックボックスとされていて、壊れても日本側では修理することはできません。その部分が壊れるとアメリカから専門技術者が、名古屋などの地方都市へも派遣されてきました。まるで映画のミッション・インポッシブルのように、最短時間で劇場に到着し、ブラックボックスを、ほいっと交換します。

一同、やれやれとなって打ち解け、まあまあ、せっかくだからと名古屋名物の手羽先を食べに行きます。するとその技術者はこう言うのです。

「僕は前の職場ではNASAの宇宙開発用分野のロボットを作っていたけど、楽しくないからショー・ビジネスの技術屋になったのさ。世界中の劇場に行けるしね」

技術力が芸術性と比例するかは全く別問題です。めちゃくちゃハイスペックで金の掛かった退屈なミュージカル作品も沢山ありましたから。

しかし、日本の興業会社が資本を呼び込めない理由は、産業構造の違いだけではなく、日本社会の中で舞台興業の位置付けが低いことにもあるように感じます。そんなわけで日本人技術スタッフは、二十世紀の終わりになってもブロードウェイに詣でる有様。それはまるで十九世紀の終わり、明治の『坂の上の雲』(司馬遼太郎作)の時代に、秋山真之がワシントンへ海軍について学ぶために出向いたように。

もうあれから二十年経ち、すっかり国内も変わり、アンドロイドも芝居をさせられる時代です。

音響の世界でも二十世紀最後の十年間は世界的にアナログからデジタルへの過渡期でしたから、各国のメーカーが様々なデジタル機器の開発競争を繰り広げていました。放送業界ではもっと早くデジタル化が先行していました。しかし、人間相手の生本番を落ち度なく進行する舞台音響の世界は、不条理なほどデジタル化が進みにくい現場でした。欧米で新作大規模ミュージカル作品の幕が開くごとに、新たな技術が導入されているのを見ては、その資本力とリスキーな進歩に驚いたものです。ロングラン自体が特殊で、長くて一か月の公演がほとんどの日本では、そんなことにお金を使う余裕がありません。もっとも本来、観客にとっては、舞台が素晴らしければ、人力であろうと機械だろうと関係ありません。

「Show must go on」とは、「ショーが一旦始まったら幕を降ろしてはならない」という業界の矜持です。スタッフにとって、何らかのトラブルでショーがストップすることは敗北なのです。外国でしたらトラブルが起きても簡単に緞帳が降りてきて、「ごめんなさい！」ですが、日本人はこういうところも「一度走り出したら止まれない」性格、ようするに責任感とは両刃の刃です。その価値観は、現場で私や周りの人間に過剰な労働を強いる根拠となり、どこか大日本帝国陸軍や、全体主義的な思想に似ていると思うようになりました。「資本主義的なショーよりも優先すべきことはこの世にたくさんあるし、ストリートミュージシャンの歌のほうが美しいこともある」。

音響という仕事は、ミュージカルを進める上で、事故や間違いが許されない重要な位置にあります。照明はまっ暗にならなければ進行には影響ありませんが、一瞬のミスや機材トラブルでカラオケがストップしたり、おかしな音が出ると全てはオジャン、チケット代に見合わない舞台になってしまいます。

大劇場のミュージカルでは、踊っていても歌が効率よく集音されるように、送信機と集音マイクヘッドが一体となったワイヤレス・マイクを俳優が装着します。ラジオマイクとも言います。これがまた厄介なしろもので、俳優の汗を大量にかぶり、時々、支障を来します。俳優の汗は止められないので、こちらはひたすらに耐水性の良いマイクヘッドを探すことになります。汗がマイクに入ると、拡声された俳優の声はプールの中で聞く音のようにまぬけな音質になり、ひどい場合は壊れます。ある時、S社の耐水性マイクロフォンヘッドの試作品の調子がとても良かったので、「もう一本下さい」と仕上げを急がせたプロト・タイプに、本番で不都合が起きました。

現場は日生劇場、ミュージカルの本番中に、主役の声が拡声されずに途切れて、マイクは「Dead」――ご臨終。

しかし、その状態のままショーは続き、一幕が終わるまで交換できません。当時は、事故が起きるとその報告書の提出が義務付けられ、事故の起きた状況、原因とそれへの対策を会社に提出したものです。

翌週には観客からクレームの手紙が届きました。私はその返信を書きながら、ため息しか出ません。一期一会の観劇に取り返しがつかないことも悲しいのですが、個人の能力を大きく超える責任を、現場責任者が被る理不尽にもげんなりとするばかり。そのうちに、メーカーから壊れたマイクについて報告書が届きました。判明した事故発生原因とは――「マイクヘッドの耐水性不良の原因は、私が早く早くとメーカーを急かしたせい」だというのです。S社の担当者は、イレギュラーな要求に応えようとして、試作品の結線を所謂クリーン・ルームではない、温湿度調整が不十分な環境で行ったため、発汗の水蒸気による導通不全を起こしていたのでした。メーカーさんは「ハンダ付け時の湿度が導通に与える影響」のグラフが添付された誠意溢れる詳しい調査報告書をくれました。非常に合理的な原因と結果は良くわかるのですが……正直、私のキャパシティを超えた事件でした。

またもや余談ですが、長野五輪の頃、このメーカーの更に進んだ特殊マイクが開発されました。それによりNHKでは「アイス・スケート選手がリンクを滑走する音を、氷の中から集音し、臨場感あふれる中継をします‼」ということまで可能になりました。マイクは進化し続けて、なんと「氷漬けでも大丈夫！」という所を極めたのです。必要は発明の母ですね。何かもっと別のことをしたらいいのに……思い出しはじめたら止まりません。資本家と観客に優しいブロードウェイミュージカルも、本番が何年も続くと嫌気がさしてきます。人間はアンドロイドと違って「飽きる」動物なのです。私は機械にはなれません。

一九九六年に電波法改正の移行期間が終わり、ワイヤレス・マイクは、他の業界の電波使用に追われてどんどん別の周波数帯へと変更させられました。さらに携帯電話の普及拡大によって、現在も劇場内での電波や出力は制限を受け続けています。一体、誰が電波を使うべきなのか？　オウムの地下鉄サリン事件の後、日生劇場で仕事をしていた私は、毎日原因不明な電波障害に閉口しました。特定ラジオマイクを扱う業者さんに電波測定をしてもらいましたが、「これは警察の無線が干渉しています。Xデイが近いから仕方ありません」と言われ諦めるしかありませんでした。

後日、上九一色村での麻原彰晃逮捕を境に、その電波干渉はぴたりとやみました。

　電力への依存や、経済効率による労働環境へのシワ寄せ、様々なことが芝居の額縁を飛び越えて、シグナルを発し、現実の世界からの「夢から目を醒ませ」と言う声が聞こえ始めたのでした。そうこうするうちに、私はあっけなく会社を辞めてしまったのです。辞めるまでは本番業務をこなしつつ、真夜中から朝に脚本を何本も書き続けました。劇団時代の終盤、私は職場内結婚をし、その後も仕事を続け、大阪や福岡のウィークリー・マンションに単身赴任していました。今考えれば気楽なものです。休みは図書館に入りびたり、夜中も眠らずに何かを書いていました。それである時、ミュージカル脚本を書いて社内コンペに出してみたのです。題名は『錬金術師』。ネタは『カルミナ・ブラーナ』と堀田善衛の『路上の人』。カール・ウォルフ作曲で有名なカルミナのテキスト(歌詞)は中世の修道院で発見された世俗の詩集です。著作権もないだろうとノリノリで書いて提出したら、役員会で社長に褒められたので、すっかり気を良くしました。その後に書いていたのが、『かつて東方に国ありき』。堀田善衛の小説『漢奸』の舞台脚本の習作です。既にミュージカルにモチベーションは得られず、ストレートな芝居がやりたくてたまりませんでした。そしてそれを理解してくれる誰かを探して、在籍十三年目となった劇団を去りました。なぜか浅利社長が九〇年代によく話していた築地小劇場の歴史やソ連演劇界のメイエルホリド[11]の粛清や岡田嘉子[12]のソ連亡命を思いだしながら。「さよなら！　さようなら！　さよなら！」。そして国境を越えたのです。

　大資本の話ばかりでしたが、そろそろ自分の立ち位置に戻らなくてはなりません。私自身、この時、劇団四季という集団から抜けるとともに、嶽本あゆ美という個人に脱皮したのだった！

劇作家になる

二〇〇一年の六月、その頃、日本劇作家協会が戯曲セミナー第一期生を募集していて、私はグッドタイミングとばかりそれに通い始めた。担当講師は斎藤憐。(13) オンシアター自由劇場の『上海バンスキング』『クスコ　愛の叛乱』など、歴史と社会を色濃く抉るドラマティックな戯曲を書いた、まさに時代を代表する劇作家だ。斎藤憐の仕事は社会派のコラムから、テレビドラマ、映画、沢田研二のリサイタルまで多岐に亘り、そのセリフには美しさと猥雑さが入り混じって堪らない魅力がある。そのドラマツルギーには、時代と歴史へのプロテストが色濃く反映されていて、『幻の劇場・アーニーパイル』(一九八六年　新潮社)として出版された小説のようなドキュメンタリーは、斎藤戯曲における敗戦と昭和への視点が独特の筆致で綴られている。まず「戦争への怒り」、そして生き延びることの不条理さ、人間存在への慈しみがある。忘れられない斎藤憐語録は、

「良い芝居というものは三方良しであるべきだ。観客と座元(劇場主)、俳優にとって良い戯曲が書けなければプロではない」

「優れた芸術には、社会に対する視点がはっきりと現れる。世界のどこに立って見るのか?」

今現在でも大きな課題だ。

生徒としての私は、最悪の劣等生で、書いたものを次々とケチョンケチョンに怒られ、年度の終了時には「もう二度と俺に原稿を送ってくるな!」と怒鳴られる始末。しかし斎藤先生は情け心で「自分でこれだ、と思うものがあれば送れ」とも呟いてくれました。私はそれを真に受けて、「いつか書いてみせよう……」とお山の杉の子のように決心した。

戯曲セミナー終了後は、渡辺えり主宰の劇団「宇宙堂」に携わり、退団後はクラシック音楽事務所営業部でアルバイトをしながら戯曲を書き続けた。そして石の上にも二年、『かつて東方に国ありき――堀田善衞『漢奸』より』で文化庁創作奨励賞佳作を受賞。それが磯村純(青年座)演出で青年座スタジオで上演され、劇作家デビューできたというわけだが……ああ、ここからがやっと本論かもしれない。出会いとはつくづく不思議なものだ。

有る日突然、自宅の電話が鳴る。低くドスの効いた声が喋りだす。

「近畿大学の大橋也寸《やす》です。堀田善衛の脚色、読みました。私？　審査員よ。あなた、円《えん》の岸田今日子さんに中上健次[14]の『千年の愉楽』で脚本を書きませんかぁ？」

私は二冊しか中上の小説を読んではいなかったけれど「書きまーす」と即答した。もちろん驚きながら。

演出家で近畿大学名誉教授の大橋也寸さんは、芥川比呂志の助手でデビューし、劇団雲・演劇集団円や四季で活動、その後はベルリンで暮らし、フランスのルコック演劇学校の先生になったというパリジェンヌで大阪人。日本に戻ってからは、桐朋演劇科の講師となり、安部公房の『人命救助法』を舞台化して紀伊國屋演劇賞などを受賞。近畿大学では中上の同僚でもあった。

彼女の道頓堀仕込みの関西弁は南フランス訛り。その歯に衣着せぬ毒舌と詩をつぶやくような罵詈は、音大生に輪をかけて自由奔放。地球上の誰よりも辛口な也寸は、私の硬質でシニカルな文体を気に入ったと言うのだった。彼女こそ芸術の不可思議さと楽しさ、純粋であることの恐ろしさを教えてくれた人だ。しかもこの人は、哲学を演劇に求めた。演劇の哲学ではなく。そして前衛というものがどの位置にあるのか、初めて指し示して見せてくれた。

出会いから三年間、大橋也寸との小説『千年の愉楽』[15]を巡る格闘が始まった。

中上健次の代表作『千年の愉楽』とは、「路地」の産婆・オリュウノオバが語る「中本の一統」という美しく薄命な若衆たちのエロスとタナトスの物語だ。

「路地」とは和歌山県新宮市にある江戸時代から続く被差別部落を指す。そこには浄泉寺という真宗大谷派の寺がある。浄泉寺は江戸時代、家康の重臣で浜松の大名、水野公の転封によって新宮に移った寺だった。水野家菩提寺と同等とされ、比護されてきた寺は廃藩置県によって没落し、その後、明治末の大逆事件によって当時の住職を失う。さるほどに路地の家々の仏を弔うものが居なくなったので、靴職人だったオリュウの夫のレイジョは、毛坊主となって住職の代わりを務める。オリュウは文盲であるがゆえに、誰がいつどのように死んだという寺の過去帳（死亡記録と法名）を全て諳んじて語ったという。『千年の愉楽』は実在の路地の産婆を取材して書かれた小説で、濃厚で不思議な文体の中上文学の傑作だ。大橋さんは、演劇集団円の岸田今日子さんと共に、この作品の舞台化を企画していた。

最初の三人での企画会議の後、歌舞伎のような上演時間五時間の大作を書き、「それではありません」と言われた私は、次には漫画『ワンピース』と『進撃の巨人』を足して二で割ったSFを書いてしまった。それらは原稿用紙換算で、五百枚以上。とんだ裏紙製造業だが、大橋さんの根気が無ければ今の私もいない。

大橋さんと怒鳴りあいのケンカをした挙句、高齢初産で妊娠中だった私は、切迫早産で八週間入院したが、懲りずに出産後に映像的なシナリオを書いてすんなりとOKを貰った。

それが二〇〇五年に上演された『オリュウノオバ物語』。稽古はそれまでの苦労が嘘のように楽しく驚きの連続だった。「遊びはPlay、芝居もPlay」彼女はいつもそう言っていた。大橋さんの方法論は、全て自由でかつ美しかったが、俳優達は戦々恐々とし、時として私や俳優を容赦なくなぎ倒しもした。

「さああんた、(空を)飛んでみてんか?」というセリフがある。演出はシンプル、俳優は腕を背中の肩甲骨ごと引き寄せ、それから腕を広げる。確かにその視線の向こうに熊野や吉野の山々が見えた。

稽古場で、俳優の背中に羽根が生えて空高く飛ぶ姿を観た私は、フライングも舞台機構もどうでもよくなった。妄想ではなく、演劇とはかくも無限なのだと知った瞬間だ。あのジュリー・テイモアの次にこの人を知って、私はずっとこういうものをやるのだと思った。テイモアもルコック演劇学校の卒業生だったのだ。

上演の評価は分かれたが、中上健次の文体と新宮弁に酔いながら「生きることと死ぬことのあわい」を舞台で観せてもらった。奇しくもそれが岸田今日子さんの最後の舞台となってしまったが、あれから十年たって、岸田さんがこの原作に拘ったわけがようやく分かってきた。岸田さんが戦っていた「社会とは何か?」それに後年、私もぶち当たったからだ。あの時を超える演劇体験はまだ今もない。

岸田さんの訃報は、翌年の十二月、日本劇作家協会新人戯曲賞を『ダム』で受賞した夜に大橋さんから電話で知らされた。次の日、第二子の妊娠中だった私は大きな腹を抱えてお別れに行った。千年を超えて生きるはずのオリュウノオバは、静かに横たわっていた。そしてとても美しかった。

当時、私は既に子宮口が三センチ以上開いていたが、次男はなかなか生まれずに、ようやく二か月後の早朝に破水してこの世に現れ出た。二人目にしては難産となり、「生きて死に、死んで生きる」という彼岸の境目を、分娩台の上で苦しみながら酸素マスクの向こうに見たように思った。原作のモデルとなったオリュウノオバは一体、どれだけの人の生き死にの境目に立ち会ったのだろう？

人間の将来というのは明らかに過去から派生している。私にとってその『オリュウノオバ物語』が新宮との出会いであり、大逆事件との出会いだった。新宮の医師・大石誠之助や浄泉寺の住職・高木顕明《たかぎけんみよう》と出会わせてくれた。それ以後、戯曲を書きたいという私の欲求は尽きることが無くなったのだ。

戯曲を書き終える方法

ここで、しばらく戯曲の方法論に立ち寄ってみる。

「戯曲を書き終える」ために絶対に必要なこと、それは動機と目的地だ。それはどこか計画的な犯罪と似ていて、まずゴールを設定してみることから始まる。戯曲の形にはギリシャ悲劇のような壮大なドラマもあれば、コメディ、不条理劇、会話のスケッチのようなとりとめのない習作もある。どれだったとしても、人は心が動かなければ書き始めることは難しいし、目的地まで辿りつけない。最終目的地に向かって書き進めるために、まず、この三つは最低必要だと感じる。

①問題意識や情熱
②取材のためのコミュニケーション能力
③戯曲の構成力や文章的スキル

そして書き上がった脚本を上演するには、俳優や演出家に作品を渡さなくてはならない、または自分が動く必要がある。そのためには、

④仲間
⑤企画力
⑥資金力

とハードルが上がり、けったいな能力が必要となってくる。

まずは机上で、誰でも努力すればできる——③戯曲を書くための構成力ついて、私の方法論を書きたいと思う。他人が読んで理解できて上演可能な戯曲を書くには、登場人物の詳細で合理的な設定、いつ、どこで、誰が何をどういう理由で何して、どこへ向かうのかを決める必要がある。それからプロットと言われるドラマが進むための柱(道筋・構成)や伏線という仕掛けを綿密に立てる必要がある。それらが揃って、ようやく大きな建造物のような戯曲が立ち上がる。四季時代にはフランス古典演劇の「三一致の法則」[16]を習った。劇作家協会の戯曲講座では、プロットの組み立ての重要性を学んでいたが、何かがもう一つ足りないと思う日々が続いた。

ある時、会社の後輩に誘われて英会話学校での「作文Writing」の授業を受けた。そこで知ったのが、「国語」とは何かだったのだ。国語というと、授業で習う「現代国語」の授業を連想する。英語だろうがフランス語だろうが、どこの国でもロジックとしての国語を習うはずだ。ところが、私達が義務教育や高等学校で習ってきた現代国語の授業では、西洋音楽の和声や対位法のような明確なロジックを、文章に必須なものとして習わなかった気さえする。いわゆる構文だ。

西洋音楽の和声とは、音楽の構成要素である和音《コード》の進行方法、和音の中の音の配置、組み合わせを縛る細かいオキ

テ、つまり構文だ。もう一声言うと、数学と同じで、メロディーに対するコードの進み方には、正解と不正解がある。例えば、フォークソングがスリー・コード(C―F―G)のジャカジャカで曲らしく聞こえるのも、和声のお陰だ。「音楽は自由だ！」という声もあるが、数百年間蓄積された技法はジャズにもロックにも反映されているし、知らなくても洋楽を聴いていれば耳にしみつく。または、耳とセンスが良ければ、大抵、それに沿った音楽が生まれる。作曲は建築と似ていて、正しい和声構造が構造計算のように必要で、計算を間違うとビルなら倒壊するし、小さくてもバランスが悪くなる。

さて英語の授業で習った構文とは、脚本の構造を支える柱だった。日本語の構文を意識して習うのは、外国人が日本語を習うような時だろう。日常ではビジネスなどの契約書や論文、法律に関係する現場以外、構文を意識することはあまりない。しかも英作文には明確な論旨(コンテクスト)が無ければいけないと言われたのだ。私が習った英作文の方法はこうだ。

①最初のセンテンス(一続きの文章、段落)に、自分の主張や取り扱いたい「問題」(Topic)を、そのキーワードとなる言葉とともに書け。

例――私の妹は変な人です。

②次のセンテンスには、最初のテーマと「対立する事象」(Contrast)をあげる。またテーマを「原因と結果」(Cause & Effect)で証拠だてろ。

例――彼女は一見優しそうに見えますが、実はそうではないのです。

③次には、その対立の理由や、主張を更に補強するための「原因と結果」(Cause & Effect)を、適切な「例」(Example)を挙げて書き加えろ。

例――なぜなら、ある日、妹は隣の家の犬を理由もなくぶちのめしました。

④さらに、②と③を繰り返し、最初にあげた主張を完璧に証拠立てろ。

⑤文章の重複や無駄をなくし、論旨の終始一貫性を確認し、文体をチェックしろ。以上。

その英作文の授業では、基本構造は、「原因と結果」(Cause & Effect)なのか、「対立する事象」(Contrast)なのかに分けられ、それを証拠立てる情報が、「例」(example)として提示されて、最初の主張を完成させる、というわけだ。ちなみに、これは良い小説を書く綴り方ではないし、美しい文章の保障でもない。私はこの授業で日本人的抽象性を捨てきれずに、脱落したのだった。さて、これと「現代国語」とは何が違うのか？　私達の「国語」は極めて情緒的な文章の読解が学習の主な部分を占めて、更に文章の主語を必ずしも明記しないし、肯定か否定かの意味さえも、「行間を読む」という暗黙の了解によって強度が変わる。論旨が文章全体を支配するべき時に、末尾の一文を添えることで、どんでん返しも行えるし、曖昧にもできる。法律や行政の文書からしてもそうなのだ。「○○等を含む」や「○○を妨げないものとする」という表現には幅がありすぎる。兎に角、構文のような明瞭な構造を持ち難い言語なのかもしれない。「日本人は一体、何を言いたいのか？」

反面、英作文の目的とは、徹頭徹尾、他者に向けて自分の主張を伝え、証拠立てるために言葉を尽くす。「私達はいったい、誰に向けて書いているのだろう？」高校時代に現代国語の授業で感じた違和感のおおもとに、三十三歳にして初めて気づいた瞬間となった。

なぜならばこうだから

「それは中学英語でやった『So that』の構文だよ」――それが劇作には最も必要な要素だったというわけだ。因果応報というと抹香臭いけれど、全ての物事は、何かしら他者や世界の影響を受けて動いて行くものだ。それが、直接的な理由でなくても。だが全てを白日の下にさらすのを嫌がる日本人は、原因をごまかして話すのがマナーでもある。しかしドラマでは、登場人物が泣いたり怒ったり、犯罪を行ったり戦争をするのには、行動が生まれる種が芽吹かなくてはならない。

誰かが○○について話す↓それを聞いた誰かが反応し応答する――というようにセリフは生まれるべきで、劇作家の設定の都合で、登場人物が説明セリフを言うべきではない。もちろん、無意識の中にも因果律はある。嫌いな人を無意識に避けたり、好意を持つ相手の言葉には、素直に耳を傾けるといった類いの行動が生まれる。隠れた対立であっても、それらは沈黙や行動に現れる。見えている原因と隠れた原因、社会的状況や環境的要因が、登場人物を動かしドラマを進めていく。それ故に、セリフというものは、戯曲のテーマを最も良く表わすExampleでなくてはならない。登場人物を動かす原因となる状況設定、せりふ、ト書きによって、作家の主張やテーマが根拠立てられてドラマになるのだ。

優れたドラマとはストーリーではない。人間が葛藤したあげく、内部から突き動かされて選んだ行為と、それが他者に及ぶ過程が映された物だと考えている。大事なのはプロセスで、何が起きても正解も不正解もない。「何が彼女を(彼を)そうさせたのか?」それを知ることは人間理解なのだ。だからこそ必要なのは壮大な設定ではなく、ニュースやネットに現れる文言、自宅やマクドナルドで交わされるリアルで無防備な会話。一見、無関係に見える出来事や言葉や表情を注意深く読み取れば、その中からリンクするものや、それが起きた理由を見つけ出すことができる。それに最もぴったりとした巷の会話を提示してようやく不特定多数の観客にも、理解可能なドラマに仕上がる。人間の行動とは「原因」(Cause)に対する「結果」(Effect)の連鎖で作られ、その関係性は和声の響きのように、集団の運動を産み出す。人の言葉を聴き、行動を見て関係性を読むこと、それが劇作の第一歩だった。

冷静に考えると、社会の動きには全て理由があるわけで、理由も無いのに国会で法律が強行採決されたり、スーダンまで自衛隊が出かけたり、地球が温暖化したり、トランプ大統領が選ばれたりはしない。介護自殺や他殺はなぜ起きるのか? なぜこの企業で過労死が起きるのか? と事件のバックストーリーを考えると、実に気味悪いほど、社会の「言葉」や「変化」が引き起こす「影響」が新聞のヘッドラインを飾っているのに気付く。私達の社会には、良いも悪いも赤い糸のように因果律が巡り巡っていて、それに自分が無関係でいられるのだろうかとゾっとするのだ。

歴史の中のヘッドラインニュース、二千年前のエーゲ海の半島と島々の「戦争の歴史」は、阿鼻叫喚、惨劇てんこもりの「ギリシャ悲劇」となった。その「ギリシャ悲劇」だって現在も進行中で、シリアから逃れた難民が、海を渡ろうとしてギリシャ沖で溺死している。同様に、近松門左衛門も実際に起きた心中事件の裏をとり、フィクションにすることによって元禄の社会を描き切った。元禄バブルの「金が全ての世の中」は今とそれほど変わらない。気候変動による干ばつ、食料不足、経済の失速や失業、外国の侵略、多岐に渡る社会不安から派生する人間の不幸、それをテレビやインターネットの画面の向こうで世界中の人が傍観している。さて、将来にはその無関心こそが元凶となり、人類が一列に地球規模の大惨事へと転がり落ちて行くかもしれない。それをどこから見るのか？　あなたはどこに立っているでしょう？　それがもっとも作家に求められる決断、「立ち位置」だった。

なぜ戯曲を書くのか？

私の「書く動機」には、外側の世界への異議申し立て・プロテストというものがある。演劇人とは、ネガティブなくせにことさら夢見がちなので、目の前の世界を変えたいと強く思う人種かもしれない。現状否認しながら、ポジティブな未来について夢想する行為、というのはちょっとお目出度いのかもしれない。でもそれが私にとっての演劇なのだ。

過去に書いてきた作品は、日中戦争、大逆事件に関するものや社会的なテーマが主だ。なぜそんな重くて苦しい芝居を書くのか？　ハッピーエンドで適度に刺激的なものを書けばもっと仕事が来るのに——と多くの人に言われ続けている。商業演劇の世界で知ったのは、「制作者は不特定多数の観客に許容される物語しか受け付けない。もしくはそれに代わるブランド力が必須である。なぜなら利潤を生み出さなければならないから」という事実だ。「魔の山」

から社会に出て以来、集団や企業がどんどん人から奪う現場を見てきた。「痛み」を知れば何かの言葉や喘ぎが口をついて出るだろう。出て来るものはどんどん溜まるから行き場が必要になる。私にはそれが劇作だった。

劇団を辞め、集団から離れて個人に戻った途端、それまで見ぬふりをしていた厄介事にまず蹴躓《けつまづ》いた。納得しがたい税金や、法律や近所付き合い、面倒な冠婚葬祭やら人生の面倒事全てに。旅から旅の無頼な生活は、地縁や血縁の責任とも離れていられた。独身の流れ者だった私にとって生活とは、絶えず使い捨ての容器のように廃棄されていくものだが、家族を持ってしまえば、毎日、自分や家族の生活の垢を拭わねばならない。中上健次の小説が特異なのではなく、「普通」の家庭生活も十分に変だった。変だけれども、仕方ないから、文句を言いながら毎日をおくっているだけだ。近所の爺さん婆さんだって、話せば長い物語や憚《はばか》りごとを抱えているが、それをいちいち吹聴しないだけ。ドラマの幕は下りるが、日常とは命の続く限り明日がやってくる。そして誰もがいつか蹴躓くことがある。

「なぜ人は悪だと知りながら悪を試すのか？　苛酷な運命とわかっていて背負うのか？」平たく言うと、西城秀樹が歌った「やめろと言われても今では遅すぎた」（『激しい恋』詩・安井かずみ）を繰り返す人間、それが日常だ。

ギリシャ悲劇が喜劇よりも圧倒的に上演される理由は、そこにあるのじゃなかろうか？

書くためのエンジン

「メメントCって、どういう意味ですか？」とよく聞かれる。Memento（記憶せよ）と言うラテン語とC（ドレミのドを表わす）とチェーホフ（A.Chekhov）のCをくっつけてグループ名を決めた。そしてメンバーは三人の中年女性演劇人。私のほかは、大内史子、そして杉嶋美智子だ。二人は長く劇団３〇〇《さんじゅうまる》で活躍していたが、私とは宇宙堂という劇団で出会い、脱退後に再び出会い直して「嶽本あゆ美の戯曲を上演する会」を立ち上げた。三人ともが、いささか慢性的な何かしらの事情を抱えていたので、「マイペースで亀のような歩み」をモットーに活動を再開したのだった。

私は次男が生まれ、認可保育園の空きを見つけた時だった。皆、演劇業界のキャリアは十年以上あったが、資金も機動力も無かったことと、全員が既婚者であったため、地味なリーディング(朗読)が活動の中心になった。

小さな集団を持つことで、自分の戯曲の真の理解者を得た。よく、子どもが育つ時に親からの受容が必要だと言われるように、劇作家にも作品の理解者が必要だ。これはイエスマンと言う意味ではなく、戯曲を作家と同じくらい理解し、批判できる演出家や俳優だ。私達三人は、それまでの演劇経験が全く違うにも関わらず、とてもチェーホフが好きでどこか似ていた。それは本当に幸運な巡り合わせとなった。第一作目の『理由』という作品は大内史子の演出で、その後何度も再演し、私は音楽の生演奏を担当した。今はもう閉店した乃木坂の「コレド」という小さな劇場スペースを併せ持ったバーが常小屋となった。シナリオライターとして知られる桃井章経営のこのバーは、乃木坂の一等地でありながら、採算無視で小さな劇団に演劇の場を提供していた。そんな人が居なかったら、やはり今の私はない。ここから新宿の小劇場へと活動を移した私たちは、二〇一二年までは、観客動員二百五十人ほどの活動が精一杯だったが、確実に自分の足で立っていた。

さて、演劇人だからといって、いつでも演劇のことばかり考えてはいられない。それを、「二兎追うものは一兎も得ず」と言わないでほしいし、演劇を職業として選択し子育てもすることは、世間の働く母親と変わりない。

そして、それまで裏方スタッフとして仕事に没頭してきた私にとっては、生活と演劇の両立は今までにない悩みを生んだが、書くことはストレスをエネルギーに変えた。

子供が公立保育園に入ったことで、堅気のママ友との友情も生まれ、保育士の先生の手助けも大きかった。人情と友情の先にコミュニティが出来る！　といえば泥臭いが、そこにミュージカル時代の知識が役立つ余地などないのにも愕然とした。現実生活とは、目に見えるものをひたすらどうにかすることであり、自信喪失しながら、意に染まない物事と格闘するしかない。まさに「自分の周りの世間と折り合ってどのように受容するか？」が戯曲を書くエンジンとなっていったように思う。それらも含めて、私は恵まれていたのだろう。

二〇一〇年、大阪で二人の子どもが閉じ込められて餓死した事件は、大きな問いかけを残したままだ。母親を鬼畜と責める不特定多数の声で、ネットも新聞も埋め尽くされた。ひとたび児童虐待が起これば、世間は親をあげつらうが、実際に見ず知らずの子どもに、助けの手を差し出す人がどれほどいるのだろう？　現代のような建前上の個人主義が優先される社会では、子供の泣き声を通報することはあっても、直接インターホンを鳴らして「困ったことはありませんか？」と行動する人は少ない。これは正義感の欠如ではなく、自分にふりかかる厄介が面倒だからだ。そして子を持つ親なら、あの事件にぞっとしながらも、自らの子育ての闇を思いだす瞬間があるのではないだろうか？

私個人の経験からいうと、次男が泣き叫び足をバタバタさせて暴れる音で、私が子供をぶちのめしていると勘違いされ、マンションの理事会に通報されたこともあるし、トイレに二時間立てこもられて相談に行き、「育てにくいお子さんですね」と小児科で言われもした。その一方では、玄関で靴を履きたくないと一時間も泣きわめく長男の声で、居たたまれなくなった隣の居住者が、ドアをノックして状況を変えてくれたこともある。もしも他人のコミットが何もなかったら、私も息子をぶっ叩いていただろう。現実、人類が何万年と集団でやってきた子育てを、都会の狭いマンションで母親が一人でするのは困難が伴うはずだ。私自身の悩みは息子が小学校の三年生くらいで、霧散していった。待てばいつか、成長によって何とかなるということは、後からだから言えることだ。

シングルマザーのように孤立無援で貧困が重なれば、子供を放置して仕事のために家を空けざるを得ない。実際、仕事を持つ母親は、子どもが熱をだして保育園や学校から迎えに来てくれという呼び出し電話が掛かってくることを最も恐れる。今の雇用状況というものは、そういうイレギュラーを許容するものではなく、近所の人情もそれを助けるほどには残っていない。最悪に最悪が重なった時、子を持つ女性は男性よりも、命の責任を背負わされる結果となる。たった一つ段取りが狂っただけで、最悪の状況が現実に起こり得るのが、この苛酷な個人主義社会なのだ。

もちろん、何もなくそういう事態が過ぎて行く人も多数いるし、貧困と縁の無い人もいる。それは果たして運が良いだけなのか？　のべ五つの保育園を渡り歩いて、二人の息子の子育てと仕事を両立(?)していた私だが、夫も同業者の舞台監督をしていたので、ほぼワンオペ育児が続いた。兎に角、恥と原稿はかけばかくほど強くなるという信念のもとに、十年ほどを他人様のお陰でやり過ごして来た私だ。

例えばこんな具合に。

①自作の演劇公演の記者発表プレゼンの二時間前に、同じマンションの母親から「お宅の次男がゲロを吐いていると、長男が呼びにきたわよ！」とメールが来たため、一時間半で家と劇場を往復し、取って返して三分間だけ檀上で喋り、とんぼ返りで自宅に戻る。仕事の出来としては最悪だが仕方ない。

②残業のママさんから、「ごめん！　九時まで頼む！」というメールが来て「私も居ないけど、保育園を退職した先生に夕飯の温めをお願いしてあるから、〇〇ちゃんも一緒に食べてればいいよ」と応答。もちつもたれつ、上手く行って良かった。

この保育園を退職した先生たちは奇特な方で、働く母親をあちこちで人助けするのが生き甲斐だった。その方からまた紹介された方を頼るなどして夕食だけは確保。

③何年も準備を重ねてきた演目の最終通し稽古十分前に、「お子さんが空手の試合中に熱中症を起こしましたので引き取りに来てください」と電話を受け、演出家に謝って試合会場へ向い、つきそいを元職場の後輩に頼み事後処理に現場へ戻る。通し稽古を観たのはゲネプロだった。作家としてはもう何もできることはない……。

④作・演出の舞台のゲネプロ前に、親戚の家へ行くはずの五年生の長男が駅の改札に現れないと言う連絡が叔母から来る。駅に電話して沿線でとりあえず放送を掛けてもらい、叔母には探し回らず家で待機してもらう。最善を予想して携帯を切って二時間後、ゲネプロが終わると、迷子になった息子は自ら交番へ行き、親戚へ辿り着いていた。

⑤遂にヒンシュクをかいまくり、しばらくじっと待機する。

などなど、サバイバルだらけ。演劇に「全てを犠牲」にして打ち込んでいる人から見ると、「ふざけるな」だが、私は二兎を追いながらこんなふうに、あらゆるリスクと最悪のパターンを想像しながら生きている。

そうこうするうちに、子どもは段々手を離れて、状況も人も変化していく。

「できることはいつでもＯＫ、出来ないことはごめんなさい」

これはママ友から学んだつきあいのコツ。

ＮＯとＹＥＳをはっきりさせ、問題を背負いこまないこと。子育ての早い段階で、赤の他人の手を借りられたら、その後もやり繰りすることが可能(平気)になっていく。もちろん真面目な人には無神経で許せないことかもしれないが、最善が無理なら第二、第三の選択肢を選び、妥協するしかないのだ。有り難いことに、自治体が開催する母親学級やら子育て広場では、違う業種のママ達と出会える。そこで友達をできるだけ沢山見つけることが、世間をサバイバルするのに必要なのだ。細かいことでは折り合えなくても、大事な時に助けて貰える仲間を、家族とは別に作っておかなければ、二兎を追うことはできない。

労働環境が保障されていない派遣や自営業、サービス業の人や、シングル家庭にとっては、助け合うことは生存の必須となる。私にとって、持つべき友とはシングルマザーか、伴侶が外国籍のママ友で、彼女達は圧倒的に心と智恵が広く、頼り甲斐があった。国籍の違う家族が居ることは、世間の辛酸を一般の日本人よりも知っているし、助け合いというものが結局は自分を助けることも熟知している。

まるで昔の長屋の住人同然のあけっぴろげの子育てで、お姑さんがいたら却って無理な話でもある。つまり核家族だからといって子育てが厳しいのではないのだ。価値観を状況に合わせて変えられたら、随分と楽になる。日和見と言われるかもしれないが、主義主張が違う人だろうが、子供の面倒を見てくれる人に頭を下げ感謝するうちに、声高なスローガンの空虚さも分かってくるのだった。

このような滅茶苦茶ともいえる他力本願には、私の過去も影響している。『ダム』という作品の主人公の成育歴は、私の過去を反映している。我が母は看護師をしていて、やはり自分の同僚看護師の妹とかお姑さんとかという、人脈？　を駆使して私を預けまくった。三歳以前は、ずっと祖父母や伯父伯母のもとで育ち、そこは大家族でそれは楽しく居心地の良い農家だった。小学校低学年になって、土曜も仕事がある母は、近所の知り合いに私を預け、そして、そのおばさんなどは、自分の子どもと私を連れて、寿司屋のパートに出るというウルトラCまでやっていた。高度経済成長期のなせるワザなのか、あの時代の母親達の人間力の凄さには適《かな》わない。

今では他人の子どもを連れて仕事には出られないが、おおらかで寛容な時代があったことを懐かしむだけでなく社会の可能性として、祝福したい。「かつて我々は連帯していた！」それは確かな事実なのだ。

これらのことが当たり前の世の中ならば、きっと演劇を職業とする女性も増えるだろう。私自身も随分と遠回りをし、満身創痍で現状はちっとも良くならない。しかし女性だけでなく、男性にとっても、結婚や子育て自体が困難な時代であることを変えて行くべきなのだ。それは社会にとって待った無しの課題のはずだ。

第二部　大逆事件と演劇、そして社会

大逆事件

中上健次の小説『千年の愉楽』の舞台化に脚本家として関わったおかげで、新宮と大逆事件についての劇作がライフワークとなった。

かつて、大日本帝国憲法下では大逆罪というものがあった。戦前の刑法第七十三条には、極めて単純に「皇室に対する罪」で「危害を加え又は加えんとしたる者は死刑に処す」と書かれている。この大逆罪の裁判は、大審院という最高裁にあたる法廷で取り扱われ、一審のみでやり直しがきかない。そしてまた、犯罪の予備行為、つまり準備や計画段階でも正犯とされ、有罪となる。そして有罪ならば量刑は死刑のみ。

これが最初に適用された大逆事件とは明治末期の一九一〇〜一九一一年(明治四十三年〜四十四年)に起きた幸徳事件であり、日本司法史上最悪と言ってもよい冤罪事件である。

明治の社会主義思想家・幸徳秋水は、日露戦争に一貫して非戦を唱えた平和主義者だ。彼は同僚の堺利彦と共に、開戦反対の立場を貫いたため、当時最大部数発行の萬朝報を退職し、新しく平民社を作り、『平民新聞』で平和と社会矛盾を世に訴えた。

発端は、一九一〇年五月、長野県の宮下太吉という製材所の職工長と、同じく長野で『東北評論』という文芸誌を編集し、平民社に書生として出入りしていた青年の新村忠雄が、爆発物取締罰則違反で逮捕されたこと。その後、時の政権と司法が一体となって大逆罪の適用をはかり、そこから幸徳秋水、管野須賀子など平民社に繋がる人々が次々と逮捕、拘留され、更に全国の社会主義者や社会運動家らが、多数検挙起訴される思想弾圧事件となった。同年八月、日韓併合により朝鮮半島を植民地同然としたことと併せて、近代化を走り続けた明治政府が、大陸侵略へと大きく舵を切った転換点でもある。現在、分かっている事件像は、長野県明科での爆裂弾製造実験をしていた宮下、新村、管野、古河力作が「天皇暗殺を企てた」とされたもので、そこに思想的責任者としての幸徳秋水を無理やりに加えた「明科事件」が核となる。この暗殺計画は実現性の無い法螺話に近いものであったが、状況証拠と捏造された予審調書により、お互いに顔も合わせたことのない全国各地の社会主義者らが、暗殺の共同謀議計画に賛同したとして数珠つなぎに括られていった。

検察に起訴された被告二六名の公判（裁判期間）はたったの一ヶ月。被告側は一人の証人尋問も行われない秘密裁判で結審し、一九一一年一月十八日の大審院法廷は被告二十六名に有罪判決を下し、二十四名を死刑と断罪した。国は翌日に恩赦で十二名の死刑と無期懲役十二名に分け、一週間もおかず一月二十三日と二十四日に、市ヶ谷の東京監獄で十二名が処刑された。アメリカやヨーロッパでも抗議の声が上がるなか、あっという間の出来事だった。その上、刑死者の葬式や墓までも政府は禁じた。遺家族や係累者は、長く迫害されて社会的にも差別を受け、戦後も苦難の中を生きた。

当時の検察は具体的な犯行動機を、幸徳秋水や二十六名の被告らの「信念」である「無政府共産主義にある」とした。内心の「信念」が動機とはこれいかに？「共産主義者や無政府主義者は、主義として天皇制に反対している、それは天皇暗殺の具体的な動機となり全員が大逆罪に該当する」という理由づけだ。しかも、「犯行の意思なく、これを幇助したものも、正犯とする」と不条理なまでに決めつけた。体制批判＝テロリストの括りだ。

既に百年以上がたち、この裁判が冤罪であることは、僅かに残された記録からも明らかだ。そして敗戦時に、この事件の資料の焼却を命じた政府関係者らには、どのような思惑があったのだろうか？

大逆事件がより今日的な問題となって来ている理由は、「共謀罪」が創設されたからだ。通常、犯罪が成立するためには、時と場所、動機や犯行の実行、凶器の準備など具体的な立証が必要だ。しかし大逆罪というものは、予備行為だけでも犯罪の正犯として罰せられる法律であった。現代で分かりやすく云えば、「オレオレ詐欺をしようとした詐欺団が、オレオレ詐欺の応答シナリオを書き、集まって読み合わせをしたところでお縄になる」という理屈だ。悪用すれば、シナリオや事件の筋書きさえあれば、犯行が無くても「予備行為」としての逮捕起訴が可能となる。通常、検察は犯罪を立件起訴するために、予めストーリーを準備する。現代でもその弊害は冤罪、法律の拡大解釈、曲解による警察権力の乱用など後を断たない。この大逆事件でもトンデモナイ「予審調書」という創作シナリオありきの展開だった。

共謀罪は何度も立案され二〇〇九年の国会で一度、廃案になった。権力側からすれば、起訴に至らなくても逮捕状がより容易に出ることはラッキーだ。それは市民にとって大きな懲罰効果を発揮する。芋づる式に無関係な人まで巻き込まれることになる、などとこの稿を書いている間に、二〇一七年六月十五日、あれよあれよという間に、組織犯罪を計画段階で処罰可能にする「共謀罪」の成立要件を改めた「組織犯罪処罰法改正案」が参院本会議で強行採決されてしまった。……この後、どうなるのか嫌な予測ばかりが頭を巡る。

大逆事件の被告の中に、和歌山県新宮の人間が六名いた。医師の大石誠之助と、浄土真宗の僧侶の高木顕明、そして同じく僧侶で臨済宗妙心寺派の峯尾節堂、成石平四郎という文学青年とその兄の勘三郎、新聞記者の崎久保誠一だ。その六人が生きた町、中上健次の小説『千年の愉楽』の舞台となった新宮。実在のオリュウノオバのモデルはこの人々が居なくなったその後の「路地」を生きた。オリュウノオバたる岸田さんが亡くなった二〇〇六年の暮れから、私の逆走的な新宮への旅が始まった。

太平洋食堂への路

戯曲『太平洋食堂』は、大逆事件を熊野の新宮から描いたものだ。主人公の大石誠之助《せいのすけ》はアメリカ帰りの医師で、「ドクトルさん」と呼ばれていた。彼の一族は素封家で、甥の西村伊作は後に美術家、建築家として知られ、文化学院を創設した。誠之助は若い頃、同志社に学び、やがて訳あって日本を飛び出す。皿洗いをしながら船でアメリカ西海岸へ渡り、そして苦学してオレゴン大学医学部へ入学、アメリカとカナダの医師免許を持ち、モントリオールで開業したのちに、新宮へ帰国。飽きっぽい性格だったので再び日本を離れ、シンガポールやインドのボンベイ(今のムンバイ)で脚気の研究をしたという。そしてその時、イギリスの植民地での圧政を見る。夏目漱石と同じ慶応三年に生まれ、同時期にイギリス帝国主義と近代の闇を直《じか》に体験した知識人だった。

一九三七年十月、日露戦争の最中、大石誠之助は熊野新宮に「太平洋食堂 The pacific refreshment room」と言う名の洋食レストランをオープンする。平和主義者(pacifist)を太平洋とかけての反戦平和の狼煙《のろし》をあげたのだった。そしてまた得意の洋食料理で「太平なる海に平和の灯を掲げ、万民が共に囲む食卓」を作ろうとした。そこに浄泉寺の高木顕明、新宮教会牧師の沖野岩三郎や、町の進歩的な若者らが集い、このグループは当時の被差別部落や、困窮する人々への社会改良活動を行った。一気にワクワク感が出てきてしまう。そんな人物がなぜ、大逆罪に巻き込まれたのか?

誠之助は文芸が趣味。新聞や雑誌にエッセイやコラムを書き、英語、フランス語などにも堪能で多くの翻訳もある。欧米の哲学やアメリカの社会主義雑誌などをリアルタイムに読み解き、新宮という紀伊半島の僻地に居ながらにして、世界を見ていた人物だった。

古書で手に入れた大石誠之助全集には、哲学と笑いが満載。何が書いてあるかって?　誠之助による西洋料理や和洋折衷料理のレシピ集、オヤジギャグ満載の都都逸集、漱石の『吾輩は猫である』と似たシニカルな面白みが魅力のコラム、書簡、翻訳などである。書くだけでなく、平民社や地方の反骨新聞の出資者にもなり、幸徳秋水がアメリカに亡命した際には、渡航費をカンパしている。当時の社会主義者の物心両面でのスポンサーだった。『明星』を創刊した与謝野鉄幹や、生田長江などを新宮へ招き、文化交流する地方のオピニオンリーダーでもあった。親友だった与謝野鉄幹は大石の刑死後に「誠之助の死」という弔辞ともいえる詩を詠んでいる（与謝野鉄幹著『鳥と雨』収録）。

こんな魅力的な人物が明治の新宮には居たのだから、芝居にしないわけにはいかないと構想を練り始めた。これがまた資料があるようでなかなか手に入らない。読みたい本は古書で数万円したり、図書館で持ち出し禁止だったり。国会図書館に行きマイクロフィルムを見たけれど、読みにくくて気持ち悪くなるだけだった。しかも肝心の発禁書物が無い！「どうして？」発禁なんだから当たり前。どうやら探す場所を間違えていたようなものだが、事件の百周年に近づいた頃から、資料がまとめられ書籍化されるなど、素人でも見つけられる場所に出てきた。犠牲者の名誉回復も各地で行われ、そのニュースが全国紙にも載るようになってきた。そのお陰で全国には大逆事件犠牲者の顕彰をしている人々が居ることも知った。

そして、ようやく地元の図書館から明治学院大学図書館に閲覧請求を出して沖野岩三郎文庫にある資料を閲覧することができた。多くの資料の中で、特に大石の直筆書簡のマイクロフィルムは衝撃だった。死刑囚の独房から郷里の妻や、友人である沖野に出した手紙には、死刑を眼の前にした誠之助の胸中、達観などが綴られ、墨痕が滲み震える文字には悲しみと無常の手触りがあった。誰も居ない閲覧室で百年という時間に圧し潰されるような気持ちで、震えながらその字を読んだ。

とにかくまあ資料を買い漁り、依頼脚本や賞金などのギャラは、保育料と資料費に消えていった。しかも次男を産むには産んだが、保育園には入れず待機児童と化したために、民間の保育園と公立の二園の掛け持ち保育で、トホホ状態になった。ちなみに夫は福岡へ単身赴任とくれば、修羅場も極まれり。

既に私は熊本県川辺川ダム問題をテーマにした『ダム』で劇作家協会新人戯曲賞を受賞し、劇作家として狭い業界内で少しは知られてはいたが、その『ダム』はどこからも上演の声が挙がらなかった。戯曲賞さえとれば上演されるだろうという考えは甘かったのだ。なぜ上演が難しかったのか？「静かな演劇」ではなかったからか？商業価値が見いだせないからか？熊本弁で濃厚な作風は当時の流行に合わなかったのは確かだ。私は自分の団体をまだ持っていなかったし、子供を持つという選択をすると、他人に保育を任せて長期に遠隔地へ行くことは難しいし、夜討ち朝駆けで劇団をやるわけにもいかなくなった。

『ダム』の執筆では、熊本県の現地取材もしていない。私はそれを妊娠中の五週間で書いた。四季時代に、福岡滞在が長かったことも幸いだった。図書館やネットで熊本弁をマスターし、戯曲出版の時にようやく助詞などをネイティブの方に直してもらった。この『ダム』は、戯曲賞受賞から八年後の二〇一四年になってようやくメメントCでの上演が叶い、文化庁芸術祭優秀賞を受賞した（演出＝藤井ごう）。誰にも上演されなかったことが、最高の結果を生んだ。

さて時系列で追うと、この段階の私という脚本家は、『ダム』未上演にも懲りずに、更にハードで重量級なテーマに猛進していた。ゴールまでの距離も分からずに、フルマラソンのレースを走りだしたようなものだ。無謀、蛮勇、暴挙、さてどれだろう。しかも動機としては、妻でもないのに、「ドクトルの大逆の汚名を雪《そそ》ぎ、舞台で蘇らせたい。そしてそれはきっと多くの観客の心を捕えるだろう！」スーパーポジティブと、無根拠の確信を背負って、中年女性劇作家はどこへ行こうとしたのか？　今思えば、狐か狸でも憑いていたのかもしれない。

　二〇〇九年の頭に、一旦書きあがった戯曲『太平洋食堂』は、秋田雨雀・土方与志記念青年劇場創立四十五周年記念創作戯曲賞で佳作を頂いた。その後、青年劇場のはからいで、朝日新聞夕刊の「日本人脈記」というコラムで「大逆事件残照」を連載していた早野透[17]さんに、取材協力をお願いすることが出来た。と言うと何だかカッコいいが、本当はいきなり面識のない早野さんに原稿を送りつけ、取材への助力を請うたのだ。それまで私は誰かに何かを直接教えて貰おうという考えが欠落していた。音大、四季時代もそうだが、芸は盗み、見て聞き覚えるものだった。

　親切な早野さんは、私の脚本を読み、これまでの苦労を労ったうえで的確な論評と今後の筋道を付けてくれた。そして、半世紀以上に亘って大逆事件の再審請求に関わり顕彰活動をしている「大逆事件の真実をあきらかにする会[18]」の事務局長・大岩川さんを通じて、各地の顕彰団体への取材の根回しまでしてくれた。顕彰団体とは、刑死させられた被告の遺家族や、郷里など所縁のある人々が中心となって研究や名誉回復のために活動している集団である。大石誠之助ら新宮の犠牲者の取材は、佐藤春夫記念館の辻本雄一館長に原稿を送り、新宮の「『大逆事件』の犠牲者を顕彰する会」を訪問することにした。

紀伊半島の新宮は遠い。電車利用でも飛行機でも、東京からは片道五時間半は必要なのだ。私達は活動時間を最大に確保するため、夜行バスに乗った。

高速夜行バスで池袋を二十二時に出発し、明け方に三重県の山並を見つつ熊野灘を見下ろす辺りを走りぬけると、朝八時頃、三重と和歌山の県境の熊野川を渡って新宮へ辿り着く。朝から動きその夜は勝浦に一泊、翌日の夜に再び高速バスに乗るという滞在二日間の強行取材になった。同行してくれたのは青年劇場文芸部の福山啓子さん。(10) 戯曲『太平洋食堂』に改作前から惚れ込んで、心血を注いでくれた。宿は青年劇場の支援員をされている那智勝浦の中田商店というお宅だ。中田さんは「熊野映画を創る会」という自主映画サークルで監督をしている面白いマグロ屋さんだった。図々しくも藁にも縋《すが》る思いでお世話になった。

訪れた新宮で、顕彰関係者の方々は非常に好意的に取材に応じてくれた。市立図書館でも、司書の山﨑さんが籠にどっさりと周辺資料を揃えていてくれた。山﨑さんには『オリュウノオバ』の時にも電話での方言確認でお世話になった。その時まで実は初対面だが、初稿を既に読み、辛口の批評と共に待ち構えていたのだ。そしてこう言われた。

「もっともっと思い切り荒唐無稽にはじけた方がいい。真面目すぎる」

さて通常、中央に出て来ない出版物は真贋が不確かか、重要であるが出られない理由を抱えているものなど、両極端な質だ。大逆事件の場合は後者だった。新宮市図書館発行の文芸誌『熊野誌』での大石誠之助特集号や、大逆事件当時を直接知る人々の伝聞、日記などなど。地方都市の文化程度の高さに目を見張った。流石、中上健次を産んだ町だ。次から次へと資料を選り分け、福山さんが怒涛のようにコピーを取りまくった。いかんせん学問の足りない私には、明治時代の達筆な日記などを、素早く読みこなす力量が無く、本当に悔しい想いをした。

集ってくれた顕彰する会の皆さんは、ぽんぽんと歯に衣着せぬ意見交換をしてくれた。新宮弁が飛び交う居酒屋での数時間は、まるで太平洋食堂の登場人物が集まってワイワイガヤガヤ議論をしているような熱気だった。

既に二〇〇一年、新宮市議会では、大逆事件犠牲者の名誉回復宣言が満場一致で議決されていたし、事件百周年の二〇一〇年には「『大逆事件』百年フォーラム.in新宮」という記念行事が真宗大谷派、新宮市の共催で行われ、NHKのETV特集『埋もれた声』でその様子が全国区で放映された。そのため、地元に居ない人間には、大石誠之助や冤罪犠牲者はすっかり市民権を回復していたかのように見えた。その時はだ。しかし実際には大石を「神様のような人」と慕う人もいれば、「有罪になり死刑宣告を受けた人」という意識の人も少なくなかった。大逆事件の捉え方も立場によって様々だ。冤罪として、再審請求や法解釈の中で名誉回復を目指す人、非戦思想の先駆者として顕彰し語り継ごうという人、暗殺計画を過大評価する人まで、ものすごい振幅のある人々が全国には存在する。そして実際に意見を聞いて回るうちにもっと深いタブーを感じ始めた。その理由の一つが部落差別問題だった。

部落差別とは、「東京の人には分からないよ」と言われる難問だ。かつて江戸時代には、生まれによって身分を区分けし、職業や婚姻、居住、移動の自由などを縛る封建制度によって、徳川幕藩政治の支配システムが強固に作られた。武士階級の下に町民、百姓身分をおき、更に被差別階級は社会の外に置かれて隔てられた。被差別部落とその他の身分間での自由な交わりは禁じられ、法律や行政の系統も各身分によって異なり、差別の受容を強制された。その後、明治四年の解放令によってそれらの封建的な身分差別は建前上なくなった。その当時、四民平等は身分制度廃止のスローガンとして広まったが、差別は温存され、「新平民」が新たな差別的呼称として生まれた。江戸期には専売的な産業などが担保された被差別部落だったが、明治期には上からの一方的な「規制緩和」となり、更なる貧困と差別を背負うこととなった。

大石や高木らは、万民平等の思想から当時の被差別部落の人々に熱意を持って関わりあった。無料の往診や衛生・食事の改善活動だけでなく、差別に抗し、仏教、キリスト教、社会主義の垣根を超えて虚心に話会う場を寺に設けた。水平社結成の十年前、新宮にそれらがあった。そして遊郭を設置しようとする町や県と争い、言論による反対運動を繰り広げた。大石や高木らは目の前の絶対的貧困を社会制度の歪みとして訴えた。それらを舞台で描くことは、部落差別にも触れることになる。そのため、新宮訪問の際に、新宮市の部落解放同盟支部の方から話を伺い、初稿を渡して感想を求めた。

一番分からなかったのは、無期懲役となった高木顕明の内面だった。彼は中上健次の小説の中で「縊り殺された和尚」として繰り返し語られ、オリュウノオバに慕われている。高木はもともと新宮の人間ではなく、愛知の和菓子屋の四男として生まれ、その後に新宮の住職となった。若い頃のマズイ演説が残っていて、そこにある彼は宗教家とは思えない差別主義者だ。その後、高木は浄泉寺へ赴任したものの、被差別部落の門徒の貧困を見てあ然となる。将来像として描いていた住職生活は破綻。しかし、なぜ高木は逃げ出すこともせずに、そこで住職として生きたのか？なぜ、キリスト者の沖野や、社会主義者の誠之助と交わったのか？　なぜ熊野の六人が大逆事件に巻き込まれたのか？　なぜ高木は自死を選んだのか？

死刑判決の翌日、高木は恩赦で無期懲役に減刑され、秋田監獄に収容されるが、宗門である真宗大谷派から擯斥《ひんせき》処分（永久追放）となった。残された妻子は寺を放逐され、娘は九歳で名古屋の大須の芸者置屋に売られた。子どもがなかった顕明は、妻の遠縁から養女を迎え愛しんでいた。娘の名は加代子。如何ほどの絶望だっただろう？　結果、顕明は秋田監獄の中で縊死した。中上健次にとってその死は、「縊《くび》り殺された」のと同じだった。一九九六年に真宗大谷派は高木の擯斥を解き、告示で名誉回復と謝罪の声明を発表した。以来、宗門は大逆事件を「社会主義を危険思想とみなした明治国家による意図的な思想弾圧」と位置づけるなど、一歩踏み込んだ表現をしている。その復権が行われた経緯も知りたかった。

ところで歴史ものの脚本で、登場人物の日常会話を書くほど難しいものはない。演説などは残っているが、朝、起きて便所に行ってどうしたとか、ご飯を食べて何としゃべるか？　奥さんに何と言ったか？　お坊さんの日課はどうなっているのか？　それらの日常の振舞いを知らないとセリフが書けない。誰だって、一日中、偉そうなことばかり言ってはいられない。特に誠之助はへそ曲がりで、「朝、起きておはようとか、言わない」とコラムに書く偏屈だ。ところで不思議なことに研究家というものは段々、研究対象に似ていく。好きだからなのか、なぜか他人なのに連れ添った夫婦のようにどこかが似てしまうことがある。そんなわけで、各地で大逆事件の犠牲者を顕彰し研究する人々に会ううちに、本人の像に近づいて行くことができた。

改稿のための最後の取材は、二〇一二年の夏、宗門での名誉回復に奔走した僧侶で研究家の泉惠機《しげき》・元大谷大学教授を滋賀に訪ねた。

風文庫

泉先生の自坊、滋賀県は湖北にある清休寺には「風文庫」という書庫がある。寺の土蔵にある研究資料は、本職の仏教の経典から哲学全般、大逆事件、アイヌ、部落差別問題、インドカースト、文学、趣味の菌類と多岐に亘る。風文庫は、素人の目から見ても宝の山だった。

演劇と宗教の関係はいかに？　ここにもやはり「原因と結果の法則」がある。なぜ、他所から赴任した高木が新宮の被差別部落の門徒と共に貧困を生き、大逆事件に連座するまでになったのか？——答えは「やさしくていいお坊さんだったから」——これでは最低最悪俗悪のシナリオで噴飯もの、お粗末で話にならない。勿論、「それでいいじゃないか、皆、善人だったのさ」という声もあったが、私は「善人説」には納得できない。彼の行動の起点を理解したいと思い、泉先生への質問は、「真宗とは何ですか？」から始まった。先生は笑いながら「そないに短い時間で分かったら天災や」と言われた(これはディスアスターと言われたのです)。

ちょっと語弊があるかもしれないが、無宗教で疑り深い私にとって仏教は、「正確」なモノサシではない。様々に解釈可能なものは尺度として弱く感じるからだ。義務教育で聞いて育った「人が生まれ乍《なが》らに享受する権利」は、現実社会では達成され難いが、ロジックとして揺らぎが少ない。「浄土を願う」ということ自体が、まずよく分からないアクションなのだ。高木のように新宮で「浄土を願い続ける」こととは、何だろう？　かといって高木の逡巡する人生や、自死の理由を理解するには、西洋哲学は役に立たなかった。

余談にお付き合い頂きたい。『羊たちの沈黙』というトマス・ハリス(21)の小説がある。映画も大ヒットしたし、とある世代には良く知られている。ばっさり言うと、美しいＦＢＩ捜査官クラリスと、過去の連続食人殺人事件の犯人であるレクター博士の傑作心理サスペンスだ。

レクター博士が投獄されている精神病院の特別監房を訪れたクラリスは、巷を騒がしていた連続女性カワハギ殺人事件の犯人像について問答する。そこで博士は「幼少期の一番悲惨な記憶」についてクラリスに問う。教えれば犯人に直接つながる情報を提供するという取引だ。なぜ、そこで「記憶」と重要な情報の等価交換が成り立つのか？

幼いころ、警官だった父親が殉職したクラリスは、親戚の牧場に引き取られて育つ。畜産業を営む牧場では明け方に子羊たちが殺される悲鳴が聞こえる。それは生活に必要なことだが幼い彼女の良心を苛《さいな》む。それでも羊たちは屠畜されていくし、可愛がっていた老馬ハナもまた殺処分される予定だ。そして、ある日、クラリスはハナと一緒に牧場を家出するが、すぐに捕まってしまう。しかし、その行動でハナは処分を免れ、老いて平穏に死ぬ。それらの思い出が、彼女が長じてからも良心と行動の源となった。羊たち＝人の苦しむ悲鳴が聞こえる朝が来ないために、警察官として刻苦勉励するクラリス。フィクションではあるが、人間の心理が描かれている。作者のトマス・ハリスはある時期まで、サスペンスよりも、犯罪者の行動科学を緻密に描くことにページを費やしていた。

さて「良心をかき鳴らすもの」、それは登場人物の価値基準を決め、行動をコントロールするコードになる。それは心の素裸の部分、弱みでもある。高木顕明にとってのコードは、「自ら自覚しなかった差別心を自覚した瞬間」であり、「南無阿弥陀仏」に上辺でしか同化できない自分への気付きだった。

泉先生によれば、「南無阿弥陀仏」という六文字が持つ意味とは、「仏の教えは全ての人に向かって開かれている」という万民平等の愛だ。真宗を生きるものには、時の政治や法律に適《かな》わなくても、守るべきコードらしい。高木にとって、ある時から南無阿弥陀仏に生きることは、社会の最底辺にいる人々に寄り添うことと同義になった。現代人には当時の高木が置かれた社会的位置や葛藤というものを、理屈では分かっても体感することはとても難しい。何度も自分の偏見や貧困に逃げ出したくなりながらも、差別心という「原罪」を直視させられ足掻く姿、それらが示すものは、「彼は偉人ではなかったが、信仰のために行動する人」ということだと考えた。

牧師・沖野岩三郎は、高木や大石の友人でありながら、ただ一人、訴追を免れ、大逆事件の記録を残した。沖野の書いた『彼の僧』という小説に、高木が法事で訪れた被差別部落の家の食事や、不衛生な環境に嫌悪感を抱き、食べられないで苦しむ様子が描かれている。住職としての安定を求めた高木だったが、己の立ち位置を、差別される側へと定めて真宗を生きた。

彼はまた日露戦争勝利の熱狂を見て、「戦勝を弄び万歳を叫ぶことをやめよ。諸君よ、願はくは我等と共にこの南無阿弥陀仏を唱へ給ひ。何となれば此の南無阿弥陀仏は平等に救済し給ふ声なればなり」と書いている。信仰告白として書いただけで、それを公にスローガンにしたわけではない。泉先生によれば、その文章は大逆事件のせいで浄泉寺から押収された証拠書類物件として戦後も残され、初めて世間に出ることとなった。ぐるぐる回るが、高木顕明が居なかったら、オリュウノオバの伴侶は南無阿弥陀仏を唱えて路地を回ることもなかったし、中上健次の小説『千年の愉楽』も生まれなかったのだ。滋賀まで来てやっと私は、オリュウノオバの慕った高木顕明と出会った。というよりも高木顕明が死を賭して生きた真宗というものに出会うことができた。

これらの旅で出会った人々との対話は、『太平洋食堂』の物語に大きな血肉を与えてくれた。次には、大逆事件関係者が、私の創造の過程にも踏み込んで来てくれた。領域の異なる人々が、演劇を媒介にして次々と交じり始めた。「大逆事件の真実をあきらかにする会」の大岩川嫩《おおいわかわふたば》さんは、半世紀以上に亘って、顕彰活動や再審請求に関わって来た歴史の証人だ。彼女は、二〇一二年十月に、日本劇作家協会で行われたリーディング・ワークショップ・イベントに参加し、会場の大逆事件を知らない演劇人に、喝を入れてくれた。ドラマはドキュメンタリーではないため、必ず私の創造によるフィクションが入り混じる。歴史家にとっては、フィクションの部分での許容範囲が狭いので、私の設定した人物像をこきおろされることもある。そこで妥協ではなく、どうしたらその人物のノンフィクションとフィクションを両立させられるかが課題となる。数多の研究家から意見を聞き、自分のドラマツルギーを曲げずに書くこと、それはある位置までは、両立する。ある位置まではだ。そこから先は、私自身のドラマとなる。そんなわけで、二〇一二年の秋には脚本改定の第一段階が終わった。演出家の藤井ごうさんは、足掛け一年半の改稿につきあってくれた。

プロデューサーになる

ところで脚本というものは上演されてなんぼなのだ。制作者が資金繰りと予算立てをし、劇場とスタッフなどのテクニカルなチームを揃え、キャスティングをして稽古して上演しなければ絵に描いた餅に過ぎない。

ついに書きあがった『太平洋食堂』を上演するために、青年劇場の有志、私の劇団メメントCの全員、そして演出を引き受けてくださった藤井ごうさん、[22]顕彰する会の応援団で「太平洋食堂を上演する会」という実行委員会を結成した。ここからやっと上演に向けての舞台制作が始まるのだ。更に日本劇作家協会プログラム「新しい劇作家シリーズ」として認定され、会場となる劇場「座・高円寺」の提携と助成、杉並区の後援を得ることが出来た。しかしまあ、お金が足りないこと足りないこと。ということで芸術文化振興基金の助成に応募した。私は再び各地を訪れて、顕彰団体に応援団になって頂いた。二〇一三年六月二十九日を初日として動きだした企画は、どんどん間接費が発生していくのだった。

舞台の初演というものは、チケットが売れるか売れないか、誰も保障してくれない。芸術文化振興基金の助成に採択されるまで、生きた心地がしなかったが、ともかく「上演する会」は本格的に走りだした。私は初めてプロデューサーになってしまった。参加するメンバーには、ギャランティーを法外に低い額でお願いした。これはある意味、搾取だ。もう私はマルクスに負けている。

実は一度目の新宮行きの後、諸般の事情で上演を断念しようとした。しかし青年劇場の福山啓子さんは、私の背中を強く押して「絶対にこの戯曲を上演するのだ！」と言い張ってくれた。彼女の蛮勇に今も感謝している。ひょっとしたら本当に人間は、理想のために道を踏み外すのかもしれない。

プロデューサーになった私は物理的な問題に仰天した。十六名の出演者がいるのに予算は限られている。しかも、ほぼ時代劇と言っても過言ではなく、和装の衣装に床山《とこやま》、小道具と全てが時代考証を必要とした。しかし運が良いことに、衣装に困るとメンバーの家から祖父母の古い着物や帝大のコート、インバネスが見つかり、家の近所で古着専門店が店じまいセールをして、紋付き袴や昭和以前の丸帯が廉価で眼の前に現れた。「さあ、どうぞお使いなさい」。

青年劇場の製作部は最大限の援助をしてくれたので、メメントC＋「上演する会」の制作チームが寄せ集めの集団でも進んで行った。「求めよ、さらば与えられん」というのを地で行き、衣装合わせともなれば、着付けの出来る友人が集まってプランナーの指示にそって、手伝ってくれた。福山さんの知人の美容師さんに講習会をしてもらって、私も結髪《けっぱつ》を覚えた。だって床山さんを頼む予算が無いからね。広報宣伝から小道具作りや衣装集めなど、やれることは皆でやった。劇団員でもないのに、殆どの出演者が舞台作業を手伝ってくれ、演出家、技術スタッフのチームワークによって集団のエネルギーが奇跡のように回りだした。演劇人のど根性だ。

結果として『太平洋食堂』の初めての公演は、千三百名の観客を動員し、新宮や和歌山、関西などから相当数の観客が来場した。もちろん、顕彰団体の人々も応援してくれた。劇場入りした時は、まだ七百枚しかチケットが売れていなかったのに、三日後の初日には千枚を数えていた。雑誌や新聞報道で演劇ファンではない観客を多く動員し、口コミでの当日券が毎日どんどん売れて行った。泣いても笑っても一週間という上演はあっけなく終わり、想定内の数十万円の赤字を残して閉幕した。

経済的に報われた人は誰もいなかったが、三時間という虚構のドラマの時間で、大逆事件と新宮、大石誠之助らに多数の現代人は出会った。明治という近代が、現代に繋がる瞬間に観客は立ち会った。その中には事件に直接翻弄された人々の遺族もいたのだった。

公演後に寄せられた声には、それぞれの社会への思いや、家族の歴史なども綴られていた。その一つに、曾祖父が誠之助と同時代に三重県からアメリカへ渡り医師となり、帰国後は、被差別部落を診療して回ったという逸話もあった。あの時代、歴史に残らなくても、誠之助のような志の人が他にもいたのだと知ることができた。脚本が演出され、スタッフと俳優によって肉体を通って立体化された言葉が、不特定多数の観客に説明できないような影響を及ぼしたのだ。

六年間の苦闘は実ったのだった。関わった人の限りない援助と奉仕で、特筆すべき舞台成果を残せたのだから、脚本家としては最高の喜びだ。生憎、プロデューサーとしては失格だったが、その初演は、辛うじて興業として成立した。コピー印刷した台本も、百二十冊を売り切った。観客の十一人に一人が購入してくれたことになる。終わって一か月ほどは、支払いや残務処理に追われ、ボランティアで事務処理を制作チームが手伝ってくれた。めでたしめでたし――。

もう思い残すことはない筈だった。普通の人間なら、一度やれば十分と思うだろう。しかし劇作家は物語の現地での上演をしたいと思う異常な人種だ。そしてまた舞台に立った女優までもが、同じ夢を見始めた。二〇一三年の終演後に、この上演運動は、大阪、現地の新宮へと飛び火していったのだった。やがてその活動は、演劇と社会の問題を、更に大きく焙《あぶ》りだしたのだった。

演劇は博打だ！

「現地の新宮で公演を！」「関西で是非、上演を！」「もう一度観たい！」

それは夢物語として数人の関係者の口から出始めた。私もその一人だったが、電卓をたたいてすぐに諦めた。単純に三十四人が東京―新宮を往復し、税込五千円のビジネスホテルに朝食無しで四日間滞在したらそれだけで百六十万円位かかる。東京公演を企画するのには、提携公演で劇場使用料の減免をしてくれる座・高円寺でも、一月半の稽古と一週間の公演費用は、七百万円ほどの予算になる。どんなに関係者が善意でコストを削減しても限度があるし、ものには値段がある。これが、東京、大阪、新宮と三ヶ所で公演を行ったらどうなるのか？　総予算は数千万円に膨れ上がる。その反面、イニシャルコスト（稽古場代、大道具小道具衣装費の製作費用、機材費の一部、広告宣伝費、その他基本的な費用や雑費などの公演一回にかかる単価）は削減できる。これを「博打」と見るか、夢物語と見るか？　夢なんか見てないで数字を見よう。マルクスとエンゲルスがアッカンベーをしている。興行成功には脚本執筆とは別の才能、プロデューサーとしての力が必要だ。プロデューサーなどと格好つけるのはもう止めよう、実態は興行師だ。興業とは博打を打つのとそれほど変わらない。

ちなみに興業の世界は異常な先物取引だ。ほぼ二年前に劇場を手配し、俳優に出演を打診するのが慣例なのだ。二年後のことなんか、誰に分かるのだろう？　それでも興業の歯車は周り続ける。博打か夢物語、堅気の人の神経には耐えきれないだろうが、演劇人には根拠の無いポジティブさというガソリンで、夢の車を回転させている人がたくさんいる。そうでもなければこんな稼業は続かない。もしくはそれだけの資本力のあるプロダクションなら、安心して二年後の予定を立てられる。

ところが、現実社会で時代の空気が刻々と速度をあげて沸騰を始めた。二〇一三年の十二月には特定秘密保護法問題で、普通の人々が路上に立って社会にプロテストを始めた。

再演の熱病に罹ったのは私だけではなかった。観客にも重症な人が居た。高木顕明の顕彰をしている真宗大谷派・東本願寺の解放運動推進本部の山内小夜子さんもその一人。関西での上演を手伝いたいという連絡をくれた。

そこで二〇一三年の年末、私達は、座・高円寺に『太平洋食堂』二〇一五年再演の企画書を出し、劇場との提携公演に採択された。熱病者たちは、東京、大阪、新宮の三公演を実現する夢にとりつかれたのだ。私は、一旦捨てた電卓を拾い直し、今度はエクセルに向かって、予算を何パターンも作り始めた。結果、この「博打」は「大博打」になっていった。私はもう脚本家ではなく、興行師になっていった。

さて、二〇一四年の六月、新宮公演を模索していた私に、二人三脚の同行者が現れた。共同プロデューサーとなったのは女優の明樹由佳《あかぎゆか》だ。大石誠之助の妻・おゑいを演じた彼女は、新宮で毎年行われる高木顕明の追悼法要「遠松忌」に共に参加し、「大阪と新宮で『太平洋食堂』を上演したい」とアピールをした。「万が一、皆さんのご協力を頂ければ地方公演を実現できるかも」というスピーチをしてまるで選挙運動のように(笑)、二人でチラシを列席者に手渡しながら頭を下げまくった。

その日は南谷墓地にある高木顕明の顕彰碑の前で、これもご縁と新宮市長にも直接アピール(アポなし)、上演ダイジェストＤＶＤを手渡した。それを見た市長は、驚くほど気持ちよく協力を肯定してくれた。「お金は出せないけどできることは協力します」。妥当な回答だ。それからすぐに市は会場予約について仮押さえをしてくれた。市外の人間が公立のホールを借りるためには、抽選に並ばなければならないし、当時、ホールは耐震工事のために一般貸出が止まっていた。これなら会場が確保できそうだと私は全く楽観した。

新宮公演の予算は、一般料金四千円の入場料金で、千人の会場が満員でも成り立たない。それでも高すぎるという声が多く、チケット単価の設定を二千円まで下げて話合いをした。もはや、チケット収入だけでは不可能だ。それで新宮の顕彰関係の人々に、市の助成や地元高校の貸切鑑賞会などの企画ができないか？　と相談を持ち掛けた。だがしかし人口三万人ほどの地方都市にそんな余裕はなかった。六桁の公演予算を公開すると、当初、盛り上がっていた地元の声はどんどん下火になって行き、もっと準備期間をとって時期を変えてはどうか？　という声も多くなった。しかし、東京・大阪公演の見通しがある二〇一五年だからこそ、経費が減らせるのだ。もちろんそれは全く興行師の都合で、地元の都合ではないのだが。

資金問題があまりにも大きかったため、私は問題の深さを読み誤ってしまった。今から考えれば本当の問題は資金などではなく、大逆事件のタブーこそが根っこだったのだ。

通常、大規模な興業で一年を切っての制作開始はリスクが大きい。どうしてもやるのならスタッフや俳優のスケジュールも仮押さえしたまま、全てを「見込み」で計算し、そのリスクを背負って進むほか、地方公演の実現の方法はないのだ。

東京、新宮の予算の概算は一千万円を超える。それをチケットだけで賄えるはずはない。芸術文化振興基金の助成金採択が決まるのは、二〇一五年の三月末日。どうしてか？　国会での予算成立が無ければ新年度予算は動かない。四月以降の年度前半の公演にとっては、この仕組みは苛酷だ。現在の文化助成の形は、私のような法人格を持たない一匹オオカミにはしんどいし、事後払いの助成金は負担が非常に大きい。四季時代に浅利氏が、体制に反対する劇団が助成金で活動することを批判していた。しかし高額なチケットでは観客は限られてしまう。私は社会問題を扱う演劇に助成金が生かされるのも、文化の役割だと開き直っている。

二〇一四年十月、大阪公演が正式決定し、経費分担で予算軽減の見通しが立った。上演決定までの経緯は非常に複雑で、守秘義務のようなものもある。真宗大谷派との交渉は私にひたすら待つことを教えてくれた。それまで私は大阪での会議に出席し、選挙運動のように上演の企画意図をプレゼンしまくった。山内さんは、あの巨大な組織を根回ししていき、上演開催に導く糸口を作ってくれた。大阪の上演は当初は宗門の大阪教区という地域組織の共催公演だったが、本山主催公演となった。この演劇に賛同して上演する意義があると宗派が認めてくれたのだ。断っておくが私はご門徒でもなく、この宗教団体との個人的なコネクションは皆無だ。この教団で、一九九六年の高木顕明師の名誉回復運動を担ってきた先達の人々の助力と苦労があっての上演決定なのだ。演劇には異文化の人々と大きな連携を実現する糸口もあったのだ。普通の人間ならば、東京と大阪で公演できればいいじゃないか、ひょっとしたら今度こそ赤字にならないで済むと思うだろう。しかし頭のおかしい興行師は、この期を逃したら二度と新宮での公演は叶わないだろうと思いつめていた。そこへ「妙案」が飛び出した。

その頃、たまたま複数の知人が、クラウド・ファンディングというネット上の資金調達に成功した。知人はその方法で映画の上映会をアメリカで開催した。興行師はこれをやってみようと思い立った。クラウド・ファンディングとは、ネットで自分の企画を宣伝し、賛同者に寄付を呼びかけて事業資金をゲットする仕組みだ。格好よさげだが平たく言えばネット募金、頭を下げて街角に立たなくて済む世の中になった。最近では様々なボランティア事業や、官民のプロジェクトがこの資金集めの方法で行われている。正直言うと、そこまでやってもダメなら仕方ない、新宮を諦めよう！　とも思ったのだ。

この方法のメリットは、予め設定した目標額が期間中に集まらなければ、賛同者のクレジット決済は行われず、お金を返す手間やトラブルが少ない点である。デメリットはクレジット決済が煩雑で、ネットに不慣れな世代には向かないことと、個人情報がクラウド・ファンディング運営会社に渡るということ、手数料として十五％が運営会社に徴収されることだ。それでも特定の自治体や団体に資金援助を頼むことは不健全だから、全国から薄〜く広〜く資金調達をするほうが潔いと決断した。そして、どうせやるならと、高校生以下のゲネプロ学生無料招待を実施することにした。ゲネプロとは、本番前にやる通し稽古だ。新宮公演の本番は一回しかできない。これだけ苦労して見せるのに一回とは、あまりにももったいないと考えた。寄付額は予想の赤字全額を応募しては大きすぎるので、二百五十万円を目標に、二月二日を締切日に設定した。

そのネットでの広報ページの題はこんなんです。


演劇『太平洋食堂』を新宮市で上演し若者に演劇と歴史体験を！


和歌山県新宮の高校生及び市民の皆さんに、演劇『太平洋食堂』をお届けし、演劇と百年前の郷土の歴史を体験して欲しい！

新宮市を舞台とし、土地の偉人である大石誠之助を主人公とする演劇を現地で上演するにあたって、資金が足りません。

全国の皆様、和歌山の皆様、是非お力をお貸ししていただけませんか。


開始後、すぐに中日新聞新宮支局より「現地新宮で記者会見をして幅広く呼び掛けては？」という連絡をもらった。

記者会見?? あの、タレントさんが並んでやるやつですか？ 驚くべきネットの威力だ。一面識もない人が協力を申し出てくれる。他にも見知らぬ全国の人から、手伝いたいという支援が広がった。それで二〇一四年十二月、出演俳優と共に、和歌山県東牟婁振興局の記者クラブで記者発表を敢行した。和歌山、三重の地方紙にその写真は大々的に載り、継続した新聞報道が援護射撃のように行われ、サポーターが集まりだした。初演を観て感動したという人、今まで大逆事件の顕彰活動などに感心がなかった地元新宮の若い世代からも、問い合わせや協力が相次いだ。ゆるーい繋がりで気楽に応援してくれる人が想像以上に多く居たのだ。こんな見ず知らずの人の夢にお金を出す人がいるのだから、本当に世間は捨てたもんじゃない。ところが、それがまた多くの波紋を呼んだ。

地方で何かをやろうと思ったら、土地の有力者に了解を得て仁義を切るのが、日本という国の伝統だ。私がネット上で始めたクラウド・ファンディングは、永年、地道に顕彰活動を担ってきた人にとって、寝耳に水で理解できないことだった。演劇でそんな重大な問題を取り扱ったりすることは浮薄だ、という考えも一方にある。それ故に、寄付活動には厳しい批判も寄せられた。なかでも代表的な批判は、「被差別部落の問題を含むことを、NHKや大都会の東京や大阪でやるのはいいが、現地で直接、対面する演劇でやることには理解が得られない」という声だった。

とどのつまり私は他所者なのだ。和歌山の人々がわざわざ東京まで初演の舞台を観に来て「ものすごく感動しました！」と言われたことを鵜呑みにし過ぎていた。そろそろ興行師から劇作家に戻って腹を括らないといけないと決心し、批判については率直に直接謝罪に伺った。ただ、大石や高木の取り組んだことを改変して表現することは、絶対に妥協できないし、現代社会が音を立てて変容していく今こそ、罵られようともやれることを演劇でやりたいという思いに駆り立てられていた。また、事実や事件というものは、時間が経たないとその意味が分からない。その時に否定されても、一年後、二年後には大きな意味を持ってくる出来事になればいいと考えもした。もしも、若い世代が生の演劇を観て別の未来に繋がるのなら、それはある種の「地の塩」になる。クリスチャンじゃないけれど、そういうものが社会には必要なのだ。

『太平洋食堂』の大石誠之助のセリフで一番好きなものはこれだ。

「この明治四十二年が此の世の終わりでない限り、この先も失敗、敗北が繰り返される。だが負けて、負け続けて、いつかは正義が来る。勝てなくても前に進まなくては！　ただ、声を上げる、その瞬間、瞬間にだけは、我々は刹那の勝利を手に入れる、それだけは誇れるはずや」

その年の秋は『太平洋食堂』の制作と並行として『ダム』の上演を制作していた。今ではどのようにして仕事を進めたのか思いだせないほどの仕事量だった。私の本業は作家なので、外部団体へ書下ろしをしながら、それらをやっていた。『ダム』制作の細かい記憶はほとんど残っていない。『ダム』熊本公演のプロモーションで、熊本の八代、相良、五木を初めて訪れた。書いたことを確かめるように、川辺川ダム建設反対運動を戦った人々の話を伺った。相良町の緒方医院の院長先生に、私が静岡県出身だと告げると、こう言われた。「それはきっと縁があります。相良は駿河の相良氏がうつった土地ですから。呼ばれたんでしょう」。後付けの取材後、脚本はほとんど変えず、方言を現地の演劇人に手伝ってもらい手直しした。熊本公演の際には、築百年の木造倉庫である早川倉庫という建物が上演会場となった。八十歳を超えて矍鑠《かくしゃく》とした媼《おうな》が、農水省との裁判のことを話しながら芝居を喜んでくれた。熊本では、ダムの話だけでなく、南京事件のことも聞く機会に恵まれた。

十二月初旬、メメントC第九回公演『ダム』(演出＝藤井ごう)が平成二十六年度文化庁芸術祭優秀賞に決まったという報せの電話が入った。確かに上演の評判は高かったが、集客面で惨敗した公演だった。しかも並居る老舗の劇団や、公共劇場が肝入りで自主制作した演劇の中での受賞だった。その賞金は二十万円也……お祝い会をすれば終わってしまう金額だが、『ダム』の関係者に了解を得て、賞金もクラウド・ファンディングに注ぎ込んだ。大賞ならば百万円だったが、それは世田谷パブリックシアターの海外作品が持って行った。公共ホールの作品の予算規模はメメントCの三倍以上で、自分たちが立っている土俵の違いにクラクラするばかりだった。

クラウド・ファンディングの締切は二〇一五年の二月二日。その日は大阪上演実行委員会の会議だった。会議の出席者からも個別にご寄附を頂き(強制してません)、その夜の八時を過ぎた頃に地下鉄御堂筋線に乗っていた私の携帯電話に、次々と目標額達成お祝いメールが飛び込み始めた。後で分かったことだが、クラウド・ファンディングで集めた二百五十万円の内訳の四十％は座内からの募金だった。どうしても現地の新宮で上演したいという気持ちが、それを可能にしてくれた。本当に奇跡の瞬間が訪れたのだった。

回りはじめた渦

クラウド・ファンディング達成とともに、新宮公演制作が始まった。プロデューサーとなった明樹さん、青年劇場・吉村直さんと共に新宮入りし、和歌山県東牟婁振興局の記者クラブにて、「クラウド・ファンディング達成！『太平洋食堂』新宮公演決定」の記者会見を行った。この時までに、寄付者が次々と現地での広報や制作のお手伝いを名乗り出てくれた。熊野映画を創る会、おやこ劇場新宮や、熊野鐵道倶楽部などの、地元で文化活動をしている人々も、訪問に合わせてミーティングの機会を作ってくれた。すぐにチラシやポスターの配布、チケットの販売網が作られていった。新宮近辺のクラウド・サポーターの皆さんが、率先して商店街や学校関係、議員の方々への根回しを次々としてくれた。そのプロ顔負けのプロデュース力に驚くばかり。新宮市の隣の熊野市からも、観光協会とのタイアップ企画が出て、演劇のチラシやパンフレットで世界遺産・熊野の魅力を宣伝することとなった。東京公演会場では熊野市物産展も決定、もう何でもコラボあり。

最終的には新宮市、新宮市教育委員会、熊野市観光協会、新宮市観光協会の後援を頂き、さらに地元の熊野新聞、紀南新聞からも後援を受けて、中日新聞、毎日、朝日、読売、産経と広く上演決定の報道がされた。新宮の顕彰団体にも、改めて協力を依頼、そして協力を頂いた。クラウド・ファンディングの活動によって集まった人々が、勝手連として動いた結果なのだ。もう驚くしかない。

当初、地元で相談した際には、垂直的で役職を伴った上演実行委員組織を作らなければ、このような活動は出来ないという指摘を受けた。私からすれば、手続き上は正しくても、硬い組織は演劇には向かないものだった。ただ単に「演劇を楽しむ」ために緩く繋がったサポーターが自主的に参加する方が、若い世代の生理には合っている。むしろそのほうが自主性や個性が発揮され、何より健全だと思ったのだ。一方、長年、世間の無理解と対峙して顕彰活動をしてきた人にとっては、サポーター感覚のハードルの低さは別の種類の軛《くびき》となる。しかし、あくまでも演劇人である私の新宮公演の上演の目的は、観客を得て大逆事件への関心の間口を広げることだ。

「最終的に舞台上演が成功し、郷土の歴史への理解や興味が増すのなら、入り口が違ってもいいじゃないか」という地元を取りまとめてくれた方々の言葉で、煮詰まっていた私の頭に自由な風が吹き始めた。サポーターにも、「このままではいけない、新宮の文化状況を変えたい」という危機感は逼迫《ひっぱく》していて、不思議な一歩を踏み出すこととなったのだ。

クラウド・ファンディングの成功はまさに奇跡だった。なぜなら、次の年度の芸術文化振興基金助成事業に『太平洋食堂』は採択されなかったからだ。結果に絶句したが、『ダム』での芸術祭受賞が、次年度に何の追い風にもならなかったという現実を受け止めた。私はまだまだ少数派なのだ。

また、ほとんどの公的助成金は、事業が全て終わり支払いを済ませ、全ての領収書を揃えて申請してようやく、資金が事業者の手に渡る。そして通常、領収書には五年間の保存が義務付けられている。つまり七百万円の予算の事業をやれば、一旦はそれだけの支払能力が必要なのだ。しかしクラウド・ファンディングでは事業の開始前に資金が得られるため、民間での資金調達の恩恵は計り知れなかった。

そのころ劇作家は興行師から博打打ちになり、借金王にもなりそうだったが、走り出した車のブレーキは緩むことはなかった。こんな大変なことから退却しないなんて、大日本帝国陸軍を馬鹿にする資格は無いのかもしれない。しかし、世の中はメメントCの予算問題よりも深刻になっていった。

二〇一五年の春から夏、安全保障関連法案への危機感はどんどん高まっていった。国会前での反対運動も加速度的に熱を増していき、演劇団体による上演活動にも、時代への危機感が、はっきりと現れた。伝統ある新劇の劇団は、どこも戦時中に思想弾圧を受けている。二〇一五年春、劇団民藝では、大逆事件後の平民社を描いた木下順二の『冬の時代』、文学座では足尾鉱毒問題と田中正造を描いた宮本研の『明治の棺』と、立て続けに明治期の社会問題をテーマにした上演が続いた。私の所属する劇作家協会も安保法案への反対声明を表明するなど、芸術家のプロテストが様々な形で現れていった。

特筆すべきあの年の特徴は、学生有志によって結成されたSEALDsが、都市の路上で大人たちの前に出て言論、表現活動を繰り広げてたことだ。一点共闘としての「安保法案反対」だ。SEALDsには賛否もあったが、ネットの言論空間の空虚さとは違い、実際に「声を出す」行為は、若い世代と、躊躇していた人々に一つの具体的な変化を与えていた。

「どうせ無駄だ、馬鹿らしい」とたかを括ってスマホをいじるより、声を挙げた方がいいという行動するきっかけを彼らは与えてくれた。日本人は、自分が属する社会で異を唱えるようには教育されていない。けれども、有り難いことにあの時は、議事堂前に行けばNOという表現を自分の身体ですることができた。立っているだけだったとしても。

SEALDsを批判する人はたくさんいた。しかし完璧な人間がこの世に居ないのと同じように、完璧な運動体や劇団もどこにもない。差異を見つけてネット上で批判するだけの大人と、自らの肉声や足で働きかけていく若者のアクションの間には大きな隔たりがある。事実、国会前には所在なげに佇む個人が多かった。止むに止まれぬ焦燥で、そこへ駆けつけた人の多さにまず驚くし、限られた時間に来てまた帰るというバラバラの個であることが、安心でもあった。その「ムーブメント」は群像劇のようで、主役は一人一人だった。社会は確実に変化していったし、声をあげなくてはという熱気が全国でうねっていた。

『太平洋食堂』の劇中で使われているセリフ「人間は未来に背を向けて進んでいる」という言葉は、堀田善衞のエッセイに由来する。過ぎ去った「時間」しか認識できない私達は、もっと目を凝らしてこの国の来し方を見つめる必要が有る筈だ。見るのが嫌でその目を閉じたとしても、過去に横たわる歴史が無くなるわけではない。歴史を捻じ曲げて無かったことにする勢力には「否」と言って抗い続けなければ、人間は目をつぶったまま後ろ向きに進むという、トンデモナイ動物になり果てる。平和や人権を勝ち取った戦いは、もうずっと負け続けて近代の終わりにようやく敗戦という惨禍のあげくに一勝を挙げたに過ぎない。「負けて負け続けて、最後に我々は勝つ」と大石誠之助は言っているが、完璧な勝利などどこにもない。けれども「人類は有史以来、文句を言い続けて進化した」ように、現状に対して不満や文句をいうことで、社会も変わるのだ。その振り子の振り幅が大きい程、言葉はパワーを持つ、右にも左にも。怖い扇動者となるなかれ、と自戒をこめてあの時を振り返りこの原稿を書いている。あくまで「後ろ向きで」。

資金面には目処が立ったものの、新宮公演には技術的な難問が、これでもかこれでもかと、待ち受けていた。一番のそれは電力だった。

家庭ならブレーカーが落ちるという経験が皆さんにもあるだろう。新宮市民会館の電源の容量は小さく、照明、音響、舞台に使う総電源量が全く足りないことが分かった。ついには電源車という巨大バッテリーを積んだトラックを手配することとなった。他にも照明や音響機材不足が判明し、そのため、どんどん増える予算に頭を抱えた。しかしあっという間に時間は過ぎていく。東京公演のチケットを売りながら、大阪にもプロモーションに行き、新宮で学生招待のために学校へ働きかけないといけない。観客層を広げるために、サポーターからいろいろなアイデアをもらった。おやこ劇場新宮の方々と話すうちに、新宮公演に芝居好きな市民や、市民コーラスが参加できないかという話が出た。早速、地元コーラスグループに参加を打診した。すると南紀ではコーラス指導にこの人ありという福田丈太郎先生という、元新宮高校教師を紹介して頂いた。

『太平洋食堂』の劇中では与謝野鉄幹の詩「誠之助の死」をアカペラ混成四部にアレンジされたテーマ曲が歌われる。その譜面を前に福田先生とあっという間に音楽の表現について話が盛り上がった。音楽家は譜面を前にすると、容易《たやす》く初対面を乗り越える。なぜなら音楽は日本語のように曖昧ではないから。早稲田大学グリー・クラブ出身の福田先生のタクトは熱かった。四十人余の市民有志コーラス隊が集まり、練習を重ねることとなった。

市民エキストラも続々と集まった。役割は、明治時代の扮装をして二幕頭に「アブナイ三唱」というシーンに出演する群衆だ。しかも市内には地方ロケに衣装を提供している時代衣装の着付け学校の先生がいて、協力してくれると言うではないか。出来過ぎだ。

解説すると「アブナイ三唱」とは、大石誠之助が考えた反戦活動だ。当時、日露戦争の勝利に酔った町民が、何かと言えば提灯行列をやって「大日本帝国万歳！」と叫ぶので、戦争反対の大石は我慢がならなかった。ある時その「万歳」がこの地方の方言の「マンマイ」から「漫才」に聞こえ、それが何故か「アブナイ」と聞こえ出した、と大石のコラムにある。大石は町の青年達に「大日本帝国アブナイ！」と叫ぶことを教え、日露戦後の時流を善しとしない青年達は、提灯行列が通ると、このように叫んで翼賛を牽制するばかりか、荒稼ぎする銀行や商店の前に立って「○○銀行アブナイ！」と叫んでは逃げた。それを官憲に咎《とが》められると、「それは空耳だ、確かに万歳と言った」と言い逃れたという逸話がある。

日露戦争の後、和歌山県が陸軍の練兵場を誘致した。軍隊には遊郭がつきものだ。早速、町では経済効果を見込んで遊郭誘致運動を行ったことが当時の新聞にある。そして遂に新宮町は他の町に競り勝ち、速玉大社の隣に三本杉遊郭というものが出来てしまう。どういう理由からか、一本道の入り口は神社と同じだが、途中の別れ路で右へ行けば参殿、左へ行けば遊郭だという。支配人には当時の警察幹部が退職して就任するという醜聞もついた。これはノン・フィクションだ。

劇中では遊郭開業記念行事が行われている中、青年達が「三本杉遊郭アブナイ！」と叫ぶシーンがあり、そこに現代の新宮市民に参加してもらうことになったのだ。若き演劇青年に県の職員、労働金庫の支店長、前町議会議員、女性陣も着物に羽織で多彩な顔触れが揃った。

六月に入ると東海、関西のマスコミからも取材が相次ぎ、作者の私は稽古場にいるよりも、宣伝活動の方が遥かに重要となった。それも演出家の藤井ごうさんをはじめとする俳優、スタッフの座組みへの信頼や、制作助手として手堅く事務をこなしてくれる仲間たちのお陰だった。

大阪公演の主催は東本願寺だといっても、客席が埋まらなければ苦労の意味がない。何しろ何度もできる公演ではないから、沢山の関西の観客に観てもらいたい。観客席がお坊さんだらけになるよりも、普通の市民や演劇ファンが混じって欲しい。関西全域の演劇鑑賞団体にも企画書を送り、宣伝活動を開始した。芝居の押し売りだという声もあるが、観て変わる常識、観念もあるじゃないか。彦根や京都の演劇鑑賞会に頼みこんで、演劇と大逆事件の勉強会を開いてもらった。真宗大谷派からも講師に参加してもらい、高木顕明師について語ってもらった。

旅の興行師の如く、パワーポイントを紙芝居のように切り替えて歴史と演劇を語り、経費削減で、フェイスブックで知り合った「友達」宅に泊まり、関西で活動した。昔から芸能者を河原者と言って線を引いたが、まさにそんな感じだ。これを惨めだと思わなかったのは、四季での経験が過去にあるからだ。

その頃、心の芯棒になったのは、四季時代の社員教育で聞いた、「昔、塩を売る商人が自分の背中に塩を背負って足で運んだように、文化も自分で背負って運べ」という浅利慶太の言葉だ。あの頃の経験は馬鹿みたいに刷りこまれてしまった。資本規模も全く違うのに私だってやればできるとばかり、東京、関西を行き来した。

劇作家デビュー前の三十代前半、アルバイトで海外オーケストラやバレエ招聘の音楽事務所で営業アシスタントやプログラム執筆を半年やった。そこで任されたのは、価格が一公演で千二百万円の海外オーケストラを、地方の公共劇場に売り込む仕事。担当する関西から九州までの公共ホールに、ラインナップと言われる来日予定アーティストの資料を送り、「この管弦楽団は価格もお値打ちで、指揮者の評価もヨーロッパで高いですよ。売り出し中のピアニストかバイオリニストとのコンチェルトもセッティングします」と売り込みを掛ける。脈が有りそうになると、営業部長が詳細を詰めるという仕事だ。ポーランドの舞踊団のアテンダントもしたし、ワルシャワから来たマエストロを、新国立劇場の地下で迷子にさせたこともある。売りだす前のＣＤマスターの視聴係もやった。これを貧乏暇なしとは言わずに糧にすれば、人生には何一つ無駄はない。

ソ連崩壊の後は、東欧からミュージシャンが日本へ雪崩れ込んで、各地のホテルやテーマパークで働いていた。音楽に国境は無いが、対価も非常にあやふやで、マネージメントや制作が重要だと良くわかった。取引相手は大抵、ユダヤ系の会社で、コントラクトと言われる契約書には、ホテルのグレードや昼食の内容まで事細かに指定されていた。そして欧米のオーケストラではあらゆる仕事が団内で分業されている。ポーランドの人々は特に陽気で素朴で真面目だったから、日本人とは折り合いが良かったことが記憶にある。

どんな芸術も市場がついてこなければ叩き売られる、というようなヤクザな興業法則はクラシックの土壌でも変わらない。今では爆売れしているピアニストも、昔は二千人のホールで数百人というケチョンケチョンの客足だった。演奏そのものは本物の芸術だったし、今とほとんど腕前は変わらなかったのにも関わらず。

海外でどれほど高評価だろうと、一般の日本人聴衆が喜ぶピアニストは、曲芸師か、ショパンだのチャイコフスキーだのコンクールの「冠つき」だ。文化は驚くほどの速さで消費され、すぐに飽きられる。じっと丹念に聴く人は本当に音楽を愛する人だけ。国内はそういう市場だ。入魂のコンチェルトを弾きながらも、オケ屋に値踏みされるアーティストに同情した。けれども本物のアーティストは、売れようが売れまいがそんなことは気にしていなかった。私が全く届かなかった高みに居る彼らの基準とは、本番で最善のプレイが出来るかどうか？　プレイを楽しめるか？――それだけ。東北でのコンサートツアーを、名ばかりのマネージャーを連れ、自分でレンタカーを運転して回るチャイコフスキー・コンクール最高位のピアニストも居た。その時の彼は「来年も日本で演奏する場所があればそれでよい」そう潔く云うと、秋葉原でパソコンを買ってポーランドの古都クラクフへ帰って行った。芸術家に幸いあれ！

興行師はもとの劇作家に戻って、売れても売れなくても五十年位は忘れられないような戯曲を書くべきなのだろう。まだ私は無冠で無名に過ぎないし、彼らほどの芸術性を獲得していないのだ。まだまだ博打を打ちながら書くための糧を得るしかない。

七転八倒

ここまで書くと前向きなことばかりだったようだが、一番大きな関門は新宮の学生無料招待だった。クラウド・ファンディングで、「高校生無料招待」をうたったが、観劇会を近隣の公立高校、私立高校に打診すると、動員は出来ないという返事が相次いで返ってきた。理由としては――①学校行事に組み込むには準備期間がもっと長く必要なこと、②題材が難しく不勉強の若い世代には理解できない、③父兄などからクレームがついた場合に学校としては対応できない、ということだった。

和歌山県南部では高校演劇も消滅しつつあり、わずかに串本古座高校に演劇部があるだけだ。学校での演劇鑑賞も稀で、「貴校では芸術鑑賞教室は実施していませんか？」と聞くと「人権コンサートや人権講演会をやっています」という回答が来た。

地元の協力者と一緒に学校を尋ねると、話を聞いてくれる校長先生も居れば、「面倒はご免だ」という管理職の先生も居た。仕方ない、我々は異邦人なのだから。

一番、面白かった先生の対応は、「私自身は演劇も好きだし劇団四季をよく観に行くけど（ありがとう御座います）、おたくのチラシは全員配布できないよ。配れば学校で勧めたと親は思うから。それで何かあったら困るでしょ？（何があるんですか？）　学校の外なら配っても構わないけど」。

それ以上、押し問答しても仕方ないので、学校動員を諦め、賛同してくれた演劇部のある学校や、熊野川の向こうの三重県で観劇を呼びかけた。一度、検討したいと言って来た学校も、ある理由から「今回の題材は当方の事情で難しい」という断りが来た。また、事情を良く知る人からは、「ここでは、中上健次の小説の読書会はできない。なぜなら、登場人物そのものの親族が居る場所だから」という話も聞いた。

『太平洋食堂』の劇中では明治維新後に更に苛酷になった部落差別について説明するために、「新平民」という言葉が使われている。それが同和教育を十分に受けていない児童生徒が聞いたら問題があるという話が各方面から聞こえだした。現在は、法律の違いによって、同和教育を受けた世代と、受けなかった世代がある。「新平民」これについては、かつては高校教科書に記述があったが、今ではいくつかの副読本などにある程度。しかし「まあまあ、そんな強情を言わないで、カットしちゃいなさいよ」とは、周りの誰も言わなかったのは幸いだった。ついに教育長と電話で激論し、「単に言葉狩りをするよりも、この機会を利用して、平等や人権に関しての意識を変える糸口にできませんか？　また事前にこちらがきちんと勉強会を開催する」という話で一応まとまった。行政とのパイプはつながり、校長会などでも観劇を呼びかけて貰った。しかし、私には疑問だらけだった。

部落差別問題は、一言書けば炎上する問題だと認識されている。いつまでもそれで良いのだろうか？　かつて行われていた同和対策事業とは、同和地区の環境改善と差別解消を目的として行われた国家予算による事業を指し、二〇〇二年に終結するまで三十三年間続いた。この法律の運用に付随して様々な問題も起きた。政治と金というのは切っても切れない。私自身もかつて大阪公演で自称「人権団体」のデモに出くわしたことがある。

話が飛躍してしまうが、『ライオンキング』はNYの初演時にブロードウェイで白人至上主義のミュージカルだという批判的報道がされたことがある。「ライオンの王＝世襲で高貴なものに対するキャラクターのハイエナ達は有色人種を暗喩している」という穿《うが》った観点だ。日本の週刊誌などで、それを読んで便乗した団体がいた。ある日、劇場近くの大阪城公園駅の近くでやる気もなくシュプレヒコールを上げている集団が居た。「このミュージカルは差別的」だから反対しているという。劇場管理の担当者が丁寧に、「日本ではNYで起きたようなデモは意味が通らない」と説明すると、突如、主張を「動物愛護」に切り替えて去っていった。

かつて、ライオンキングの作曲者である南アフリカ出身のレボ・Mは、「我々の王とはマンデラのことだ。私の父はマンデラと一緒に牢獄に居たことがある」と誇らしげに語ってくれた。あるものの一面を見てレッテルを張る、それが目についたらそれ以外のことを考慮しない、そして自分と異なるものを区分けし匿名で攻撃する。ＳＮＳ全盛の現代では、炎上というその行為に当事者の反省は皆無だ。

二〇〇五年『オリュウノオバ』の脚本を書いた時にも、明治四年の解放令によって差別がより苛酷になっていく社会を描いた。オバを演じた岸田今日子さんはＴＢＳのニュース特集で、筑紫キャスターに向かって、そのセリフ「新平民」について語った。番組内で言葉狩りについての発言もあった。『千年の愉楽』を読み解けば、必然的なエピソードだ。演出家の大橋也寸もそのシーンを一番重要だと言った。それは東京であり現地から離れていたからこそ可能だったのだろうか？

舞台の『太平洋食堂』では開店記念に、町内のあらゆる階層を代表する人々が会食する場面がある。勿論これはフィクションだ。大石に招待された、警察署長とその妾の芸者、町議会議員、牧師、新聞記者、貧民の夫婦が同席する。ドクトル(大石)がコック長で、大富豪の西村伊作が給仕役を務める。宴もタケナワになる頃、有力者の人々は、対ロシア戦の勝利を喜び、国家の命運をかけて領土拡大のためにもロシアに勝つぞ！と気勢を上げる。その上、戦争反対や社会主義は国賊だ、ドクトルは金持ちの癖に戦争反対なんかして変人だとくさす。ドクトルは、戦争は罪悪だと反論する。遅れて現れた浄泉寺の和尚(高木)は「慈善は偽善だ。憐れに思って上から貧者に施しをすることをやめろ」とドクトルに訴える。警察署長や議長が貧しい夫婦を「新平民」と侮辱する中、夫婦の夫は自ら赤紙が来て出征することを公言する。

「旦那さん方!!　この度、めでたく出征致します。帝国臣民としての勤めを立派に果たして参ります。甲種合格を貰ろた時、検査の役人が言うたんや。軍隊と監獄は平等や、わいもこれで立派な帝国臣民やて」

すると、警察署長達は掌を返したように、若者の出征を祝って大日本帝国万歳三唱をする。その後、誰も居なくなった食堂で、和尚はドクトルに差別と貧困の構造について語る。

「材木加工所の工場長が正規雇いに賃下げすると圧力を掛けた。それで職工達が怒って、臨時雇いの新平民を締め出しとる。危ない仕事、安い仕事、みんな押し付ける」

ドクトルは和尚に「あんたの南無阿弥陀仏は貧困を救えるのか？」と問う。「救える訳がない」と切れる和尚に、ドクトルは「いくら自分が、貧しい人々を無料で往診しても何の役にも立たない。なぜなら貧者は過労と栄養不足から病むからだ。自分にできるのは、死亡診断書を書くことだけ」と告白する。お互いの主義主張、信仰が現実社会の直接解決にならないことによって二人は連帯しはじめる。

これは明治の差別に限られたことではない。弱い立場の人間は、危険な仕事、違法に労働単価の安い仕事を選ばざるを得ないことは、現代社会でも同じだ。社会の構造を写し取らずにドラマでスローガンを唱えるのは、薄っぺらだ。そもそもこの戯曲を執筆しようと思ったのは、太平洋食堂の理念そのものに魅力があったからだ。

大石は、社会改良のためには、合理的な食生活をしなければダメだと食堂を開き、日を決めて困窮者を招待した。そしてレシピやマナー、栄養学など、ウンチクをうるさく垂れた。結果、「食べている気がしない」と客に嫌われ、半年も持たずに閉店したが、また性懲りもなく大石は「中央食堂」を作った。史実では「万民の食卓」は完成しなかったし、町の人々にも受け入れられなかった。けれどもそんな風に理想と遊び、「アブナイ運動」の悪ふざけまでを含めての大石誠之助という人間を描きたかった。正しいことしか言わない人間は全く魅力がないのだから。

真意が伝わらないもどかしさで落ち込んでいると、新宮から「現地では町中にポスターが張り出されています」とわくわくするような光景の報せが届いた。チケット取り扱い店が次々と決まっているし、顕彰する会では、すでに手持ちのチケットが売り切れたという。そして「いろいろあるけれどきっとうまく行くだろう、大変話題になっているし、みんな期待しているよ」とサポーターの方が心境を察したかのように励ましてくれた。

南和歌山をカヴァーする地方ラジオのパーソナリティーから、ラジオ放送での公演宣伝とインタビューの申込みが入った。私の言葉に好意的な解説がされ、「我々の郷土の持つ歴史を、負の遺産としてではなくポジティブに改革者として捉える、その中で今の地方の突破口もあるのでは」とまとめてくれた。これらの広報宣伝はほとんど、地元サポーターによって企画され続けた。新宮から応援と反発の両方のバネを貰いながら、自分の立ち位置を確かめ確かめ橋を渡り続けた。

ある日、和歌山県教育委員会を名乗る電話が入った。その電話の担当者は、上演台本と記録ＤＶＤの提出を無償で求めてきた。理由を聞くと、「その地域の学生が観るからだ」と言う。私は、お上という立場で何でも要求する人がほとほと嫌になった。そこでこう答えた。「会館の持ち主である新宮市には映像資料も台本も既に提出しています。それとも県が検閲をするつもりでしょうか？　どうしても見たいなら、きちんと予算をとって販売台本を購入して見てくださいと、あなたの上司に上げてください」

その後、予算を使って見るほどの熱意も無かったのか、何の返答もなかった。見た所で何の判断をするというのだろうか？　ぶつけようのない憤りと虚しさが漂ってきた。「何でもかんでもお上の言うことを聞くと思ったら大間違いだぞ」。一体、あの蛮勇はどこから湧いていたのだろう？　毎日の私の喜怒哀楽を製作チームは見守ってくれた。

切った張った

公演一か月前の六月、市が会合を持ちたいという打診をして来た。どうやら今度はただことではない雰囲気だった。月末に新宮で行われる遠松忌法要の際に、関係各課との会合を決めた。そのちょっと前に、和歌山南部の首長や教育関係者の集う「人権尊重委員会」で、この演劇には「差別的な表現がある」という声が上がったことが地方紙で報道されていた。行政としてはそれに対応するために、舞台上の表現について問題解決の会合を私達と持とうというわけだ。東京の水天宮ピットの稽古場では稽古が佳境ではあったが、興行師、いやプロデューサーは最大の危機感を持った。そこに、とうとう最強の助っ人が現れたのだ。

私の教育現場での演劇活動の師で、ここ数年の戦友でもある西田豊子さんが、私の窮状を察してこう申し出てくれた。

「一人で行くの？　新宮の会議についていってあげようか？　アユさんと二人で旅行だと思って」

西田さんは日大芸術学部演劇科の講師で、常日頃、日本中を飛び回って、様々な自治体で教育と演劇の活動に取り組んでいる。また国内外においてアートインAsibinaという団体で児童青少年演劇の作品を作り続ける作家・演出家だ。彼女は、数年間の私の葛藤を見続けてくれていた。そして珍道中が始まった。

夕方、水天宮ピットの稽古場を出て、新幹線で名古屋へ。そして特急「南紀」の最終電車で新宮へ。途中で二回、鹿にぶつかり到着は小半時遅れ、日付を過ぎて新宮へ到着。二人で駅前のビジネスホテルに雪崩れ込んだ。西田さんは非常に多忙で、明日は那智勝浦のサポーターさんのお宅に一泊したら、なんと始発電車で、午後二時までに長野県は茅野市主催の文化行事に間に合うように移動するという。命知らず、なんとも恐れを知らない演劇人の行動力だ。

車中、今回の新宮市との会合に到った経緯などを説明した。私も市も教育委員会も後援を取り消したくないし実施を応援しているので、何とか前向きに収めたい。その話せば長い経緯を話すと、西田氏は若き日の八鹿町での経験を語ってくれた。

八鹿高校事件とは、部落差別を巡って一九七四年に兵庫県養父郡八鹿町の県立八鹿高校で起きた事件である。学校での「差別教育」への糾弾が行われ、教師六十名が拉致されて校内で監禁され負傷者を多数出した。その事件で学校を追われた八鹿高校の生徒達が近くの河原で「先生を返せ！」と声を上げたことに心を打たれ、西田さんは八鹿へ取材に駆けつけた。そして、その高校生達の勇気や、事件を目撃した住民達の声が、やがて町民集会や青年達の話会いへと発展した様子を語ってくれた。要するに今回この会議は多勢に無勢だから、「教育も芸術も、より良き民主主義の実現あってこそ。作家への一方的な物言い等ではなく、誠意を持って話し会えば良い」ということで、私の後見役を買って出てくれたのだ。

翌朝、新宮市役所で市長、教育長や関係者と共に懇談を行った。開催地側が危惧する「人権への配慮」と、こちらが出来る対策、そして市や教育委員会の後援を確認した。特に戯曲中にある「新平民」という差別的な呼称に対しては、配慮が不可欠であることなどを双方が共通見解をもった。具体的には公演の開催中、合計三回のレクチャーや事前学習会、パンフレットや開演前の「用語解説」を約束した。その上で市は後援を撤回せず、この機会に人権学習も兼ねて職員観劇に補助費を出すなど、今回の上演を大逆事件への理解のために活用する努力を約束してくれた。これで「手打ち」は出来たのだ。何より、私にとっては行政と何度も唾が飛び交うような話会いの機会を持てたことは、良い経験だった。反面、新宮市役所の人々にとってはとんでもない災難、珍事、アクシデントだったのだろう。異邦人に波風を立てまくられたのだ。とにもかくにも、現実を動かすことは、評論や脚本を書くよりも数倍、難しかったのだ。

それにしても私一人の交渉では、この結果は難しかっただろう。この一連の軋轢で、この町での大逆事件の顕彰活動というのは、東京のど真ん中で「安保反対!」を叫ぶ何十倍の難しさがあるのだと実感したのだった。

一つ一つ直接コミュニケーションをすることでしか解決できないこと、それらを理解しながらも手続きのしんどさに潰れそうにもなった。「最初から諦めればよかったのに」という後ろ向きの心になりそうになりながらも、地元の仲間の支えが絶えず軌道修正をしてくれた。ネガティブな情報が出れば、インタビュー取材を通しての地元報道機関の応援もひしひしと感じられた。そうしてみると、顕彰活動に名乗りをあげていなくても、大石らを誇りに感じている人々は多数だったのだ。

『太平洋食堂』はフィクションを多く含むドラマだ。歴史家ではない私のような劇作家にできることは、彼らの短い生涯の「陽の部分」を切り取り、特別な存在ではない「普通の人」として再生することだ。苛酷な時代状況の中に置かれて葛藤し、社会や自己矛盾とも戦いながら生き切った「生」の部分こそが、意味のある「人間のドラマ」なのだ。それが成功すれば、観客は時代を追体験することが可能となり、異なるものへの理解や共感を体感するだろう。それが演劇や映画など表現芸術が出来る最大の「武器」なのだ。

市役所との会合の後に、浄泉寺での遠松忌法要に参加した。この一年は早かった。そこでご門徒でもある「釈多聞」さんという老爺に出会い、話を聞くことができた。多聞さんは中上健次の親類で、町では壁新聞というミニコミ紙を発行している。壁新聞は文字通り、壁に貼られたりするもので、明治時代の地方紙のように舌鋒するどく、地方政治をバシバシ批判しまくる新聞だ。小説もあり、コラムもあり、歳時記など非常に奥深い紙面なのだ。彼はこう言った。

「まだまだここいらの差別はしんどいんやで。距離が近いことを分かって欲しい。直接、人の口から新平民言われるのは、キツイもんや。そんだけひどいことがまだあるんや」「昔の被差別部落の仕事、言うたらサンマ曳き言うて、山から木を伐り出してそれをソリに乗せて引く仕事や、あばら骨が畳まるるしんどさや。だから死人もようけ出る。路地の男ら、みんな早死にやで。そんなんしか仕事が無かった。わし？　わしは焼肉屋してえらい儲けたが、今はすっからかんや」

土地の声、路地の声は新宮弁でそう教えてくれた。その後「壁新聞」が私の家に届いた。そこには『太平洋食堂』の一面広告が（勝手に）掲載されていた。応援を貰った。信じられないほど沢山の声を聞いてあちこち歩いたラスト一か月が終わった。

開幕

七月一日、東京の会場「座・高円寺」のロビーは、新宮市の熊野鐵道倶楽部による「百年前の新宮・写真パネル展示」と、熊野市観光協会物産展で、お祭りのような空間となった。劇場に他の催しを観にきた観客もパネル展示に見入り、物産展で用意したミカン・ジュースやサンマの干物が売り切れる大賑わいとなった。連日、ロビーでは世界遺産熊野の観光情報が発信された。このタイアップ企画が予算に見合ったかは分からないが、名産品の売り切れ続出は嬉しかった。

満席の初日、舞台の幕が開いた。通常、演劇の再演は観客増員が難しいのだが、マスコミ招待含め、五日間で約千四百名以上の来場を記録。私は大阪と新宮のプロモーションにかかり切りで、稽古場にはほとんど携われなかったが、演出家・藤井ごうの指揮の下、クリエイティブチームは最高の仕事をしてくれた。

「ほら、作家なんか死んでいたって平気。脚本さえあれば、芝居は上演されるのさ」

東京新聞のコラムでの応援もあり、当日券もどんどん出ていった。初めて対面した犠牲者・古河力作の遺家族の方に暖かい言葉も頂いた。初演から二度目の上演を観てくれた方も少なくなかった。クラウド・ファンディングで応援してくれた沢山のサポーターとも対面できた。

東京千秋楽とはいえ、来週は大阪公演だ。本番中、制作チーフの川崎侑芽子は、大阪のホテルの宿割り、切符の受け渡し、旅公演全体のコーディネートと、席が温まる暇が無かった。通常なら旅行代理店に頼むべき宿泊移動ブッキングも、予算削減のため、ほとんど私と川崎とで手配した。現地での弁当の手配も終わっていない。大丈夫か？と新宮公演に自腹でのボランティアを申し出てくれたのは、初演から票券担当の奥田英子さん。終演後、衣装部と女優陣が、大量の衣装と洗濯ものを片付けていたが、私は疲労で熱を出し、機材や大道具の搬出の立合いを川崎に頼み、打ち上げにも出ず帰宅した。

翌々日の七月七日の九時には炎天下の大阪は本町にある難波別院・御堂会館大ホールでの搬入、設営となった。御堂筋に面した南御堂の巨大な山門の下、大内と共に衣装ケースを運びながら、遂にここまで来たのだと雲の上を歩いているような気分になった。

この大阪屈指の古いホールは、技術スタッフにとっては難問続出だった。座・高円寺と同じ舞台間口ながら、客席千人規模の大ホールは、ストレート・プレイの演劇公演には向かない。「他にもホールはあるじゃないか」と言う人もいるだろうが、主催側の事情で他のホールを選べない。東本願寺側の上演委員会も、今まで演劇公演というものを主催したことはなく、全てが初めて尽くしだった。黒い衣の実行委員会の方々とメメントCの製作チームで、黙々と展示物や配布物の折込み作業をしている様子は、ちょっと面白い景色でしたね。

公共劇場である座・高円寺には、レセプショニストという客席誘導やチケットもぎりの専門部があるが、大阪ではそのメンバーも一から揃えなくてはならない。大規模なホールでは、客席案内がうまくいかないと定刻通りの開演が難しい。大阪在住の四季の先輩が、人材をかき集めて、ほぼボランティアでレセプション・チームを作ってくれた。観客にロビーでの統括リーダーと会場アナウンスには、これまた東京の別の児童劇団制作部長が駆けつけてくれた。観客に直接応対する当日運営というセクションは、創作に絡まないが、観客の満足度に直結し、公演の成否に影響する大事な仕事だ。初めての顔合わせでも、プロは一瞬で状況を把握して連携を組めるし、お坊さん集団ともうまくやってくれる。誰もが演劇が独りでは出来ないことを良くわかって、高いモチベーションを持って現場を守り切ってくれた。いくら感謝しても足りない。

大阪公演では開演に先立ち、真宗大谷派解放運動推進本部長などが宗派を代表してスピーチをした。

「わが宗門は、過去にも多くの過ちをおかして参りました。先の大戦では、宗祖親鸞聖人の仰せになきことを仰せとして語り、その言葉の力をもって多くの若き命を戦場に送りだしました。浄土を願うべきものが、率先して地獄を作り上げてしまいました。我が宗門はそれに深く慙愧し、一九九五年に不戦決議をいたしました」

そして「浄土を願った高木顕明」を見捨て擯斥処分したことへの「思い」を表白した。私にとっては、宗教者がこのように頭を垂れるのを見たのは初めてだった。それから『太平洋食堂』の幕が上がった。

観客は真宗大谷派の宗門の人々、大谷大学関係、公演に賛同頂いた人権関係団体、関西の演劇鑑賞会などの演劇ファンなど。当日券での観劇者も毎回、数十人となった。千秋楽に観劇した現門首は今上天皇の従兄弟だ。泉下の幸徳秋水も管野須賀子も驚いたことだろう。もう時代は後戻りしないのだ。

公演後のアフタートークには、上演への路を開いてくれた朝日新聞の元記者、早野透さんが登壇し、現代の社会情勢も含め大逆事件の顕彰活動について語った。まさに安全保障関連法案が衆院本会議で可決される直前だったので、戦争と平和と民主主義についての話題となった。千秋楽には、高木顕明師の復権の先頭に立たれた泉先生も登壇した。会場には、顕明師の高木家遺家族も来場されていた。かつて顕明を追放し、妻子を放逐した宗派がこうして大逆事件の演劇公演をするのだ。心の中は如何ほどの葛藤が巡っただろう。客席には舞台上とはまた種類の違う熱があった。三回の公演が行われ、多数集まった公演アンケートには、ドロリと濃い感想、平和への想いがびっしりと書き連ねられていて、観客の多弁さにも驚いた。

巨大な組織である宗門には多くの人々、立場、部署があり、それらの様々な人々の協力を取り付けてくれた実行委員、ご門徒の方々の苦労は並大抵ではなかったはず。最後まで黒子として大阪、新宮公演を支えてくれた女性僧侶の山内さんとの出会いは、日中戦争の南京事件をテーマとした演劇を立ち上がらせるきっかけでもあったが、それは後に書く。準備に二年を費やした公演はあっという間に終わった。意外だったのは、ゲネプロも入れて四回の本番（十二時間分）の全てを食入るように見入っていた実行委員会の僧侶の方々が少なくなかったことだ。それは、演劇というものが正に説法要らずで、宗教者にとってもその価値を見出されたようだった。

疑り深く信仰を持たない私にとって、宗教というものは一方通行に上から下へと流れるエネルギーとしか感じられない。神と人間、仏と衆生の相互の交流は、一人一人の内心に起きることで、他人には見えない。

大抵、神仏と言う存在は、立教のその瞬間、神の子や宗祖の役割を背負う人間に向かって何かを言う。言われた者は、その後あらゆる困難を背負うが、その後に再び神仏の声が届くことは少ない。二十六名の被告らは、牢獄で何を祈ったか？　大石誠之助は、自分の運命と、イエスを重ねて、死刑囚の独房から沖野に書き送っている。そこから現代語でせりふを起こした。

「こないだ二十年ぶりに聖書を読んだよ…一番胸を打ったのは、イエスがゲッセマネの園で祈る所。彼は、これから十字架に架けられて死ぬという前の晩に、自分の運命を呪って泣いた。助けてくれ！　と三度も泣いた……言わば現代の我々と同じ、矛盾に満ちた女々しさが二千年前のキリストにもあったのさ。……だがもしイエスが若死にしなかったら世間とコンプロマイズして、いじましい中年のフーテンのようになっていたかも知れんな。言うなれば鰹節の出がらしみたいに……とすると運命に強制されて為すことと、自分から為すことと、その違いとは何か？」

（『太平洋食堂』台本より）

誠之助自身の言葉では「私は大なるイエスを少しく伺ひ得たように思います」。

方や無期という閉ざされた時を秋田監獄で過ごした高木の耳には、阿弥陀仏の声はどう聞こえたのだろうか？　監獄を訪れた妻に、彼は「おーい、頼むぞ」と別れの言葉を残したが、死の間際の様子は全く伺いしれない。何万、何億回と唱えただろう南無阿弥陀仏は、どう応えてくれたのか？　縊死した彼の心、霊魂があるとすれば、それを誰が抱きとったのか？　その答えは偶然にも後に知ることができた。ひょっとしたら内なる神とは、自分の心の声なのかもしれない。

そして大阪での評判は、確実に新宮公演への追い風になっていった。

新宮へ

大阪公演の五日後の七月十六日、巨大な台風十七号が迫り来る紀伊半島を目指し、『太平洋食堂』の俳優、スタッフは早朝、六時台の新幹線で東京を出発した。天気予報を警戒しつつ、名古屋で午前八時発の特急「南紀」那智勝浦行きに乗り替えた。もうこの時点で、何だかものものしいBGMが鳴っているようで、台風の警戒警報に心臓がドキドキしっぱなしとなった。そして私達が乗った特急「南紀」を最後にJRはストップし、その後、高速バスも止まり、新宮へは関東から入れない状況となった。本当に運よく？　ギリギリセーフの私達だった。

土砂降りの新宮駅に降り立つと、サポーターの皆さんが、車で迎えに集まっていてくれた。早速、車に分乗して新宮市民会館へ向かい、全員で搬入作業となった。会館は熊野川の堤防のきわに立っている。楽屋口の高台から見える川面は、轟々と唸り濁流は水嵩が増している。台風の進路はどうなるのか？　果たして観客は？　不安材料は満載だが、地元サポーターさんはテキパキと、搬入から買い出し、衣装のアイロン掛けなどを手伝ってくれた。そのうちに大阪から台風の影響で遅れていた機材車も到着し、和歌山からも電源車が来てくれた。

外界の嵐をものともせず、舞台の設営は順調に進んでいった。仕込みは今日と明日、明後日は舞台稽古と公開ゲネプロ、本番は十九日の土曜日だ。

新宮では宿泊施設の空きが足りなかったため、サポーターのお宅に分宿となった。取材時からお世話になっている勝浦の中田さん宅には青年劇場チームと演出家、私と女優、衣装部は、東京公演で知り合った新宮在住の陶芸絵付作家、池田むつみさんのお宅へ転がりこんだ。池田さんは、戦後直後の弾圧事件・横浜事件の被害者の一人、木村亨さんのご親族でもある。彼女は東京と新宮を往復してパワフルに仕事をしていた。

ところが翌朝六時頃、携帯電話が鳴った。現地サポーターさんからで、市内の浸水被害で新宮市民会館の会議室が避難所になっているとの知らせだ。なんとご本人も避難していたのだ。慌てて身支度をし、池田さんの車で市民会館へ向かうと、入り口には消防団とテレビの中継スタッフ。熊野川は流れるというより暴れ狂う竜だ。濁流が岸に突当り、跳ね返る勢いに、ただもう茫然としていたが、消防団のお兄さんたちに言わせると、「大丈夫、きっと午後には水も少しは低うなるやろ。四年前の大水害の時に比べたらまだまだ大丈夫」。

二〇一一年九月の台風十二号による紀伊半島大水害は、熊野地方で多数の死傷者を出し、熊野川の様相も変えてしまった。新宮の町中が水に浸かり、明治二十二年以来の大水害として記録されている。

この日は、関西からの交通も全て遮断され、新宮は陸の孤島となった。会館の避難者が減るのを待って、仕込みを再開したが、誰もが無口になっていった。

午後には風は強いが雨が小ぶりになったため、新宮の小学校の職員室や県の看護学校などを回ってチケットを販売した。地元サポーターや顕彰する会のお陰で一般公演のチケットは六割以上が捌《さば》けていたが、公開ゲネプロの方はさっぱりだった。

実のところ、やはり六月までの影響で、学校に依頼したチラシさえ行き渡っていなかった。腹をくくって出来ることだけを考えた。それもそれで良かったのかもしれない。

夜半、設営は順調に終わり、私一人だけ市民会館の楽屋に残って事務の雑用をしていた。すぐ外から熊野川の低い轟きが絶え間無く聞こえる。その水音を聞いていると、戯曲の冒頭の情景描写がふと頭の中で焦点を結んだ。芝居の冒頭、物語のナビゲーターは新宮教会の牧師・沖野岩三郎だ(劇中では沖田三郎)。新宮の仲間で唯一、検挙を免れて生き残った沖野が、過去の時間を遡り、熊野川の岸に立っている。

第一幕・第一場・明治三十七年秋・新宮

薄墨を流したような夜明け。薄明の中、トランクを携えた沖田三郎が現れる。帽子に黒いインバネス。どこか垢ぬけなさが目立つ若い学生という風貌。滔々と流れる川の際。

沖田　済んでの処で間に合いました。……もう風が匂う……ほら、水面を御覧なさい。満ち潮が川を遡ってきた。あちこちで渦を巻いている。この川は紀伊半島の山奥から流れ出て、うねうねと地を走り、海に届く寸前、この町の横腹に突き当たる。しかし、頑なにそれを阻まれると、町を抱き込むようにぐるりと回り、熊野灘へと流れ込む……僕は今日、この川を越えて懐かしい友人達の顔を見に来ました。事情が有りまして堂々とは行かれません。町の名前は新しい宮と云い……そう、N町としましょう。……実は昔、ここには教会の牧師として都合八年ほど居りました。それから或る事件が起こり、川を渡って町を出た……お前はもうここに居てはならんと……。

朝日が差し込み、カモメの鳴き声、海が近い町の通り。「大星どくとる」と書かれた医院、土間にテラスのある建物。その前の路を熊野詣《くまのもうで》の巡礼が杖の鈴を鳴らしながら通り過ぎる。魚の振り売りの女衆《おんなし》の声が響く。

女衆　タイ、タイーいるか、いらんかいのうし。シビ、シビー買うてくれんかいのう、サイレ、サイレー、いるか〜いらんかいのう〜

沖田　ほら、あっちに見えるのがお城の石垣、向こうが神倉《かみくら》神社、ボッツリ山。あ、ボッツリっていうのは、あの山の上から、沖の船に向かって灯す大きな提灯《ちょうちん》のこと。燈台みたいなものです。浜の向こうはアメリカ西海岸(波の音)……最初に訪れたのは明治学院の学生の頃、伝道《でんどう》の旅でした。当時は丁度、日露戦争の最中で、ほら、あんなふうに新聞社が二つあった。

新宮市民会館の南隣は丹鶴《たんかく》城の石垣、北には廃校となった丹鶴小学校。会館前の途をまっすぐ北へ三百メートル行けば、太平洋食堂と大石誠之助の医院跡がある。そしてその先には三本杉遊郭の跡と速玉大社。そこを西へ折れて進めば、高木顕明の住持した浄泉寺、その途中には明治に開業していた料理屋や旅館、薬局、色街もある。新宮の北西をぐるり取り囲む岩壁は、鍋肌のように垂直で、頂きの緑から、ふとだしぬけに神倉神社の御神体ゴトビキ岩が天狗の鼻のようなものを突き出している。熊野川が注ぐ先は熊野灘、浜の向こうは太平洋、そして対岸はアメリカ大陸西海岸。全ての情景がぴったりとあった。新宮市民会館の舞台上、『太平洋食堂』はまさにここを目指して始まったのだ。黒々とした楽屋通路、誰もいないトイレの壁、窓ガラスの向こうから、湧きだして止まらないようなものを感じた。目に見えるというよりも、自分の内側にある何かと、そういうものが呼応して蠢《うごめ》きだすのに耐えられず、声を出した。「おーい」。そしてそこに一人で居るのが怖くなり、宿へ逃げるように帰った。

公開リハーサルの前日に、劇場ロビーで事前学習会を開催した。台風のため、数こそ少なかったが、顕彰活動の皆さんや、疑問や意見を持った市民と直接、貴重な話会いをした。

私が新宮でこの演劇を上演する意味について語ると、市民の方からは「大逆事件と何か関係があるということは、市内では誰も口にして欲しくない事柄である。それをなぜ明らかにするのか?」という真摯な問いかけを貰った。まず、大石誠之助全集にある「これからの革命は偉人がやるのではなく、凡人が為すもの」を提示して、以下の事柄を話した。

「歴史とは偉人が作るものでなく、市井の人々の日々の営みから生まれ、続いていく生活、そのものです。百年前にこの町で活動していた町の一人一人が歴史と繋がっているのだと感じて欲しいのです。それを誇るのか隠すのか?

個人のそういう営みの全て、今に生きる普通の一人一人もまた現実に、歴史の主人公であるという自覚を、この劇を見ながら持つことが出来るのではないでしょうか。新宮という町があって初めて大石という人も生まれた筈ですし、高木顕明も新宮に来なかったら、冤罪や教団追放にされることも無かった。大逆事件さえなければ、犠牲者らの素晴らしい理念や活動は、キラキラと南紀の陽光を放って歴史に刻まれるはずでした。しかし現実には国家権力によって奪われてしまった。その犠牲は権力が『埋もれさせることのできなかった歴史』でもあります。しかし故意に隠すとするなら、その歴史の営みを、現代の私達が貶めることにならないでしょうか？　又、被差別部落の歴史についても、これを機会に、先人が取り組んだ貧困や平等への戦いと共に記憶されるべきではないでしょうか？」

上演を巡って起きた波紋への回答を市役所で話したからといって、それがそのまま一般の市民に伝わるわけではない。だからこそ事前学習会で直接対話がしたかった。それだけで納得してもらえるかどうかは分からない。レッテルが貼られたら、百年経っても剥がせないのかもしれない。しかし作品を観る中で、歴史が教科書の中のことだけではなく生活の延長だということを実感してもらいたかった。私にできることは「知る機会を作ること」。演劇は最良の機会だ。

翌日、雨は止んで空は晴れ、真夏の蒸し暑さが一気に押し寄せた。複数のサポーターの方にお付き合い頂き、俳優陣は大石や高木、峯尾の墓のある南谷墓地で墓参をした。公開リハーサルでレクチャーしてもらう泉惠機先生も、復旧した高速バスで新宮に到着し、一緒に墓参してくれた。泉先生は高齢で体調の悪い中、無理をおして台風の新宮へ来てくれた。かつて行く方知れずになっていた顕明の墓の竿石《さおいし》を、彼は浜松市の霊園の二万基の中から見つけ出して新宮へ移し、一九九六年の宗門の顕彰を具体化した。

真夏の青空の下、お線香の煙がたなびき、読経が聞こえる中、俳優達が合掌している。きっと泉下の人々も演劇人という不思議な集団に驚いただろう。女優数名は涙腺崩壊していたし、私は最初にここを訪れた日を思い出して走馬灯がぐるぐる回ってしまった。しかしまだ何も終わってないのに等しい。気を引き締めて、南谷墓地の下のイオンへ昼食の買い出しに出かけた。

劇場での市民エキストラやコーラス隊のリハーサルも進み、いよいよ今日は学生無料招待の公開リハーサル。市民エキストラ用の素晴らしい時代衣装は、新宮の萩原きもの総合学院さんが無償で提供下さった。この街は伝統芸能も盛んで、サポーターの日舞のお師匠さん、おやこ劇場さんなどが数人掛かりで着付けをして下さるし、照明仕込み用の八メートルの梯子も調達してくれた。新宮公演の運営は、自主的につきあって下さるサポーターの皆さんがいなければ成り立たなかった。素晴らしき仲間との協働作業で、私には怖いものが無くなった。

開場すると学生、教職員合わせて百名超の来場者となった。種を撒くことはできた。開演前の三十分間、「新宮の大逆事件と高木顕明について」泉先生の事前レクチャーを開催した。

市民エキストラの意気込みは相当なものだった。リハーサルでの、藤井ごうさんの指導で、舞台経験値の少ないエキストラもダイナミックに躍動していった。市民コーラスの福田さんは素晴らしいタクトで、「誠之助の死」の混成四部アンサンブルを響かせてくれた。その日に観た観客の一部は、翌日の本番公演も観に来てくれた。演劇はしっかりと人々の心を掴んでいった。

本番当日は真っ青な夏空が広がった。しかも宿から歩いて市民会館へと向かううちに、本当にびっくりした。あちこちにクラウド・ファンディングのサポーターなど、全国から観劇に来た旅人がいるではないか。私は既にＳＮＳで名乗りをあげてくれたサポーターを知っていた。現地の大逆事件ガイドさんと長野県のサポーターさんが一緒に自転車で市内を走っている。知人や東京の観客、四国、大阪からなど、数十名がやって来ていた。名古屋経由のＪＲは復旧していたが、大阪～和歌山経由の鉄道は台風の爪痕でストップしたままだったので、台風によって寸断された道路網を、五時間以上車で走って紀伊半島を南下した人もいる。続々と劇場へ現れる人が増え、何やら楽し気な祝祭の雰囲気が満ち始めた。おかしなユーチューバーまで現れて楽屋では一騒動あったらしい。

開場一時間前、私は劇場を抜けて、チケット代の集金にサポーターさんと町中を走り回っていた。あまりの暑さに、どうしても食べたくなって、有名な仲氷店のじゃばらみつのかき氷を頬張りながら浮かれていた。

集金が終わって戻ると、長蛇の列が新宮市民会館に出来ていた。公開リハーサルを観た観客の口コミのお陰だろう。

劇場には駐車場が少ないので、駐禁取りに来た警察を、地元のサポーターがあしらっていた。「なんだかんだケチつけに来るんや」。

会場受付は、ハイカラに和服を着た市民エキストラで担って頂き、明治の雰囲気を盛り上げた。ロビーでの大逆事件関連書籍の物販や、百年前の新宮写真展も賑わい、開場時間のかなり前に、ロビーは人で一杯となった。さあオープンだ。トラメガ(拡声器)を持ってウロウロしていた私を制して、制作チーフの川崎の声がロビーに響き渡る。

「只今より、開場致します。慌てないでチケットをお手元にご用意してゆっくりと、進んでください。座席は十分ありますので必ずお座り頂けます。ゆっくりと進んでください」

七百名に迫る観客が来場していた。ほぼ満員に近い客席には新宮市長、教育長、総務課など行政関係も多数来場している。食入るような視線の中、開幕前に私は舞台に出ると、プロデューサーとしての新宮公演開催のお礼と、件の差別表現についての前説をした。結局、脚本では「新平民」という言葉をできるだけ他の言葉へ置き換え、どうしても説明ができない差別構造への言及について一か所、説明として残して上演した。

「本日は新宮公演にご来場くださいまして、まことにありがとうございます。開演前に先立ち、皆様にご説明をさせていただきます。明治四年の解放令によって、それまでの封建的身分制度は四民平等へと変わりました。しかしそれへの反発から、『新平民』という差別用語が新たに生みだされ、部落差別を引き継ぐ蔑称として使われ続けました。その言葉が人道や正義、そして良識に著しく反するものであることは、様々な先人の取り組みによって明らかです。また戦後の民主主義社会を生きる人間にとっては、不条理極まりない言葉です。『言葉』や『表現』が他人に痛みを強いるものであってはならないと考えますが、安易な言葉の改編は、テーマ本来の意味を歪め、現代の差別構造まで薄める恐れもあります。この『太平洋食堂』においては、最も弱く貧しい者を搾取し尽くすための理由付け、そして明治という前近代的社会が顕著に表現される場面でそれを使用致しました。明治における差別制度が資本主義社会の過酷な収奪の構造へと変容していく姿が、正にそこにあるからなのです。

大逆事件前夜、まだ水平社も無かった時代でありましたが、新宮の大石誠之助、高木顕明らは、生まれ、職業、思想信条、財産の過多、社会的地位などによる差別を批判し、自由平等博愛の精神を現実の生活の中で実践いたしました。それこそが『太平洋食堂』のスピリッツです。それらが歪められることなく、この演劇と脚本が現代の小さな灯になることを、作者は願ってやみません。とはいえこの劇における全ての表現に関する責任は作者にあります。作家にとって言葉とは血肉でもあります。それ故、同じ痛みを分かち合いながら、百年前におきたこの物語を文字に致しました。どうかこの上演が多くの人の心に触れることができますように。本日はご来場ありがとうございます。最後までお楽しみください」


物語の幕が開いた。満員の客席が固唾をのむ中、牧師・沖野を演ずる青年劇場の俳優・清原達之《たつし》が、客席を歩きながらセリフを喋りだすと、本物の濁流の気配がして、百年前の新宮が舞台上に立ち現われた。客席の集中力は凄まじいものがあり、それでいて時折笑いも弾けて暖かい空気に包まれていった。俳優たちのテンションには鬼気迫るものがあった。それも当然、全ての公演制作の苦闘はこの瞬間のためにあったのだから。

二幕冒頭の三本杉遊郭開店記念のシーンでは、陽気な市民エキストラが、警察署長に思い切り罵声を浴びせた。本物の新宮弁が飛び交い、「三本杉遊郭アブナーイ！」というアブナイ三唱は最高に盛り上がった。プロの俳優に混じって、市民は百年前の新宮人を生き生きと演じ切った。大石誠之助を演じる俳優・間宮啓行《ひろゆき》は、持てる全てをセリフと演技で出し切りながらも自然体だった。この俳優にしか、大石誠之助は演じられなかっただろう。太平洋食堂に集った面々との出会いそのものが奇跡だった。

三時間の上演の幕切れ、絞首台への階段を上がる誠之助の姿に、コーラス隊や客席からすすり泣きが聞こえてきた。照明効果に浮かび上がる空気そのものが、全く違う光を放っていたように今でも思う。その三時間は、演劇がフィクションでありながらノン・フィクションへと変わっていく瞬間だったのかもしれない。演出、技術チーム、俳優チームの技術があって、二次元の脚本のコンテクストが建造物として建ち上がり、遂に歴史に参加したのだった。

カーテンコールには六名の犠牲者のポートレートを舞台上に設置し、同時に福田さんのタクトで市民コーラス隊が、与謝野鉄幹「誠之助の詩」を混声四部合唱の特別カーテンコール・バージョンで歌った。私は客席の端っこで指揮者にキューを出していた。市民による鎮魂の響きは、右も左もあらゆるセクト的なものを壊してくれた。コーラス隊の後ろでこっそり一緒に歌いながら、私の人生における旅路がここを目指して進んでいたことを幸福に思った。

与謝野鉄幹「誠之助の死」より　新宮特別カーテンコール

♪誠之助は死にました
おお　いい気味な
機械に挟まれ死にました
然し、然し わたしの友は唯一人
もう誠之助に逢われない
なんの、なんの構ふものか、
馬鹿な、大馬鹿な、　わたしの友の誠之助
＊コーダ（大石の短歌と言葉より創作）
嘘より出し　まことなり
静かな笑顔の　誠之助
大いなる手に　奪われて
百年の昔　　今もなお
あなた想う　この町で

作曲・編曲　中村華子

コーラス　Chor.Joe-dan（コール・ジョーダン）

合唱団はまゆう有志

ハローグリーン有志

指揮　　福田丈太朗

熱い拍手が、舞台を創った人々と、六人のポートレートに向けて鳴りやまなかった。

夢に思い描いた誠之助は新宮へ帰っていった。誠之助の妻のおゑいを演じ、私と二人三脚でこの新宮上演運動のプロデューサーを担ってきた女優・明樹由佳が、地元へ熱いお礼のことばを語って終幕となった。彼女の岳父《がくふ》は自由な青春を生きられなかった戦時中の多くの若者の一人だった。シベリアで抑留され、辛酸を舐め生きて帰国した。その思いを引き継いだ彼女は、大逆事件で失われた若い犠牲者の人生を父と重ね合わせて、必ず新宮で上演するという揺ぎない決心をして手を携えてくれた。もちろんそれだけではない、必ずここで舞台を上演するのだという何人もの執念が集まった結果だった。私の知らないところで、もっと沢山の人が手間暇やカンパ、あらゆる便宜を惜しまないでくれた。そうでなければこの新宮へと辿りつくことが出来なかった。沢山の夢が叶い、ようやく運命が結実した瞬間に、演劇という「生もの」は形を残さずに終わったのだ。

熊野新聞

新宮本社：info@kumanoshimbun.com　http://kumanoshimbun.com

「太平洋食堂」上演

物語の舞台で600人超観劇

新宮市

「大逆事件」で犠牲となった新宮市出身の医師、大石誠之助（1867－1911）が主役の演劇「太平洋食堂」が19日、市民会館大ホールで上演された。600人以上が観劇し、一流の演技を堪能した。

公開リハーサルの模様＝18日、新宮市市民会館

大石をはじめ、高木顕明、沖野岩三郎、西村伊作などが登場する歴史大作。メメントC＋「太平洋食堂を上演する会」が主催した。物語の舞台、新宮で上演しようとインターネット経由で資金を集めるクラウドファンディングを行い、250万円を集め実現した。

本番前日の18日には公開リハーサルがあり、学生ら約50人が観劇。大谷大学客員教授の泉惠機さんが上演前に「大逆事件」について説明し、熊野地方から6人の犠牲者が出たことは恥ずかしいことではなく、「立派な考えを持って生き抜いた人がいたということ。国にとって邪魔だったに過ぎない」などと話した。

俳優たちは新宮城跡、熊野速玉大社など物語の舞台を見学した後、「表現が試される」と本番に臨んだ。地元住民たちもエキストラやコーラスで参加し、劇を盛り上げた。プロの舞台を初めて見た畑中萌花さん（15）＝木本高校1年＝は「俳優さんの演技力が高くて劇に引き込まれました」。

「太平洋食堂」の脚本を書いた嶽本あゆ美さん（48）は「地元の方々の熱意に支えてもらい大勢の人に見てもらうことができました。（上演後）市民の方から『良かったよ』と声を掛けてもらいうれしかったです。大石への思いを持っている人がたくさんいることを感じました」と話していた。（瀬谷　亘）

宇久井区

災害時の火災に備え

自主防役員ら消火訓練

那智勝浦町の宇久井区自主防災組織（古田善文会長）は19日、組織の役員や宇久井婦人会（西垣内由美子会長）の一部地域のメンバーらに呼び掛け、宇久井区民会館周辺で消火訓練を行った。

同区自主防では大地震に備え、津波からの避難訓練を行ってきたが、火災への備えも重要であることから、古田会長らが声を掛けて訓練を実施した。全国的にホース格納箱からノズルが盗まれる事件も発生しており、装備の確認も兼ねて行った。

同区自主防のメンバー

『熊野新聞』（2015年7月22日付）より

エピローグ

公演が終了し、会場撤去作業とサポーターの心のこもった盛大な打ち上げを終えた。茫然として新宮を発つ朝、宿舎を出る私に向かってある老人がこう語った。

「わしが母や祖母から聞いた大石ドクトルは、人力車で農家に往診に来てくれた。治療費の代わりに大根で払ったと祖母は自慢していた。ドクトルが来ると、野次馬が覗きにやってきて家の前は人でいっぱいになった」

「わしらはええが、孫の時代はもう分からん。空襲で死体を踏んで逃げる経験をしたことが無い者には平和が分からん。命の心配をせずとも暮らせるというのがどれだけよいか……あんたらはようやってくれた。おおきに」

そう呟くように語ると、その翁は私達に手を合わせてくれた。

その祈りと感謝を糧にして新宮を後にした。真っ青な夏空の中、「南紀」は名古屋へと私達を乗せて出発した。長い長い旅はこうして終わり、公演後に耳に届いた「大石ドクトルは～」という過去からの声の多さは苦労を癒してくれた。

きっとまた、誰かがこの後をリレーで繋いでくれる筈だと確信を持っている。新宮で演劇を観た若者がいつかきっと、何かやってくれるだろう。そして大石誠之助は名実共に新宮の誇りになるだろう。「地の塩」はこうやって撒かれて行くのだ。

演劇は一人では出来ない。社会的な活動というものも一人では形を成さない。例え主義主張が全て正しく同じではなくても、目指す地平が同じ方角であれば、いつか一緒に未来へと辿り着けるはずだ。なぜなら人間は矛盾を抱え、連続して動き、考え、聞き、発言しているのだから、絶えず変化できる生きものなのだから。様々な困難を乗り越えて目的地へ辿り付く間、交わされる言葉や必要な営みによって、思いを共有する動物だ。そうやって変わって行く「へんてこなもの」が人間だ。大石は「不平不満を言いながら石器時代から進化したのが人類」だと言っている。

研究者の中には、大石誠之助を一貫性がないご都合主義の自信家だと評価する人もある。しかし大石の矛盾は葛藤の深さであろうと、今は思える。その葛藤故に誤解されて大逆罪になった誠之助は、人の心を分かっていた。だから余計にへそ曲がりになったのだ。けれども、決して「シニシズム」には陥らなかった。そのへんてこなＤＮＡは甥の西村伊作にも引き継がれ、彼が創設した文化学院にも引き継がれた。

ああ、終わり良ければ全て良しなら、どんなにいいか……。

その後の私だが、「人類は最後に勝つ」ことを信じて負け続けて行く日常がまた始まった。正直、その夏中、何もする気にならなかったが、会計処理は私を休ませてくれなかった。この最後の決算は……マルクスとエンゲルスの爆笑だ。

ただ、『太平洋食堂』の上演活動と、その後の私の人生を今の地点から振り返ると、百年間に押し込められていた何かのエネルギーが、現代に立ちあがる役割をほんの少しだけ担えたようにも思う。後日、取材の最初から見守ってくれていた人に、こういうことを言われた。

「アホやなあ、あんたは『太平洋食堂』あちこちでやったやないか？　そういう役割やったんやて。わし、そう思うわ」

その後も新宮の若い世代との交流はずっと続いている。しかも旅は終わったわけではなく、そこからまた別の旅が始まったのだ。

『彼の憎の娘――高代覚書』

翌年の六月、私は高木顕明の娘、新宮を追われ名古屋で芸者置屋に売られた高木加代子さんと暮らしたお孫さんに巡り会った。加代子さんが浜松の元浜町に建てた天理教[23]の高代分教会は、現在は磐田の草崎に移されている。そこは私の母の親戚の家からそれほど遠くない場所だった。教会には加代子さんの晩年の写真が飾られている。何度か通ううちに、現在の代表の方にお会いでき、その後にお孫さんをご紹介頂いた。まず『太平洋食堂』の上演ＤＶＤを送って見て頂き、その後、祖母・加代子の個人的な思い出を語って下さることになった。

待ち合わせした時、路を歩いてくる彼女が一目ですぐに分かった。写真で残る加代子に生き写しだったからだ。同行した明樹由佳も感極まっていた。その後、加代子さんの幸福な晩年と、死の間際の様子を聞くことが出来た。私も明樹も予想していた、「悲劇的なヒロイン像」はあっけなく打ち砕かれてしまった。その逸話は人間の可能性と、祈りの力が途方もなく強いことを教えてくれた。そしてそれは『彼の僧の娘―高代覚書』という芝居となった。

「高代」とは、高木加代子が芸者の時に名乗った名前である。加代子は子どもの居ない顕明の養女であった。苦界を生きた加代子は、長じてのち実母に巡り合い、その母の影響によって天理教に入信、戦後に分教会を開き、遠州浜松で生涯を終えた。父と同じように困窮者のために尽くし、孤児を何人も養い、戦後の貧困を分かち合う生活を続けた。まさに秋田監獄で自死した高木顕明の南無阿弥陀仏は、この加代子の中に残ったのだ。父と暮らしたのは時間にすればわずか五年、だがそのふれあいの深さは、その後も彼女の苛酷な人生を照らした。父・顕明の南無阿弥陀仏を聴き、その本願とも言える万民平等の願いを抱きとったのは、養女の加代子だったのだ。

一九七二年の加代子没後に、詳しい聞き取り調査をした天理大学の池田士郎名誉教授は、著書『中山みきの足跡と群像・被差別民衆と天理教』（明石書店）の中で、加代子の教会を「受苦の共同体」と呼ぶ。池田氏の調査は、主に当時の天理教信者やその周囲で暮らした大人からのものだった。当時、中学生だったお孫さんは調査対象にはならず、四十数年後に私と明樹の二人が聞くこととなった。その中で最も印象深い言葉は、幼い頃に聞いたという「許しと赦しは違う」というものだ。

「ええか、〇〇ちゃん、『許す』と言う字と『赦す』というのは、違うんやで。大きうなったら教えてやるで」

大逆事件犠牲者の遺家族は「逆賊」と呼ばれ、戦前は特高による監視の対象となるなど、迫害は続き、加代子やその子どもも例外ではなかった。その償いには、再審請求による無罪判決と、国家賠償はもちろんのことと、世間一般で大逆事件の全体像が知られることの両方が必要だ。

お孫さんの語りから浮かぶ加代子の姿は、明るく温かいもので、孫の世代にその悲劇を語った形跡がほとんど無い。晩年の加代子の分教会は学童保育の様相を呈し、コミュニティーの子供らを公平に受け入れて面倒を看た。お孫さんは「うちのお祖母ちゃんやのに、みんなに平等で」と寂しいこともあったと話す。一夜の宿を貸し、困窮者に賽銭をとられても罪を問おうとしなかった姿は、「全てを赦してきた」姿としてお孫さんに記憶されている。晩酌を欠かさず、酔うと三味線をつま弾き、「月は啼いたかホトトギス」と長唄を歌ったという。浜松祭では古くからの芸者仲間と山車に乗って三味線を弾き、お孫さんは締め太鼓を奏した。

浜松は大きな花柳界があり芸所でもある。大凧揚げで有名な浜松祭は、町内ごとの山車が練り歩く。昭和五年生まれの私の伯父は、三十年以上、浜松の大祭で笛やら三味線を弾いてきた。加代子さんの町内とは別だったが、賑やかな祭囃子の中、伯父の笛と加代子さんの三味線が、五月晴れの城下で交差した瞬間もあったのかもしれない。

『彼の僧の娘』は明樹由佳演じる「高代」と特高警察の男の二人語りの芝居だ。その演出には長唄を取り入れた。私は伯父の三味線を貰い受け、皮を張り替えて撥《ばち》を握った。五十手前の手習いだ。明樹由佳はジャズダンサーで、振り付け家としても活躍しているが、「高代」に近づこうと日舞に挑戦した。

不思議なことに、着物というのは必要とする人の前に自分から現れる。迷信だと言われるかもしれないが、今回もすぐに芸者帯や着物が古着で手に入った。それを、着付けの師匠が早変わり用に直してくれた。赤い腰巻までもらって、芸者の着付けの東西の違いや櫛笄《くしこうがい》の奥女中と芸者の違いなど、衣装を直しながら貪欲に吸収した。師匠とは宇宙堂時代に知り合った。長年、歌舞伎や商業演劇の世界にいたが、十年ぶりに連絡をとった『太平洋食堂』で、時代衣装監修を無報酬で引き受けてくれた。男気の塊のような彼は何でも教えてくれるが、謝礼を手渡そうとすると、

「あんたの芝居が好きだから手伝うんだ。そんなつもりなら、もう、おいらは来ねえよ」

矜持というものは、技術や伝統と共に先人から貰うものだった。

座・高円寺内の阿波踊りホールでの試演会は、何もない空間の中に、浜松の砂丘に立つ加代子が居た。『太平洋食堂』で大石誠之助を演じた間宮啓行が、特高警察、父である顕明、女衒、などの複数の役を朗読する中、明樹は舞い踊り、加代子の半生を演じた。お孫さんとそのご子息も来場され、顕彰関係者も共に、加代子の苦難を偲んだ。

その夏、新宮でのお披露目会という名の小さな公演を行ったが、それを観た浄泉寺の山口住職のお声掛けで、演劇『彼の僧の娘』は、浄泉寺へ里帰りした。翌年の二〇一七年六月二十四日、遠松忌法要の中で上演を果たしたのだ。高木顕明が住持した浄泉寺は熊野大橋から続く通りに入り口があり、その辺りは大逆事件の大検挙が起きた時の町の区画とほとんど変わらない。

『彼の僧の娘―高代覚書』（台本より）

アップテンポの三味線が突然途切れる。

はっと振り向く女。

女　「待って！　お父ちゃん！　人力車が……私は九つ、梅雨の終わりのころ。人力車がお寺の前の大通りを横切って行ったんです。そりゃあすごい速さで。待って‼……お父ちゃん。これを見て！　学校でお習字を褒められたの。これを！……じきに帰ると言う声が、こう頭の上から聞こえて……あっという間に後ろ姿に……それが父の最後の姿。その日、警察が寺に押しかけ、庫裏や本堂のご本尊の裏までめくって何かを探していました。何な？……今、思い出しても身震いが……父はその町の浄泉寺という寺の住職でした。――小学校の帰りに、辻に黒山の人だかりで号外を見ている人々。奪いあう手から零れた一枚の号外が……（拾って）大悪人……そう書いてあったんです。どこからともなく、逆徒という声が聞こえて、振り向くと町の人達が私を見ていた。あの目！　夢中で走って……お母さん、お父ちゃん、絶対、無罪やって、報恩講には帰るさか支度せよ、言うてたんやろ？　やからここで待ってたらきっと戻ってくる。うちはどこへも行きたない！——熊野川の河口にある町、そこから神隠しのようにいなくなったのは、父だけではありません。それはたくさんの男達が人力車に乗せられてどこかへ連れて行かれ、大逆事件の逆徒だと指さされた。生きて戻ってきたのはあの人と、あの人……なぜ？　理由は……理由は今でも分からないのです。けれども何も分からないまま大正、昭和になっても……こうして私は……警察へ呼ばれるのです」

会場となった本堂で、女優の明樹由佳は、全身全霊で高代を演じていた。一九一〇年にその場所で起きた出来事と少女の悲しみを、しっかりと透明な器のように受け止めていた。観客は彼女の声と身体によって、事件を目撃し、心に寄り添い泣いたのだった。

音楽は細竿三味線のみ。三味線は楽器の構造によって三本の絃から微妙な「サワリ」という倍音が生まれる。その重なり具合は毎回違うし、温度湿度で変化していく。これ、というピッチに決まるとベンベンではなく、ジョンジョンという音が出る。せりふの哀愁がそれにからんで醸し出す陰翳は、古びた寺の中でくっきりと像を結んだ。ああ、こうやって日本人は悲しみや怒り、悔しさ、恐れを唄にしてきたのか、と溢れるように湧きあがってくるものがあった。流れ流れていく河原者という芸能者は、無名の過去の目撃者として、歴史を語るのだと腑に落ちた。

芸能を纏った歴史、それは義太夫、くどき、浄瑠璃、民謡、甚句、音頭など、形を変え人の口から口へと手渡され、歳月を経ても人間の身体を通して音曲として語られるプロテストなのだ。名も無き人々を主とする民衆の歴史は、いつか未来に読み解いてくれる人を待っているのだ。そしてまた新たな物語を足され、語られていくのかもしれない。

物語の現場に出向き、そこに潰えた人々を語ることは、耳なし芳一と似ている。足のしびれに閉口しながらも、私は耳なし芳一のように、ジョンジョンと三絃を奏でながら、百年の時を謡った。さてこれから私はどこへ行くのだろうか？

明治末期、無実の罪で大逆罪に問われた僧・高木顕明には一人の娘が居た。
苛酷な運命を生きながらも、娘は父と同じ道を歩む。
祈りと献身、無償の愛、そして父への思い
「太平洋食堂」の嶽本あゆ美が紡ぐ高木顕明の娘の物語。
彼《か》の僧《そう》の娘《むすめ》
—高代《たかよ》覚書《おぼえがき》

『彼の僧の娘—高代覚書』（デザイン・鈴木美穂子）

2017年6月24日、遠松忌法要の中での上演（浄泉寺本堂）

第三部　歴史にコミットする演劇

堀田善衞と私

大逆事件の演劇と二足の草鞋とでもいおうか、日中戦争と堀田善衞は、私が劇作家を志すきっかけとなり、大きなテーマとなった。多分、それは四季時代に『李香蘭』に関わったことと無縁ではない。

私の世代は、直接、戦争体験者の言葉を聞く機会があった。私の場合は、両親からだ。我が祖父は鬼軍曹と呼ばれ、中国戦線でかなりのことをしたと聞いていた。祖父は戦後すぐに戦場での傷病がもとで死んだそうだが、B級戦犯としての訴追を怖れていたという。もはや戦後七十年、今の小学生達の祖父母世代は戦争を直接知らない。しかしまた現代は、世界のどこかで必ず戦争をしている。この稿を執筆している間にアメリカ大統領がトランプ氏になった。ひょっとしたらまさに今、世界の底が抜けようとしているのかもしれない。今を「乱世」と呼ぶ人も増えた。

堀田善衞は、「乱世」についての数多の小説、評論を書いている。その小説が、私に作家としての世界の観方を教えてくれた。堀田の初期の著作『漢奸』『祖国喪失』から生まれた『かつて東方に国ありき』は私の処女作でありデビュー作となった。堀田の小説の特徴は、日本人的な甘さのない「極めつけドライな悲喜劇」だ。魯迅の『阿Q正伝』やブレヒトの戯曲と同様、あっけにとられているうちに痛烈なパンチが来る。それでいて、歴史というものを長い射程から捉えて、平安時代をテーマにしても、スペインや中世が舞台でも、文明の根本を射貫くように批評する。

その凄みは他の誰にもないものだ。

二〇〇八年に、親族が発見した堀田の日記が、『堀田善衞上海日記』として出版された。今まで知られていなかった歴史の空白期でもある終戦前夜から三年間の、上海の貴重な記録でもあり、文化人の動向や、堀田のプライベートな日常、恋愛についての記述がある。ご遺族の英断に感謝するのみである。その中から略歴を紹介する。

堀田善衞（一九一八〜一九九八）は大正七年に、富山県射水郡伏木町に生まれた。実家は江戸時代から北前船の廻船問屋を営む旧家である。北国の港は、海路によりロシアや西欧に向かって、開かれていた。中学時代には、アメリカ人宣教師の自宅に下宿し、英語とピアノを習っている。そして昭和十一年、慶応義塾大学受験に上京した夜に、二・二六事件に遭遇する。その後、慶大法学部に入学するも、第二次世界大戦が始まる。昭和十五年、仏文科へ転科し、そこで学友として芥川比呂志（俳優）、白井浩司（仏文学者）、加藤道夫（劇作家）らと知り合う。また、時の同人誌『荒地』『山の樹』『詩集』などの同人たちを知る。その後、日本の敗戦が色濃くなる中、国際文化振興会に就職、軍令部臨時欧州戦争軍事情報調査部に徴用される。昭和十九年二月召集されるが、病気のため、召集解除となる。二十七歳となった昭和二十年、三月十日に東京大空襲に遭遇、その月の二十四日に海軍の飛行機で上海の国際文化振興会上海資料室に赴任、中日文化協会に勤め、石上玄一郎、武田泰淳らと文化活動としての宣撫工作に携わる。そして八月、敗戦を上海で迎える。それから三年後の引揚まで、中国国民党中央宣伝部対日文化工作委員会に徴用され、日本語雑誌の編集や、邦訳、日本向けラジオ放送に携わる（『滬上天下一九四五　堀田善衞上海日記』堀田善衞年譜　集英社　紅野謙介編より）。(24)

堀田の召集までの青春の軌跡は、小説『若き日の詩人たちの肖像』に描かれている。日中戦争と軍国主義の横暴さが加速度をましていく中、加藤道夫、芥川らとの文学活動や、多彩なピアノ演奏などの趣味のことや、戦時下での文学青年達の青春が描かれている。友人である加藤道夫の教え子だった慶応高校出身者が後の一九五三年に劇団四季を作ったのだった。堀田自身も演劇の近くに居た。

劇作家の清水邦夫が小学館『せりふの時代』の連載エッセイで『商船テナシチー』という芝居に、堀田が音響係をしてレコードのターンテーブルを回していたこと、またラストに、一言「アデュー」というセリフで舞台に立ったエピソードを寄せている。

クララを探して

宣撫工作というものがある。占領地の満洲や中国大陸各地で、支配者である日本人が、被支配者の中国人民を宥《なだ》め、従わせるためのアメにあたる文化政策である。その一つが、満映（満洲映画撮影所）であり、その所長は甘粕正彦であった。甘粕は東京大震災の直後に、無政府主義者の大杉栄《さかえ》と伊藤野江《のえ》、その甥の六歳の少年を謀殺した甘粕事件で知られている。その後、裁判で懲役十年となるが、恩赦により三年あまりで千葉監獄を出所、その後はパリ留学を経て大陸へ渡り、関東軍特務機関で暗躍。満洲国成立後は、満洲映画協会理事長として、李香蘭主演映画などの国策映画を創り、満洲の影の支配者と呼ばれた。まるで劇画のような話だが、近くに居たらはた迷惑で、大陸への侵略を日本の成長と信じて疑わない御仁だった。日本降伏の前夜、ソ連軍が迫る新京で服毒自殺をした甘粕は、その後の大陸からの悲惨な引き揚げ、中国内戦の泥沼を見届けることもなかった。映画以外にも、新聞や雑誌の発行などは、宣撫工作での重要な部門となった。

そういうわけで、日本の著名な文化人も、大陸侵略においては、加害者であったことは確かなのだ。堀田は、中日文化協会で文学を通して「我々は漢奸製造業のようなことをやっていた」と深く慙愧《ざんき》し、その責任の所在と償いについて、「告中国文化人書」（中国文化人に告ぐる書）という詫び状のようなパンフレットを、作ろうとした。それを武田泰淳や、多数の日本人文化人らと共に書き上げ、中国語に翻訳したのが室伏《むろぶせ》クララだ。堀田は海軍の飛行機でパンフレット百万部を、上海でばらまく計画をたてた。しかし、印刷会社が敗者である日本人と関わることを嫌がって断ったため、失敗に終わったのだ。ここまでの事件を、私のデビュー作『かつて東方に国ありき』で描いた。

室伏クララとは、評論家・室伏高信の娘で、中国文学の翻訳者、編集者である。北京官話《かんわ》(北京の方言)が中国人よりも美しかったという彼女は、恋愛に敗れ、一度、見合い結婚するが離婚し、神戸から上海へ渡る。まるで、斎藤憐の『上海バンスキング』の「お譲さん」だ。クララは当時中華民国国民政府の宣伝部長を務めていた草野心平を頼って南京へ入る。そして傀儡の南京国民政府首相・汪精衛(汪兆銘)の秘書を務め、草野の下で宣伝部の一員となる。といっても、雑誌の編集をし、詩を書き、中国文学を日本に紹介する仕事を喜々としてやっていた。中国文学を愛していたから……。

現在見ることができる資料からは、彼女のためらいがそこかしこにある。侵略の側に立っていたことの自覚なのか南京の人々の無数の瞳が訴えるものを見、建国記念日に広場に集まった群衆を描写する詩の原稿を残している。やがて、上海に移ると『大陸新報』[25]という国策新聞社の女性編集者となり、日本に二度と戻らぬ覚悟で降りたった堀田と知り合う。クララは張愛玲[26]の小説を邦訳し、日本に紹介した。当時の上海は日本の侵攻地域と、それを取りかこむ、中国共産軍、国民党政府軍の三つ巴の戦いによって周囲と隔絶させられていた。それ故に淪陥区《りんかんく》[27]と呼ばれ、完全に日本の占領下になるまでは、国際都市として繁栄を極めた。

終戦後の上海で憑かれたように執筆と翻訳の仕事をするクララの姿が、堀田日記や林京子の小説『予定時間』、武田泰淳の『聖女侠女』にある。やがて彼女は過労死のような形で病没した。そしてその遺骨だけが恋人だった男性に抱かれて帰国したのだった。私は、そのクララに惹かれ、堀田善衞の遺族の了承を得て『クララ・ジェスフィールド公園で——滬上天下一九四五の汀で』を執筆した。

クララについての最も印象的なエピソードは、彼女が敗戦時に堀田に語ったという魯迅の言葉の引用だ。「絶望之為虚妄，正与希望相同」「絶望の虚妄なることは、まさに希望と相同じい」この言葉はハンガリーの詩人ペティーフの言葉を魯迅が借りたものだ。

クララの資料は非常に少なく、先に挙げた小説と、関西学院大学・大橋毅彦教授の研究紀要を頼りに、ほぼ想像力(妄想)で書き上げた。また、クララ自身の原稿を見ようと通った国会図書館で『大陸新報』の記録されたリールを眺めた。読みづらい紙面に、彼女の筆になるものがあった。しかしそれ以外の、国策新聞のヘッドラインには虚妄のような東亜新秩序の文学が酔ったように踊っていた。性質の悪い悪酔いだった。

戯曲のプロットとして、堀田善衞とその夫人、クララと特務機関の男の二組の恋愛を主軸にした物語は、二〇一二年の十二月に『北区/pit』というこじんまりとした小劇場でメメントC第八回公演として行われて、そこそこ好評を博した(共同演出＝大内史子　主演＝杉嶋美智子)。

結局、クララの人生の謎、なぜそうまでして中国文化との営みを続けたのか？　それは分からない儘《まま》幕は降りた。舞台『李香蘭』や自伝の中で、彼女個人の目的意識や、主体性が分からないのと同様に、クララも時代の大きな力に突き動かされて、異境で日本の戦争の一部の役割を演じてしまったのだろうか？　彼女らのような女性は無数にいたのだろう。

その後、『太平洋食堂』の初演実現に邁進していた私だったが、どうしても、南京虐殺を描いた堀田の小説『時間』へのオマージュを書かねばならぬと思いはじめ、何かが背中を強く押し続けた。ここから話すのは私の二〇一三～二〇一五年の『太平洋食堂』をやっていない時の活動だ。食堂のおばさんの副業のようだが。

どうしてそんなに重くて楽しくもないものを書くのか？　その問いへの答えはきっと未来にあるのだろう。そして本当に未来は答えてくれた。実は、二〇一二年の『太平洋食堂』の取材中に非常に興味深い日中戦争の資料と出会った。高木顕明について取材に行った滋賀の泉先生の書庫にそれがあった。

真宗大谷派・教学研究所発行『教化研究——資料・真宗と国家V　日中戦争期』という本は、東本願寺の解放運動推進本部が中心となって編纂された資料で、戦前、戦中における東本願寺の出版物が網羅されている。当時、大陸に布教活動に乗り出した宗教界の動向がとてもよく分かる。その中に、大陸各地の別院の僧侶が書いた文章や、従軍僧の記録があった。従軍僧とは各宗教団体から派遣され(公式、非公式両方)、軍隊について歩いた僧侶のことだ。戦死者の弔いや、精神的ケアの役割も果たしたという。禅宗もあれば浄土真宗から法華経から新興宗教の大本、天理も、日本の大陸侵略にともなって、あらゆる宗教団体が中国各地に進出していった。中国を経由して渡来したブディズムが、日本式仏教に変わり、占領地に別院という大きな伽藍を建てていった。それらは、植民地の精神的支配のために役立てられ、民心安定に寄与していた。

どこかスペイン・ポルトガルの征服と、カトリック教会が十五世紀以降に果たした役割と似ていなくもない。殆どの宗派は戦後になって、戦争協力への反省と平和への願いを公にしている。勿論それが免罪符になるとは思えないが、こうして当時の記録が公開されていることに信頼をおきたいと思う。

ところで従軍僧と言えば年配の方は石川達三の『生きている兵隊』の登場人物・片山従軍僧を思いだすだろう。あれを従軍僧の全体像に当てはめるべきではないと思う。しかし当時の日本人のアイヌや琉球、アジアへの偏見、差別意識というものはひどいものだった。宗教者であってもそれを払拭《ふっしょく》することは難しかったのではないだろうか?何よりも「南無阿弥陀仏」と、天皇制を両立しなければ、この時代の仏教者は生き残れなかったのだ。キリスト者や、天理、大本といえども、体制に忖度して教義を修正し、生き延びる方法を選んだ。

東本願寺の資料には、その大陸各地からの従軍僧の手紙、通信、大きな集会で行われた演説などが文字化されてある。中には、各宗派の僧侶が集まっての「南京陥落記念大座談会」という記事があって、かなりおめでたいことをいろいろと話している。

そして紀行文のような「陣中便り」には、凄惨な現場を目撃したことが、伏字で記録されている。これを決して三十万人虐殺の証拠だというわけではないが、大陸での事変と言う名の戦争は、明らかに侵略であり、捕虜や民間人や少年兵の殺害が、処罰という名で公然と行われていたことの生の証言なのだ。記録からは、当時の従軍僧が、必ずしもインテリではないことも分かる。インテリであるはずのさる哲学博士などの講演録は、今の価値観で読めば狂気の沙汰だ。全てが「聖戦」遂行のため、西洋的近代合理主義思想はかなぐり捨てて、「国体」やら「八紘一宇」を叫んでいる。教育においてナチス・ドイツを礼賛し、ヒトラー・ユーゲントを手本とすることは、当時は当たり前な認識だったことが、講演録からも読み取れる。これを全部、「言わされた」と責任放棄するのにはかなりの無理がある。

かくも、人間は変わりやすいものなのだ。

南京の安全区

南京事件＝南京虐殺事件と呼ばれる事件は、蔣介石を大統領とする中国国民党の首都であった南京を、一九三七年十二月に、日本軍が上海事変の延長で攻略し、その占領の初期に起きた中国人捕虜及び民間人の虐殺を指す。既に日本政府も国際的にこの事件が起きたことを認めている。それが未だに、あったの無いだのという議論が持ちあがるのだ。日中の大きな相違は被害者数の差にあるが、無かったという側の根拠はほぼ、崩されている。そして、近年、様々なメディアで浮かび上がる従軍した当事者の証言からも、捕虜の殺害への関与はあきらかだ。しかし、執筆時には資料を限って使い、南京戦については、偕行社『南京戦史』を主に参考にした。これは、元兵士など南京戦に直接関係した人々から投稿してもらい、南京戦の実態を明らかにしようとした機関紙をまとめた本だ。旧陸軍士官らの親睦団体が、当初は「絶対に虐殺なんて起きようもないし、軍規に反したことは行われていないはずだ」という前提から始まったが、いざ投稿が集まってくると、あるところから証言の質が変わって行く。「捕虜をとるな」と命令されたという証言とは、どう理解すべきか？　また「自分は多くの捕虜が乗ったトラックをどこそこまで送り出した」とか「自分は捕虜のたくさん乗ったトラックを見た」とかいろいろ出てくる。役割が決められていて、上司の命令を忠実に実行しただけだったと主張したアイヒマンのように、普通の人間が、組織として従順に動くことで虐殺に加担することになった様子がうかがえる。

『南京戦史』は日本軍の潔白を証明しようとしたはずだったのに、そうではない方向に進んでしまった。そのため、最後のほうで編者からの異例のお詫びが掲載されている。ネトウヨにとってはそれらの歴史証言も「なかったこと」になるのだろうか？

堀田善衞は、その南京事件を中国人インテリの眼を通して描いた。

『時間』粗筋はこうだ――蒋介石の国民党政府の要職に就くエリートだった中国人経済学者の陳は南京攻略の際、避難せずに城内に残留し、その後の混乱と占領によって、妻子を失う。本人は生き延びたが、占領後、自らの邸宅は日本軍に接収され、従僕としてそこに住むことになる。やがて赴任した日本軍情報将校桐野との交流、陳の目を通した観察から、中国人側の痛みや腐敗した国民党政府への無力感、加害側の日本人の無自覚さが鮮やかに浮かび上がる。二人の会話は英語で交され、そこで得た情報を、陳は地下室にかくされた無電によって、逐一、重慶政府に伝えている。しかしある時、陳の身元が判明し、ドラマが動きだす。戦争映画のような活劇描写はなく、虐殺の現場の描写に具体はあるが、一種、観念的で淡々とした言葉で凝縮されている。ここで何か言う人物は皆、インテリで一般の日本人はほとんど登場しない。

堀田が上海に赴いたのは一九四五年で、南京事件を直接観たわけではない。しかし、日本では情報管制が敷かれていたが、上海では同盟国ソ連の出版物は検閲外、そして現実の占領政策を体験した。小説中の南京戦の描写は、従軍兵の南京攻略の描写とも一致する。堀田は敗戦後も上海に残留し、その生々しい様子を日記に残している。大陸に居た日本の文化人の中で、彼ほど文化侵略を、その後も長く自覚して生きた文化人はいただろうか？　軍部や天皇制批判を含め、その研ぎ澄まされた小説世界は、大陸側から日本という祖国を俯瞰したからこそ生まれたのだろう。

堀田は一九五五年、『時間』と同時期に『夜の森』という小説を書いている。これは、大正時代のシベリア出兵を描いたもので、呉服屋の丁稚だった巣山という若い男が出征し、ウラジオストクへ出兵する話だ。『時間』とは違い、労働者、非インテリの立場から大陸侵略を市井の価値観で見つめている。その男のセリフは、教化資料にある当時を生きた人の言葉に一致した。それは本質が一致したという意味で、同じことを言ったというわけではない。当時の庶民の道徳観とか、ものの観方だ。そこで、『時間』の小説世界に従軍僧を登場人物に加え、二〇一三年の年末に『南京/Nanjing』と題した舞台脚本を書きあげた。二〇一六年の再演時には『安全区/Nanjing』と改題した。

劇作をしている間、十五年ぶりに大正九年生まれの伯父と電話で話した。シベリア抑留者の伯父にとって、過去を語ることは痛みに近く、その日記もまだ見せてはもらえない。その後、脳軟化症で亡くなり、電話した時には私がどの弟の娘かぴんとこない様子だった。しかし「満期操典」を知っているかと問えば、それはしっかりと節を付けて唱えてくれた。

明治の日清、日露戦争は国民ともども戦争をするか否やの議論を繰り広げた。それ故におきた言論弾圧としての大逆事件であり、それと同時期の日韓併合は、日露戦を勝ち抜いた戦果に不可欠な犠牲、または代償として日本人に受け入れられてしまった。そうやって大陸へ、大陸へと溢れた日本人は、大正時代のシベリア出兵から、理由の無い戦争を始めても平気になっていく。上海事変や満洲事変という、戦争と呼ばない戦闘を重ねて既成事実とし、殺し殺されることが積み重なっていく時代、徴兵制によって普通の日本人も殺し殺された。その道は南京へと続き、日中戦争に雪崩れこんでいった。やがては広島、長崎まで累々たる屍、虐殺の歴史が続いている。

メメントC公演『安全区/Nanjing』
（デザイン・Nishihara）

あの頃の日本、私たちの父祖の多くは、兵士として大陸に立った。その中には私の祖父や伯父がいる。そして大陸に渡った人々が抱え込んだ膨大な物語、口ぐちに伝えられたそのほとんどは、語るべき人を失い、七十年という時間に置き去られ、充分に記録されることもなく消えて行こうとしている。その後、徴兵された兵士らが故郷へ戻る時、人間として平らかな心中で家族の一員に還ることができたのだろうか？

大きな犠牲の上に近代国家への道を邁進していった日本の歴史は、坂の上を上り続けたわけではないと、当事者である祖父母らはよく知っている。戦闘による死傷者だけでない。内地では長く続いた飢餓、栄養失調による病死、容赦ない本土へのアメリカ軍の空襲、遺棄され育たなかった子どもたち、身売りされた女たち、徴用された学生、植民地から強制的に労働力として徴用された人々、そして慰安婦。それらはカウントされていないではないか？　カウントされなければ、存在しなかったのか？　いや違う、そこに人の生は確実にあった。

戦災や災害のあらゆる犠牲者は、数として存在したのではなく、それさえ無ければ確実に生きていた人生の集合体だったのだ。わずかにでもそこに斃れた人々を思えば、侵略が無かっただのと、言葉を偽ることの罪深さが分かろうものを。しかし、現実には、ののしりがネット空間には溢れている。今でも、幼少期に大陸で過ごした人の中には満洲帝国が理想の王道楽土だと信じている人もいる。なにを見てなにを聞いたか？

歴史の教科書に載っている事実と、実際にそこへ行った人の言葉には大きな差がある。同じものを見ていても違う証言がある。現代に生きる私達のリアルともまた違う。私たちは、歴史を俯瞰してみることができるし、一瞬を切り取ることもできる。どの一瞬を切り取るかでドラマは全く違う様相を呈していく。演出家や劇作家にはそれが良くわかる。捻じ曲げられたものなのか、よく出来たできたでっちあげなのか、真実の断片なのか？　情報の一部を、ある意図を持って描けば、大抵の人は騙すことができるのだ。けれども、優れた演劇人は騙されない。劇作を通じて得た能力は、今起きていることと正反対の物事や感情を、複数のバリエーションのように思い浮かべ表現できることだ。「もしも」という考え方で、人間の体を通して表現する演劇は、人間の研究でもある。

現代のネット上の言葉は、肉体を通すことで陳腐になりさがる。しかし、世の中には嘘が溢れ、私たちはその嘘に慣れ過ぎてしまった。演劇では、笑い飛ばされるような嘘が、真実の仮面をひっかけて日夜氾濫している。

公演会場となった下北沢の地下の劇場は、壁が重厚なレンガ造りで、それはまるで南京の陳邸の地下室そのものだった。そのため、美術スタッフの拵《こしら》えた、中国風の屏風と家具を置くだけで、舞台セットが整った。この公演から、私は劇作だけではなく、演出と音楽も担当した。最も効果的な音として、ストリングラフィという絃楽器を選ん

『安全区/Nanjing』舞台より（清田正浩・間宮啓行）
撮影Tokuyama©

『安全区/Nanjing』舞台より（立花弘行・羽場さゆり）
撮影Tokuyama©

だ。これは、音楽家の水嶋一江が発明した、糸電話の原理を用いた巨大な弦楽器である。虐殺の音、叫びが、絹糸を振るわせる摩擦とその倍音によって表現され、劇場が覆われた。俳優は、男性三人と女性三人。たった六人で南京事件を描いた本番は、演出面での評価も高かった。

上演は毎日新聞や東京新聞で報道されたが、右翼も誰も劇場へ邪魔しにこなかった。私のアドレスはネットだけではなく、新聞紙上にも掲載されていたにも関わらず。無視されただけかもしれないが。

二〇一六年の再演では、東京と熊本で上演をした。中国青年報にも取り上げられた。記者は日中戦争時代の文化人の苦悩と、現代の社会情勢の中、平和の声を上げようと抗う今の文化人の苦悩を重ねて読み取ってくれた。日中韓の観客が来場して興奮気味に語っていた。「あなたは勇気がありますね」。

私は答えた「いえそれほどでもありません。今のところはマイナーなものですから」。

過去からの声

その公演が終わって数週間後、一つのメッセージが届いた。

「私は室伏クララの従妹です。あなたを探していました」

送り主は存命されていたクララの従妹で、坂井さんという八五歳の女性だった。

「私には幼い頃の思い出しかないのです。妹さんとはとても仲良しでした」

坂井さんは幼い頃にクララと別れた後、遂に生きて会えることはなかったと電話で言い、逆に私にクララのことを尋ねた。私は自分の持っている資料をコピーし、上演DVDを送った。クララを探していたのは私だけではなかった。

それからしばらくして、メメントCのメンバーと共に、彼女の案内で、熱海の湯河原にある室伏家の菩提寺である福泉寺へ詣でた。その室伏家の五輪塔のような立派な墓は、なぜか寂しく感じられた。その日、坂井さんはクララの追善供養をされた。住職の読経が流れる中、私は不思議な巡り合わせに感謝し、クララの冥福を祈った。クララが何のためにそれ程中国に拘ったのかは分からないが、人は確たる理由がなくても、それが好きだというだけで文芸に人生を捧げる生き物なのかもしれない。例え異境で果てようとも。

法要が終わると、坂井さんは大好きだったという室伏高信の思い出を語ってくれた。

「昭和二十年の夏のある日、伯父さんはやけに上機嫌な顔で麻の服を着て現れて、もうすぐ戦争が終わるんだ、と言っていました」

高信が戦後の憲法草案の準備に奔走していたという思い出話から始まり、朝日新聞の記者だった林俊夫氏が、クララの遺骨と共に帰国したこと、それが週刊誌に大きく載った日を忘れないとしみじみ語ってくれた。八十歳を過ぎてなお、中国へ時々旅行するという彼女の話は、興味深く尽きることが無かった。それを全て受け止めるには、私の知識は足りないことだらけだったが、その声を記憶しておくことで、いつか解けることもある。そして彼女は、「あなた、きっと大丈夫よ。これだけのことをしているのだから」と励ましてくれた。そう、これだけのことをしていても、演劇活動の経済基盤は弱く、次の作品が作れるのだろうか？　という不安や、体調不良と四六時中戦うこの数年だった。しかしこうして、目に見えぬような何かが答えてくれる度、挫《くじ》けずに私は何かを書き出すのだ。クララの研究はあちこちで進んでいる。きっと再演する日には、もっと彼女を理解することができるだろう。

東海道線に揺られて静かな凪《なぎ》の相模の海を見ながら黄浦江の濁った夕暮れを想像した。その異質な風土で客死したクララをこれからも探し続けるのだろう。車窓の向こうで海が闇に沈んでいった。

思考するための演劇のすすめ

演劇に憧れて、それを職業として選ぶことは、人生にリスクを伴う可能性が高い。さらに、事務方は最も報われることが少ないし、仕事の煩雑さに絶望して辞める人も多い。

案外、自分だけの夢を見ていられる時間は少ないのだ。夢想することと、現実の情報から予測を立てて決断していくことは全く違う。判断の連続、人間は次々と決め、動いて行かなければならない。昔、毎日通っていた大阪のうどん屋のおばさんは、二十人以上のカウンターの客からの同時多発の注文を一人で捌き、好みを熟知し、代金も取りはぐれなかった。それはまた凄い能力なのだ。劇団活動には、劇作家のような能力と、うどん屋のおばさんのような才能の二種類が必要だ。それらは両立し難いから、制作者やプロデューサーなど、もう一人それを担ってくれる仲間や相棒を探すしかない。どうせ演劇は一人ではなりたたないのだから。

公演制作は軍隊の兵站と似ている。資金調達、人材の確保、輸送や機材の手配などの物流管理、交通宿泊のブッキング、食事、広報宣伝活動、販売チケットの管理、全てに専門性が必要でとにかく面倒で細かい。何をどう手配して、どう運ぶか？　コストをどう抑えるのか？　現場管理はまるで補給部隊のようだ。同時に交通手段の代替や、災害や事故が起きた場合の保険などのリスク管理も事前にしなくてはならない。だが、基本的に演劇公演で人が死ぬことは稀だ。けれども軍隊ではどうか？

いつも思うのだが、日本人は特にシベリア出兵以降、ソロバンの会わないこと、収支が合わないことを、やり続けてきたのではないかという呆れだ。

近代戦争の諸相を見るにつけ、不可解なことが多過ぎる。為政者や指令する側は、本当に偶発的に戦争を始めるものだろうか？　輸送と補給を考えずに戦争を行えるものだろうか？　そして必ずあるのは飢餓だ。

南京へ、南京へと追撃をしていった旧日本軍は、十分な兵站を確保しなかった。司令部や参謀には、そのような現実的な予測能力は無かったのだろうか？　十二万人規模の兵団が移動することの凄まじさは、排泄物の処理や食料の調達を含めて尋常ではない。物流の確保、それができなければ、誰が責任を取るのか？　現地調達の補給が、戦争以上の都市破壊を生むとは想像できなかったのだろうか？　予め人の命を犠牲にする前提での作戦しかないのだろうか？　そんなことを気にしていたら、機を制することはできないからか？　しかしそんな戦争なら、戦闘に勝っても占領を維持することが出来るわけがない。占領し、奪った領土を安定させなければ、戦闘は終わっても戦争は終らない。それとも、その時の日本人は度し難いほど愚かだったのか？　参政権を持っていた人々に問いたい。

ここで、言葉も強く主に男性を非難している私だが、女性に参政権が与えられた戦後の現代でも同じことは進行している。もはや乱世だと堀田善衞は言った。真実、乱世なのかもしれない。脱稿間際の今、二〇一七年の六月は不条理の嵐が吹き荒れている。

阪神からは二十年、東北の震災からは六年が経つ今、私達は多数の犠牲を忘れるということが、どのように行われているのかを実地に学んでいる。失われたものを、被害数や被害者数という数の秩序に落とし込み、それを記憶の中に埋めてしまおうとしている。自らの愚かさを見つめること、それに既に飽きている。考えることをやめてしまえば、それらもまた、自分の世界から消し去ることが可能だ。ニュースで取り扱われない事件は、なかったとすることさえできる社会。

「どうせ何も変わらない、やっても無駄」とスマホに向かう方が賢いと思う人が多数派になった。失敗を回避するための努力はするが、自分の心を見ざる、聞かざる、ところが呟く口だけは蓋ができない。他者への攻撃性と不寛容さに比例して自分に甘い。そうなってしまったら、自分自身に向き合うことは、地獄に行くほどつらいことではないだろうか？　それらは一部の世代の問題ではなく、世界中に蔓延する奇妙な病理だ。

猫も杓子も文部科学省も「コミュニケーション力」は必要だと叫んでいるが、本当のコミュニケーション力は、他人と摩擦をしないように立ち回る力ではない。摩擦を恐れずに、自分と違う考え方の人間と交流できることだ。それには、声を聴く耳を持たねばならない。そして、差異を認めることは痛みも伴う。それは葛藤を生む。演劇はそれを、安全に可能にする。大きな戦争を描くことも、名も無き人々の生を辿ることもできる。何故なら演劇は止められるし、やり直せる。演じる側にも観る側にも、脳内でドラマは起きて行く。まさに演劇は社会の特効薬となるのだ。

古代のギリシャ悲劇は、歴史を描くだけでなく、社会や共同体への処方箋やセラピーとして作られたのかもしれないと私は考えはじめている。演じ、観ることで身体を通して追体験し、取り返しのつかない戦争を二度と繰り返さないために。しかし、現代社会や、情報化社会は演劇を非効率とし、それを侮っている。それは「生きのびる力」そのものなのに。

私の劇作の方法は特殊かもしれないが、他人から聞くことで、自分の知らない時代や、失われた土地の声を再現することは可能だ。声の集合体は、社会をつくる。演劇はそれをまた、逆側から読み解くことで、他者と自身の「偏差」を知ることができる。自分の立ち位置から、世界の地図が新たに見え始める。

社会を読み解く力、思考する訓練、何者にも支配されない自由な思考のために、演劇が必要なのだ。演劇とは、思考する方法であり、それによって権力や経済にも支配されずに、魂の自由を得ることができるだろう。かつて創造主を作りだした時のように。

それこそが、全ての変革の始まりなのだ。

（1）『資本論』。カール・マルクスの著作。ドイツ古典哲学の集大成とされるヘーゲルの弁証法を批判的に継承したうえで、それまでの経済学の批判的再構成を通じて、資本主義的生産様式、剰余価値の生成過程、資本の運動諸法則を明らかにした。
（2）『青い月のバラード』（加藤登紀子著　小学館二〇〇三年）。
（3）藤本敏夫（一九四四〜二〇〇二）。一九六〇年代の同志社大学の学生運動のリーダー。運動離脱後に逮捕、投獄され、獄中で加藤登紀子と結婚。出所後は有機農法を志し「大地を守る会」を立ち上げる。その後、農業法人「鴨川自然王国」を設立。肝臓癌で死去。
（4）玄奘三蔵《げんじょうさんぞう》（六〇二〜六四四）は、西遊記の三蔵法師で知られる中国の僧。仏教経典を求めてインドへ向い、大量に持ち帰った経典を中国語に翻訳し、また『大唐西域記』を記した。
（5）李香蘭・山口（大鷹）淑子（一九二〇〜二〇一四）。一九三八年に満洲でデビュー。日本と大陸の双方で活躍し、中国人からも大人気を博した歌手・映画女優。代表作に『白蘭の歌』『支那の夜』『万世流芳』など。敗戦時に捕えられ、漢奸裁判で日本人国籍を証明し、無罪となって帰国。引き上げ後も女優として活躍。アメリカに渡り彫刻家のイサム・ノグチと一九五一年に結婚するが離婚。その後、日本人外交官と結婚し、芸能界を引退するが、再び一九六九年から司会者としてマスコミで活躍。後に一九七四年、参議院議員に立候補し当選。一九九二年に引退。民間の日本の慰安婦への戦後補償としての『女性のためのアジア平和国民基金』の呼掛け人、副理事などを勤めた。
（6）残留婦人。満蒙開拓団などで大陸に渡り、敗戦当時十三歳以上の女性たち。政府は「自分の意思で残った」とし、十二歳以下の中国残留日本人孤児と比べ、帰国支援事業などでの支援が遅れた。現在では支援法により、永住帰国が可能になっている。
（7）蒋介石（一八八七〜一九七五）。中華民国の政治家、軍人。第三代・第五代国民政府主席。孫文による辛亥革命により中華民国の統一を果たして同国の最高指導者となる。しかし、大戦終了後の国共内戦で毛沢東率いる中国共産党に敗れ、一九四九年に台湾に移り、その後は大陸支配を回復することなく没した。
（8）レボ・M。南アフリカ・ヨハネスブルグのソウェト出身の音楽家。アニメ映画『ライオンキング』で多くの楽曲を編作曲。
（9）ジュリー・テイモア。アメリカ・マサチューセッツ州出身の舞台演出家、映画監督。『ライオンキング』でトニー賞受賞。パリでジャック・ルコック演劇学校に学ぶ。映画の代表作に『タイタスアンドロニカス』（主演＝アンソニー・ホプキンズ）など。
（10）サイトウ記念フェスティバル松本。桐朋学園創立者の一人である斎藤秀雄の没後十年にあたる一九八四年、斎藤の弟子である小澤征爾と秋山和慶を中心に、国内外で活躍する斎藤の教え子たちが結集し特別編成されたオーケストラによる音楽祭。
（11）メイエルホリド（一八七四〜一九四〇）。ロシア革命直前、俳優としてモスクワ芸術座などで活躍。演出家としてロシア演劇界でスタニスラフスキー後の革新的な演劇を創造し、数々の実験的演劇手法の作品を発表。混迷するロシア演劇界にあって、演劇の革新という観点で独自の足跡を残しソビエト・ロシア演劇はもとより二十世紀前半の国際演劇に大きな影響を与えた。一九二三年、メイエルホリド劇場を創立するとともに、一九二四年までメイエルホリド劇場とモスクワ革命劇場の芸術指導者を勤めたが、スターリンの粛清にあい、スパイ容疑により激しい拷問を受け供述書に署名する。死刑判決の後に銃殺された。一九五五年に名誉回復。

(12) 岡田嘉子（一九〇二〜一九九二）。大正期から昭和十二年まで、国内の映画や新劇で活動、人気を博す。共産主義者でロシア演劇の専門家であった杉本良吉と不倫の恋に落ち、二人は昭和十二年に樺太からロシアへ亡命するが、国境で捕えられ、GPUよりスパイ容疑で拷問と脅迫を受ける。岡田の供述により、杉本はスパイとされて銃殺刑となる。また、杉本への拷問は凄惨を極め、演劇人の佐野碩、土方与志、メイエルホリドらをスパイと自白させられる。彼らの亡命は世界的演出家メイエルホリド粛清の口実にされた。岡田は一九七二年に一時帰国するが、再びソ連へ戻りモスクワの病院で没した。

(13) 斎藤憐《れん》（一九四〇〜二〇一一）。劇作家、朝鮮平壌生まれ。『上海バンスキング』岸田戯曲賞、『春、忍び難きを』紀伊國屋演劇賞、鶴屋南北戯曲賞などを受賞。日本劇作家協会の設立に尽力する。

(14) 中上健次（一九四六〜一九九二）。詩人、小説家、評論家。和歌山県新宮市生まれ。一九七六年『岬』で第七十四回芥川賞を受賞。ウィリアム・フォークナーに影響を受け、土俗的な手法で紀州熊野を舞台にした小説群を著す。

(15)『千年の愉楽』中上健次著。一九八二年、河出新書より刊行。

(16)「三一致の法則」（仏：trois unités）は、アリストテレスの『詩学』の一部から、十七世紀のニコラ・ボワロー（仏）が古典主義文学の理念をまとめた『詩法』の中で明確な定義をすることになる古典演劇における規則の一つ。三単一の法則とも言う。三つの一致（単一）とは、「時の単一」「場の単一」「筋の単一」を言い、劇中の時間で一日のうちに（時の単一）、一つの場所で（場の単一）、一つの行為だけが完結する（筋の単一）べきであるという劇作上の制約である。

(17) 早野透。朝日新聞政治部記者として活躍「ポリティカ日本」などのコラムで知られる。

(18)「大逆事件の真実をあきらかにする会」代表・山泉進（明治大学法学部教授）。一九六〇年に発足し、遺家族を含む大逆事件再審請求関係者、司法関係者、研究者らによって結成され、半世紀以上、事件の真実を発掘、顕彰をしている超党派の集まり。毎年、一月に追悼集会を開くとともに、全国の顕彰活動や研究者らの研究成果などをまとめた『大逆事件ニュース』を発行している。

(19) 福山啓子。秋田雨雀・土方与志記念青年劇場文芸演出部所属。劇作家・演出家。舞台『博士の愛した数式』で児童福祉文化賞

（厚生労働大臣賞）を受賞。主な作品に『野球部員、舞台に立つ！』『あの夏の絵』など。

(20)「四民平等」。四民＝士農工商とは、元々、中国古代の商業分類であり、儒経が輸入された際に、四民＝全ての職業という意味で使われていた。かつての学校教育の教材などでは「四民」を士農工商と印しその下に被差別階級である「えた、非人」などを置く差別的なピラミッド型の身分制度を掲載していた。しかし現在ではそれは間違いである事が様々な研究から明らかになっている。室町時代に既にあった差別は、江戸時代では、武士階級の下に百姓、町民が並ぶ形の序列があり、被差別階級はその社会の「外」に区分けされ差別が固定化された。

(21) トマス・ハリス（一九四〇〜）。アメリカ、テネシー州生まれ　ジャーナリストとして活動の後に、『ブラック・サンデー』で小説家となる。その後、『レッド・ドラゴン』『羊たちの沈黙』などが映画化されるなど、ハンニバル・レクターシリーズで世界的ベストセラー作家となる。

(22) 藤井ごう。立教大学卒、文学座研修所を経て演出家・高瀬久男の演出助手を長く務める。代表作に、青年劇場公演『島』『普天間』『郡上の立百姓』など。二〇一六年毎日芸術賞・千田是也賞受賞。

(23) 天理教。教祖・中山ミキによって一八三八年（天保九年）に奈良の大和地方で立教された天理王命を主神とする神道系宗教。日本書紀と異なる神話体系を現し、「一列兄弟」など、全ての人間を神の子であり平等とする教えを持つ。明治期には官憲により弾圧されたが、大正、昭和期に爆発的に信者が増加し、中国大陸でも多くの信者を得た。高代の実母は、満洲で天理教に入信した。

(24) 紅野謙介。日本近代文学を専門とし、文学が生み出されるメディア環境、歴史との関係について研究。日本大学文理学部教授。

(25)『大陸新報』は、日中戦争下の一九三九年、対日協力政権であった中華民国維新政府下にあった上海で、宣撫工作として朝日新聞と海軍、陸軍などの共同出資によって大陸新報社から創刊された日刊新聞である。終戦後の一九四五年九月十日まで続いた。

(26) 張愛玲（一九二〇〜一九九五）。日中戦争期に占領下の上海で活躍した小説家、劇作家、エッセイスト。当時、汪政権の宣伝部を担っていた胡蘭成と結婚。日本敗戦後は香港を経てアメリカへ渡り、勢力的に活動。代表作に『封鎖』『傾城之恋』など映像化多数。『色、戒』はアン・リー監督による『ラスト、コーション』として映像化され世界的ヒットとなった。

(27) 淪陥区。戦時中の日本占領区域（上海、満州など）を中国側では「淪陥区」と呼ぶ。

第三章　認識と魂の救済のための演劇

堀切和雅（編集者・劇作家・演出家・エッセイスト、
劇団「月夜果実店」店主）

睫打つ初日のひかり

なにもかもがここにあって、なにもまだ、終わってはいない。

初日開幕直前、舞台に寝ころんでみるのが好きだった。大の字に。照明たちはぞろっと吊り込まれて瞼《まぶた》や睫《まつげ》を白く射て、青空と陽差しの代わり。延々と時間をかけ、寒さに慄《ふる》えあるいは炎暑に焼かれながら皆で組み上げ、運び込まれた装置類はいまや静かに闇に沈む。客席にはまだ人は見えず、袖《そで》や大道具の裏側、あるいは楽屋に潜んだスタッフや役者たちの内面には快活な気分と緊張が均等に圧を保っている。それが、わかる。ひとりで、最後の音響調整を聴いている。手も脚も頭のなかに籠もっていた何かも、幅広い草の海に延びていく。地の果てまでも。いや、ここは実際に、海だったっけか？

「堀切さん、開場します」。舞台監督の深く低い声、耳朶《じだ》を打ち、目覚める、あらためて現実の、いまに。

一九八四年に突然のように演劇を始める前にも、いろいろなことをしていた。青年らしく。なんだってできるだろう、というのがそのころの生き方の根拠。だって、なんだってできるじゃないか。全力疾走しても疲れ切るということがなく、鋼鉄製だとしか思えない身体の釜に、新たに薪《まき》はくべられ火は熾《おこ》る。盛んに水蒸気を発し、僕ら十代二十代の男女は、軌道を自ら伸ばし描いて滅法《めっぽう》に走る。ほら、緑野《りょくや》に、新たな鉄路は眩《まぶ》しい。

心の中はそのようにキラキラしてても、見た目は相当にみっともなかった。そうだろうきっと。高校生の時に初めて観客を前にしたのは、そうそう、よくある、ロックバンドのメンバーとして。

「バンドやろうぜ」とか「映画つくろうぜ」は少なくとも入り口においてはハードルが低い。徒手空拳《としゅくうけん》が特権でありむしろ誇るべき自己規定でありまた逃げ道への身の軽さにもなる若い時期、計画はしばしば長続きせず組織はバラける。

バンドなら、数人集まればできる。楽器を手に入れてスタジオを借り、なんとなく音を出す。せっかく集まってるのにそれぞれ勝手に、下を向いて自分の楽器を弾いていたり。それでも結構楽しい。最初は。でももちろん、どこかで明確な目標を持ち得ないと、だるくなってくる。非日常だと思って始めたことが日常となって、曇って濁ってくる。

映画も撮った。高校の文化祭で上映。終わると、大抵はまたやりたくなる。だが、その後の話だけれど、高校や大学の卒業後にも映像制作を続けた友人の集団には、あまり長続きしないものが多かった。つくること、その議論を、作業を、やってることはやってる。しかしなかなか映画が完成しないと、上映会というものは延期しやすかった。たいていは一日限りの予約スペースで、持ち込むべきものもフィルムやビデオテープそのもの、若干の音響機器くらいだったから。だから解約・延期しても比較的被害が少ない。

そのようにして永遠に撮られ続けている映画を、いくつも知っている。もちろん結末はまだ知らない。撮っていた友人の中にはいまや行方知れずになったり、この世にはもういない者もある。

よっぽどの才能を持った個の、明確な目的のための一時的集まりとしてのみ、バンドや映像制作集団は機能しうる。とても秀でたものしか長持ちしない。

劇団は、そうでもない。

バンドとは、「なにをやってもいい」もの

バンドについては僕に成功体験は、ある。突然熱を上げ文化祭でデビューするわけだが、関心は演奏にあるのではなく、まだろくに弾けもしないベースをそれでも弾きながらでんぐり返しして見せたりする、というところにあった。なにしろ大変、体力は余っていた。観客もよろこんだ。

もうひとつ。僕らのバンドでは最初から曲はオリジナルだった。作曲できるメンバーがいて、しかもその曲は聴いたことがない種類のへんてこりんなものだった。そういうことに価値がある年頃であり時代でもあったので、僕が詞

をつけてバンド全体の服装や振りも考えて「少なくとも見たことはないもの」として成り立った。アマチュアバンドの大会に出るたびに県レベルでは優勝し、中野サンプラザで行われていた全国大会に連続出場。まだレコード盤の時代に、アルバムも出た。

二十歳前だった。僕らより年嵩《としかさ》の、演奏をしっかり鍛えていた、しかしクラプトンに似ていたりツェッペリンに似ていたりするスタイルのバンドの人たちは、まともに楽器を弾けもしない僕らがコンテストを勝ち抜いていくのに大いに不服な様子だった。ただし僕らも、全国大会で優勝まではしない。いつも「特別賞」とか「アイディア賞」といったものだった。

なにが特別でアイディアだったのか――「バンドはなにをやってもいい」という発想を一九七〇年代終盤の当時、やり通せてしまったからだろう。なにしろ当時ロック・バンドというものは英国や米国をはじめとする外国の、超絶カッコいいもの、だったので、多くの人たちは憧れのそのままに長髪痩躯《そうく》の白人のスタイルに近づこうとしていた。僕らはぜんぜんそれをしなかった。コンテストの審査員たちは音楽を売るプロだから「こいつら面白い」ということで、可能性を残す番外受賞みたいなものは与える。それだけのことだったし、バンドのメンバーの中でも、少なくとも僕自身は「それだけのこと」としてやっており、ライブは、自分の魂みたいなものに触れることの先延ばしのための場だったと、後に思い知ることになる。

八〇年代初頭、テクノ・ポップのバンドが簇生《そうせい》した時代。頭の先から足の先まで全身を白タイツでぴちっと締め、全体に細かな横縞を海老茶色に描き込んだ「ミミズ」の格好で僕らはすっとぼけた曲を絶叫していた。スタイリッシュなバンドが身体性を消したステージ衣装や知的めかせた曖昧表現で人気を得ているなか、ミミズの自作衣装でステージに躍り出るのは人間の尊厳もなにも吹っ飛ばしてしまうよう。自意識からの自由が瞬間生じ、爽快だった。

別のバンドにも参加し、演《だ》し物を考えた。「乱れバナナ！」(曲名)と叫んだ瞬間暗い客席に数十本の黄色いバナナを機関砲の連射の如く投げ込む。観客は熱狂してバナナを食うか投げ返す。そんな思いつきを次々としながらも僕の書く歌詞は年齢相応に重ったるく、ときにめんどくさいくらいナマに政治的だった。ある日、喜んでくれている観客はそのような言葉を聴きには来ていない、ミミズに踊ってもらったり乱暴にバナナを投げつけてほしいのだ、と気がついた。まさにステージの最中に。僕は辞めることにした。「それだけのこと」ではなく「これしかない」と決意してやっていたらしいメンバーは別の、演奏力のすぐれたバンドの片割れと合同し、音楽で暮らしを立てていくことになった。

僕の方は大学も留年したことだし、結局やるべきことを決めることの先延ばしのためだったバンド活動から、何もしないただの先延ばしの期間に入った。不安も焦燥もなかった。

「この世界では、どんなにひどいことだって起こる」

ずうっーっと、見下ろしている。熱帯のどこか、密集した雨林を。昔住んでいた東京の下町の家の狭い庭にしゃがんでいる。想像のヘリコプターの音が、パタパタパタと耳に響いている。飛行はもう、半時間は続いたのか。飽きない。密林には手の長い猿が、あるいは黄色い斑《まだら》の虎のような生きものが、ちら、ちら、見え隠れする。それを認めてヘリコプターの進路を変え、河だろうか、海だろうか、白く光って見える水の方へ、飛行をつづける。パタパタパタ。

見下ろしているのは庭石に生えた苔《こけ》の群生で、僕はたぶん小学一年か二年だった。あるいは幼稚園児だったかも知れない。でもその視野の記憶は鮮明だ。それはほんとうにジャングルのようで、極微の世界にそれと同じ形を見つけた僕はすぐにしゃがみこんで森のミニチュアに、想像を楽しみ始めたのだった。その前に何をやっていたのかは忘れている。苔の群れは、まるで森のようだ！　その驚きに打たれた瞬間の痺《しび》れの感じと、その茂りようの細密さを追うあまりにどんどん深く、驚嘆が長引いていった時間の記憶が、ぽこっと独立していまもまだそこにそのままに、ある。

もうそれから、五十年は経ったというのに。

その庭に関わる、もうひとつの、輪郭が痛く細部まではっきりした思い出。ときに思い出すという意味での思い出ではなく、その音のようなものはずっと鳴りっ放しになっている。演劇をやがて始めることになったのは、このことのせいではないか？

ものごころついたときから家には猫がいて、猫かわいがりに猫をかわいがる子どもだった。猫は世界の一部。人の眼をまっすぐに見つめおそらく自身の記憶はなく、つねに全身で世界を知覚し存在している猫。そのいさぎよさ、はかなさ。

現在というもの、そのもの。

そのうち、鳩も飼い始めた。金網を張った木箱の住み処を父子で造り、軒の上に置いた。

いつでも、鳩の声がする。それは毎日を生きる少年に、暖かい。

学校から帰ると猫と鳩に餌をやる。そして居間に寝ころんで図鑑を眺めている。

やがて台所から夕餉《ゆうげ》の香りが届く。一日とは、毎日無事に終わるもの。かつてはそうだった。

ある時、帰ると、鳩が箱の床に嘴《くちばし》をべっとりと血で固めて、死んでいる。

猫が、やったのだ。

次の記憶は、自分の首が横を向いたまま自分では戻せなくなっている状態。近所のおじさん、次いで帰宅した父。大人の男の腕力でないと、その小学生の頭は普通に前を向かない。車に乗せられた夜の場面が蘇ってくる。タクシーだろう。東京のその下町ではその頃、自家用車を持っている家なんてなかった。

あとはほぼ気絶したのか、記憶なし。のちの自分としては、鎮静剤投与で首は前向きにもどったんだな、と理解している。ヒステリー的なもので、見たくないものを見たから首が曲がったままになったという反応だ。人とはときに、分かりやすすぎるほど分かりやすい症状を出すものだな、と微笑とともにいまは理解する。

飼い猫が飼い鳩をその本能に従って手にかけた、だけのことでもある。けれど子どもの経験の中には「この世界では、どんなにひどいことだって起こる」という言葉として結晶し、結晶はその鉱物的本性を発揮し、結晶に結晶を重ねて大きな構造を造っていく。それが年月というものの見えない力だ。

劇団月夜果実店の第一のテーマ、「この世界では、どんなにひどいことだって起こる」誕生。

就職をする年に劇団を始める

一九八四年、大学を何とか卒業するのに六年かかったが、僕は四月から出版社に就職することになっていた。その一月、劇団を始めた。これが、行動として結構おかしいということには気づかなかった。

志望したのは、岩波書店の月刊総合雑誌『世界』の編集部。僕が中学生だった頃の一九七三年には、韓国の当時の軍事独裁政権に対する有力な反対者で大統領候補だった金大中が東京のホテルから韓国中央情報部に拉致されて殺されそうになるという「金大中事件」が起きていた。僕が大学生だった頃には軍事独裁政権の正規軍が市民と戦闘して双方に相当な死傷者を出した光州事件が起こっている。その報道と解析において『世界』は群を抜いていた。当時は学生も『朝日ジャーナル』などを読んでいたものだが、それに較べても『世界』は段違いに「凄く」見えた。

日本ではバブル騒ぎだった。韓国は政治の国、しかも命懸け、というふうに見えた。その頃には、政治的危機やそのイメージを好んでいた。千葉県に住んでいたので、高校生になったとたんに三里塚の成田空港建設反対のデモとか衝突にわざわざ混ざりに行ったりもしていた。

暴れたかっただけではない。若い腕力を試したかっただけでもない。「善」が、理不尽な暴力によって損なわれている、という構図をそこに読もうとしていた。「理不尽」には「命懸け」で対抗すべきなのだ。そのなかで活き活きと生きるということが成り立つのだ。そして未来にも自由が保たれうるのだ。

そう思っていた。「善」とは、例えば三里塚では、土に打ち込んだ杭に鎖で自身の身体を縛り付け、機動隊による排除に抵抗する老いた農婦や農夫の涙。通っていた公立中学校の図書館に三留理男さんのそういう写真集がなぜかあり、それを見た僕＝中学生は憤激に涙と鼻水の混じったものを出して頬を朱《あか》く染め、高校生になると先述のように実際にそこに行くことになった。

なぜ高校生になるまで待ったのだったか？　中学生の時は校則で丸刈り頭だったからか？　そんな理由じゃないはずだ、といま考えて気がついたのだが、高校生になると電車通学になったし、オトコノコである自分はどこをほっつき歩いてるかわからなくても普通、という状態になったので、親をごまかしやすくなったからだろう。案外そんな理由だ。なにか行動が始まる時は。

ただし、無口な人だった父親は、ひそかに運動靴を買ってまで三里塚に向かう息子の後をつけ、デモのまねごとをする姿を見ていた、とこれは父の死後知った。妹が教えてくれたのだ。見守っていた、ということなのだろう。

日本では、そんなまねをする高校生が警察官に殺されるようなことはなかった。機動隊員側には、死者が出た事件もあった。反対派側では、自殺者もあった。しかしいまも、というかいまのところ、政府の政策遂行に反対したために見える形で命を奪われることは日本では、ない。あくまで、見える形では。いまのところ。

だが韓国では学生も実際に殺されていて、隣国にいる者としては何かしたいという願望があった。三里塚が近かったから、というのとほとんど同じ構図だ。三里塚の農民がすなわち「善」という簡単さはこの世にない、ということはその頃には分かっていたと思うが、なにしろ光州事件で街路に戦車を出して発砲する全斗煥の部隊は圧倒的に「悪」に見え、なんで同じ国民を殺せるかというと現場に出す兵士は意図的に飢えさせられて覚醒剤まで与えられ兇暴性を強められている、などと知識を得ると、たとえ装甲車や戦車を奪い撃ち返しもしているとしても、光州の市民の方に味方したいと強く思った。

韓国内部の情報を当時最も速く正確に知ることができたのは『世界』の、中でも匿名の連載「韓国からの通信」によってだった。読んでいるうちに、韓国北部出身者を中心とする軍事政権により差別され、交通インフラなどの整備も遅れている韓国南部の一部地域の希望の星が青年政治家金大中で、一九七三年、九段のグランドパレスホテルから日本の主権を侵す形で韓国ＫＣＩＡによって連れ去られたのだ、などと背景がいくらか分かってきた。

いまでは想像しにくいことかも知れないが、僕が学生の頃は「就職なんていつだってできる」と思っており、それどころかいかに就職しないで生きるかを競うような気分も一部にはあった。どこかの社員なり組織の一員になることは自分の可能性を限定することであり「なんだってできる」と思い上がっている人間にとってはむしろ恐怖だった。好きなことをしつつアルバイトしながら食っていくこともできそう。そうして「フリーター」となってミュージシャンなり作家なり芸術家なりになろうとした人たちの大部分は、その後それなりの苦汁を嘗《な》めることになる。

就職はしないぜ、と思っていた僕も大学六年目になった年の後半には、ころっと気分が変わってやや不安になっていた。バンドをやっていたといっても音楽の才能があるわけではない。

岩波書店は当時、他の企業の採用活動よりずっと遅く、ほぼ最後のタイミングに入社試験を設定していた。三年間ほど新人採用をしていなかったらしいが、その年若干名採ると聞き、受験した。

筆記のあとに面接が続き、三回目が最終面接で、そこには編集担当取締役を兼ねる『世界』の編集長もいた。安江良介さんという、話には聞いていた人。金大中事件における『世界』の持続的な報道の話をし、その頃の若者の多くがかぶれていた大江健三郎さんの小説や『ヒロシマ・ノート』『オキナワ・ノート』といったルポルタージュの話もした。ほんとうは、『世界』は分厚くて毎号読み通すことなどできていなかったのだが、たまたま読んだ号で知った話をつなぎあわせて、そこに一貫したものを見つけ出して、語った。青年にしては珍しく継続して社会的関心を持っていて、それに見合った読書もしているように見えたのだろう。その年二名だった合格者の、一人になった。

自分には、ひとつのことに長く集中する力が欠けていると自分でおもう。キラキラしたもの、はっとするようなことに次から次へと気を取られ、いつの間にか思いがけない方向にまで行ってしまう。

だが、ここで何をいま問われているのかといった場面においては、少ない知識をつなぎ合わせて仮想の構造を示すことにはなぜか長けており、小中学校での日常的なテストや高校や大学の入試でも、知っていることと別の知っていることの間の欠落部分に、だいたい何があるかを当てるのがうまかった。それでずっと、何だかトクをしてきたのだろう。

就職したくはなかったがもし就職するなら岩波書店の『世界』編集部、と思って受けて、その通りになったのだから、はりきって改めて仕事のための勉強を始めるのがあたりまえだ。自分を選んでいただいたのだから。だけれどそういう視点が、当時それほどなかった。

観たこともないのに芝居を始めちゃう

バンドは辞めたし、なにをしようかと思っている時期に「演劇をやってみたら？」と人に言われた。「向いているかも知れない」。そうかな。

演劇とか芝居とかは、観客として観たことはなかった。それでも台本を書き始める。人を集める。知り合い。知り合いの知り合い。自分も経験がないので、ほぼ全員、演劇畑以外の人たち。印刷してくれるところを見つけ、チラシをつくって配る。お客さんを呼んでしまったので、台本を完成させなければならない。舞台装置も必要だ。稽古場というものも必要だ。

何も知らない状態でどんどんとつくって、一九八四年一月、旗揚げ公演となった。ここでちょっと語り手を変えることにする。この数年後の一九九〇年に、『劇団　月夜果実店』（小林道雄著　講談社）という本が出ることになるのだが、そこには、こうある。

こうして公演前日の『モリエール』での舞台稽古には三十人近くの人間が集まるわけだが、堀切自身が「友だちの友だちなんていうのをかなり強引に集めていますから、誰が誰だか分からなかったですね」という状態だった。須藤章はそれを、「驚くほどおおぜい人間集めちゃって、何だこりゃぁと思いましたね。まるで、知らない者同士でお葬式の準備でもしている感じでした」と言ったものだった。

そんな状態だから稽古もまともではない。主役クラス以外の人間には台本の代わりに段取り表が渡され、それぞれがキッカケだけで登場する。だから、本番になって初めて芝居の筋が分かったという嘘のような話になる。そのどさくさの中で、石川泰はいきなり堀切から「これ、コピー取ってきて」とやられ、「何だこの野郎」と腹を立てている。また、長尾仁樹もこう振り返っている。

「堀切も強引ですから、いきなりこれやってあれやってと役が三つも四つもつけられちゃって……、初めに出てくる子どもの役とか座敷わらしみたいな妖怪の役です。最初は『何だこいつら』と腹を立てたものですが、やってみれば面白かったですね。僕はああいう変なもの好きなところがありますから」

おそらくは誰もが、やってみた面白さによって心の帳尻が合ったということだろう。ただ、あまりの段取りの悪さに「やってらんない」と抜けていった者もいたようだ。とにかく、前日になってやっと通し稽古ができたという芝居は、あまり例がなかろう。

当時のモリエールは、元はキャバレーであった造りそのままの、「わけの分からない小部屋があったりする面白い空間で、装置を仕込んだりばらしたりしているとネズミの死骸がいくつも出てきたりする、やさしい幽霊でも出て来そうな雰囲気のある小屋でした」ということだ。その意味では、彼らの芝居にうってつけの劇場だったわけである。

劇場側の人間は、そんな稽古にも呆れていたようだが、大道具の搬入にはさらに驚いたようだった。この装置は、堀切が方眼紙に絵を描き、彼の友人が多くいた芸大の建築科の裏でまさに犬小屋を作るように自主制作したものだった。

舞台の装置というものは、ミテクレだけでいいものであり、ばらしたり他に使い回しするためにもとなるべく軽い細い材料を使う。だが、そんな常識も知らない彼らは「人が乗るんだから頑丈なほうがいいだろう」と三寸角の角材を使い、壊れちゃいかんと釘を打ちボンドを塗っておそろしく重いものを作ってしまったのだ。そうなれば、搬入も大変なら舞台で動かすのも大変である。

案の定と言うべきか、初日の記憶として堀切が挙げたのはこういうことだった。

「ボンドが乾かなくて、やっぱり開演が三十分ぐらい遅れました。そして、幕を開けての最初のシーンでしたね。僕が中で動かしている列車がホームに入るわけなんですが、床のパンチカーペットに列車のキャスターが引っかかって動かないんです。中から外は見えません。さすがにカーッとなりました。仕方ないから『早速引っかかって……』なんて中から言った覚えがあります」

そんな滑り出しではあったが、とにかく三日間の公演は無事終わった。役者たちは日を追って面白くなっていったようだが、楽の日にやっと芝居になったというのが本当のところだろう。出演者が多かっただけ動員された観客数も多く、赤字の額もさしたることはなかったらしい。

「思えばメチャクチャだったわけですが、芝居としてはけっこう面白かったと思います。観客の反応も悪くありませんでした。終わってみれば『よく出来たよな』ということで、それなりの充足感もあり、みな『またやろう』ということになりました」

そう言う北村の場合はとくにそうだが、駆り出され乗せられた参加者は、まさしく〝瓢箪から駒〟のように、思ってもみなかった果実を味わったわけである。芝居の舞台にそんな自己表現の楽しさと高揚があるとは観客を前にするまで分からなかったのだ。打ち上げの飲み会で披瀝された充足感と「またやろう」という思いのヴォルテージは、かなり高かったに違いない。

そして、堀切自身は、

「ちょっとおかしいんですが、自分がずうっとこれをやっていくと決めるのも怖いけど、これで終わりというのも怖いっていう性格ですから、飲んでいてこれでお終いが嫌で二次会へ行っちゃうような感じで次を考えたということだと思います」

とのことなのである。要するに月夜果実店という劇団は、芝居をしたい人間が集まり準備して作ったものではなく、堀切が強引に実現させた芝居によって作られた劇団だということなのである。

久しぶりに引っ張り出してきた『劇団　月夜果実店』の頁を開いてこうして書き写している。そうだ、月夜果実店の始まりはこういうものだった。

読む方には、この書き抜きの部分からだけで理解しにくかったかも知れない。それで書くが、初めて行う公演にもかかわらず、人の乗った列車が舞台の上を通り過ぎる、という設定だった。いまなら、象徴を以て代えるとか、音だけ、気配だけとか、いくらでも、より賢い手段がとれるだろう。だがこの時は、実際に列車を通したかった。そのためのおそらく間違った努力は、楽しかった。真冬の東京芸大建築学科校舎裏で、そこの学生だった高校美術部での後輩、東亮に手伝ってもらい、軍手を凍らせながらボンドを塗った。その酸っぱい匂い。小林さんが書くように、それは間違ったやり方だった。だがその時、列車はどうしても重々しく、轟々と、通らなければならなかった。

なにしろそれは、はじめやさしく、しずかで頼もしく、しかし最後には暴走する列車なのだ。だから。

この第一回公演のモチーフは、小学校低学年の頃、僕が東京の下町に住んでいた頃に遡《さかのぼ》る。そうだ、あの、苔の大森林を見下ろしていた記憶の、やや後だ。

学研の『科学』と『学習』を搬入する小さな白いバンが小学校の校庭の片隅に見えるや、僕の胸は高鳴った。『科学』と『学習』の両方を買えるような家は、少なかったと記憶している。『科学』にするか『学習』にするかは、決死の決断。『科学』の方が断然、付録が面白い率が高いというのは小二か小三の僕には明らかだったが、何しろどっちとも決められない性格なので、ときどき切り替えていた。

『学習』を取っていた夏だった。付録は小さな、薄手の絵本。ある、夏だけの駅の物語。

海水浴客向けに、夏の間だけ営業する小さな鉄道がある。その駅の、もう年を取った駅長。一九六〇年代。娯楽の選択肢が増え、また自動車も多く走るようになって、客が激減。浜に通じる支線の廃線が決定される。最後の夏だ。

定年近くだった駅長も、廃線とともにその長かった職業生活を終え、退職することになっている。そして、最後の日の、最終列車を見送るとき。

何が起こったのだったか。

忘れてしまった。あるいは、二三歳になってからその絵本の話をもとに自分がつくった結末と、区別がつかなくなってしまっている。

とにかくそれは、自分が文章を読んで涙するという、初めての体験をもたらした。あの絵、まばらにしか人のいない海の色。老いた駅長の後ろ姿。想い出すと胸が締めつけられる。

子ども向けのお話し絵本だから、実際はそんなに無茶な結末ではなかったと推測される。ただ、ほんとに哀しかった。哀しすぎた。

二十年近く後に書かれた台本では、最後の列車のその駅への最後の停車は「ない」ことになっている。最後の日が近づくにつれ、列車は駅に「停まらなくなる」のだ。日に二本だけのその列車は日に日にその速度を増し、轟々と音を立てて通り過ぎていく。駅長は叫ぶ「停まれ、停まるんだー!!」。だがそう叫ぶ彼を跳ね飛ばすように列車は通過する。やがて彼は気づいてくる。通り過ぎる列車の窓に見えるのは、人ではない？　ドウブツや、小鬼や、その他妖怪のようなもの……？

夏が終わり、ひんやりとしてきたその駅の周囲にも、気づけば人はいない。ひとりもいない。いるのは、動物。手提灯の狐や狸。ぼんぼりのようなものを持った、きれいな心の、人に理解されないことにも慣れた、鬼。

ゆっくり踊っているような、その者らに囲まれて、駅長は、眠る。


死んだということなのかも知れない。しかし、そうではないのかも知れない。その余地。余地は、非決定は、われらの心を暖める。たとえその時間もまた、限られているとしても。

子どものときに読んだ哀しい話の結末を、べつのものに自ら変えるのに、二十年近くがかかった。いまや仲間を得て、その改変された物語は現実の身体に躍動し、観客に届けられる。

宇宙の零下に抗して

宇宙は、超低温または超高温の世界だ。絶対零度はマイナス約二七三℃と下限がいちおう決まっているが、超新星爆発だの銀河団の衝突なぞがあって、超高温の方は理屈としては無限と考えられる。

超高温では原子もぶっ壊れてプラズマ化したりするそうだが、もちろんのこと、そうした状況ではわれわれの考える生命など存続し得ない。

それどころか、温度がたった百度上に行くか下に行く以前に、ほぼすべての生きものはほろびる。

地球の表面の温度が「ちょうどいい」からそれを「ちょうどいい」とする生命がいま在るわけだが、広い広い広すぎる宇宙のなかで、かなりなピンポイントの環境があってわれわれが生きている、というのは皆さんよくご存知の通りだ。

都内の大学に通っている頃は、自宅に帰らずに友人の家や部屋などで寝ることになることも多かったが、たまに帰るときも、その郊外の駅に着くのは夜遅かった。

今でこそ大抵の駅前には蛍光灯を煌々《こうこう》と痛い白さに灯らせコンビニなどが終夜営業しているが、むかしは、駅前でも夜は店は閉まった。

本屋が閉まり、パチンコ屋のシャッターも降り、食堂なんかも営業を終了し、最後に残るのは果物屋だった。僕の実家があった街の駅では。

街灯もところどころにしかなく、かなり暗い終電の駅前で、つやつやと、きらきらと、果物たちが露台にひかって息づいていた。

たぶん、都内からの電車が着く頃には酔っ払いは喉《のど》が渇いてきているので、つい果物を買っちゃうんだろう。「おみやげだぞーっ」という気分で。

だからその果物屋さんは夜遅くまで営業しているんだなと推定しながら、僕はこう考えていた。「宇宙のなかの、地球のようだ」「そこだけが穏やかに、ひかりかがやいている」。

劇団を始めようというときに月夜果実店と名をつけたのは、そのイメージから。

際限のない温度、距離、時間、人間のスケールや思考の都合には合致しない宇宙のなかの、静かにやさしく光る、生きものの星。

「二次会に行くような気持ちで」計画された第二回公演の台本を、当時はノートに書いていた。『宇宙の零下に抗して』と題した。お客様にとってどうなのか、どこを活かしどこを削るべきなのか、という肝心のことを考えられるだけの経験もなかったせいか、何でもかんでもぶっこんで、百三十頁くらいにはなった。

読み返すと自分で恥じ入るくらい夾雑物《きょうざつぶつ》の多い、ごちゃごちゃな内容なのだが、この二回目で早くも、その後長く引っ張ることになるモチーフが出現しているのに気がつく。

若者(当時)がつくる演劇としては奇妙な選択だと思うのだが、主人公は前作に引き続き「初老のおじさん」である。多くの場合は美女とか美少女とか、美男の英雄や印象的な悪漢とかが登場人物になることだろう。あるいは逆に、等身大の自分のような設定も考えられる。だが僕の主人公は、「初老のおじさん」。

彼は「三歩進んで二歩戻る」という奇怪な癖を持っている。あと、「永遠」とか「無限」という言葉がまっすぐ言えない。つい言ってしまった場合は「否定のための言い直し」をする。つまり、逆に言うのだ。「シエイエ！」「シゲム！」と。

これは、自分が小学生のころ、実際にやっていたこと。なぜそれを「おじさん」の姿にして表したのかは、この時には、自分で分かってはいない。

「内言《ないげん》」という言葉をご存知だろうか。頭のなかで自分がしゃべっているいろんなことだ。人によって、また年齢や時期の加減で内言の頻度は変わるようだ。もちろん、内部で起こっていることなのでそれが多いとか少ないとかは計測し難く、それについて研究されたものは、一般的な書物としてはいまのところ見たことがない。

この内言が、子どもの頃きわめて多量だった。言ったように内部でのことだったから、他の人も実は同様だったりするのかも知れない。だが、自分で「これはおかしい」と思うほど、頭の中で高速で、きりがなく、言葉が言葉を呼び、渦を巻いていた。その「これはおかしい」という同時反響音も、他の内言にまみれながら自分が自分に語りかけていた言葉のひとつ。

はるか後、中年以降は、脳神経の接続がボロになったのか、内言がほぼなくなった。なので、内言が多い状態と少ない状態は自分の中で区別できている。

内言が多量だったころ、その中に「無限」とか「永遠」という言葉が、あるいは抑え込まれようとするその言葉の反響音が、どうしても出てきた。考えていたことの文脈上その言葉が必要だったというのでもなく、任意の時、それが鳴り響く。

それは、取り消されなければならなかった。

自分の内側で、つまり内言に対しては内言で「取り消し」ができているときはいいのだが、外部化・行動化しなければ取り消されない、こともあった。

行動化した「取り消し」には「規則」が伴う。さきに挙げたのは、「こわい言葉は逆に言えば取り消される」という規則。その規則を次々と変えて行くことはできるのだが、「取り消し」そのものをスキップすることはできない。

何を言っているのかわかるだろうか?

だが、これを経験している人は実はけっこういると思う。それぞれのバリエーションで。

規則の実行に例外はありえないことになっちゃう(だからこそ、「規則」)ので、非常に困ることもあった。小学生の僕の場合は、記憶しているものでは、

・ポストを見かけたら必ずそれに触れる。

・床や路面に四角いタイルや舗石が敷かれている場合は、将棋の「桂馬」の動きの要領で、二目先一目横のコマ

に、次の一歩を進める。
・階段に足をかけるときは右足から。

などがあった。

言ったように、規則の内容は任意だが、規則が存すること自体は変更できない。「ポストを見かけたら必ずそれに触れる」が規則の時に、友だちなどと一緒にいて、道路の反対側にポストを見つけた時などはかなり大変で、道の反対側に行ってくる理由を咄嗟《とっさ》に考え出さなければならない。

したがって、「マンホールは必ず中央を踏む」といった規則に変更されていた時期などは、比較的楽だった。この場合、なぜなのか、進路前方に見えてくるマンホールの蓋だけがその対象、ということになっていたからである。

思いだしていると、ため息が出る。

友だちはごまかしたつもりでも親はさすがに気づいたのだろう。ずいぶん遠くまで電車に乗って、どこかの大学の「相談するところ」に母親と行って、白衣を着たお姉さんの先生と、箱庭をつくった記憶がある。

それから、これは記憶から半ば抑圧されていて、その入り口の下駄箱の前の木製の簀《す》の子の感じ、くらいしか思い出せないのだが、富士山が見えるところの、なんだろう、療養するところ、に見学に連れられていったことがある。その時富士山は、枯れ野の草の道の、ずっと遠くにはっきりと、あった。

ある時期まで、つねに元気いっぱいで調子よく生きてきたつもりだったが、こうやって思い出してみるとそれなりに危機的なこともあったのだな。その頃の自分と向かい合って座り、話し合ってみたい。「大丈夫。よくあることだから」。くらいは、言える。

よくあることなのだ。いまでは、あれらの奇妙な行動は、例えば「チック症状」と呼ばれるものと根っこのところは同じだな、とわかる。チック症状のある人は自身でそれを明確に知っており、それが無意味であることもしっかり認識しているが、やめられない。有名な人では、ビートたけしさんのあのピクッという動きもそうだと思う。不随意といえば不随意なことなのだが、痙攣《けいれん》などのほんとうの不随意運動とは違う。むしろ意識から来る癖なのだが、意識では止められない。まあ相当頑張れば、人前ではしばらく抑えることはできる場合が多いようだ。

『宇宙の零下に抗して』は、「三歩進んで二歩戻る」おじさんが主役の舞台だった。観客はいったい、どう思ったのだろうか？　笑いも出たが、そのあとでしーん、と、しみじみする人もいたと思う。涙を噛みころした人も、いたかも知れない。そう僕は、希望的に回顧したい。

美女も英雄も出てこず、ストーリー的な謎解きの面白さはそんなになく、ただ「謎」だけはある、どちらかというと鬱陶《うっとう》しい舞台。そういうものに入場料を設定し観客を求めて良いのか、とはぜんぜん悩みはしなかった。その時に表現したいものは「三歩進んで二歩戻るおじさん」の姿をとるしか、なかったから。娯楽としても芸術としても優れてはいない、その、へんな舞台。第一回公演と同じ、新宿シアターモリエールの淡くにごった暗闇。

そこがキャバレーだった時代の、二階席だったらしきところに設けた照明／音響操作ブースから、三歩進んで二歩戻る長尾仁樹の演技を観ている本番中、不意に涙が熱く視界を揺るがす。「あそこにああして歩いているのは俺だ！」「子ども時代のほんとうの俺」。

暴力は描かないし「女」は書けない

『宇宙の零下に抗して』にはいっぱい夾雑物が入っていたと書いたが、夾雑物とは例えば政治的なサイドストーリーだった。この公演の時には『世界』の編集者としていくつか記事もつくり、ジャーナリストの端くれにはなりつつあったから、いろいろ思うところもあった。

演劇だと、セリフは幾らでも長くできる（それが大きな間違いだということは後に知ることになる）し、音楽あり映像あり舞台装置ありで、いろんな印象の断片を盛り込める。バンドのお客さんが難しい話を求めていないと思い知って、もともとそんなに才覚を持たなかった音楽分野を捨て、演劇を始めた途端「すげぇ、何でも入るじゃん」と思った。こりゃ面白い、というので第二回公演に突っ走り、いろいろ盛り込んだわけだが、直接的に政治的なテーマはその後一切台本に書かないことになる。

それだけではない。暴力とかも一切書かない。

また、これはむしろ困ったことにもなっていくのだが、「女」は書かない。というか、書けない。それが何を意味しているのかは念入りに探索していかなければならないが、前者の、暴力シーンを書かないということにはかんたんな理由がある。

この世界が暴力に溢れているからだ。

だからこそそれを描くべきなのだ、という芸術家には意見が違って恐縮。が僕は、これほど現実の世界が暴力的悲劇に満ちているのに、わざわざそれを舞台に持っていって陰影濃く味付けして描く、というのはなにか破廉恥《はれんち》な感性という気がする。

もちろんこれもまた、自分の創作の手がかりの枠をつくるためのひとつの偏見、自分の都合でもあるのだろうから、舞台上や劇映画の画面でバイオレンスを描く人を面と向かっては批判しない。だけどここにこっそり書いとく。

この文章を書くために、ほとんど雲烟《うんえん》の彼方になっている記憶を引っ張り出そうと月夜果実店の公演記録をとりだしてみる。一九八四年の一月に第一回公演『走れ、走り続けよ』、六月に第二回公演『宇宙の零下に抗して』、八月に『夜の水泳』……年三回も新作で公演しているのに驚いた。この年の四月に僕は岩波書店に入社して多忙な月刊誌の編集部にいたのにも関わらず。常軌を逸している感じがする。しかも第二回公演からは、われわれの劇団は劇中音楽もすべてその脚本に合わせて作曲したオリジナルのもの。作曲は石川泰。

さきに引いた小林道雄さんの文章にあったように第一回公演は「知らない者同士でお葬式の準備でもしている感じ」で幕を開け、ほとんど知り合いでもなかった彼に「コピー取ってきて」などと言って怒りを買ったわけだが、彼は音楽やら絵やらいろいろ直感的にできてしまう（普通の事務作業とかはあまりできない）特殊な技倆《ぎりょう》を持った人で、それまでも小さく発表の場をつくったりしていたらしい。それが、とにかく大がかりに人を集め観客を呼んで行う演劇の世界にたまたまぶっつかり、第二回公演からは「よければ曲をつくりたい」と言ってくれた。

石川は僕とほぼ同年。大学生を六年やった僕がもう就職しているのに彼がどうしてときに集中的な時間の使い方を必要とする演劇の活動に参加できたのかというと、大学院生だったから。月夜果実店への参加者は中学校中退から大学院生までと幅広く、中でも院生などの高学歴者が特異的に多かった。それもまた、演劇を生活そのもののようにしている他のしっかりした劇団とわれわれが、ちょっとずれてる点だろう。

第四回公演は、翌一九八五年三月の『うらで会いましょう』。この公演の脚本では僕は自分自身の経験や内面のみをテーマにすることから免れ得ている。これは石川の父親の話を元にした、舞台なのだ。

彼の父親は石川中さんという医学者で、日本に「心療内科」という分野を確立した人だった。石川は父母ともに学者だったり高級官僚や軍人だったりした家の出で、豊島区目白の一軒家に住んでいた。ただ、石川泰自身は幼・少年時から学校の成績はとてもわるかったと本人が言う。一方、バイオリンなどを与えるといつのまにか弾けている、といった特長があったらしい。

都心近くの住宅地に住んでいる人の多くは昔からそこに住んでいた人。石川の父親が二十歳そこそこだった時に日本は敗戦。あたりは焼け野原になっており、駅から歩けば十五分ほどの石川宅のあった場所から「目白駅が見えたよ」ということだった。

まだ敗戦前、かつ目白が焼け野原になっているなか、石川中青年は日本はいったん滅びると理解していた。医学部生だったので兵にとられることからは猶予されていたのだろう。「この国を再建するためには、これからは、二つのSだ」と青年は考えていたという。二つのSとは、サイエンスとソシアリズム。

いまの人はそんな希望を、ただしく、純に抱くことはできないと思うが。

焼け野原の自宅敷地にとりあえず建てた「掘っ立て小屋」で石川中青年が、その当時なにをやっていたかというと、雨戸を立てた暗い小屋の中、「歌会をやっていた」。

敗戦。もはや空襲を懼《おそ》れる必要もなくなり、青年は掘っ立て小屋の屋根の上に座っていた。疎開していたおばあさんや甥、姪たちの一行が目白に帰ってくるというので、その時間、屋根の上から見ていたのだ。街の一切が灰燼《かいじん》に帰し、駅が、直接見えるから。

空は晴れていた。きっと。雲もまあるく、白く。

蒸気機関車の煙が、もくもくもくと山手線の敷かれた径路に沿って近づいてくる。やがて列車は、駅に停まる。たくさんの人が降りるのが、ごま粒のように、見える。ある人々は駅の反対側に、またある人々はこちらに、さまざまな小さなかたまりとなって歩いて行き、あるいは歩いてくる。ごま粒が、やがて豆粒となって、女の人、男の人、子ども、だんだん見分けがついてくる。

着物の縞。ひっつめ髪。石川青年は気づく。「おばあさんだ」。

おばあさんも屋根の上の石川青年を認め、大きく手を振る。

甥、姪、小さな子どもたちも手を振る。せいいっぱいに。

「そのとき、おれは思ったんだよ。『ああ、人間は、まだ、だいじょうぶだ』」


石川泰の父は、そう語ったことがあるという。聞いて、ひどく強い印象を受けた。のちに『うらで会いましょう』の中核となる光景が、ただちに脳内に生まれた。その瞬間にもう、舞台は出現していた。

掘っ立て小屋の屋根の上の青年のイメージから、戦後を長く生き、しかし石川中さんとはまた別の人生を歩んだ人物をつくった。主人公の彼は、思春期の息子とうまく行かない、やはり「初老のおじさん」。なぜ家族とうまく行かないかというと、「心がここにないから」。

家の押し入れの奥に、焼け野原の小屋の、あの暗い部屋があるらしい。夜ごと、死んだ仲間たちが、そこにやってくる。幾度か続いた焼け野原の歌会の後、招集され、多くの仲間は亡くなったのだ、敗戦のその直前に。

主人公は、その記憶から逃れられない。戦後仕事をし、生きてきて、家庭もつくりながら、心はすぐ、仲間たちとの歌会の日々に戻って行ってしまう。

死んだはずの彼らは、順番に、うたう。

「片恋に　傷つきし友と黙り居て　縁側の月　じっと眺むる」

「樹液匂う　一本の樹が立ち上がり　ブラウン管の中なる真昼」

「くれないを冬の力として堪えし　寒椿みな花終わりたり」

「鈍色の狙い定めず少年の　ウィンチェスター遙かなる夏」

(全員)「おじょうずー」

短歌は、もちろん借り物。佐佐木幸綱、馬場あき子などから。『うらで会いましょう』上演の当時は若い者が短歌に関心をもつということは、あまりなかった。台本を書く僕にも、歌を詠むだけの語彙《ごい》との親しみもない。それだけに、自分としても他者の歌の言葉は新鮮で、それを小劇場演劇のセリフに織り込んでいくのは意外な効果を生んだ。

「いつまで幽霊と付き合ってるんだよ！」

息子の捨て台詞。心ここにない父は、ほんとうには、自分たち家族は見ていない。目には入っているが、見えていないのだ。それどころか戦後の現在も自分が生きている、そのことを見ていない。あるいは見ようとしていない。

はじめ観客の「笑いを取る」ための要素だった、死んだ歌会仲間揃っての「おじょうずー」という受けのセリフが、繰り返されるにつれて次第に機械的になり、ロボットのような、人形のような、とにかく人界を離れた不気味さを帯びていく。たとえばそのことで、舞台の時間は進行していく。

考えてみれば、これは第一回公演『走れ、走りつづけよ』で、通過する列車の轟音の中、ケモノや妖怪たちと親しくなっていく駅長、という設定と同曲だ。幽明境のようなところに半身が入り、あちらへ行くのか、こちらへ戻ってくるのか、危うくなるのだ。

だが『うらで会いましょう』では、主人公は、生へと還ってくることができる。最後の最後に、あの「おばあちゃんが手を振っている」光景を想い出すことができたから。

押し入れの奥の、掘っ立て小屋のセット。その奥に隠されていたスクリーンがいまや現れ、その時代だからフィルムで撮った「手を振るおばあさん」の映像が投影される。舞台前端にスポットが落ち、その目映い光のなかで、死者の領分から生還した主人公は最後のセリフを言うことができる。「ああ、人間は、まだ、だいじょうぶだ」。

客席後ろのブースでは、役者の動きとセリフの尺《しゃく》に合わせ、石川泰が即興を入れつつキーボードを弾いて劇の最後に特別な光彩を与えている。そういうやり方だから、彼に、今日の本番は休んでいいよ、とは言えなかった。

『うらで会いましょう』の公演中、石川中医師は不治の心臓疾患で危篤に陥った。「言えなかった」とは話を綺麗にしすぎだ。もっと卑怯に、今日はいいよ、とは僕は「言わなかった」。即興演奏ができる彼なしでは、お客さんのいる本番をどう乗り切れるのか、考えられなかったから。

石川中氏はその後まもなく亡くなり、石川泰は僕ら仲間のなかでも最も早く、父を喪うことになった。

死んだ友人たちの代わりに

なぜ、石川中青年の物語に触発され、舞台にまでしようと思ったのか？　当時それほど明確に意識されていたのではなかったのだが、そこには僕自身の父の人生を、自分なりに解りたいという気持ちが関係していたようだ。

思春期にもなると、父と息子は話をしなくなる。もちろん現在はそうとも限らないようだし、その父子の関係性次第だが、父と僕の場合は会話のなさが甚《はなは》だしかった。父に反発心を感じていたというわけではない。ただ、父が無口だったのだ。

父は、ジャコメッティの彫刻のように痩せてその年代としては背が高く、齢をとるにつれて髪は青白い銀髪になっていった。歩くときには落ち着いて背筋が伸びており、家で寛《くつろ》ぐときにも座った姿勢を決して崩すことはない。眠るまで。

そしていつも黙っている。昔ながらの形の眼鏡のレンズを通した眼差しは、やや冷涼な、遠くを視ている。

僕ももう大学生になり、父の通勤と同方向の電車に通学で乗るようになって、たまさか吊革が隣同士になってしまったときは非常に気詰まりだった。とくに話しかけるべき言葉も互いに見つからず、何か即席の言い訳とともに僕は途中で電車を降りてしまった。

酔えば喋るが、くだらない冗談しか言わない。その中で不意に「俺はいつ死んでもいいんだ」と言うことがあった。幼かった頃僕と妹はそれがいやで、とても悲しかった。小さな子どもにとって、「親もいつか死ぬ」と知ることほど、対処のしようがない驚天動地の気づきというのは、他にないではないか。

長じて、高校生にもなると、こんどは自分の方が父よりよほどものを識《し》っている、くらいに思い上がり始めた。なにしろ父は黙っているか、馬鹿な冗談を言っているかどちらか。社会のこと、小説や芸術なんかのこと、そんな話をしたことは一度もない。あるとき高校生の僕は、先の戦争は日本の狂った軍国主義勢力によって引き起こされた残虐で馬鹿げたできごとであり、全くの無意味だった、という所見を述べた。父は珍しく、言葉を返した。「それほど簡単なことではない」。僕は激高した。何しろ成田空港予定地でいろんなものを投げているような高校生で、国際共産主義、世界同時革命を語るお兄さんやお姉さん、おじさんたちの薫陶《くんとう》も受けていたから。息子の激高に意外にも、父はさらなる激高を以て応えた。「殴り合いになる」……初めての決定的な予感に、僕は思いとどまり、拳を後ろに引いて黙った。

ずいぶん経ってから、僕はようやく考え至った。あの戦争で父は、多くの友人を失っているはずなのだ。

父自身は兵には取られなかった。敗戦時二十歳。すでに文科系の学生には動員がかかっていたが、父は建築科に在学しており、ぎりぎり免れたらしい。旧家だったこともあり「男子をひとりは残さねばならない」と工学系を選択させられたのだ。一方、父のただ一人の兄はフィリピンのレイテ島で戦死している。だから僕は父方の唯一の伯父さんに、会ったことがない。

医学部生だったために焼け跡に生き残った、石川泰の父は、僕の父とほぼ同年だった。青年は、いちめんの陽に照らされた焼け跡にバラックを建て、その暗がりのなかで、歌を詠んでいた。友たちと。自国の現在に確信的に背を向け、「これからは、二つのSだ」と、未来だけを信じながら。

僕は、向かい合うべき自身の父の人生を直視することはできず、それを迂回《うかい》する形で友人の父の人生に関心を持ち、触発を受けた。その与えられたヒントを舞台にする過程のなかで、その時代を自分なりに「解って」行こうとしたのだろう。

空の星に触った者はひとりもいない

星が、そこにあるということを、なぜわれわれは信じていられるのだろうか？　夜空の星が実在するという確信をかんたんに持って、落ち着いてなどいて大丈夫だろうか。

誰も星に触ったことはない。一番ご近所の天体、月に、人が降りたことがあるくらいだ。

小学校低学年の頃、広場で野球などはせず（今でもルールをよく知らない）、図鑑を貪《むさぼ》り読んでいた。『昆虫の図鑑』『魚貝の図鑑』などと続けて『気象天文の図鑑』に至ったとき、やせっぽちの色白の子どもの僕は衝撃とともに「宇宙のことはほとんど、直接的には確認できない」ことを理解した。頭が「つーん」となり、縁側もない家の狭い庭、真夏の緑がゆらゆらした。

秒速約三十万キロ（一秒で地球を七周半）の光速で行っても四年以上かかる距離に、最も近い恒星があるという。人類が今と同じ形態をしているうちに、それに「触る」ことはたぶん無理。だけどおそらくまちがいなく、その星、アルファ・ケンタウリはそこにある。

それは観測と探求、数学的計算によって判明したことだ。ガリレオとかコペルニクスとかケプラーとかいろんな人が「実はこのような配置でこんなふうにあんなふうに動いているのではないか、諸天体は」と仮説を立て、また精密に観測を繰り返し、星々の動きが例外なく仮説を支持していることを確認する。何十年もかけて。

凄い興奮だったろう。全部頭の中でやっていることだが、それでも観測する自分の身体が、感覚が、一挙に宇宙の遠くまで、果てまでを領していく。計算が合うからには、きっとその通りに存在し、動いているのだ。われらは今や、それを確かに識った。

けれど、空の蝙蝠傘《こうもりがさ》にポツポツ開いた穴のようなものとしてではなく、深い立体像として宇宙を識ることになると、引き換えに、精神は宇宙に侵入される。『気象天文の図鑑』を見ながら「宇宙的時間」とか「天文学的距離」といった地上から著しくスケールアウトしたもの、生存にとって不穏な数字が、身体を透過していくのを小学生・僕は感じた。それは透き通っていた。足先までも。指先までも。それらは真っ黒であると同時に水よりも無色で、底というものが無い。

全方向まるで底無しのいろいろな中間地点に、青白い鉱物ランプの無数の星が、お互いに通信不可能なほどの距離を保って、孤独に光っている。

宇宙にはぜんたいに冷涼な風でも吹いているのか、ちらちらと揺れる。夜の鈴蘭《すずらん》畑の如き、星々。

ここで思いだしてしまったのだが、たぶん中学生の時、課題でこういう歌を歌った。

こがらしとだえて　さゆるそらより
ちじょうにふりしく　くすしきひかりよ
ものみないこえる　しじまのなかに
きらめきゆれつつ　せいざはめぐる

調べてみると、文部省唱歌『冬の星座』なのだが、長い間、この歌詞が頭にくっついて離れなかった。というのは「ものみないこえる」の意味がわからず(男子中学生、素直に先生に聞かない)、「ものを見ない」ことを、さらに「超える」とは、なんと物騒な感覚なのだろうとおののいていたからなのだ。

年を取った甲斐があって、今では「もの　皆　憩える」であることも「しじま」が蜆《しじみ》とはなんの関係もないことも、分かっている。

いや、しじまとしじみは、終始無音であることについては共通しているかも知れない。

『気象天文の図鑑』で加速したとは言えるが、それ以前、ものごころついて間もなく、時間とか空間とかの「意味」への問い、とりわけその「果て」を巡る疑問は芽生えていた。早朝の公園の欅《けやき》の樹にカブトムシをとっつかまえながらも、その頃はどの下町でも臭かったドブのコンクリート構造棒をぴょんぴょんと上手に跳び渡りながらも。

幼児の時は何の疑問もなく毎日眠っては起きていたが、ある日「眠っている間にも時間は経っている」と気づく。

そんなこと識らずに生きていくことはできなかったものだろうか。

時間の像は、現代では基本、一筋の線、流れとして共通理解される。観念上ではなく現実に存在できる線では、そこに始まりと、終わりがある。「そこに」というけど、時間の始まりは、どこに？　終わりはどこに？　時間が終わるとどうなる？　時間が始まるって、いったいどういうこと？　時間の始まる前の時間はどうなっていたの!?

しかし現実には、時間は流れている、ということにしないとうまく生活ができない。

空間についてももちろん、とくに小児期以降疑問が噴出してくる。小学生にもなると、立方体がどうとか、習うようになる。体積を持つものは必ずその「外側」を持っている。宇宙空間というものをイメージするとして、「宇宙の外側の、外側の、その外側の外側の外側の外側はナニ？」という問いに至るのはどうしても避けられない。

こういうことはいずれも、ほとんどの人が一度くらいは持つ、わりと平凡な疑問だろう。

それら平凡な疑問が狂いそうな程度にまで高まっている人を描こうと、第四回公演『墜ちる星☆割れる月』を企画した。

その台本には「0章」なる前書き部分があり、こんなことが書いてある。この頃の僕の台本はト書きが「濃く」、それが良い結果とそうでもない結果の両方を、劇団と劇団員にもたらしていくことになる。しかし当時はそんなこともちろん解ってはいず、ただ、このようにしか書けなかった。

【0】

暗い空の向こうに、だんだんに、だんだんに彗星が近づいている。食卓を照らす電灯の光、その上の、天井のまた上、瓦屋根、けやきの梢のさらに上、銀河団がぼんやりと渦巻いているあたりに、旅する光、とくべつな星の匂いが強まってくる。

人間が生まれる前、地球に鉱物の栄えた頃にも、彗星はそのように天空を往還していた。人間がいなくなった後でも、それはきっとそうなのだろう。われわれはそれを見なかったし、われわれはそれを見ることはできない。

けれども知っている、ただ、物理の美しく厳密な法則によって。
そして今、人類の生きているあいだの何億番目かの彗星が近づいてきている。だんだんに、だんだん。

主人公は、高木貞一。小学校三年の時、科学雑誌を見ながら自作した粗末な天体望遠鏡で偶然、彗星を発見してしまう。彗星には発見者の名がつく。それが彼のその後の人生を決定してしまうのだ。

三点計測から導き出された計算によれば、彗星は七年でその超長楕円軌道を一周し、ふたたび地球に近づいてくるはず。だが、待ち受ける高木の前に、彗星は現れない。それが数度繰り返される。三十五年が経ち、天体望遠鏡を構えるその髪にも、もう白いものが混じり、歳月を語っている。

またも「初老のおじさん」の主人公。もっとも、小学三年生の三十五年後は四十代であるはずで、いま考えると全然まだ「初老」ではないのだが、当時は自分も若かったので、人の齢の取り具合にあまり知識がなかった。

天文ファンの雑誌に原稿を書くくらいでろくに稼ぎもせず、あとは夜中の星ばかり見ている貞一。天体観測をやめようとは、彼も何度も思うことは思う。しかし気づくと、(以下、台本より)

郵便屋、しばらく前から立っている。

郵便屋「高木さん」
貞一「は?」
〒「誠文堂新光社より、現金書留です」
貞一「あ、どうも」「……こんな夜中に?」
〒「ハンコお願いします」
貞一「あ、ハンコ……いやーどこかな、女房寝ちゃったから……」

〒　「レンコンでもいいですよ」
貞一　「そうですか。どうもすみませんね」
と、買い物袋から取り出した蓮根を渡し、原稿に戻る。郵便屋は蓮根の切口にハーハーと息をふきかけ、帳面にペタリと捺す。つぎに、蓮根の穴を通じて、貞一の方をじーっと覗く。
貞一　「まだ、何か？」
〒　「いや、どうも」
貞一　「どうもお疲れさま」
貞一、再び原稿に戻る。郵便屋はまだ立っている。ポケットからチクワを取り出して、さっきの蓮根とつなげる。じっと貞一を覗く。貞一、眼を上げる。
貞一　「あ、あんた誰!?」
〒　「誰って、私はただの郵便屋ですよ。あの、あなたは高木貞一さんでしょう?」
貞一　「……そうですけど」
〒　「覚えてないですか。私、何度も来てるんですけどね」
貞一　「……いや」
〒　「そう。やっぱり郵便屋はただの郵便屋なんですね」
　　「あの私、ファンなんです。ファン」
貞一　「不安?」

丁　「『天文ガイド』のほら（雑誌を懐から出す）、高木さんのエッセイの。いつも読んでますよ」

貞一　「ああ、そうでしたか」

ひどく和やかな空気が広がる。

丁　「あ！　でも、私が天文ファンだってこと、誰にも言わないでくださいね」

貞一　「どうしてですか？」

丁　「どうしてって……クラいと思われるからですよ。天文ファンの暗さはパソコンボーイや切手趣味週間の比じゃないんだ。バレたらもう局にいられなくなっちゃいますよ。あの暗い郵便局からも追い出されたら、私はどうやって生きて行けばいいんです？」

貞一　「そうですか？　でもいいもんですよ。たったひとりで観測する冬の夜。ハクキンカイロのほのかな匂い。中天に輝くプロキオン。はるかなリゲル。ぼかぁ好きだなあ」

丁　「そういうところが暗いと言われるんです」

貞一　「……へっへっへっ、言わせておきましょうよ、世間の人には」

丁　「世間の人には？」（ニッと笑って）「やっぱり天文ファンの気持ちは、天文ファンにしかわかりませんねえ？」

貞一　「そういうあなたはもしかして天文ファン？」

丁　「あ、また聞いてなかったなこの野郎！　あ、いえ……それじゃ高木さん、明日の晩もまた来ます」

貞一　「明日も？」

丁　「だって私は郵便屋ですから、一日に一度巡って来るんです。まるで、そう、星みたいに……あっ！聞いてないな!?」

貞一　「へ？」
〒　「浮世離れしてますなあ！　それでこそ高木貞一だ！　じゃ、また明日！」
郵便屋、練りに練ったポーズでひらりと去る。ところが玄関先でマキ束を背負った子供とぶつかり、子供はドンガラガンところぶ。マキがそこらじゅうに散乱するが、郵便屋はポーズを決めた都合上、そのまま行ってしまう。
銀林　「あいたたた……」
貞一　「あ、マキ屋の銀林君」

銀林という少年は、実はタヌキだ。

高木貞一は筑波山近くに居を構えて天体観測をしているので、タヌキくらいはいる。筑波大学の学生もいる。これが後で効いてくる。

第一回公演の『走れ、走り続けよ』では駅長が主人公で、そこには列車が「通じて」いるのだが、それが停まらなくなり、駅長は狸や狐や妖怪に伴われて、「あちら」、境界の向こうに消えていくのだった。

第三回の『うらで会いましょう』では、最初の予備的な、本で言えば扉のようなシーンに「踏切番」というキャラクターが出てくる。彼は口が利《き》けない。なぜそういう余分なキャラクターが出てくるのか、当時は劇団員にも説明できなかった。

『墜ちる星☆割れる月』では「郵便屋」が重要な役割を果たす。郵便屋もまた、届ける者、通じさせる者、境界にいる者だ。

それらが物語の上でも必然性のある働きをうまくした時には、結果、演劇として成功するのだが、なぜそういうキャラクターを出すのか自分でもわかっていないところがある。

『墜ちる星☆割れる月』の初演は一九八五年。小泉内閣の郵政民営化などというその後の話はまだ影も形もない頃で、郵便配達人、つまり郵政事務官も正規の公務員であり「制服感」がいまより強かった。つまり良くも悪くも人である前に役割で、匿名のものだった。警察官もそうだった。

だから、人格の湿度を欠いた「役割」として舞台に登場させることができ、「役割」とは抽象的な何かに通じるものだった。「役割」がときにふっと人間臭いことを言うと、本気なのかそれとも冗談なのか、自分の役割や抽象性それ自体に対する皮肉なのか、不明なままの、意外に強度のある場面をつくれることがあった。しかも郵便屋には毎日配達に来る、というこれまた役割による抽象性・規則性を帯びた行動があり、結果的に作劇上便利だった。主人公を巡る語りが煮詰まってきたとき、郵便屋が配達に来れば、いかようにも話の流れを変えられる。いまだったら、それは「トリックスター」(道化《どうけ》)だったな、と名指すこともできる。

「トリックスター」を「公務員」にするという逆説は、思えば卓抜《たくばつ》だった。それは偶然だったのだろうか?

一九八四年に『世界』編集部に入って最初に勝手に取り組み始めたのは、警察官の腐敗の問題だった。勝手に取り組んだというのは、編集長や先輩からの指示めいたものはほとんどない職場だったからである。入社して初めて編集部の部屋に入ったときも、新人教育計画というようなものは何もなく「うーん、そのへんに座っていいよ」「うーん、まあ、新聞でも読んでて」と言われただけだった。

もちろんそれはものすごくうれしいことだった。

子どもの頃から単純なものながら正義感みたいなものが強く(だからすぐ三里塚とか行ってた)、世の不正にひどく憤りを覚えていた。『世界』編集部で新聞なんかを読んでたまさに一九八四年、松橋忠光さんの『わが罪はつねにわが前にあり』(オリジン出版センター)が世に出て衝撃をあたえ、僕の手にもあった。

松橋さんはもと警視監。警察官僚の最高位は警視総監だが、その次位。全警察でも数人しかいない「超」のつく高級幹部である。そんな人が、組織の全レベルで常態化している不正経理や、警察の政治的中立の踏み外しの事実を、書いている。

松橋氏は退官してすぐこの書を世に出したのだったが、逡巡《しゅんじゅん》の果てだったらしい。自分自身が警察社会の悪習に、どっぷり漬かっていた、なぜ現役のうちにこれを書かなかったかと、氏は自分に厳しく書く。ようやく事実を書く決心をしたのは、自宅近くのキリスト教会の牧師の励ましもあってのことだったらしい。タイトルの「わが罪はつねにわが前にあり」は旧約聖書の詩篇からとられた言葉だ、ということだった。

松橋氏に出版を促した牧師はその後、今で言うソープランド通いを暴露される。尾行され、待ち伏せして撮られた何枚もの写真が当時出回った。警察による組織的な報復である。明らかに。

松橋氏に行政法学者などを加えた座談会を僕は企画した。その座談会が誌面になる時には、勢い込んで松橋氏のこの生涯を賭けた提言がいかに重要か、解説文を書いた。初めての、署名のある文である。

松橋氏は一九二四年生まれ。僕自身の父の一年年長。海軍施設本部の主計少尉として敗戦を迎える。築地の海軍病院のベッドに横たわって、看護婦長から終戦の詔勅のことを聞く。

> 手術後十日目に退院して職場に戻ったところ、配給品と称して一つの麻布で覆った行李を渡された。針や絹糸の小物から戎衣袴や蚊帳のようなものまでいろいろな物が入っていた。これらは軍需物資であり、なぜ個々人に配給されたのか私には予想外のことであった。敗戦の窮乏時にこそ公的ルートにのせて公正に処理されるべきであるのに、「軍人がこんなことをするのか」と驚くとともに、「こんな軍人が指導したのでは敗戦は必至だったのだ」という思いを強くした(この〝配給〟では、階級に応じたのか、「良心」の程度に応じたのかわからないが、ある主計中佐はトラック数台で物資をどこかへ搬出し、その後渋谷で小料理屋を経営したという)。とにかく私は手術入院のおかげで物資配分を直接経験しなくて済み、連日焼却される書類の焔と煙を眺めていた。

こういう人なのである。そして「もし焼却されずに書類が残されていたら、国力と戦史の研究に役だったものが多かったにちがいない」と、証拠隠滅を「謎」「不思議」と思いながら残務処理をする。そして、「帝国海軍消滅の日は私の誕生日と重なっていた」。

その後松橋青年は「日本国憲法下の警察官として」再出発する。

読んでいて非常に、心を打たれた。権力の執行者であるからこそ、公正でなければならないと考える。この人のこのまっとうな感覚の方が「不思議」と思われる戦後の社会に僕は生きているのだ。

「ほんとう」に向けて伸ばされた、人類の長い腕

話は演劇からだいぶ逸《そ》れているようだが、実はそれほど逸れていない。

『墜ちる星☆割れる月』には「郵便屋」の他にも、象徴化され、ある意味歪められたキャラクターが出てくる。「考えすぎて頭が変になりそうになってる学者」だ。このキャラクターも、月夜果実店のその後の舞台に、姿をいろいろに変えながら生きのびることになる。


主人公の高木貞一と、そういう学者、常木真一郎の出会いのシーン。


常木　「ここにブドウパンがあります！」

「ブドウパン会社としては、やはり不公平がないように、どのブドウパンにもブドウがこう均等に入るよう、よーく混ぜるわけです。こう、混ぜる、混ぜる、混ぜる、均等になるまで混ぜる」

「ところが不思議なことが起こるんですね。こう、混ぜれば混ぜるほど、あるポイントにブドウが自然に集まって、混ぜても混ぜてもどーしても、だんだんだん集まって、どーしてもどーしても、ブドウの多いブドウパンとブドウの少ないブドウパンができてしまう！」

貞一　「これは宇宙と同じです、ね、宇宙と同じブドウパン、怖ろしいでしょう〜？」
常木　「はい」
貞一　「どーしてこういうことが起こるのか、これはね、証明できてないんですな。全然全然」
常木　「ぜんぜんぜん」「ぜんぜんぜんぜんぜん」
貞一　「つまりですね！　この宇宙の中にあって、人間には、自分の買ったブドウパンにブドウが多いと喜ぶことくらいしか、できないのです!!」
常木　「申し遅れましたが私は筑波大学理科二群数学研究室で助手をやっております常木です」
貞一　「はあ、私は高木……」
常木　「言っときますが私は対人関係の点では少々おかしいと言われておりますのでその点はご承知おきください。自分ではわからんのですわ」「あっ、キツネだっ！」
あっという間に走り去ってしまう。手にはなぜか茶碗と箸。

「ぜんぜんぜんぜんぜん……」と呟きながら眼が白目になって何かウルトラ難しい数式の解を求めて考えている様子とか、突如注意が別の方に飛ぶ動きだとか、演劇なので、いろんな面白いことができる。その当時の自分には結構悩ましかったことを言葉で役者に語らせながら、観客は別のところで笑ってもいいのだ。

なぜ「考えすぎて頭が変になりそうになってる学者」を数学者にしたのか。それも筑波大学の。

もともと、予習復習が必要だったり、根気をもって取り組む必要がある教科はまるで駄目だった。だから数学は「算数」のころからもうキライで、得意だったのは数式が出てこない段階までの理科と、社会科。いつのまにかいろいろなことが耳に入っていたり目の記憶にあったりして、識っていることはわりと多かったのだが、追究して高い課題をこなすということができない。小学生のころ吹かされたリコーダーも、練習しないので指遣いが覚えられず、合奏の時には隣のやつの指を見て「吹いている振り」をしていた。それは、とても心細い経験だった。

数学の公式を覚えて使うといったことも、習熟も必要なことなので興味続かず。だが、ときどき、数学に驚かされることがあった。中学生の時だったか、「虚数」の話を聞いてもう「ガーン！」となった。自乗してマイナスになる数とはナニゴト？　それってそもそも小学校で習った数の決まりと矛盾じゃん？

しかし、虚数というものを導入すると、あり得る世界(real number)・あり得ない世界(imaginary number)を一貫して、グラフが奇麗につながったりするという。

だとしたら、人間は普段、いったい何を、どこまでを見ているのか？

暮らしながら、育ちながら、どこかでずーっと、そういう疑問を持っていた。やがて形を成してきた答え、というか感慨めいたものは「人間は人間に分かるようにしか世界を分かり得ない」ということで、大学の卒業論文にも、日本政治思想史のゼミであったにも関わらずそういうことを書いた。ゼミの河原宏先生は「君は、カンティアンだね」とおっしゃったが、その時にはエマニュエル・カントなんて知らない。

「時間はいつ始まっていつ終わるの？」「宇宙の始まりの前の前はナニ？」といった、「答え」をもし教えられたとしても人間には結局「理解」はできないことどもが、数学的には完結した姿を持ったりする。フリーマン・ダイソンとかロジャー・ペンローズだとかの一般向けの本を読んでは驚愕し嘆息していた。決して、そこにある数学を理解するのではなく、「あー、わからない！」「謎だ……」という情緒で、読んでいた。頭がじーんと鳴り、胸のあたりがスカスカする。

それは、青年期に相応《ふさわ》しい不安と戦《おのの》きだった。僕にとっては。

『墜ちる星☆割れる月』の舞台で、常木博士は言う。

「数学は、宇宙の『ほんとう』に向けて差し出され伸ばされる、人間の長い腕です」

腕を伸ばしすぎて、常木は結局転倒し、この世の者ではなくなる。たぶん「気がおかしくなる」という結論に僕はしようと思ったのだったが、ほら、「気が狂う演技」とかそういうナマナマしいのは嫌いだから「キツネになる」という形のストーリー展開になっている。キツネになる前に常木が仕掛けていったコンピュータ・プログラムでは、計算を五万年続けると「ほんとうの答え」が出ることになっている。暗転の舞台の上で、当時だから、ブラウン管の緑色の文字列が、飽きるということも疲れるということも知らずに計算の継続を示している。そこに、石川泰の淋しい音楽が、流れる。緑色の文字列の流れていくプログラムは、ソニーに勤めていた劇団員の山田勲が作成。

フラクタル図形とか、フィボナッチ数列とか、当時劇的な数学的トピックがいろいろな形で紹介されるようになっていた。わくわくもするのだが、「数学で宇宙を理解すること」の淋しく人間を離れる感じの方が僕には痛く、そこに『銀河鉄道の夜』にあるような、魂の行き処はなかった。台本のト書きを見るとこのシーンの終わりにはただ、

モノラルなかなしみをもった、音楽。

とだけ指定してある。これだけで、作曲家は自分で考えて曲をつくることを求められていたのだ。

もうひとつ、文章の途中で立てた問いに答えるのを忘れそうになった。筑波大学の学者という設定にしたのは、天体観測をする高木貞一の周囲にキツネやタヌキが出て来て話しかける、というストーリー上の都合と、当時、筑波大学は大学の管理強化の象徴だったにも関わらず平気で志望する理科系バカの大学、との認識だったから。

彗星にはもちろん、人類はさわれない。しかし高木少年がその姿を発見し、同時にケニアでも、ワジェイ・ブルギバ氏がその軌跡を認めた。二人の観測データを突き合わせ、彗星の周期は確定されたのだった。数学＝「人類の長い腕」によって。

しかしその周期をはるか過ぎても、タカギ＝ブルギバ彗星は戻ってこない。

高木貞一の中で、数学によって決定されたはずの「宇宙の実在」への信念が、みにくく崩れ始める。混乱していく意識の中で、彼はある像を視る。

高木貞一の陋屋《ろうおく》の居間には、なぜか畳を突き破って巨大な樹が生えているのだが、樹の奥の暗がりに、悲しげに目を伏せた長身の黒人青年がうかびあがるのだ。

ワジェイ・ブルギバだった。かれはこう告げる。「……貞一さん、ぼくは死んだ」。

部族間抗争の絡むクーデター騒ぎに巻き込まれ、彼の家は火事になる。彼はひいお爺さんとともに住んでいたのだが、ひいお爺さんを助けに部屋に走ろうとするとき、必死に倹約を重ねて買ったドイツ製の望遠鏡を置いた部屋の前で、一瞬立ち止まってしまう。

ひいお爺さんも望遠鏡も炎に包まれ、彼自身も。

ブルギバの魂は貞一に語りかける。「世界の仕組みなど、知らなくても死ぬ。だから知らなくても、生きるのです」。

そして夕陽の最後の一片が溶けるようにして、樹木の暗がりのなかに、ふしぎな笑みをした、彼は消える。

だが高木貞一は、すぐには彗星を待つのをあきらめることはしない。郵便屋が、そそのかすのだ。「富士山に登れば、きっと見つかりますよ。あそこは空気がきれいだから。今まで彗星が見つからなかったのは、スモッグのせいかも知れませんぜ」。

そうして二人で登った富士山頂。「その」富士山からは、たくさんの富士山が見渡せる。「フラクタル富士山」なのだ。その、いわゆるひとつの富士山の山頂で、三十年以上待ち続けた彗星を、ついに高木は望遠鏡の向こうに見ようとする。だがその直前「見ろ！」「見るんだあぁ〜!!」とザンコクに命じる郵便屋の目前で、高木は愛用の天体望遠鏡を、自分でも意外なことに、折る。

「識る」ということを、断念したのだ。

魚の瞳を覗いて

『マンボウ20号』の話をしよう。

一九八七年に新宿シアター・トップスで。八九年には下北沢ザ・スズナリで再演している。

きっかけは新聞記事だった。千葉県の鴨川シーワールドで、マンボウの人工飼育記録が更新されているという。マンボウを飼うのはむずかしいことらしい。なぜかというと、すぐに水槽の壁に激突し、骨折などして死んでしまうから。

世界じゅうの水族館で、マンボウの長期飼育への挑戦が行われていた。次々と壁にぶつかり骨折しては死んでいくマンボウ。その激しい競争の中で鴨川シーワールドの飼育員は、その時点で八年二ヶ月という世界新記録を達成していた。

が、僕が衝撃をうけたのは、それとはちょっとずれたところにだった。「20号?」「八年以上飼ってて、情が移るかないのだろうか?」「1号から19号までがすでに死んで、20番目がいま生きてる。単に20番目の個体だから、20号なの?」「マンボウのマーちゃんとかマー坊とか、そんなんでもいいから、名前付けたりしないの?」

その頃僕は『世界』編集部から「ジュニア新書」編集部に移っていた。公的な組織が支えるべき価値とは? という初心の問いは継続していて、行政法の原野翹《あきら》先生の『警察はなぜあるのか』とか、平和と安全保障の研究家、前田哲男さんの『ぼくたちの軍隊』とか、どんどんつくっていた。原野先生は忙しいというので岡山大学の教員宿舎に僕も泊まり込んで目の前に菓子パンたくさん並べて二日間しゃべり続けていただき、テープから起こして文章にした。

前田さんは平和構築を追究しながら軍事の実際にも詳しく、しかも世にしばしば見られるように軍事オタクや兵器フェチに陥ることのない希有《けう》な書き手だったので、「こう書くと(想定読者である)高校生にも解りやすいですよ」と何度も書き直しをお願いしつつ、自衛隊と言うけど僕たちはかなりな軍事力を持っているんだよ、というとりあえずは事実を若者向けに示していただいた。

どんどん企画すればその時自分に関心があることを仕事にできるという立場だったので、思った。水族館の本をつくろう。

神保町の社屋での仕事を終えてから、車で鴨川に行く。道路はいまほど整備されてなくて山中のクネクネ道なのだが夜中なのでラリーのようなスピードでけっこうあっという間に着く。若くて、なにかと危険なやり方をしていた。もう真っ暗になってる鴨川シーワールドホテルの夜間通用口のインタフォンを鳴らして入れてもらい、寝て、朝、鴨川シーワールド水族館へ。

取材ってことになってるので水槽の裏や上のワーキングエリアにどしどし入っちゃう。異様に生臭い。そりゃそうだな、魚類を主な餌に、魚類を飼ってるところだからな。

飼育員さんに伺う。「マンボウは、どうして壁に激突しちゃうんでしょうか？　目がそれほどよくないとか？」

飼育員さん「さあ。視力のことはまだよくわからないんですが、マンボウは沖合い、大洋のまんなかにいますよね？　だから、『ものにぶつかる』という経験がないからじゃないでしょうか」。

マンボウ、凄い。ものにぶつかるという概念がない？　で、ぶつかって死んじゃう？　鴨川シーワールド水族館では、透明なビニールシートでマンボウの周りを囲うという思えばわりとシンプルな工夫で水槽の壁やアクリルの窓への激突を防ぎ、長期飼育に成功していたのだった。はるばる20号に会いに来たわけだが、20号、物憂《ものう》げとも見えるゆっくりした速度でぼよーんとビニールシートにぶつかっている。水槽も広いがマンボウもデカいので結構息苦しい感じ。眼も、そばで見るとどんよりしている。可愛くない。

僕は飼育担当者にこう聞いてみた。

「あの、マンボウというのは、何か考えてると、……思われますか？」

「え？　マンボウが考えてるかどうか？」「……考えたことありませんね」。

取材をしている頃、べつのこれまた衝撃的な新聞記事が目に留まった。

「ウーパールーパーさん、ごめんネ」「少年4人　盗み出し」「飼ってはみたが　死なせちゃった」「ラッコ盗も計画　重すぎてダメ！」

警視庁少年二課と巣鴨署は子供たちに人気のある小動物「ウーパールーパー」を東京・池袋のサンシャインシティビル内にある水族館から盗み出した少年四人を含む元暴走族の少年二十一人を窃盗などの疑いで七日までに逮捕した。……

ウーパールーパーを盗んだのは、都内に住む無職三人（十六歳二人、十八歳一人）、作業員（一八）の四人。……

少年たちは、このウーパールーパーをアパートで飼育していたが、一か月ほどで全部が死んでしまい、ゴミ用のポリ容器に入れて捨てたという。

少年たちは、ここ数年来ブームになっている珍動物に異常な関心を持っており、昨年秋ごろから深夜の同水族館にたびたび侵入。「モグラたたき」のゲームにヒントを得て、ラッコの頭を厚紙を丸めて作った棒でたたき、驚いたラッコがあわてて水に飛び込むのをおもしろがっていた。

その後、このラッコも盗み出そうと計画。昨年十二月末ごろ、同水族館に忍び込んだが、体重が重そうなので盗むのをやめ、その代わりに水族館内の売店に陳列してあったラッコやウーパールーパーのぬいぐるみ十五点（四万三千四百円相当）を「本物の代わりにしよう」と盗んでいた。……

この四人が入っていた暴走族は「群竜会」。……

（一九八六年四月七日『讀賣新聞』夕刊）

舞台上にぜひこのシーンを再現してみたいし、背後に静かに淋しく流れやがて音量を増して次第に激しく悲しく咽《むせ》んでくるＢＧＭもすでに脳裏に鳴っている。「群竜会」……。

珍しいいろいろの生物を幼い頃から豊富に画像で見ているいまの子どもや若者にはわからんかも知らんが、ウーパールーパーがあのおもちゃかぬいぐるみのような姿でわれわれの前に突如登場した際は、衝撃だった。

記事を読んで、僕もあらためてサンシャイン水族館(当時の名はサンシャイン国際水族館)にウーパールーパーを観に行き、その眼を覗き込んだ。

静かな眼、どころではない。透明。っていうより「とうめい」という感じ。とうめいな音がする。考えていない、どころか、向こうに、そのまま「すっ」と抜けている。遠くに。とても、届きえない場所に。

観にいってすぐ眼を覗き込んだのにはわけがある。「魚は、考えているのだろうか？」という問いにとりつかれていた僕は、水族館に取材に行ってはアクリルの窓に顔を押しつけ、目の前のいろんな魚の眼を、じっと見つめ込んでいた。目と目が、アクリルと水を隔てて、対している。魚は、目を逸《そ》らすとかはしない。ずっと目を合わせているうちに、僕の耳の近くの頭蓋には太古から続く水の音が響いていることもあり、魚の瞳の中にすっと、自分の意識が持って行かれることもある。

魚屋でも同じことをしていた。金目鯛や鰤《ぶり》なんかの眼を覗き込んで廻る。死んだ魚も生きている魚も、瞳にあまり変わりないことがわかった。いろんな魚屋の陳列台にかがみ込んでは三十センチくらいの距離で魚の瞳を見ているうちに、背中の方から、ずっとこういうことをしてきたんだなという、遠い記憶が降ってきた。

小学一年か二年、あるいは幼稚園児の時、苔の大森林を見降ろしていた時のあの視界。それを同じだ。ずっとこんなふうに、世界を見ている。

『マンボウ20号』では、舞台は北陸にある、うら寂《さび》れた水族館ということにした。福井県敦賀市、というのが念頭にあったように思う。その水族館には、世界最長生存記録を更新し続けるマンボウが、いる。主人公の飼育員はこれまた、初老の男。長年、マンボウの飼育に心を砕き、ほかの何もかもを犠牲にしてきた。

なぜ世界最長生存記録をダントツで更新しているかというと、飼育環境に工夫があったから。狭い水槽に入れるとぶつかって死ぬから、海そのものを網で仕切って、一種の生け簀《す》とし、その広いなかで飼っている。冬の海は冷たくマンボウは生きられないので、生け簀の海そのものを温めている。北陸電力の協力を得て、パイプを海にめぐらせ、原発の温廃水を通しているのだ。電源三法による交付金を活かした地域振興とCSR(企業の社会的責任)達成の、グッド・アイディアだ。

長年同じ繰り返しのような、しかしマンボウ生存のために刻苦勉励《こっくべんれい》の日々を送ってきた老飼育員は、ある日突然(いや実はそれはずっと背中の方、生きることの背後にあり、だがそれに目を向けることから、逃げ続けていたのだ)深い疑念に捉えられる。

「マンボウってのは、い、いったい、考えているのだろうか？　なにかを」

「考えていないとしたら、ナニも、考えていないとしたら、どういうことなんだろうか？　それを、考えていないものを、飼っている、というのは」

以下、台本より。

長井昌壱(須藤章)は水族館の職員。
佃半四郎(長尾仁樹)は、よく水族館にやって来る変なサラリーマン。
二人並んで、マンボウ20号の水槽を眺めている。

佃　「何も見えませんね」

長井「ああ、このごろね、こっち側にあんまり来ないんですよ。隅っこが好きらしくてね」
佃「へえ、マンボウって大きいんでしょう？」
長井「ええ、三メートルありますね」
佃「それがどこ行ってるかわからないんですか？　じゃあずいぶん大きな水槽なんですね」
長井「いや、そんな予算ないですよ。ここはね、自然の入江を利用してるんです」
佃「入江？」
長井「この向こうは海なんです。小さな入江を仕切ってね、こっちにアクリルをはめてある。入江にはドームがかぶせてあって、天窓の開閉によって明るさも調節できるようになってます」
佃「ほー、なるほどねぇ……、そうか、だから……向こうの壁が見えねえや。水ばっかりだなぁ……水、水……」
長井「こうするとね、まあ海そのものですから、水質管理もやさしい。広ければ、マンボウが壁にぶつかってしまう可能性も減らせますしね。ただ、冬になると水温が下がって死んでしまいますから、温めてます」
佃「へー、海を？　どうやって？」
長井「北陸電力に協力をいただいてね、原発の温廃水をもらってます。水中にパイプが通っていて、その中をお湯が流れるんです。それで熱交換する」
佃「げっ！　じゃねえや、えっ？　それじゃあ……いや、奇遇ですなあ」
長井「何がです？」
佃「いやね、あたし原発で仕事してるんですよ。もちろん下請けですけどね、パイプ専門……、申し遅れましたが、あたし菅原パイプ工業の佃半四郎と申します」

と、パイプを出す。

長井　「これ何ですか？」

佃　「名刺ですよ」

長井　「ほんとだ。……凝ってますね」

パイプには名前が彫ってある。

佃　「少しでも印象づけないとね。うちの社長はアイディアマンなんです。まあ持ち運びに不便なのが難点ですが」

長井　「難点ですね」

佃　「でもね、このパイプはスゴイんですよ！　銅とジルコニウムの合金にですね、ある稀少金属が入ってるんですなあ。これが隠し味なんだ。でも教えない！　秘密なんです！　すいません！」

長井　「いいんですよ。べつに興味ないから」

佃　「どうしてこんな特殊パイプが必要なのか？　それはね、これが原子炉の熱交換器に使用されるパイプだからですよ！　穴があいたら五万人、パイプが折れたら十万人、死ーぬ死ぬみんな死ぬ。このパイプの折り曲げ技術を持っているのはね、日本じゃうちだけなんです。会社は小さくてもね、パイオニアなんだあたしたちは！　だからぜーったいに穴があいちゃいけないんだマシンガン・ショーット！……、あ、すみません、どうしたんでしょう、あたしひとりで」

長井　「いえ、大変ですね」

佃　「あなたこそ、あなたこそですよ！　聞くところによるとこのマンボウは、世界で一番長生きしてるんですって？」

長井　「ええ、今日で二十年と百十二日です」
佃　「にじゅうねん。二十年ですかー。パイオニアですね」
長井　「え？」
佃　「あなたもあたしもパイオニア。そして日々見知らぬ世界に突入してるんだ。仲間だ、仲間！」
長井　「さびしいんですね」
佃　「単身赴任ですから」

いつのまにか、水槽に光る眼がある。

佃　「ああ、来てくれましたね」
長井　「ああ」
佃　「あれが眼ですか？」
長井　「ええ」

「蛍の光」のメロディーが流れる。

佃　（物凄く絶望的な声）「あっ！　もおー終わりですかーぁ！」

……………………………………

（シーンひとつ置いて）暗い方から、佃の声が聞こえてくる。

佃　「今晩は」「アケロアケロ」

長井は考え込んでいて反応しない。歌が始まる。次第にヴォリュームアップして、佃、歌い踊りながら入ってくる。

長井　「ちょっと、ちょっとちょっと」
佃　「(歌と踊り)」
長井　「佃さんったら！　どうしたんですか一体！」
佃　「会社でツラーイことがあったんだライダーキーック！」
長井　「それで、踊ってるんですか？」
佃　「そうです」(と、急におとなしくなり)「長井さん、マンボウ元気ですか？」
長井　「え、ええ、元気ですよ」
佃　「ふーっ。やっぱりここに来るとほーっとするな。時間がゆっくりしててさ」
長井　「……あのー、あのー佃さんねえ」
佃　「はい？」
長井　「いやあの一般の方の意見をね、一度聞いてみたかったんですが」
佃　「はい」
長井　「あのー、あのあの……魚ってのは、考えてると思いますか!?」「な、なにかを！」
佃　「ええっ!!」

と意味ありげな大声。しかしべつに意味はない。

佃　「考えてないんじゃないですか？」「なにも」
長井　「そ、そうですかね」
佃　「いや、こっちがお聞きしたいくらいですがね。考えてないんでしょ？」「魚だし」
長井　「そ、そうなんです。……でも最近ね、このところ、その、考えてないものを飼ってる、二十年もそれをやってきた、というのがいったいどういうことなのか、わからなくなってしまって……苦しい」
佃　「でも、パイプも考えてませんよ」
長井　「えっ？」
佃　「あたしも二十年パイプとつきあってますが、パイプも考えてませんよ」
長井　「そっ、そりゃそうでしょうけど、ね」
佃　「考えてないけどね、物の本性というのはあるんです。そこんとこ、あたしわかりました」
長井　「…………」
佃　「電力会社の方はね、百パーセント破れないと言い切ってくれと言われます。いや、ほとんど大丈夫なんですよ。ほとんどほとんど。うちは高い工作技術を持ってますから。……でもねいくら工作精度を上げていってもね、正直言っていつはじめのパイプが破れるかはね、わからないんです。言えるのは、単に確率論的なことだけです。……だけど、きっと破れますいつか。あたしのかわいいパイプたちのどれかが、破れるのだと思いますいつか。だってねぇ、物は、こわれるんです。それをあたしらはウソをつく。しかしあたしのパイプは、こわれることによって、いつか物としての本性をあらわにするんです。考えてなくても！　そしてわれわれに復讐するんです」

いまになってみると、書いていることはいろいろな意味で当たっているようだ。ナマに政治的なことは舞台に載せない、と決めたのだったが、かといって現実からそうはかけ離れていない部分もある。いまググってみると、熱交換器のパイプではないが原子炉の燃料被覆管《ひふくかん》にジルコニウム合金が使われると書いてある。中性子の吸収が少ないのだそうだ。どこでそんなことを、当時、小耳に挟んだのかは今となってはわからない。しかし、望んで就いた、政治、経済、文化、その他なんでも、この世のことを調べて識っておく必要のある仕事のおかげはあるだろう。

給与を得て暮らしていくためでもある仕事がそうだったから、誰にとってもベタにシリアスな、ニュースにもなるような問題への自分のスタンスは、そこで表現できていた。だから、好きに、自分(たち)だけの意志で実現させている演劇の舞台では、それら現実へのつながりと、普通は人には言わず、共有が難しいような個人的なこだわり、幼いころからおそらくは死ぬまで未解決で続くであろう謎を、ごちゃまぜにして形にすることができる。

そこがわれわれ月夜果実店の特長を成しており、当時の小劇場ブームの中でも類例の少ないものにはなっていた。

当時の観客アンケートから。

「こういう雰囲気は月夜独特のもので、私はとても好きです。このままやってくれれば、永遠に見に来ます。」
(小平市、男性、大学生　二二歳)

「理科系と文科系の間で、毎日深淵を覗くような生活。同じように、考えている人たちがいるんだなと、ちょっとほっとした感じです。いま、私はシステムエンジニアをしています。」
(女性、会社員)

月夜果実店は、比較的「固定客」の多い劇団だったように思う。しかし観客総数はなかなか増えはせず、一回の公演で最大千名前後だった。一公演、週末を絡《から》めて五〜七ステージがようやく成り立つ規模。ある時期まではかなり大がかりな舞台装置をつくっていたから、端的に費用対効果としてももったいない話だし、せっかく全編オリジナルでつくられた音楽もそう多数の耳に触れるわけではない。

観客が増えるといいな、楽になるな、というのは皆でたびたび思っていたことだが、主宰者(僕)は早々に次に掲げる命題を考えつき、それは特別にずば抜けた天才を除く多くの表現者にとっては真である、と決め込むことにした。

「いちばん好きなことを『仕事』にすると、不幸になる」

一九八〇年代後半だった。われわれのような劇団にもいろんなイベントへの誘いがあった。あるとき、そのころ非常に調子のよかった「ぴあ」という会社から、新宿アルタ前でそのころ旬《しゅん》とされたいくつかの劇団がパフォーマンスだったかをして競うという企画の話があった。打合せの席上、企画書が配られた。

企画書なので、当てずっぽうに近くても一応数字を入れたりする。「動員：十万人」とある。呼ばれていた、いずれも聞いたことのある劇団の幹部たちが「ふんふん」と、違和感の表明もなく、はっきりと言えば得々《とくとく》としていることに急激にむかっ腹が立ち「十万人って、どうやって数えるんですか?」と僕は質問した。

何しろ「新宿アルタ前」だから屋外で、舗道で、そこから新宿駅東口まで別段仕切りというものはない。ただの群衆がそこに詰まっているばかりだ。動員数ではないでしょその数字は。

質問した途端、これは思い込みではないと思うのだが、集っていた劇団幹部たちが、人を馬鹿にする気体のようなものを出した。もわ~っと。とくに「女子高生を動員しなければ観客は増えない」とかのブーム論を語り、プロデュース力を誇って実際凄い動員力で一公演三〇ステージとか打っている劇団の製作担当の男が出した気体が、強く匂った。これは思い込みかも知れないが。

ウソを洗練と捉える「ギョーカイ」の文法にあっという間に染まって愧《は》じない連中の部屋をあとにしながら、嫌なものを見たという思いはなかなか消えなかった。

女子高生にも受けて、何万人にも観客が伸びる芝居。すばらしいが、あなたたちはそういう芝居をつくりたい人で、しかもそのための知恵も技術もあって、良かったですね、というだけのことだ。自分がそういう芝居をつくって何万人もお客さんが来てくれればうれしいかというと、お客さんが増えるのはうれしいが、そういう芝居をつくりたいわけではない。たまたま。

身銭を切って時間をかけてやってるのに、どうやったらお客さんが増えるか考えて台本書いて演出していたら、いったい何のために何をやってるのか、意味がなくなる。

もちろんそれは月夜果実店のメンバーの皆が月夜果実店的なものを選んだことによる単に困難な運命で、何万人もお客さんが来るような舞台をやるより偉いとか偉くないとか、そういうことは全然関係ない。

ただ、自分がやりたいと思うことがすなわち比較的多くの人に求められることだった、というケースの方がむしろ稀《まれ》だとは思うので、自分に向けては、重ねて言う。「いちばん好きなことを『仕事』にすると、不幸になる」。

『マンボウ20号』の結末はどのようなものだったのか？　台本をもう一度引っ張り出してこないとうまく思い出せない。だがこれは覚えている。舞台の始まる前と、終わった後には、僕が書いた詞に石川がメロディをつけた、このような曲が流れていた。

♪七億年の　昔にも　波が寄せては引いていた
けれども　誰も見ていない

♬七億年の　未来にも　波が寄せては引くのだろう
けれども　誰も見ていない

その音楽はまだ時のないころの海の泡粒から生まれ、人間の行ったことのない珊瑚礁の砂を濾《こ》し、劇のはるか「外側」を流れていた。

生の前提は変えられないことを、否認する

人はいつか死ぬ、ということはそれぞれの子どもがある時点で気がつくことだが、僕の場合は五歳の時だった、という記憶がある。なぜか自動車に乗っていて、夜、窓外に樹木の暗い影が飛び、星が降るようだったことを想い出す。気がついて非常に驚いたが、当面、自分の問題として迫ってくることではなかった。五歳なら死ぬまでにはまだほとんど限りなく時間があるような気がする五歳であった。

だがほどなく、五歳は「親が先に死ぬのだ」と思い至る。小さな数と大きな数、かんたんな計算の問題。数が大きくなりすぎると、死ぬらしい。だがそれもまだずうっと先のことなんだ。きっと。

物心つくと家には猫がいて、僕はその茶虎の猫を猫かわいがりしていた。茶虎がしばらく姿を見せなくなって、僕は不安とともに幼稚園に通っていたのだと思うが、ある日、近所の床下から突っ張り固まった茶虎の猫の死骸を、年《とし》嵩《かさ》の子どもたちが発見した。「そうだったのか……！」と思うのと、あの死骸がうちの茶虎、と結びつけない、どこか麻痺させた状態を保つのと、両方の自分があった。「猫は死期を悟ると自ら何処かにいなくなる」というあの伝説だけが、実現し確認されたものとして童顔に響いていた。

その後しばらくして、あの苔の森を見た小さな庭に、三毛の、綺麗な若猫がときどき来るようになった。どうにか手懐《なず》けて、その三毛猫はうちの二代目の猫になった。もちろん猫かわいがりするのだが、思えばやりすぎの面もあった。どういう心理だったのだろう？　夜、布団で寝ている。昔の家だから冬は結構寒い。三毛猫が布団に入ってきて喉をゴロゴロ鳴らし、僕も穏やかな気持ちになる。猫が、爪を布団に立ててにじり寄り、位置を移動する。僕のお尻は布団の外に出ちゃう。お尻が、背中が寒い。

でも僕は、猫を起こしてまで、元の位置に戻ってもらうのをためらう。異常なこだわりだと、自分でも思う。

そんな日々の中、冒頭の方に書いたように、僕は鳩も飼い始める。猫が、鳩を殺す。僕の首が、曲がる。

この、猫が鳩を手にかけた事件の時は、ヒステリー症状はいったんは治まっている。けれど、衝撃はたぶん猫が鳩を殺したことだけではなく、その背後にあるもっと全体的なことから響きわたってきていた。身近に思うものが、死ぬ。そのことが始まったのだ、僕の人生においても。

後年、僕がするようになった強迫的行動の原因はどーんと、もやーっと、歯医者で麻酔薬を打たれて麻痺したほっぺたの内側のような感じの、心の中の遠くにある分厚い層としてあるような、イメージだった。三歩進んで二歩下がったりしながら子どもの僕も考え、その中心にあるのは、自分の親もいつか死ぬと知ったときの衝撃らしい、少なくともそれが象徴だ、と分析されてきた。

すると、奇行がコントロールを拒むことの理屈も見えてきた。ちょっと変わっているのかも知れないが、父親にも母親にも、深く葛藤することはない家庭だった。父親はいつも父親であり、人間的な卑小さとか欲を、見せることはまったくなかった。母親は弱さを見せることもあったが、しかしつねに母親だった。

小児だった僕は「その親もいつか死ぬ」と知り、それは「絶対に絶対に絶対に起こって欲しくないこと」だと強く思った。しかし人はいつか死ぬ。例外はないらしい。少年になった僕は「絶対に絶対に絶対に起こって欲しくないこと」が起こることを防止するための行動に蹶起《けっき》した。

奇行は、べつの言葉にも言い換えられる。それは、「祈り」。「どんなにひどいことだって起こる」この世界で、人間にできることはすくない。しかし苦しい、その事実を受け入れるのは。だから三歩進んで二歩下がることをつうじてでも、祈るほかはないのだ。そして祈ることをやめることはできない、おかしな行動＝祈りを非合理であるとして退けたら、それは「親もいつか死ぬ」「死んだら永遠の無だ」ということを、認める、受け入れる、ことになるから。こういうメカニズムだから、強迫的行動は自分では止めることができないのだ。僕はそう理解した。

駅頭に寒風の吹き荒ぶ

一九八八年一月六日の夜、十一時過ぎだったか、郊外の駅に着いた。冷たい風がぶうぶう吹いていて、当時着ていた灰紫色の薄手のコートの裾《すそ》がぱたぱたと吹かれていたのも思い出すことができる。

自転車置き場の入り口の公衆電話から「いま駅」と自宅へかけたのだが、電話口には隣家のおばさんが出た。父親が都内に救急搬送され、母親も同乗しているという。ホームに戻り、上り電車で都心に逆戻りすることになった。

父は前年の晩秋に食道癌の切除手術を受け、静養していた。もともとの長身瘦軀《そうく》がさらに減量してしまい、痛々しいほどの瘦せ方。「食欲はあるんだが、食べられないんだよなあ」。珍しく、自身の不調についての言葉があった。僕は「手術の後で、胃がまだ落ち着いていないんじゃない？」などと言って済ましていた。

食道癌の手術は当時も成功率が低く、身体への負担も大きいものだった。胸腔《きょうこう》を切り開いて食道を摘出し、胃を喉元まで引っ張り上げて縫合《ほうごう》し、食道の代わりもやってもらうのだ。

手術を生きのび、しかし体重は回復せず、食べられないと言う。おかしい。本来僕は必要となれば調べ物をものすごい勢いでするのに長けており、誰に、どういう方面に何を質問すれば正解に辿《たど》り着くのかは分かっているはずだった。が、事態への直面をおそれたのか、忙しさにかまけてそれを先延ばしにしていた。平素《へいそ》薬など飲まなかった父は、胸焼けがするらしく、買ってきた太田胃散などを飲んでいた。「むかしの薬、太田胃散なんかでいいんだろうか？」と僕は思ったはずだが、『墜ちる星☆割れる月』の再演の稽古中だった。一月初旬のその日の電話も、稽古帰りの駅前から、かけたのだった。

都心の大病院に着くと、救急救命室の廊下に母と妹がいた。出血が止まらず、バルーン（風船）で止血を試みているが、見込みは厳しいという。

長い時間の緊張に耐えられないタチなので、「父は死ぬ」と即座に決め込み、僕は一種張り切って今後必要ないろいろを考え始めた。父親が珍しく不調を呟いたとき、通院を促して自動車なりで連れて行く、という簡単なことさえもしなかったのに、もう事態がダメになってから努力している。

食道を切除した後に挙上《きょじょう》した胃に、ストレスでか潰瘍《かいよう》が生じ、それが突き抜けて胃酸がお隣になっていた心臓大動脈を溶かし穴を開けたという。助かるわけはない。

家で吐血《とけつ》して、父は母に「その血は容器に入れて持つように。医者の判断に役立つはずだ」ということを言ったという。これは後に、電話番をしてくださっていた隣のおばさんに聞いたことだが、救急車が到着すると、父は立ち上がって玄関から出て救急車まで歩いていき「お世話になります」と言って自分で乗り込んだという。相当な血圧低下に襲われていたはずなのだが。

明け方、処置室に通された。意識がなかったが、医師が「これから少しの間意識を戻します」と言う。いま思えば、アドレナリンのようなものを射ったのだろう。父は目を開けた。鼻や喉に太い管を入れられていて話すことはできない。しかし何か話そうとして上半身を起こそうとし、どんな力の振り絞りか実際に半身が起こされてくる、が、僕は動顚《どうてん》して起きようとする父の半身をベッドに押し戻した。寝てなくちゃだめだと。寝ていても死ぬのに。その時、眼が、瞳と瞳が少しの間、合った。これが、これこそが生きている人間の眼だ。魚の眼とは違う。瞳の奥と瞳の奥との間で、互いになにかが通じている眼だ。そして父のそういう眼の、これが最期だ。

翌年、一九八九年一月七日には昭和天皇が逝去した。大正末年生まれの父は、昭和と同年を刻んで生き、しかし昭和よりは長く生きなかった。そういう軽い感慨があった。

その年の十一月にはベルリンの壁が打ち壊される。変化する世界を目撃すべく、僕は相当張り切ってもよかったはずだが、ベルリンの壁崩壊の事実自体があまり記憶に残っていない。一九九一年の湾岸戦争にあたっても、僕がやるべき仕事があったはずだが、やるにはやったものの、これも記憶が曖昧である。その時期には別のことも重なっていてものごとの重要性に関する意識が少々変性状態だったわけなのだが。いずれにせよ、いつか来るとずっと分かっていて、それに対抗するための奇行まで花咲かせていた、身近な人もいつか死ぬ、ということがまったくのあたりまえとしてやはり、まちがいようもなく来たことで、スイッチみたいなものが切り替わってしまった。

『墜ちる星☆割れる月』の再演まで、父が亡くなって一か月なかったが、当然のこととして幕は開き幕は閉じた。会社にもそれなりに行っていたんだろう。『うらで会いましょう』の公演の最中に父親を亡くした石川泰のその時のきつさを、少し分かったかな、とも思ったが、どうだか分からない。

人間は宇宙に行く理由をうしなっている

その次の公演は五月。『うたのつばさ』。よくぞそう間を置かずにやったなー、と思うが、たぶんすでに劇場を押さえていたからだ。

『うたのつばさ』は未来の話だ。月夜果実店の舞台は「ノスタルジックな独特の空気感」と人に言われたり自分で言ったりしていて、誰にでもある(ニセの記憶を含む)過去の記憶にまつわるものが多かった。今度は未来だが、どっちにしろそう変わらない。ここにない、ということにおいては。

未来のいつか。人類は滅びることになりました。原発がいくつか連続してぶっ飛んだのです。時は二〇三八年、としてある。宇宙開発はその時も連綿と続いていたのだが、もう宇宙に行って、何かを発見したりすることには特に意味はなくなってしまいました。人間全部が滅びることになったので。さまざまな核種《かくしゅ》にすべての人が被曝し、いまから他の惑星への移住を試みるのは、間に合わない。

ところで、僕が生まれる以前から、また『うたのつばさ』を上演した一九八八年の時点でも宇宙ロケットの打ち上げはさかんに行われていて、そこには莫大な費用ととんでもない努力が傾けられていた。次第に、人類がロケットを打ち上げ続ける理由を、僕はうたがうようになった。やりすぎなのではないか？　そう思ったのだ。

確かに米ソ冷戦の初期には、一九五七年、ソ連がアメリカを出し抜いて人工衛星の軌道投入に成功した「スプートニク・ショック」があり、その能力はほぼすなわち相手国に正確に核弾頭を撃ち込む能力の指標となったから、宇宙開発の名を借りた米ソ軍拡競争が起こった。ソ連の方が先を行っているという恐怖に駆られたアメリカでは「ミサイル・ギャップ」という言葉が言われたが、それは虚構で、実態はアメリカがソ連を追い越していることが後に明らかになった。

その後もアポロ計画で月面に人間が送り込まれ、スペースシャトルが何度も打ち上げられたわけだが、そういうのを見てて僕は「もう、いいんじゃないか?」とふと思った。超長期をかけて木星だの土星だの無人機で探査するのはかなり興味ぶかいことだが、少なくとも、人間を宇宙に送り込むのは、もう、いいんじゃないか。

いや、火星を初めとする他の天体に人類が移住して地球の、さらには太陽系の寿命を乗り越えていくため(ほとんど無理だと思う)とか、月から資源を採掘するため(コストに見合う時がいつか来るのか?)などと言うがそういう理由づけはほぼウソで、もはや「行きたいから行っている」のではないか。

無論、困難な重量物打ち上げを続けることでアメリカのソ連のあるいは中国の国威が増進し、その裏面ぴったりで、むしろこっちが本筋である、戦略ミサイルの性能を維持強化し続けるための予算と人的資源が確保される、といったしくみはあるだろう。

そういうことを思い、『うたのつばさ』の冒頭には、主な舞台になる二〇三八年よりさらに数万年後、局地的に生き残り、すでに文明の記憶をおおかた失った人類らしき者たちが、砂に埋まった宇宙ロケットの破片を拾い上げるシーンが置いてある。

> 子どもたちは、破片を眺めて、言う「これなに?」。
>
> 大人　(引率の教師のようなものだろうか)「宇宙に行くための乗り物の、かけらだよ」

子ども「う、ちゅう？」
大人「空の上の、ずーっと上の上のことだよ」
子ども「ふーん」
「どうしてそんなこと、したんだろうね」

もうひとつ気づいたこと。

スペースシャトルで宇宙に送り込んでもらえるような人たちは、言うまでもないが、超エリートだ。その後いろいろな背景の人が少しは乗るようになったが、その頃はまず例外なく、理科系の素養を持つ、体力はもちろん判断力をはじめとするメンタルも安定した、優れた人たちだった。なにしろ宇宙空間で実験したりしなくてはならないし、宇宙船の構造も知り緊急の修理に対応したりもするし、厖大なマニュアル、手順を正確に理解していなければならない。そうして人類全体に先立って宇宙を体感した飛行士たちはスターになり、その発言は注目を集めることになる。

ガガーリンの「地球は青かった」。

テレシコワ「わたしはカモメ」。

なかなかいいことを言ったと思うが、実際にはこれほどの決めゼリフだったわけではないそうだ。発言の一部がうまく切り取られて流布《るふ》し、受け取る側が一種の願望を込めてことさらに詩的に解釈した面もあるのだろう。

『うたのつばさ』では、理科系の、というか順序立てて行動のできる人間が宇宙に送り込まれるのではない。なにしろ人類は滅びる。そして、遠《えん》宇《う》宙《ちゅう》探査をもう一回やれるだけの機材や燃料が、その時の地球には残っていた。どうしよう。最後にもう一回遠宇宙に人を送り込んで、何か実用的な知恵を得たとしても、もはやその知恵の使い途はないのだ。

国際的な宇宙探査機関では、やけくそみたいな決定がなされる。「じゃあ、あんまり仕事はできんけど感受性の突出した人間を送ってみよう」。

そして服のボタンを留めるときにどうしてもずれちゃう詩人や、ヴァイオリンをしょっちゅう落っことして壊す音楽家や、洗濯機の使い方も覚えられない画家などが選抜される。彼ら彼女らに、宇宙を、その感受性の眼で見、心で聴き、詩で報告させるのだ。滅びていく人類に向かって。

もちろん、宇宙船がちゃんと飛ぶように、その機材でのミッションをすでに何度か経験しているエンジニアも、乗る。

子どもが思いついたような設定で申し訳ないが、この設定でたとえば小説を書くのはリアリティの置き所という点でなかなか難しいだろう。技術が要るだろう。舞台がいい。簡単だ。

簡単に済まなかったのが舞台装置で、『うたのつばさ』は原宿にあるラフォーレミュージアム原宿エスパスというところでやることになっていたのだが、その都会的なギャラリー空間を、僕は「とある惑星の表面」にしたいと考えた。

淋しい、砂地の地面のようにしたいと考えて実際の砂を、とまずは考えたが、土建材料としての海砂は真水で洗ってはあっても、その上で動き回ると細かい粒が舞い上がり、役者が喉をやられるのは間違いない、と分かった。

結局プラスチック製品を製造するときに使う「ペレット」と呼ばれる米粒状のプラスチック片を、二五トン注文した。だって、そのギャラリースペースはけっこう広く、僕は客席以外の全面を淋しい惑星の表面にしたかったのだ。

劇場入りした早朝、指定していた時間に原宿の竹下通り近く、狭い道路を圧する長～いトラックがガーッと二台到着し、やはり「くるってる」とは思った。こんなことを実際にしてしまったのは誰だ、って、自分で驚いた。

セメント袋のようなものに数十キログラムずつ入ったペレットは無限のようにあり、地下にあるギャラリーまでみんなで階段を運び降ろさねばならないのだが、とくに女性の役者には肩が赤剥《あかむ》けになった者もおり、ほとんど泣きそうになっていた。ガタイのいい男の役者もへとへとになり、重いペレット袋を憎みはじめた。その憎しみとはすなわちこういうことをする主宰者への恨みに、すぐさま転化するもの、というかもうしている。危機だ。しかしまだ舞台は始まっていない。

ほとんど丸一日を費やして造成した星の表面に、照明家が薄青や闇の色、あるいは夜明けの色を投影し始める。物凄く美しい。プラスチックのペレットは白く半透明なので、照明の発色がきわめて鮮やかだ。うむ。これでいいのだ。

劇場入りする以前には、芸術家たちを載せてきた宇宙船の着陸船、という大道具を造っていた。その時期にはもう舞台造りにはプロの力を一部借りており、舞台装置製作会社にいた黒田隆行君が舞台監督を引き受けてくれるようになっていた。どうしてだったか、横浜のどこかの空き倉庫で黒田君は一人で宇宙船を建造していた。開演も数日後に迫ったある日、たぶん稽古が終わった後の夜中、オートバイだったか車だったかで進行状況を確認しに行ったのだが、倉庫の一角にスチーム・パンク風の凄カッコいい着陸船はすでにあり、仕上げにかかっていた黒田君がその陰から現れた。「うぃーっす」。着々と、間に合わなさそうになりながらしかし着々と、開演へ向けて多くの人の努力と技能が集中されてくる。東京周辺のさまざまな片隅から、舞台という一点に向けて。今夜それを知っているのはまだ、僕らだけ。

搬入が進み、プラスチックペレットの砂丘の向こうに、白く、一部金色の箔《はく》に輝く着陸船が置かれる。距離の錯覚が起きて遠い距離に見えるように、そうした。普段はギャラリースペースなので、ホリゾント幕も特設。そこに映る、紫色の空。

さて、星に到着した芸術家たちはただ感動したり気絶したりしててもよかったのだが、エンジニアとして同乗したただひとりの理科系の飛行士には、もうひとつのミッションが与えられていた。それは「宇宙の始まりの観測」。

その時代には、電波望遠鏡で百数十億光年先まで観測できるようになっていた、という設定にした。だが地球上からはまだ、大気中の塵埃《じんあい》などに邪魔されて百数十億光年の先は視えない。けれど、宇宙空間に打ち上げられた「ハッブル・スペース・テレスコープ」が僕らの時代でも現に地上からは視えない遠宇宙を観測し得ていたように、二〇三八年においては、彼らの行ったその星からは、宇宙の始まりが視えるかも知れない、という期待があった。

そこで、派遣されたエンジニア飛行士はその星の上で電波望遠鏡を組み立て、「宇宙の始まり」を観測しようとする。

百数十億光年「先」とも言うが、そこから届く光なり電波なりは百数十億光年「前」のもの。それが「今」届くので、百数十億年昔に始まったとされる宇宙の初期の姿が、観測できる、という理屈になる。

して百数十億光年先に焦点を合わせた電波望遠鏡から流れてきたのは、音の形をしていた。エンジニア飛行士も芸術系飛行士も、じっと、耳を傾ける。

♪うたのつばさに　君をおくらん
南　はるかなる　うるわし国に
花は薫る　園に　月影冴え
蓮　咲き出でて
きみを待つよ

実はこの『歌の翼に』は、人類が滅びることがわかる前の時点で続けられていた、SETI（地球外知的生命体探査）計画の一環として打ち上げられた超長距離飛翔体に載せられていた音源だった（という、設定）。

宇宙の始まりにあったのは、人間自身が、宇宙に呼びかけた声。宇宙を生み、自分自身を生んだのは、自分自身だった。

これは、宇宙論で言う「人間原理」のアレゴリー（寓意）になっている。

岩波書店の社員・著者用の図書室の地階の書庫で手にしたリチャード・モリス『宇宙を解体する――科学的発見の本質』（産業図書　一九八五年）を読み始めて止まらなくなり、最初はその場で座り込み、次いでは持ち歩いてむさぼり読んだ。

ブラックホールにおける時間——（重力が増大すると時間の経過が遅くなるというアインシュタインが見出した原理に立つ思考実験として）ブラックホールに落ち込んでいく宇宙探査船を考えてみる。

「外部の観察者の見地から見れば、何ものもブラックホールの事象の地平を通過することはできない。何が近づこうとも、宇宙の続くかぎり、いつまでもそこにとどまるように定められている。しかし、ブラックホールへ落下していく観察者の見地から見れば、こうしたことはおこらない。探査船の時間で数分のうちに何の妨げもなくブラックホールの内部へ入っていくことができる。探査船上の時間はきわめて圧縮されているので、外の宇宙における何十億年という時間も、ブラックホールの事象の地平に接近中の観察者には数分か数秒にしか思えないのである。探査船がブラックホールに入っていくときには、外側では無限の時間がたっていることだろう」。

たとえばこの記述に、どうしてそれほどまでに惹きつけられたのか。純粋に思弁的なものに過ぎず、観測して確認することのそもそも不可能な「ブラックホールに落ち込む人と、外部にいる人との関係」という思考実験に。光も含めて、ブラックホールからは何も届かない。そこから脱出できるものは、ない。だからこそブラックホールと呼ばれるのだ。その内と外では、いかなる通信も不可能。

ここには「死」のアレゴリーがある。

宇宙論や量子物理学をめぐる、数学によってのみ、その認識に到達することができるような事柄が案内してある、その本。岩波書店に在籍しているあいだずっと、その本を借り出し続けて手元に持っていた。他に借りる人もいなさそうだし……。

というのはウソで、いまも持っている。だからこうして一部を書き写せる。ごめんなさい。

さて、人間原理。

物理学、特に宇宙論において、宇宙の構造の理由を人間の存在に求める考え方。「宇宙が人間に適しているのは、そうでなければ人間は宇宙を観測し得ないから」という論理を用いる。これをどの範囲まで適用するかによって、幾つかの種類がある(ウィキペディア)。

人間原理のバリエーションの中には、ほとんど「人間がいるから、宇宙がある」と言っているのと同然なものもある。普通に考えうる因果を、逆転させるのだ。

人間がいるから、宇宙があるという考え方にはどんでん返しの痛快さもあるが、考えてみると強烈に、淋しい。二十世紀後半の宇宙論の試行錯誤から出てきた考え方ではあるが、これは結局、人間の認識の限界を認める思考と表裏の関係にある。年号もまだないような古い時代にあっては、おそらく、人間には分からないことがあると思う方が当然だった。森の精霊とか魔物とか、妖怪とか、後に発明された人格神などが、人にはわかり得ないことがある、それでいいのだ、と教えた。ところが精霊や魔物や妖怪は知識の陽射しに照らされて消え、そして宇宙をいくら探索しても、神様から返事は来なかった。そこで人間原理というほとんど思考実験の余地も、生まれたのだと思う。

へんな話でも「劇」では通じる

『うたのつばさ』では、着陸船に故障が起こり、ありがちな設定だとは思いますが、全員は乗れないことになる。これもご都合主義と言えばそうですが、観測によると、いずれ星ごとブラックホールに呑み込まれる運命だと分かった。それを計算で出したエンジニアの飛行士は自分が残る、と言い、芸術家肌の心が弱っちい飛行士たちはそんなことはできない、あなたを見捨てて行くなんて、と泣きじゃくりながら訴える。エンジニアの飛行士は泣いても運命が変わるわけじゃないだろう? と彼らをどなりつけ「滅びる地球に届けるんだろう? 感想を。だから君たちは来たんじゃないか、最後に、人類が行ける限りの遠くまで」「みんなを、代表して」と、相手の心の情緒に弱いところもちゃんと計算に入れて、説く。

作曲家や詩人の飛行士たちは、泣きながらではあるが、着陸船に乗り込み、帰って行く。

ここで、「シュパーン！」という鋭い速度を感じさせる大音響とともに砂塵が舞い、その埃《ほこり》が晴れると砂丘の向こうの着陸船はすでにそこにはなく、まもなく紫色の空にはそれが飛び去る光芒《こうぼう》が線を引く、という哀惜《あいせき》感の演出には特に意を用いた。

『うたのつばさ』全体が実際の科学から見ればありえない話の連続なのだろうが、ありえないことをありえさそうと錯覚を起こそうとすることにおいて、舞台には数々の有利な点がある。まず、映画館でもそれは同じだろうが、観客はそもそも「これはほんとうだ」と思って観ようという、無意識的ではあっても「つもり」を伴って来場してくれるのだと思う。どんなへんな設定でも、観客の関心、集中を逸らす技術的なミスを避ける力量を伴えば、観客はそうとう遠くまでついてきてくれようとする。

さらには、演劇の場合は演者の身体が目の前にあるので、たとえばとてもコンセプチュアルな発想で舞台をつくったとしても、そこには実体としての身体、声や動きとの調整は必ず伴ってくる。だから、とんでもなくみっともないものができる危険もあるとは言え、その反面、素朴な発想・稚拙《ちせつ》な演出であっても、とても説明がむずかしいテーマも、観客の心に入っていく場合が、ある。

そう考えている。

『うたのつばさ』で地球に帰還した飛行士の中の、詩人。彼は自分たちを還《かえ》し、ブラックホールに突入しつつあるはずの理科系の飛行士を哀惜し、苦しむ。彼はずーっと、ずーっと、いつまでも考え続け、喪失を否定しうる、こういう考えを見つける。

タキオン。仮想的な粒子。特殊相対性理論は、光速を超えるものは存在し得ないとしたが、一九〇七年、ドイツのゾンマーフェルトが、特殊相対性理論に矛盾しない形で、常に光速を超える粒子の想定可能性を提唱した。通常の粒子はエネルギーを与えることによって加速するのに対して、タキオンはエネルギーを失い続けることによって加速する。おそらく、数学的な鏡像関係にあるのだろう。

詩人は、タキオンを用いてなら、ブラックホールに突入しつつある飛行士と、何らかの通信が可能なのではないかと考える。しかも、前に触れたように、ブラックホールに突入する物体は、この宇宙の側から見れば、永遠にブラックホールの事象の地平に留まっている。だから時間はあるのだ、永遠に。

タキオンもまた、発見されさえすれば測定可能なはずの物理量なのだ。あるいは測定されさえすれば、発見される。だが発見されたとして、タキオンの静止質量と運動量、その存在する時間は、実数ではなく虚数の領域にある。

手が清く、心のいさぎよい者

この頃、悲しむ人、苦しむ人を舞台のテーマにせざるを得なくなってきていた。以前は、言ったように「ナマナマしいものやことがきわめて嫌い」なので、ドウブツや妖怪が出てくるファンタジーのような響きが、月夜果実店の主調音を成してきた。子ども時代を引きずった情緒が僕らの看板であり、続けて観に来てくれる観客もおそらく望むことだった。

しかし、どこか温かい涙に濡れるようなそうした情趣の世界はそろそろ脱却するべきだ。もうそれは、充分やったのだから。

実際にこの世界で起こることは、もっとからからに乾いて痛く、飲み込みがたく、救いがなく胃が痛み、悲しくて眠れなくなり、げっそり痩《や》せていくような、ことだ。

『うたのつばさ』の時にはすでに思い始めていたことを、どう次の舞台にするかと考え、動物妖怪お子様ものを超えていこうという時期につくった芝居は、思いっきりドウブツものになった。『どうぶつのくに』という、かっこよくないタイトルである。

下北沢ザ・スズナリの、舞台にあたるところの全面が木製の構造物で塞がれている。いわば木で造った、緞帳《どんちょう》なのだ。そこには小窓のようなもの、筋交《すじか》い、丸太の骨組み、さまざまなディテールが認められる。まるで木製文明の遺構のようでもあり、あるいは森そのもの、またあるいは、心の地図のようにも見える。

小窓のひとつがパカッと開いて、顔いっぱいのサイズだから、ある顔だけが現れる。

「謎のそばにいて」

別の小窓、ずいぶん低いところにあるそれから、別の顔が現れる。

「海辺のひかり」

セリフは最初の「顔」に返って、

「はためく旗」

また次の顔に戻り、

「低くなる空」

木製構造物が両側に、ゴロゴロガガーッと屏風《びょうぶ》の如く畳まれていき、舞台が現れる。段ボール箱のそばに座り、そこを離れられない様子で、しくしく泣く女の子。飼い猫が、死にそうなのだ。

月森《つきもり》響《ひびき》という小学生の女の子なのだが、猫が死にそうで心配、というのはたぶん僕自身の経験から。でも自分をそのまま描くのもしっくり来ないことなので、女の子にしたのだと思う。

響は、悲しむ。そして気がついてみると、まわりの多くの大人たちも悲しみ、苦しんでいる。それぞれの形で。それが分かる、年齢になったのだ。

近所の、幼いころよく遊んでくれ、アメもくれた銀林のおばあちゃんは最近夫を亡くし、悲哀のためか寝込んでいる。お父さんからはいつも「今日も遅くなるから」と電話が来て、なかなか帰ってこない。お母さんは働きに出ながら、いつも怒っている。「ほかにおんながいるのにちがいない！」とか言ってた。大工さんをやってる横町のやさしいおじさん、西塚さんは、どうしてもがまんできずに「木のパンツ」を自分で作って穿《は》いていたら、警察に捕まってしまった。

なんで、大人になると、幸せじゃなくなるんだろう？

ある夜、鍵っ子の響に、サルから電話がかかってくる。「はい、月森です」「ウキーッ！」「えっ！」とたん、あたりはいちめん森になる。

森では、みんな元気だ。銀林のおばあちゃんはタヌキの少年。森を楽しく案内し、いろいろな花や食べられるもの、そんなものを見つけては、楽しい。お母さんは怒れるゴリラになっているが、元気に怒っている。あそこでなんかしゃべっているオウムの顔は、あっ、西塚さんだ！　お父さんは「スローロリス」になっていて、すごく遅い。舞台の後半ずーっと後ろのホリゾントの方を動いていて、劇の最後まで、出てきた反対側の舞台袖に着かない。遅すぎて現実的意味がないのだ。

ドウブツたちは人間たちが話しているのでも聞いたのか「かみさま」というものがあるらしいと知り、それはおいしいものかも知れない、いやおれは食べられるもんじゃないと思うゼ、など無益な論争の果てに、響に聞きに来る。

響も、よく知らない。それじゃ探しに行こう！　楽しいから！　ってんで、ドウブツたちと響は森を抜け、旅に出る。

クロコダイルが黒衣《くろこ》となり水面（布）を揺らす怖ろしい沼地。みんなは即席の舟をつくって乗り出す。もちろんタヌキの銀林がつくったのは泥舟だ。半ば人間に毒されているサルどもの攻撃によって舟は転覆し、何匹何頭かのドウブツたちは沼に落ちる。

すると哀しくなる。

悲しみや苦しみを、知る。そして「自分」を。

だが、「濡れた毛皮は乾かない」。その未来からの言い伝えをなぜか知るドウブツたちは自意識にやられた仲間を捨て、さらにどんどん進む。

最後に残ったのは響と、タヌキの銀林。長い坂道を歩き、斜面を登り、岩に取り付く。

頂上だ。しーんと響く、満天の星の音。しずかなとうめいな、青い月の光。

響と銀林はずいぶん長い間、天上を見あげている。

「神さま、いないね」

この公演のパンフレットの絵は、どうして知りあったのだったか、その年に公開された林海象の『二十世紀少年読本』などに出ていた佳村萠さんに描いていただいている。いま、どうしておられるのだろうか。

こういう言葉を佳村さんの字で書いていただいた。

会うは別れのはじまり

会ったときすでにわかれがはじまっているならば、
こうして君と話しているときにも
わかれははじまっている。
もしかしたら会う前にそれははじまっている。
すべてはひとつながりに、
同時的に起こる。
あらゆるいまに、全部が入っている。
ところでいま、
ぼくたちは会っている。
だからいつも会っているのさ。

ぼくたちはあまり持っていない

自分が死ぬことは、できない。
自分が死んだら自分はもういないんだもの。
ぼくたちが持っている時間は、
自分の生きている時間だけ。
そしていま、
きみは生きている。
だからいつも生きているのさ。

けれどもたしかに

けれどもたしかに、あの人はもういない。
面影はひねもす語り、この胸は灼ける。
けれど、あの人の時間とぼくの時間は重なり、
ぼくらは一度は会ったのだ。
それはいまじゃない。
だけれど、もういないあの人のあの時のいまに、
ぼくらは確かに会ったのだ。
だからきっと、
あの人はさびしくない。
胸の痛みのなかで、
ぼくもさびしくはない。
いまも、会っているんだ。

手が清く、心のいさぎよい者。
その魂が、空しいことに望みをかけない者。

死というテーマを引きずっているのがわかる。実は夫の死を嘆いて寝込む「銀林のおばあちゃん」はその時には存命だった母のことなのだが、あまりうまく消化できていない。それは現在に至るまで、進展がない。

いまはない「むかし」は地下にいまある

『どうぶつのくに』の公演が一九八九年二月。その頃の月夜果実店としては、公演は半年に一回くらいがいいかな、と思っていた。新たに台本を書いて稽古して、装置もつくって音楽も照明プランもつくって、となると半年に一本が限界かも、というところだった。

それで、次は半年後の同年九月に公演を予定することにして『どうぶつのくに』の当日パンフレットにはこんなことを書いていた。

> 次回公演のお知らせ
>
> 次回公演は、八九年九月一四日から二〇日、ところも同じザ・スズナリで、『陸軍気象兵』を上演予定です。

しかしこれは、結果的にウソになってしまう。その頃、旧日本軍に「気象兵」という兵科があったとどこかで知って、これまたいつものようにその言葉の喚起するイメージに「おおっ！」となって連想・妄想拡がり、昭和二十年、日本敗戦前の中国大陸での、ある気象兵の物語を書きたいと思った。

気象の予測は、飛行機を飛ばすにしても部隊を動かすにしても攻守の時機を選ぶためにももちろん重要で、気象の急変が勝敗を分けた例も数多い、などと後に知ったが、僕の空想のツボにぐっと来たのは、戦場にありながら戦闘自体が主任務ではなく、気象を正しく観測するのが仕事である人たちが、いたのだ、ということだった。彼らは、戦術的必要からその専門性に従って毎日の天候を観察しながら、雨を見、日輪《にちりん》を、雲を見て、次第に戦場を空から見る視点を獲得していったのではないだろうか……。そして、いま自分たちが全力で戦っている戦争を、外部から見る感覚も生まれてきたのではないか……。そしてこの戦争の意味とされるものを相対化し、戦争が終わった後の世界を、構想し始める。天候の動きを、予測するのと同じ手つきで……。とかとか。

でも書けなかった。例えば、二人の気象兵が夜の野外、煙草の赤い小さな火をそれぞれに灯《とも》しながら、話し合っている。

でも、そのころの兵士は、どんなふうに話したのだろうか。相手をどんなふうに呼び合っていたのだろうか。ぜんぜん分からない。

神保町の軍事関係の古書を揃える店に何度も行って『第三気象連隊史』といった本を手に入れて熟読したりしたが、分からない。ナマの話し方がどんな感じか。

日本にとってのさきの大戦における、兵となった若者たちの心情に関心を持ったのには別の理由もあるし、それはその後長く引きずっていくのだが、その話はまだ後になる。

『どうぶつのくに』が終わったあと、新宿のシアターサンモールで行われる演劇フェスティバルのようなものに参加しないか、と声をかけられた。十前後の劇団が順番に公演をしていく形だった。夏にやる、というのを春になってから言われたので「無理かなー」とも思ったが、答えは「やります」だった。

打ち合わせしているうちに分かったのだが、三百万円弱のギャラというか、支援金が出るという。

大変ありがたい！　しかし、後になって反省したのだが、ふつうは、それだけの臨時収入があったら、劇団としてはなるべくとっといて今後の赤字公演に備える、というふうにするべきだっただろう。だが、このシアターサンモールならでは可能なとんでもない装置案を僕は思いついてしまい、また思いついたストーリーとその装置が一体のものとして働くという構想だったので、結局全て大道具関係費にぶっ込んでしまった。もちろん、思いつきを具現化してさらに激しいものにする装置製作の黒田隆行君の実力の罪も大きい。

その『ケルビム／空の手紙』は時間についての舞台。主人公は、考古学者たち。

僕が子どものころを過ごした千葉県北西部は古墳や貝塚がそのへんにいっぱいあり、森の中の、むかし集落や貝塚だったところを見つけては土器の破片を拾い集めるというのが小・中学生にとってスタンダードな遊びだった。だから、地面の下に「むかし」が埋まっているという感覚をありありと持つ、下地があったのだと思う。

褶曲《しゅうきょく》などによって地層が逆転したりしていなければ、通常、一番下の方の地層がいちばんの「むかし」を含み、上の地層になるに従って新しい時代となり、地表に来るととうとう「いま」になる。そう考えているうちに気づいたのだが、「いま」はやがて埋もれて地層の下となり、「むかし」になる。思えばあたりまえのことだが。

自分が地層の下になっている、遠い未来を想像してみた。山や河、いろいろな景色を見ては、あるいは街を歩いているときにふと、それを想像する。空中に、透明な地層が積み重なっていくのが見えるように思った。その地層は無限に、いま見あげている青い空の奥にまで延長することができた。

そこに人がいる、と考えてみた。高い空、遠い未来の地表を「いま」として生きる、どちらかというととうめいな、顔のはっきり見えない人たちのイメージ。

そういう人たちがいつかの未来に、存在するはずだ、ということはいまから分かっている。人類が滅びるような、なにごとかが起こらなければ。

いまはまだいない、いつかの未来の人たちと、話してみたい。

手紙なら交わせるかも知れない。その手紙は、空の地層、それぞれの未来の地表にあり、そこから届き、そこに届けられる。「空の手紙」だ。

夕暮れの山の端や、誰も知ることはなく誰もいない大洋の海上、白く、空の手紙が漂って視える。僕の心のなかでは。

『ケルビム↗空の手紙』では、話は逆方向、空の上ではなくて地下に向けて進行する。考古学者だから、むかしを掘るのだ。

あるとき、考古学研究室から調査に出かけた二人の研究員が、しばらく行方不明になる。やがて発見されるが、二人ともまともに口を利けなくなっている。突然泣き出す。なにかを見たのだ。

探索の結果、彼らが出かけたフィールドに、ある「穴」があるのが発見される。同道した研究員のうち一人はそこに入り込もうとし、もう一人は、必死に止める。「だめだ、そこに入っちゃ、だめなんだ！」。

その穴から入ると、過去の地層に、過去が過去のいまの生きた時間として、そのままそこにある、ことがわかる。あまりに危険なので穴の周囲には規制線が張られ立ち入りを禁止されるが、新聞記者が侵入して写真を撮り記事にしてしまい、「穴」には過去を見たい、過去に行きたいという人々が殺到することになる。

立ち入りを規制しなければならない方の立場だった、その考古学研究室の女性研究助手が「穴」に度々入っていることが分かってくる。同僚は止めるが、彼女はまた密かに、「穴」へと降りていく。

彼女が子どものころに亡くなった父親が、過去の地層のある場所に、いるのだ。

「塩原温泉化石館」のシーン。

CG映像による表現がまだなかった時代には、湾口《わんこう》と町、連山《れんざん》、ダムと河の様子、さまざまな大地の光景を等高線を積み重ねた立体模型に表すことがよくあった。いまでも残っていると思うが、かつては、景勝地の展望台や、博物館には、必ずのようにそれがあった。

手許《てもと》の丸い釦《ぼたん》を押すと、対応する、灯台とか、山頂とか水門のところに、赤い小さな電球が灯る。世界を、地形を自分の手でなぞり理解し胸のなかに抱えもっていけるような気持ちがして、そのころの子どもは、かちかちとその丸い釦を繰り返し押したものだ。

女性研究助手はそこで、なぜか氷山のように真っ白く、なだらかな地形を示した模型の前に立っている。舞台全体が、そうなっている。彼女と手を繋いだ、父は言う。

「ほら、あれが発電所だよ」

彼女は釦を押す。

「列になって光っているのは、高圧線。あれで電気を送るんだ」

自然や科学への興味が開かれ、世界が魂に触れ、そして父と一緒にいる。

これは実は僕自身の体験に基づいていて、小学校低学年のころ、化石館に行った。「木の葉化石園」という名で、いまもあるようだ。化石館前の地層露頭《ろとう》にはモミジやクリなどの化石が多数見える。おみやげとして売られているものもあり、僕は無理を言って木の葉の化石を買ってもらった。上野の国立科学博物館で見たアンモナイトや三葉虫の化石、さまざまな鉱石標本などとあわせ、子ども時代のある時期に鉱物的なものに強く関心を持つ、それは原因となった。その後ものすごく長い間、木の葉の化石は僕の机の抽《ひ》き出しの中にあったが、その後埃《ほこり》にまみれて、いまはどこにあるのか分からない。またいつかの時代に、再度化石となるのだろう。

「塩原温泉化石館」のシーンでは、舞台は低く平らかで、背後のホリゾントは淋しく深い青。だが、研究者たちによる発掘などのメインのシーンでは、天井に達しようというまでに地形は堆《うずたか》く、地層断面が数段に亘《わた》り複雑に積み重なっている。それら断面には、抽象化されたアンモナイトや三葉虫などが鮮やかな色で描き抜かれている。

会場のシアターサンモールは九つの区画に割られた舞台面が油圧で上下するようになっていた。開演前、お客さんが入場した時点では舞台は白くなだらかな地形模型の平面モード。ところが、開演が告げられ暗転した闇の中で、油圧装置が九つの舞台区画を複雑な形に持ち上げる。初日、観客席の一列目に控えていた僕は、闇の中で巨きなものが膨らみ立ち上がる風圧をぶぁ〜っと感じ、鳥肌を立てた。照明が眩《まばゆ》く入ると、そこは突然のように、極彩色の地層地帯になっている。

女性研究助手はいまも地下に行けばそこにある「むかし」を訪れることをやめようとしない。なにしろ「むかし」は昔のままに、生き生きと鮮やかにそして生まれたてのように、そこにあるのだ。「むかし」に較べればいまは、欠けたものばかりだ。そして彼女は、痩《や》せてくる。

山場。女性研究助手の同僚である友人が「穴」に向かう彼女を追う。着くと、そこではまさに大規模な地層の陥没が起ころうとしている。油圧の舞台昇降装置は実際に「地層」を奈落《ならく》に沈める。青紫の霧が立ち、あたりは煙《けぶ》り、地下から、キラキラした音楽のようなものが聞こえてくる。

そして「天国」が地上に押し出され、上昇する。そこは一種の遊園地のようなもので、そこには何も欠けたものがなく、すべてが揃っている。失われたものは、ない。みんなが、揃っている。女性研究助手は圧倒され、その輝きに怯《ひる》むが、やっぱり！　天国へ向けてのダイブを！　友人は叫ぶ「やめろ！　帰れなくなる！」。天国の光る塔の群れから彼女は叫ぶ「君も来たらいいさ！」。

「天国」は再び地底に沈み、友人はようやく踏みとどまり、地上に残る。

そして考える。「これで良かったのだろうか？」。空を見あげると、未来の地層が高く、積み上がっていくのが視える。はるか高いところに、誰かがいる。ほろりと空を滑り、舞っているのは——空の手紙。

この世界で、人間に属するものと、属さぬもの

時間の不可逆性、という当たり前のことに自分としては大変な苦情があり、『うたのつばさ』以来の三本をつくった。どれも、二度と戻ってこないもの、二度と話し合うことの叶《かな》わない人を念頭に、あり得ぬことを劇の中ではあり得しめようと、劇作をし、演出をしていた。しかしもちろん、あり得ないことは実際に、絶対に、過酷なまでに決定的に、あり得ないということは承知しながらだった。

ではなぜ、ある種のファンタジーの中で「こうだったらいいのに」ということを繰り返すのか。生きて行くうえでファンタジーは必要だろう。だがなぜ、ファンタジーをわざわざ自分でつくるのか。いま言えることがある。それは、

もとが自作のものであろうとあるいは出来合いのものであろうと、ファンタジーは「自分の」ファンタジーでなければならないということ。

結局一九八九年には四つの舞台を、うち三本は新作で、石川泰も効果曲や歌曲を全部作曲して、つくることになる。それぞれのメンバーが、それぞれに生きて行くための仕事もしながら。それでも倦《う》むことはなかった。やりたいことを、やりたいように、やっていたから。

その年の最後の舞台は、浅草にあった常盤座《ときわ》という石造りのものすごく古い建物で行った。古川緑波《ロッパ》とか徳川夢声とかが旗揚げ公演をやったとかいうところで、近く取り壊されることが決まっており、その前に「何でもやってい い」という話だったのだ。

行くと、三階席まである広い空間に、いろいろな霊が漂っており、僕たちが初の公演を行ったかつての「新宿モリエール」を思い出させるところもあり、そしてさらに巨大で怪異だった。舞台に立って急角度で迫《せ》り上がったその客席を見て「あっち(客席)を舞台にすると見た目が衝撃的だ」と考えた。そこで本来は舞台であるところに材を組んで客席を造り、分厚い年季ものの緞帳《どんちょう》を閉めた。観客には、建物の構造を予《あらかじ》めは知らせない。発券口から誘導されて着くと、そこに階段式の客席があり緞帳が目の前に下りている。当然、その向こうに適正な大きさの舞台がある、と観客が思ってくれることを期した。ところが幕が開くと、圧倒的にスケールアウトした巨きな暗がりの涼しい空間が現出する。三階席の遠い高みには青色の灯台のような信号ランプが二つ、点滅している。

かっこいいでしょう。この公演では、石川泰が物語をつくった。『LEXICON』(語彙《ごい》、その総体)というタイトル。登場人物はほとんど一人で、しかも客演として迎えた、当時から著名だった美加理さん。苦楽を共にしてきた劇団員の女性は、客席の下に隠した秘密のスペースから美加理さんの動きを見つつLEXICONの「声」をやることになった。本来は客席やダンススペースだった広い平面にはシャープ株式会社からご支援いただいた大型モニターが多数転がされ、舞台と客席を逆転させたがゆえに生ずる照明機材上のさまざまな困難も、長く月夜果実店の照明を丁寧につくってきてくれた秋草清美さんが解決してくれた。

『LEXICON』は類を見ない作品として成立し、クールだ、と感激してくれる観客もあった。ただ、企画能力が高まる中で、劇団員の全員を必ずしも活かすことはできない方向があらわれはじめたことは、中期的には、月夜果実店のその後の大きな変化を予示していた。

浅草常盤座の解体が迫る翌九〇年六月、再度そこで公演を行うことにした。『トナールとナワール』というタイトルになった。当日パンフレットの中に、こうある。

子どものころから、景色を見てきました。
あれはどこだろう、でも確かにひろがっていた、赤ん坊の瞳に映った野原。トンネル。はらわたがかきむしられるような、五月の緑。
夕方、長く延びる線路の向こうの、富士山。
暗い森。海原。灼ける思いを噛みころした、あの日の雲。

けれど風景をついに、理解することはできない。

人間は風景の中で生き、死んで行きます。祖父や祖母、あるいは名も知らぬ遠い祖先がそうだったように、私たちもまた。
風景を理解することはできない、
しかし私たちの瞳が生きた瞳であるあいだ、
風景はそこに映りつづける。

これはどういうことなのか?
この世界では、何だって起こる。
人がそれを理解しようと、するまいと。
ならばどうして、人には理解する力なんかが、与えられたのだろう。
理解することのできなかった世界の暗部は、
謎となり、悪夢となり、化物のかたちとなって人間を襲う。
そのこととどう、戦って行けばいいのか?

トナールとナワール。これは北米インディアンの一部族の、世界観にかかわる言葉です。
「この世界で、人間に属するものと、属さぬもの」。
「人間に属するもの」、トナールという言葉は、
まさに「言葉」という言葉とも関係があります。
ああ、あの人たちは、厳しい岩山に立ち、
遠い地平線をみつめながら、こういうことを思っていたのか。
ここにひとつのカギがある。

一九八八年に父親が亡くなってから考えたことには、『うたのつばさ』『ケルビム↗空の手紙』などで自分なりの決着をつけたつもりだった。還ってこない、一切の通信が絶たれるということを、どう受けとめるか。事実は変更不可能なので受け止め方を思うしかない。実際、あれから三十年近く経つが父は見事に何も言ってこない。夢にももう出ない。やはり人の心以外のどこかに、いる、ということはないのだろう。死者は。

だがいまこの前説文を自分で読んで、テーマというのはぷっつり終わるのではなく、長きに亘って尾を曳《ひ》き、やがて別のテーマと響き合うものだと気づく。「しかし私たちの瞳が生きた瞳であるあいだ、風景はそこに映りつづける」。死のわずか前に、父と僕の目が合った、と前に書いたが、「生きた瞳」という表現はその具体的経験から出て来たものだと思う。またその言葉には『マンボウ20号』をつくりながら(その時点では父親は生きていた)魚やイカなどの眼をその生死に関わらずひたすら覗き込んでいた時の記憶が、反射光を放っている。

トナールとナワールという言葉は、どこかでふと耳に入って印象深かったのだが、いざ物語の芯に使おうと思ったときは、出所がうまく見つからなかった。現在のように、ググるなどして簡単に調べることはできない。もしや、と思って『アメリカ・インディアンの詩』(一九七七年)などを出しておられた金関寿夫先生の研究室に、お目にかかったこともないのに電話してお尋ねしたら「聞いたことがない」と少々立腹《りっぷく》気味に答えていただいた。

あとになって、カルロス・カスタネダとか、眞木悠介(見田宗介)がそれについて書いている本を読んでようやくこの言葉に再会し、これは北西メキシコのヤキ・インディアンから採集された考え方だと分かった。

『トナールとナワール』では一種の退行が出ている。この舞台自体が、なにかの「やり直し」だという構造になっているのだ。月夜果実店の、僕の、それまでの歴史の。

第二回公演の『宇宙の零下に抗して』(一九八四年)で出てきた「三歩進んで二歩下がるおじさん」というキャラクターが、また出てくる。しかも同じ役者(長尾仁樹)で。強迫神経症の症状を、さらに全面的にこじらせて。

主人公の水木真《しん》は、肩が凝っている。いつも、緊張しているのだ。

彼の幼い娘、孝子は、「肩が凝る」ということがよくわからない。

孝子　「かたこりってなに?」
真　「なんだ孝子、肩こりも知らないのか」
孝子　「知らない」

真　「肩がねー、こんなんなっちゃうんだ！」

と、両肩をぐっと上げる。

孝子　（楽しそうにマネをして）「こんなになっちゃうの？」

真　「違う！　こんなんなっちゃうんだ！」

と、孝子の肩をさらにぐりぐりと上げる。

孝子　「アハハハ、痛ーい」

真　「おー、ごめんごめん」

孝子　（肩を上げたまま）「ねえねえ、どうしてこんなんなっちゃうの？　こんなんなっちゃうの？」

真　「え？」

真　「えーとね、大人だから」

孝子　（不思議そうに）「大人だから？」

裏手で、チーンとレンジの音。

秀子　（真の妻）「あ、焼けたかな？」

孝子　「なになにー？　ねえなになにー？」

秀子　「今日はねえ、孝子の大好きなものよ」

秀子、裏手へ。鍋つかみをした手に、熱いグラタン皿を持って戻る。

孝子　「わーい！」

真　「待て」
「それはグラタンか」

秀子　「そうよ」

真　「グラタンには、マカロニが入っているな」

秀子　「うん。マカロニグラタンだもの」

真　「そんなもの孝子に食べさせちゃいかん！」

秀子　「どうしてよ？」

真　「チェルノブイリ」（小声になって）「リイブ……リイブノルェチ……むずかしいなこれは」

秀子　「……なに？」

真　「チェ……あれだよ！　忘れたのか？　過去に目を閉ざすものは、未来に盲目となる‼」

秀子　「だってこれ、オーマイマカロニよ」

真　「おろかものめ！　秀子、国産マカロニだってな、小麦はほとんどぜんぶ輸入なんだよ。しかも特にひどい汚染を受けたウクライナの小麦は、アジアに輸出されたといううわさがある。ヨーロッパ人が死、しぬよりはアジア人がガン……ンガ！　になった方がまだましだ、そう思ってるんだ白人は！　だから、だからオーマイマカロニは危険なんだ！」

秀子　「そんなこと言ってたら何も食べられないじゃない」

真　「そうだ、何も食べられないんだ」
秀子「でもあんた、食べてるじゃない」
真　「そうだ、何も食べられないけど食べないわけには行かない。だから泣きながら食べるんだ」
秀子「どうせ食べるなら楽しく食べた方がいいでしょ？」
真　「そうだ、楽しく食べたいな！」
孝子「ねー、食べていい？」
真　（グラタン皿を覗いて）「ああっ！」
秀子「ハム、ハムを入れたな!?」「ニッポンハムか？」
真　「そうよ。ニッポンハムのボンレスハムよ」
　　「ニッポンハムのボンレスハムにはな、乳化安定剤、結着補強剤、化学調味料、酸化防止剤、発色剤、五種類の化学合成物が入ってるんだ。そしてそれらがやがて人体に何を引き起こしうるか、ぜんぜん分かってないんだぜんぜんぜん！」
秀子「わかったわよ。じゃこれからグリコの健康ハムにするわ」
真　「グリコの健康ハムも同じだ！　乳化安定剤、結着補強剤、化学調味料、抗酸化剤、合成保存料、発色剤、六種類の化学合成物が入ってる。全然健康じゃない！」

幼娘はお腹が空いて泣き叫び、食卓は狂乱の巷《ちまた》となる。

ちなみにニッポンハムのボンレスハムとグリコの健康ハムの添加物については、当時、スーパーの売り場に行って小っちゃい字で印刷してあるのをじーっと見て調べた。

その未明、丸まって眠っている背中の方からトーキング・ドラムの音が響いてくるような気がして、それは次第に大きくなり、実際にトーキング・ドラムが鳴っていて、真は飛び起きる。仮面を被った者たちが影のようにいて、その名を名乗る。

〈ウコフ〉〈クバンゲ〉〈ツパンゲ〉〈ウョビンセンデ〉〈ンゲム〉〈ツメハ〉など。中でも〈クバンゲ〉〈ツパンゲ〉は危ない兄弟だ。それが彼らの真の名で、人々が知る仮の名は、逆に読めば分かる。

ちなみに、こうして仮面が出てくる舞台をつくっている時にも、僕は国立民族学博物館の吉田憲司氏らと、赤道アフリカを始めとする仮面についての単行本を企画してつくっていた。そのせいもあり舞台用に造った仮面たちは不必要なまでに本格的だった。吉田憲司さんはその時はたしか助教授だったが、ついこの間、国立民族学博物館の館長になられたと報道で見た。それだけの月日が流れたのだ。

次第に通常の生活が困難になった水木真は、医師に入院加療を勧められる。同室になったのは、横手という、どこか生来の威厳があり、逞《たくま》しく、真っ直ぐに立つ、日焼けした男。しかし彼には記憶がほとんどない。頭蓋底骨折に伴う海馬《かいば》損傷と診断されている。横手という名になったのは、横手三丁目バス停のベンチに、怪我をしてぼんやり座っているところを発見されたからなのだ。

すぐにものを忘れるので、例えば自分でトイレに行くこともできない。そこで病院のトイレからずっと紐《ひも》を引っ張って、横手のベッドの枕元にまで至り、「トイレ」と書いたカードを付けてある。紐を辿っていけばトイレに行けることになっている。

その後、精神科医による間違った診察や、自己実現を図りすぎの臨床家によるやりすぎな手段が取られる。舞台的な面白さとしては、それは「巨大ロールシャッハテスト」「実物大箱庭療法」として表現される。水木の子ども時代の思い出の表現のために人体大の「太陽の塔」が置かれたり、蛹《さなぎ》になった「モスラ」付きの「東京タワー」が立てられたり、小道具大道具もたいへんだったのだ。

そんなこんなで彼の無意識は掘られすぎ、最強の仮面〈シ〉が、そして〈ム〉が現れる。死は逆から言っても死。無も、逆から見てもやっぱり無。決して取り消せないのだ。

進退窮《きわ》まる精神的危機。その時、なぜか横手三丁目が、覚えていない言葉を語り始める。

横手「……さて、この世で最初の男、ワクジュンカガは、旅に出たのだ。どんどん歩いて行くと、小鳥たちが叫んだ『ほら、ほら！　あそこにトリックスターがいるぞ！』。こう叫んでは、ぱっと飛んで行くのだった。『ああ、生意気な小鳥どもめ、何を言っているのだろうな？』彼が出会う鳥という鳥は叫んだ『ほら！　あそこにトリックスターがいるぞ！　トリックスターが歩きまわってる！』」

「……どんどん歩いて行くと、おどろいたことに、一頭の老いた野牛が草を食んでいるのが見えた。ワクジュンカガは叫んだ『おお！　弟よ、ここにいるぞ！　どんなことでも心を悩ましてはならぬ！　わしが侵略者の見張りをしてやる』。野牛は安心して、草を食みつづけた。そこでトリックスターの彼は、野牛を棒で殴って殺した。それから木立ちのところへ引きずって行き、皮をはいだ」

真「悪い奴ですねえ！」

横手、ニヤリと笑む。

横手「ワクジュンカガは右手だけで、それをしていたのだった。すると突然、彼の左手が野牛を掴んだ。『それを俺に返せ、俺のものだ！　やめないと、ナイフで突き刺すぞ！』そこで右手は言った。『おまえをずたずたに切ってしまうぞ。おまえをそうしてくれるからな』すると左手は野牛を放した。ところがしばらくすると、左手が右手を掴んだ。右手は野牛の皮をはぐのをはめて、左手を殴りつけた。このようにしてワクジュンカガ、トリックスターは、両方の手を争わせた。その争いはやがてはげしい喧嘩となり、彼の両手はひどく傷つけられ、血をだらだら流した。『ああ、ああ！　どうしてこんなことをしたんだろう？　どうしてこんなことをやっちまったんだろう？　俺は自分を苦しませてしまったわい！』」

これら、物語るセリフは、C・G・ユング、ポール・ラディン、カール・ケレーニイ『トリックスター』(河合隼雄ほか訳　晶文社　一九七四年)から再構成。一九八〇年代のある日、その本を偶然手にし、「これは!」という勘みたいなものが働いて、買った。読んでいくと、ほんとうに、ぎすぎすと追い詰められた当時の気持ちが弛《ゆる》み、甘く熱く血は巡りあたらしく勇気と機知が生まれてくるようだった。「世界はこのようにも語られうるのだ」という、それは可能性の発見だった。可能性はずっと昔からそこにあった。ただ、われわれがそれを識らなかっただけなのだ。

トリックスターは、未分化な魂。彼はつねにやむなく振る舞っており、善意も悪意もそこにはない。トリックスターは目的を持たない行動によってしばしば秩序を破壊し、世界を更新する。だがそれも彼の意図に基づくものではない。意味のない行動から、なぜか創造が生じる。

もちろん、このように語られた世界像を現在を生きる自分の世界像とすることはできない。だが、このように語られた世界もまた完結している。その驚き。

当日パンフレットに書いた「風景」とは世界のことで、僕らは世界を識らない。

だが、風景と自分を含み合わせながら、どう、言葉で、物語で、自分が「そこ」に居ることを定位するか。

あらゆる文化において、人生の安《やす》けさは、そこに懸かってくる。

安けさは理解からくる。理解とは受容。

たとえば『トナールとナワール』の中盤、水木と横手の行く手を阻むべく現れた精霊〈イカリ〉は〈リカイ〉と叫ぶことによって受容され、消滅させられる。

『墜ちる星☆割れる月』で、数学は、科学は、真実を探す人間の長い腕だ、ということを書いた。スティーヴン・ホーキングは、神はいないし、宇宙も終わると数学で証明された理論によって理解したが、そこにも受容はあるのだろうか?

科学の長い腕を、僕は持っていない。数学、その意味するほんとうのところは、理解できない。

そこで物語に、それを求めた。

さて、水木と横手の二人はいつのまにか旅に出ていたのだったが、ある村で、本来人はそれぞれのトーテム（いわば個人神）を持っているはずだが、二人にはそれがないことに驚かれる。村の長老は、トーテムを探すさらに遠い旅に、二人は出なければならない、と教える。そのためにも、二人には新たな名前が与えられなければならない。水木真には、ト・バジシュ・チニ、すなわち〈水から生まれた者〉という名が、横手三丁目には、ナアッイエ・ネイザニ、すなわち〈怪物を滅ぼす者〉という名前が与えられる。

いまや新しい名をもち、新たに、二人は風景の中に踏み出す。挿入歌。

♪七つの川の　その向こう
白い月の丘　あるだろう
水面《みなも》の光　照り返し
七つの影が　できるとき
この世の果てを　見るだろう
ふたつの世界を　知るだろう

いくつもの川をこえて進む二人。病者として出会い、勇者として共に歩む水木と横手。彼らは旅の途上、さまざまな怪物と戦う。小さく卑屈な仮面の精霊〈イカウコ〉、それはかつてたまらなく大きく取り返しようもないものに見えていたのだが、真は、いまやそれをはるか天空に蹴っ飛ばす。

どうどうと川の流れの果てしない音が響き、あたりは霧が深くなる。ここはもう〈ナワール〉なのか？

真　「なにも、ないなあ」

横手「ここには敵がいない」

「味方もなしだ」

しばらく、二人はじっとしている。

横手「ト・バジシュ・チニ、」「水仙の花が咲いているよ」

「ほら、白い水仙の花だ」「小さいとき……お母さんと……水仙の花を……」

そこには何も見えない。険しかった横手の顔が、ひどく、穏やかな様子になっている。真は不安になってくる。

横手「いや、違う。俺には思い出がないんだ」

真「横手さん」

横手「〈水から生まれた者〉、見つけたよ。俺のトーテムは、コヨーテのマッイイだ」

横手は、トリックスターの中のトリックスター、コヨーテだったのだ。

横手「俺と別れたら、そこにお前のトーテムがいる。きっといるよ」「そのトーテムは、逆に言っても消えない。

そして二つの世界を、つなぐ、ものだ」

横手、すなわち〈ナアッイエ・ネイザニ〉は後ろに下がりながら、奇麗な顔でわらい、霧に消えていく。

ナワールへ還ったのだ。いや、還ったのではない。もともと、〈人間に理解できること〉トナールは、〈すべて〉であるナワールの中に含まれ、その一部だ。島と、海の関係を思えばよい。

横手は島であることをやめ、海となった。


いつ眠ったのだろう、水木真、すなわち〈ト・バジシュ・チニ〉は目を覚ます。

荒野、のようだ。真は呼ばわる。「おーい」「おーい！」。

谺《こだま》さえ、返ってこない。

真「……ナアッイエ・ネイザニよ。お前は、嘘をついたな。ここには動物さえいない。トーテムになるものなど、いないいじゃないか」

地面に映る葉叢《はむら》の影に気づき、顔を上げる。そこには、一本の樹が出現している。

樹が、彼のトーテムだったのだ。樹、地下から水を吸い上げ、天空にもたらすもの。二つの世界を、つなぐもの。

〈キ〉、それは逆から言っても、消えない。


舞台は、この話の全体がいつかの時代のインディアンの大地で起こったことなのか、それとも水木と横手が出会った病室の、夢で起こったことなのか、どちらともとれる・どちらでもよい、形で終わる。

世界はファンタジーにおいてのみコントロール可能である

強迫神経症という言葉は『宇宙の零下に抗して』を書いた時点では知らなかったと思うが、『トナールとナワール』

の時には知っていた。この問題を解決……劇の台本を書くことで何かが解決するのかどうかは分からないが、それでも僕には重大なテーマなので、舞台に載せていた。商業的な演劇ではとてもできにくいことだろう。

Ｌ・サルズマンという人の『強迫パーソナリティー』（笠原嘉訳　みすず書房　一九八五年）という本をのちに手にしたのだが、そこにはたとえばこんな記述がある。

……その特徴とは、自分自身をコントロールしかつ支配すること、そして自分の失策と弱さを認識するのを避けることである。強迫者のテクニックは、関与と決断を避けるための手のこんだ術策によって、決して失敗可能性が現実のものにならないようにし、そうすることで、人間の不完全性、誤謬性、人間性を自覚しないですむようにさせている。

強迫者は死を否認したいという大きな欲求をもち、死が決して生じないかのごとく振る舞う。死をひどく嫌う一方、無窮の永遠の概念も同様に恐るべきものだとみている。死、腐敗、破壊、暴力、何であれ人間存在のコントロールできない要素に関わりのあるすべては、意識から排除しておかねばならない。

などなどなど。「あれ？　俺のことが書いてあるじゃん」と当時驚いた。

幼児の万能感のようなものを僕は長くひきずって、世界を楽しんでいた。そういう人は実はけっこういると思うが。ところが猫は死に、人も死ぬと知り、じゃあお父さんもお母さんもいつか死ぬんだー、と気がついた。それらはどうしても起こっては欲しくないけれどどうしても起こるはずなので、「術策」を始めることになる。その術策、テクニック、秘法は階段を必ず二段抜かしで昇降するとか電柱を見たら一定の高さのところを触るとか、思いがけないことなので、道行く人から見たら意味が解らないことになるし、実際、儀式がそのような形式の儀式であること自体には意味がない。前に書いたように、それは「祈り」だから。

もうひとつ、いま書いていて解った。この文章の始めの方で、演劇の舞台に暴力や政治のことを載せるのは破廉恥《はれんち》だとか、女性を書く気もしない、とか書いた。そんなことは現実の世界にいっぱい、ありすぎるほどあるのにどうして舞台に載せるのか、とか偉そうに書いたが、理屈は一応その通りだとしても、そういう理屈になるのには強迫パーソナリティーが関係している。暴力シーンもエロティックなシーンも、死を始めとする、人間にとってコントロール不能なことに強く関係するからだ。

そこで僕は街場にありがちなナマナマしい芝居を拒絶し、手の込んだ、結局はファンタジーを書いている。ファンタジーの世界では、時間も空間も生死も、じゅうぶんにコントロール可能だ。

現実の世界でやっていたこともちょっと。

そのころは、ひとつの公演に参加するのがスタッフ・キャスト等で三十人をこえるような状況にあり、みんな若くもあったので、楽しかった。稽古が終わってもまだ、帰りたくなかったので、よく、飲んでから帰った。

『トナールとナワール』でも主役の水木真を務めた長尾仁樹はたしか北区あたりの陋屋《ろうおく》に住んでおり、それはほんとに陋屋で、ドアが閉まらなかった。

それを知っていた飲み屋残留組は、先に帰っていた長尾の家のそばまでそーっと行って、男二名が路上で服を全部脱いで閉まらない扉からそーっと忍び込んだ。明日に備えて眠っている長尾のせんべい布団の両側にそっと滑り込み

「長尾君、起きて。あたしよ」。

眼を開けると全裸の男が両隣にぴったりくっついているのに、長尾は混乱と驚愕の叫び声をあげた。

付いてきていた女性たちはもちろん眼前で起きていることに顔を手で覆い、夜の街路に「キャー!」と叫んでいた。

非常に愉快で爽やかだったが、そんなことにも、すでに就職なりしている年齢の、自分たちの現実を延長される夢の時間で塗りつぶそうという、ラストスパートの気分があったのかも知れない。

長尾仁樹は地方公務員として福祉施設で働いていた。月夜果実店でも大きな役で活躍していたわけだが、その後

「自分の仕事の現場の人たちを考えると、芝居をやっている場合ではない」「利用者の方々を前にすると、自分の全力を職場で使うべきだ、と思わないわけにはいかない」と、劇団を去って行くことになる。

強迫神経症ともなってくると、行為だけでなく、感覚の変容も起こる。よく「尖端恐怖症《せんたんきょうふしょう》」といって、鋏《はさみ》とか包丁の尖った先を見るのを、どころかそういうものが世の中にあると考えるだけで耐えられない人の話を聞くが、その感じは僕はわかる。

あらゆる悲惨な、凄惨な事態に想像が及び、生活上の不合理にまで至る行きすぎた想像を止められない、ということが僕の場合は多かった。飛行機に乗れば掌《てのひら》に汗を掻き、いまこの瞬間機体が山の尾根に激突したら目の前の光景と自分の身体にどんなことがどういう速度で起こるか事細かに想像している。ペンチなどの工具や鉈《なた》などの刃物を見れば、あるいは想えば、それで身体のいろいろなところを潰したり断《た》ち割ったりしたらどんな感じか、必要もない想像を自動的にする。自分だけではなく、他の人や、子どもや、動物たちにそれが起こることまで想像する。

世界中が心配でしょうがなくなり、なんてひどい世界、という思いになる。

楽しいこともじゅうぶんにあるのに。

この後書いていくことになるが、一九九〇年代に、月夜果実店は長い休止期に入る。舞台をやっていない時期に僕は何冊か本を書くのだが、その中の一冊に、こういう記述がある。いま言っていることの、例になるだろう。

歩いているとビルの上からマールボロの大看板が落下してきて、人々の体に鉄骨が突き刺さる。鎖骨を裂き頭蓋骨を割り背骨を横ざまに叩き折って。鮮血がもちろん溢れぬるりと足を滑らせた僕をも当然鉄骨の鋭い尖端は貫いている。が、どこを貫いているのかわからない。身体はもはや痺れ首が少しも動かないから。

たとえばそういうことを考えている。

踏切で衝突。自動車が巻き込まれ六両目の下まで潜り込んでしまった。厚さはもはや三〇センチ以下で鉄板と鉄板がアルミホイルをぐしゃぐしゃにしたみたいに硬く噛み合い一体なかの人間はどうなってしまっているのか。ハンバーガーのケチャップソースみたいに膿のように膨らみ、流れ出す。血が。捩れた鉄板とゴムを濡らして。

家に帰るが、千枚通しが爪の間に飛び込んできたり鋏が耳たぶを裁ったり包丁が喉を断ち割ったり剃刀が眼球を滑ったりする。針を呑み足の甲は箪笥の落下に砕かれ窓ガラスなんかもちろん三角形になって襲いかかってくる。

病気だ。

子ども時代の天国に生まれこの地上に生きるようになった僕は、長い間そういう妄想的イメージと共に生きてきた。三十少しの時、人生最初の気鬱に捕らえられた僕の中で、それらイメージは暴走的に増殖し始めた。神経科に行き、事情を話すと医者は頷き筋弛緩効果のある安定剤を処方した。一錠目は劇的に効き緊張に角張っていた肩が丸くなり体の隅から隅まで温かい血が巡るのがわかった。

少しふらふらする頭で外を歩くと大気は春の明るさに包まれ街は柔らかい植物の香りに満ちていた。

(『「30代後半」という病気』築地書館　二〇〇〇年)

「劇場」の枠から脱落・脱出する

『トナールとナワール』の後、結果的に月夜果実店は第二期ともいうべき変化の時期に入ることになる。観客を増やすことはもともと主目標ではなかったが、その優先度がさらに下がったのだ。

さきにも書いたように、僕たちのつくる舞台はそれほどポピュラーな人気を呼ぶものではなかった。技術的にとても高いものを持った劇団というわけでもなく、美男美女を選り抜いたというわけでもなく、十数回も公演をしていれば、この方向性のまま多少宣伝を行き届かせたとしても、いきなり観客が増えたりはしないと分かった。

観客が増えて演劇専業になる、というのももちろん妄想としては楽しみはしたが、ほんとにそうなって、ブロードウェーのロングランみたいに同じ演目を何百回も演じると想像してみたら、とてもじゃないがげんなりした。

要は、新しい思いつきを次々と試したいのだ。そんなことが経済的に成り立つ根拠はどこを探してもまるでなかったけれど。

一九九〇年、バブルの崩壊が現象に表面化する直前のころ、キリンビールが「ハートランド」というライトなピルスナー系のビールを販促するキャンペーンに、僕らを使ってくれた。ご存知だろうが、ラベルなし、緑の専用瓶のハートランドは三十年近く経つ今でも一部飲食店などで生き残っていて、僕も、齢とって体力が落ちてくるとあの軽くて深い味が体に楽な感じがして、発売当時よりずっと頻繁に飲んでいる。

「カフェバー」という変なものが流行った時期の、小洒落たブランドだ。

六本木ヒルズが建つ前で、そこは古くは旧毛利家の屋敷あと(毛利甲斐守屋敷跡)だった。ヒルズなどというものが建った後は行ったことがないが、「毛利庭園」としてちょこっと一部が保存されているらしい。

だがその頃は六本木でもとっぱずれの、使用開始前だった新設の廃墟みたいな六本木トンネルの脇の、飲食店もあまりない中途半端な場所だった。そして庭園自体はかなり広かった。そこを自由に使ってよいという。

会社帰りなどにオートバイでそこへ行っては、想を練った。「ひょうたん池」と呼ばれていた池に金色のスフィンクスの乗るボートを浮かべようとか、キリンビールが結構な値段で食事とハートランドビールを出すカフェ・レストランを運営していた、四階建てだったかのレンガ造りの蔦《つた》の絡まる大正時代の洋館(たしか「つた館」と呼ばれていた)を全階使って各階で時間のずれた芝居をやろうとか、実に想像・空想楽しかった。

結局、その洋館の傍らにある「穴ぐら」というバースペースを使うことにした。その空間は奥行き三〇メートルくらいあるのだが、幅は四メートル程しかない。まさに穴ぐらだ。

穴ぐらの奥に観客席を詰めていって入り口近くを舞台にすれば四〜五十名に入っていただけるかな、と考えたが、四メートルの間口《まぐち》が演技スペースとしてはいかにも狭苦しい。

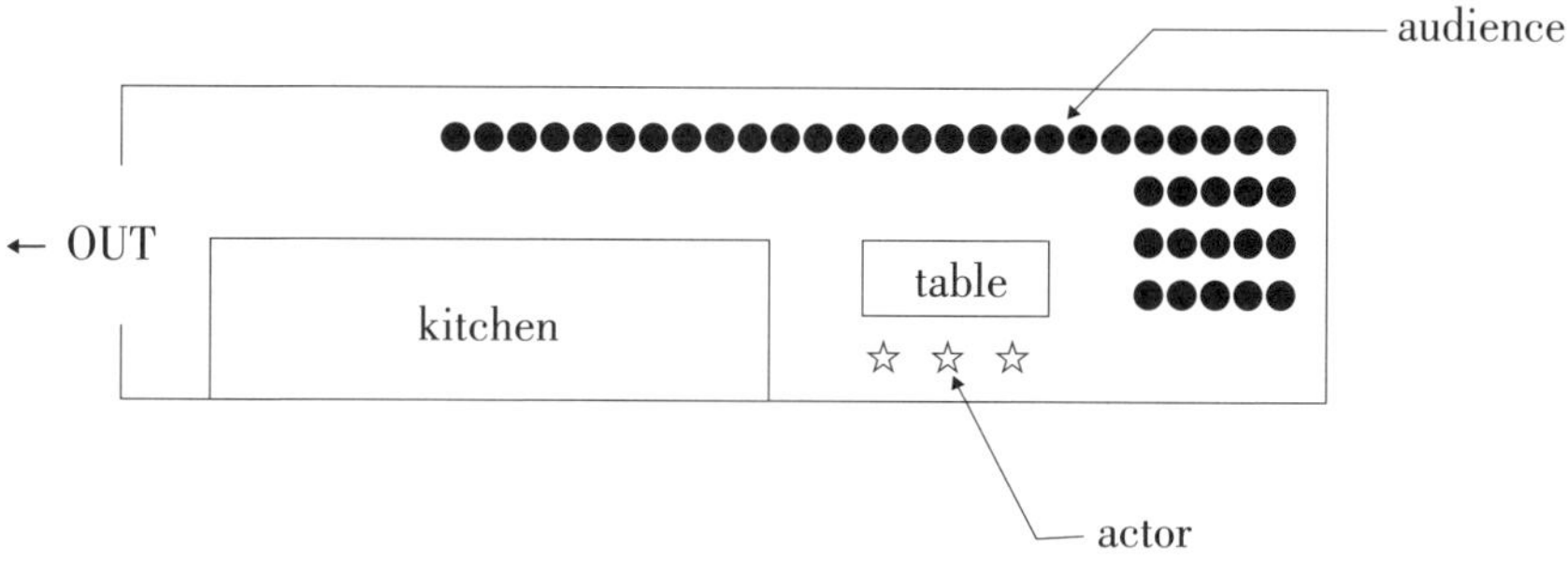

「穴ぐら」の図

そこで、このような形を検討してみた(「穴ぐら」の図を参照)。

図上では楽観的に点(観客を示す)は四十ほど打ってあるが、実際におしりを置いては位置をずれながら実験すると、最大二五名程度しか入らないと分かった。演劇公演としてそれで成り立つのか? だが、われわれは、一回あたり二五名の劇でいいじゃないか、と結論した。

演技スペースは、図の小さなテーブル及びバーカウンター内厨房《ちゅうぼう》。きわめて横長になり、観客の座る位置によって見えるものがかなり違う。声も、音も異なってくる。

そして何よりも観客と演者の距離がものすごく近い。睫毛《まつげ》や、顔の肌《き》理《め》まで見えてしまいそう。この近さで、その頃「小劇場芝居」という言い方もされていた誇張した演技をしたら観客に迷惑だ。そして唾が飛んだり観客にいきなり介入して「舞台と客席の境界を破壊する」と称するタイプの芝居は、僕としては忌避《きひ》するところだった。

ちょっと話は逸《そ》れますけれども、演劇を始めてみてびっくりしたことに、「寺山教」(失敬)とでもいうべき潮流に多かれ少なかれ影響を受けている者が小劇場界には多いのだ。僕はいきなり演劇を始めたわけで、アングラ世代と言われる頃の舞台は見たことがなかった。

ところが、月夜果実店に入ってきてくれる僕よりも若い役者の中には「天井桟敷の最後の頃を見た」とか「暗黒舞踏に衝撃を受けた」という者が必ず紛れ込んでいて、ややもするとクネクネとしたり顔を変形させたり、僕にしてみれば過剰な演技を始めるのだ。そういう癖を直す、というか角を矯《た》めるのは、わりと大変だった。

のみならず、いつの公演だったか、新宿二丁目の「ニューさざえ」を借り切り（この選択にすでに「濃い」勢力の影響が見られる）ダンスフロアにして朝まで打ち上げをした時など、冗談で「白塗り禁止」を申し渡していたにも関わらず秘密裏に持ち込んでいたドーランで体中真っ白にして踊り出す者続出。止められないものはやはり止められないのだった。


役者と観客の距離がとても近いので、その距離で稽古をするという実験を始めた。今で言えばスターバックスのちっこいテーブルを挟んだような距離で、普通に喋《しゃべ》ってもらう。

非常に、面白いことが分かってきた。

ほんとうに普通に喋っていたら、やはり伝わりにくい。しかし「普通に喋る演技」というのが確かにあって、そのコツみたいなものは言葉にしにくいが、役者と、観客役としての演出者との間で、確かに研《と》いでいくことができる。そして、一時間半なりの上演時間の間保《も》つように味付けを工夫していくと、それまで見たことのあった演劇とはまたちがうリアリティの、現実の上に名のない抽象の薄膜がかかったような舞台がうまれる。

そしてその名のない抽象に、メッセージを入れ込むことが、できる。

そういうことが効果的に成立するのは「穴ぐら」のように特殊な空間においてだ、ということもわかってきた。「穴ぐら」のトンネル状の空間は、戦後のある時期そこにあったニッカウヰスキー東京工場の原酒貯蔵庫だったという。古く、閉ざされており、その場所自体が物語を持っていた。穴ぐらの中の薄暗い床面に座り込んで物語を考えていると、物語が壁から浸みだしてきた。「ここで、じつは、こういうことが起こったのだ」という空想の過去。それを、いま、この場所からつくる。時間は、前方にも後方にも向かっている。

このように〈場〉の空気からストーリーを発生させる方法を面白いと思い、これからもいろいろな場所でやりたいな、と考えた。とりあえずその公演には、〈RADIO SONDE Vol.1〉という角《ツノ》書きをつけておいた。Vol.2がその後あるのかどうか、まだ分からなかったけれども。

ラジオゾンデとは、気圧、気温、湿度などの気象要素を観測する機器。気球に吊り下げられ、人間の行くことのできない高空の気象情報を、無線で、地上の人類に届ける。

ストーリーを発生させると言っても、あまり明確な筋書きはない。その狭い地下壕のような空間はどうやら「家」らしく、家族が住んでいる。働き手であるらしい長兄は、観客が入ってきた一方向にしかない入り口から、毎日出かけて行く。ふつう、玄関を出たらその人の行動は他の家族には見えない。ところがこの空間では、壁際の各所に吊られたモニターに、玄関から彼が出て行くところ、毛利家屋敷跡の森から六本木六丁目の坂を登っていくところ、地下鉄六本木駅から電車に乗って吊革につかまり黙って通勤しているところ、が、ずーっと映っている。それが何を意味するかは僕らも明確には分からないまま、その状況をつくっている。ライブ中継を個人でやるのはとても無理な時代だったから、映像は予め撮っておいたフェイクの「いま、現在」だ。

家族には何人かがいるのだが、いろいろなきっかけで、人数が減っていく。言葉で語る筋書きではなく、こういうことをストーリーに代えていくというアイディアを出すのは音楽家の石川泰なのだが、僕らは、共通の言語による「意味」を共有しているのかしていないのかよくわからない状態で、つくっていく。それはひどく刺激的な経験だった。

二五人で満員になる舞台なので、公演は一九九〇年の一〇月二一日から十一月六日までと、月夜果実店としては比較的長時日に亘った。また「穴ぐら」はすでに流行好きの大人のための半地下バーとしての営業を終えており、いずれ取り壊すということで、何度でも下見に来て、現場で実験して、ということが許されていた。それが六本木六丁目再開発事業という生臭い話に関係していることまでは僕らには知らされていなかった。あるいは、聞いたのだけれど関心がなかったか、うまく想像がつかなかったのかも知れない。ともあれその年の夏は都会にぽっかりと限定された期間だけ開いた奇妙な場所での創造の季節で、時間というものが故障した後の永遠の夏の光が射していた。草茫《ぼう》茫《ぼう》のできたて廃墟で「この家族の家には潜水夫がいるのが望ましい」となぜだか思いつき、昔ながらの潜水夫のヘルメットの模造品を軽い材料でやりすぎなほど丁寧につくった。ヘルメットの窓にはそのころは稀な品だった電池駆動の小型液晶テレビを組み込み、○とか△とかかんたんな図形が映るようにした。それは潜水夫の、無音の声なのだ。

セリフによるストーリー進行をぶつ切りにして、意味の尻尾がその度には完結しないようにし、へんに「つーん」とした会話をつくっていたが、やはり何かが進行しているという大きな枠組みが劇には必要で、悩み抜いていた。石川が「たとえば台風がだんだん近づいてくるとか」と突破口を示唆した。その結果「舞台」が存在するその地域の設定は「記録的に速度の遅い台風、8号が、暗い地下壕の外、だんだんだんだん近づいてくる」というものになった。数字の8は、横に倒せば無限を示す記号だ。劇の始まりには気象情報が流れる。

「……マニラ　南の風　雨　九四五ミリバール。アモイ　南東の風　曇り　九九八ミリバール。テチューへでは風弱く　晴れ　一〇〇二ミリバール。鬱陵島では　北の風　晴れ　一〇一〇ミリバール。ウラジオストクでは……」

いまやネットでいつでも分かるのでラジオの気象情報に頼るのは特定の職種の人たちのみになり、ミリバールもヘクトパスカルと呼び名が変わってしまったが、僕らの世代の子どもには、ラジオの気象情報に耳を傾けた経験があった。そしてテチューへとかウツリョウトウとか聞いたこともなかった土地の名前を聴き、冷戦の壁の向こうにウラジオストクがあるのだと思い出し、マニラでは、ああいま雨なのだ、と見たこともない椰子《やし》の葉に落ちる雨音への想像を増進したのだった。

家族の数が減っていく一方で、いろんな訪問者が来る。気づくと、訪問者の属する時代がだんだん逆行していくみたいだ。最後の方になると「天平時代の僧」の一団が訪ねてくる。その時代の日本語は今とはずいぶん発音が違っていて(もちろんただの想像でてきとうに発音規則をつくった)、何を言っているのか分からない。隔絶感が強まる中、潜水夫が図形でなにかを訴えている。

もう残っているのは、「次男」らしきひとり。そこへついに、台風8号が来る。

凄まじい雨や風の音（厨房やらブースがわりのパネル裏やらに隠れている劇団メンバーがなんでもかんでも叩いたり揺らしたり）、それがやがて止むと、もともと「穴ぐら」にあった明かり取りの半透明天窓から、垂直な光が落ちている。外は晴れているのだ。

バーカウンターによじ登り、天窓を外して、次男は、誰もいない家から、誰もいない戸外へと出ていく。

例のモニター群に、穴から出てくる次男が映る。外は果てしない、真昼の砂漠。

これは、劇団員が撮影部隊となって、天窓を模した枠を九十九里浜の砂に埋め、そこから出てくる次男役を予め撮っておいたフェイクだ。フェイクだが、タイミングがうまく合うとほんとにいま天井の穴から出て行く役者が、今度は観客の視点が外部からのものに裏返って、モニターに映っている砂漠の中の穴から出てくるように見える。極度に閉じられた空間での演劇であるという前提条件を使って、外部に、変化する天候と無限の空間をつくりだそうという思いつきだ。思いつきだが、劇では、それがものすごくしつこい工夫と努力によって実現される。安価なローテクで。身体と声、音をつかって。

次男も無限の彼方に去って誰もいないはずなのだが、そうだった、厨房からごそごそと出てくるのは、潜水夫だ。彼はそういえば、ずっといた。

観客の近くに座った「彼」の顔があるはずの部分には、△や○が点滅し、ときに転がっていたりする。異様に淋しい。

やっている時には気づかなかったが、いまこうして思い出しながら書いていると、穴ぐらと砂漠は「シェルター」と「核戦争後」のことでもあったのかも知れない。

そうであったのかも知れないという以上のことでは、決してないのだが。

「誰も行ったことのない島」へ

比較的普通の形の舞台での演劇と〈RADIO SONDE〉のシリーズを、交互にやっていきたいな、と確か思ったのだ。また、使いやすい劇場はずいぶん前から押さえておかないとならなかった一方、劇場ではない場所での劇づくりのチャンスは突発的に来る。予定のスケジュールでつくるのもいいが、突然始まる創作に没入する日々も、刺激が一段と強くまた楽しいものだった。

僕らが最初と二回目の公演をした新宿のシアターモリエールは、取り壊され建て替えられ、新しい奇麗な劇場になっていた。一九九一年、そこで『トランスワールド』という公演を行った。僕の文章以外の視点もほしいので『トランスワールド』を準備していた頃のことを書いた石川泰のブログから引く。こんなブログがあったとは僕はネット検索が速く容易になった最近まで知らなかった。

トランスワールド

今から、三十年ぐらい前、若者の間で小劇場演劇ブームというものが起こりました。わたしは今は五二歳ですが、そのころはぴちぴちの若者で、ぴちぴちの若者だったわたしはこのブームの渦中にいて、バブル時代の浮ついた空気にむせ返りながらも、ぴちぴちと走り続けていました。

その小劇場劇団の中に「月夜果実店」という、宮沢賢治の世界を彷彿とさせるような素敵な名前の劇団がありました。活動期間は一九八四年から二〇〇二年までの一八年間ですから、雨後のタケノコのように生まれては消えていった小劇場劇団の中では、比較的息の長い活動をした劇団だと思います。わたしは、いろんな偶然が重なる中で、旗揚げしたばかりのこの劇団に磁石に引き寄せられるようにして近づいてゆき、脚本と演出を担当する主催者の堀切和雅さんと出会ったのでした。そして、彼のもとで座付き作曲家として音楽づくりを始めたのが、わたしの音楽家としてのキャリアのスタートとなりました。

わたしも堀切氏もまだ二十代だったあのころ、劇団は年に三本から四本というハイペースで公演を行っていました。九歳になるわたしの息子は、最近やたらと「時間とは何か」とか、「死んだら人はどこに行くのか」とか「宇宙が始まる前には何があったのか」とか、父親にとっては、なかなかこたえるのが難しい疑問をぶつけてくるようになりましたが、そういう、素朴ではあるけれど根源的な疑問みたいなものを大人になってももち続ける人は、堀切氏以外にも存外に多いようで、そういう死とか無限とか宇宙をテーマにしたお芝居は一定のファン層を獲得し、集客数も百人、五百人、千人と倍々に増えていきました。そんな中に、「トランスワールド」という劇がありました。中学生の女の子の家に謎の家庭教師がやってきて、二人で世界史の勉強をしているうちに、遠い時代や場所に旅をしてしまうというお話です。そのころ、わたしはなぜか堀切さんと芝居の内容も一緒に考えるようになっていたのですが、この話を考えたのは一九九一年の正月、確か目白のわたしの実家だったと思います。

この年の正月は、なぜかわたし以外の家族は旅行に行っていて、家には誰もいなかったので、わたしたちはリビングを舞台に見立てて、椅子を二脚組み合わせて船のようなものをつくり、そこに実際に乗ったりして、古代ローマ時代とか、中国の崑崙山脈だとか、砂漠のベドウィンとか、大航海時代の赤道直下とか、ありとあらゆる時間や空間を好き勝手にゴッタ混ぜにして空想の旅をしながら、荒唐無稽なお話を紡ぎ出していきました。

演劇というのは、実に便利というか、いい加減な媒体で、例えばただの椅子でも、そのお芝居の約束ごとの中でこれは船であると言い切ってしまえば、船になってしまうし、この世に存在しない謎の物体であるといえば、存在しないのに存在してしまうという頭が破裂しそうな変なことでも起こすことができます。時間にしても、今は、古代ローマ時代だといえばそうなるし、七億年後の地球だといえばそうなります。そんな感じで、幼児的な万能感を暴走させて、時間も空間も好きなように作り替えていくことが出来るので、わたしたちは子どもが探検ごっこをするように、このトランスワールドという、あらゆる世界を横断していくというお話を暴走させていく遊びに没頭しました。

あれから、二十年が経ちますが、わたしは今でもあのころの子どもっぽい、ぴちぴちとした感覚を持ち続けているなと思ったのは、先日、ある知り合いの方から思いがけないことを言われたからでした。その方は、スピリチュアルな感覚を持っていらっしゃる方で、魂の世界でわたしと一緒に、「花火の樹」さんのところで、枝先につかまって、ぐるぐる回転遊びしたことを覚えていらっしゃるということを教えてくださいました。わたしは、スピリチャルな感覚が全くない平凡な人なのですが、その方の話しがなぜかものすごく腑に落ちるというか、すーっと心の中に入ってきて、体中にエネルギーが満ちていく感じを感じたのでした。それは、かつて堀切氏と物語を紡ぎ出す作業に没頭していたときにも、また今音楽をつくったり、ねこの絵を描いたりしているときの心の佇まいとも共通する、心が日常のせせこましいサイクルから、もっと大きな広がりをもった瑞々しい循環を取り戻していくような感覚を与えてくれるものでした。

わたしは、普段、音楽をつくったり、ねこの絵を描いたりしていますが、そういう活動の原動力ともなっている、このぴちぴちとした感覚は、わたしに「世界は本当はこういうものなんだよ。トランスワールドなんだよ」と、そっと耳打ちしてくれているような気がするのです。


石川と僕はほぼ同年代なので、年齢から計算するとこの文章は今から四、五年前に書かれたものだと思われる。ブログだから本来日付が入っていると思うのだが実はあらためて検索しても Site Not Found となってしまう。この文章はコンピュータ本体の中に残っていたので、こうして再録できるのだ。
四、五年前と言えば、石川と僕が袂《たもと》を訣《わか》ってから二十年ほども経っていた時期だ。『トランスワールド』のあと〈RADIO SONDE Vol.2〉を実現し、さらにもうひとつ大きめの舞台をつくった後、石川は僕に「もう一緒にやって行くことはできない」と言った。

なぜだと詳しく問うことではないので詳しくは解らないのだが、確か、いや多分、「おまえと演劇をやっていると自分が自分でなくなる」あるいは「人格が吸い取られてしまう」といったことを二言三言、石川は言ったような気がする。とにかく、議論の余地のあるようなことではなかった。

こういう経験に近いことは、思えばそれまでにもあった。その頃は不思議でしょうがなかったのだが、僕の書く台本をよく理解してくれ、支持し、重要な役を演じてくれる役者であればあるほど、なにか不満に苦しみ、辞めるなどと言いだし、実際に辞める者もあった。

なんでだよ、楽しいのに、君のやっているのは重要な役割なのに、と頓珍漢《とんちんかん》な文句を僕は返していたが、そんなことが続くと、さすがに原因をいくらか考えるようになった。

僕が書いた台本を、僕が演出し、おまけに当然不足してくる資金の一部を僕が捻出してしまう、というのが問題のひとつだったのだろう。なにしろ、台本を書いたときにもう僕の中では「画《え》」ができてしまっていてセリフの持つべきトーンまで決まっているので、演出というより動きや声音《こわね》の指定になってしまう。それをうまく理解し再現する役者が、使いよい役者として、重要な役柄を振り当てられる。

集団創作になっていない。

もちろん百パーセント僕の言ったとおりの演技ということではなく、またそんなことは生身の人間には実現不可能でもあるのだが、解釈、あるべき表現について見解が分かれると、結局書いて演出する者が、自分の意図を説明する言葉を多く持ち、その場を押し切れてしまう。

制作面もそうで、思いつき放題の僕に「こんなふうにやっていたら今後成り立ちようがない」としっかり計算的根拠を示して時間や資金の無理を諫《いさ》めてくれる、まっとうな感覚の仲間もいたのだが、それでもどうしてもここでこういう装置をこうひっくり返して光らせて煙も出してそれから星球も千個は点けて……赤字分は僕が借りてでも出す、という根本的に誤った「解決」に走っていた。

役者も、制作者も、自分が何のためにいるのか分からないと感じたのかも知れない。あるいは、絶対に自分である必要はないのだな、ここでの自分は、と思ったのかも知れない。

もちろん推測だが、それらは恐らく推測に留まるべきことなのだろう。辛い理由、辞める理由まで僕に解られたらたまったものではないだろうから。

石川に関しては、月夜果実店の音楽はどうしても石川の創る音楽でなければならなかったので、彼の離脱は衝撃が大きかったし、その後真夏の真昼の終局に向かう僕自身の暮らしが変調してくることにも、きっかけを与えることになった。


前掲の石川のブログに主人公は「中学生の女の子」とあるが、それは「小学生」のまちがい。「謎の家庭教師」は〈ウソツキ〉という役名だった。両親を早くに亡くし、彼女を養うために姉が忙しく働く中、せめてもと付けた家庭教師が病的なウソツキで、小学校三年女子の頭の中を嘘の世界史で満たしてしまう。しかしその嘘は極めて面白い！ウソに乗って彼女は学習机の舟を出し、帆を立て、やがて船にはエンリケ航海王子や野心に満ちたフエゴ・デ・ガルシアといった人物たち(すべて贋造《がんぞう》)が乗り組んできて、一行はテラ・オーストラル・インコグニタ(知られざる南の大陸)に向かう。勇気と無謀、希《のぞ》みの力、魂のエネルギーだけを頼りに。

エンリケやガルシアが目指すテラ・オーストラル・インコグニタとは、家庭教師の〈ウソツキ〉に聞いた「誰も行ったことのない島」のことだろう。そこには、もう会えない人が、いるという。「そうだよ。うほほー」と〈ウソツキ〉は言っていた。

誰も生きては通れないと伝説に言われてきた赤道の熱湯の雨をも過ぎ、いよいよ目的地は近い。エンリケやガルシアはいつの間にか静かになり、ちょっと他のことを考えていたら、消えてしまった。そうか。「誰も行ったことのない島」だもの。私しか、行けないんだ。

着くと、そこは「鎌倉の海」だった。幼いころ両親と姉と行った思い出が、かすかに、かろうじてある、鎌倉の海。砂浜に船は静かに着き、少女は上陸する。

「お父さん、お母さん」

「……お父さん、お母さん」

父母はたぶん、微笑んでいる。

「……お父さん、お母さん？」

「顔が……ないんだね……」

主演したのは当時十九歳の女性だったが、演技はみごとで、背は高い方なのに小学三年生に見えた。暗転して最後の「その後」のシーン。彼女は中学生になっているという設定だったのだが、演出者として観客の背後から見ていると、背が伸びている。実際に。その年齢のそのときだけに起こる何かが働き、身体の制約を超えたのだろう。

僕は、月夜果実店を始めた頃につくりたかった世界は、これですっかりつくりおえたと思った。これ以上のものは、僕にとっては、もうない。だから、ひとつの長い計画が、ここでいま、終わった。

上々の出来に、多くのメンバーが徹宵《てっしょう》の打ち上げに集って、夜が明ける頃、物語の続きが語られた。「これから鎌倉に行こう」。始発電車に乗り、酔いの醒めないまま、夜明けの砂浜を歩く。みんなで、海に向かって。

主人公が次第に若返っていく

『トランスワールド』までの舞台で、自分は何を表現し終えたのか。ひとつは「この世界ではどんなにかなしいことだって起こる」「宇宙は、人間の都合に合わせては、できていない」。つまり子ども時代からずっと思っていたこと。道路で猫や犬が轢《ひ》かれていたりするのにいちいち心を痛めていたし、大好きな猫が大好きな鳩を喰っちゃうし、火事だとか事故だとか誘拐だとか殺人だとか新聞にいっぱい載っているし、戦争もきりなく起こっていてひどい事件が続いているし、やさしい人いい人がわるい人ずるい人にやられちゃう、ってことがけっこうある。大変に不当だ。そう思いながら育ってきた。多くの場面では恵まれた子どもとして愉快に生きていたが、だからこそますますなのか世の中のくすんだところ、ゲンジツの汚いところ、おハナシにもなりようがない悲惨な結果だらけ、という不全感は、意識の芯みたいなところにいつも巣くっていた。それでなのか、屈託《くったく》のない強気の楽観性に生きているようでいながら同時にかなり神経質な、心配性の少年だったと思う。

少年としては「いや、しかし、この世界には美しいもの、善なるものも、ある！」と、ゲンジツに対抗する姿勢をとっていた。たとえば、始めの方に挙げた「この夏で終わる鉄道の駅の駅長さん」からして、美しく、善く、そして儚《はかな》いものの象徴として、子どもの僕は捉えた。

善なるもの、美しいことはつねに儚い。この世界で、いつでも劣勢である。

だからこそ善を、真を、心の美を、おハナシのなかで確立させようとする。

書いてきたように、僕の台本では「善なる魂」の象徴が、かなり長い期間「初老のおじさん」だった。それは珍しいことかも知れない。

「おじさん」は普通、どっちかというと悪とか、不純とか、不潔とか、小狡《こずる》さとか、利己性とか、妥協とか凡庸《ぼんよう》さとかつまらなさとか嘆息の象徴だろう。ちょっと言い過ぎかもしれないけど。

そして月夜果実店の舞台を中期的に眺めると、主人公が次第に若返っていくという傾向が見て取れる。「おじさん」以外の主人公がようやく現れたのは何と第十一回公演の『どうぶつのくに』（一九八九年）の女の子（年齢ははっきりせず）で、次の『ケルビム↗空の手紙』では若年の女性研究者、そしてしばらく後の『トランスワールド』では小学三年生にまで年齢が下がった。

この世界は、よいものうつくしいものがおびやかされる、さみしいところ。小学三年生もまた、それに対抗してせいいっぱい生きる。劇の中では。

「初老のおじさん」に僕は、何を見ようとしていたのだろうか。

劇作の初期には明確には分かっていなかったと思う。しかし、だんだんに疑いようがなくなってきたのだけれど、それは自分の父親のイメージから来ている。ただし、父親としての、というよりはただ、人物としての。

酔ったときに陽気に下らない冗談を言う以外は、普段徹底して寡黙だった、ということはすでに書いた。だから青年期以降、会話には困ったが、男性の場合はとくに、青年は家にいなければそれで済む。それも含めて、親子の生々しい葛藤《かっとう》といったものは全くなかった。それもすでに書いた。

葛藤が全くない、というのはちょっとおかしいことなのかも知れない。父母もまたひとりの男性、女性、というふうにナマナマしく見えることは、なかった。とくに父は、僕ら兄妹が幼いころから、この世の人ではないような感じがあった。

自分の欲求とか不満とか、口にするのを聞いたことがない。それが行きすぎになった状態があの「俺は、いつ死んでもいいんだ」だった。

大人になってからだったら、それを「虚無感」とか表現できたかも知れない。が、幼い僕や、おそらく妹も、自分のことは後回しにして淡泊《たんぱく》でしかし勁《つよ》い愛情を家族に注いでくれる(らしい)のに、この世に執着を示さない父から、たぶん父の意には反して、根源的な不安を心の核に宿すようになったように思う。

昔の写真を見る。例えば、上野の松阪屋デパートの上階の大食堂らしいところで、僕ら幼い兄妹を前にキリンビールを飲む父。昔だからもちろん若々しいのだが、穏やかで、僕にとってはずっと、父は初老の「枯れた人」だった。

そのせいで人間の一般的な中年期というものに誤解が生じ、人は中年になればそれなりに枯れるものだと思っていた。だから初期の劇作では、主人公の年齢設定がおかしい。四十歳代の人を、日常的な我欲《がよく》を持たず、科学や、あるいは飼育、謎の探求にのみ専念し、精神的にはいつまでも新しく、生物的には枯れた人として描いている。

この文章の最初の方で、警察の不正経理の問題を明らかにした松橋忠光さんのことを脱線気味に詳しく書いた。実は松橋さんも、そういう人だった。「人間くささ」から遠く離れている。正しいこと、義《ただ》しいことを求め、そのように生きた。

そこに僕は惹きつけられ、編集者としてできるだけのことをするどころか、松橋さんを代弁する勢いで署名記事を書いたりしたのだろう。編集者としては、むしろやりすぎだ。

なぜ俺が生き残ってしまったのか?

一九九二年の七月から九月まで、長い夏を通じて続いた第二十回公演『サムシング／エニシング?』を最後に、月夜果実店は一度滅びる。実際には一九九五年と二〇〇二年にも公演は行われるのだが、それは急に停まれない船が、岸壁にぶつかって立てた音のようなものだった。

『サムシング／エニシング?』を終えたときには僕も疲れ果てていた。演劇公演を企画することはもうできないのは明らかだったが、それと入れ替わりのように、独りで文章を書く仕事が与えられた。

築地書館を創業した土井庄一郎さんという方は一九二五年、父と同年の生まれ。ある縁で僕らの公演を観にいらしてくれていた。土井さんは「学徒出陣組」である。慶応にいた昭和十九年、応召して長崎県佐世保近くの針生島の対空砲台の指揮官として配置され、翌年八月九日の長崎への原爆投下の光を目撃している。これが土井氏のその後を決めた。戦後出版人となった彼は、占領終結直後の一九五三年という早い段階で、『Atomic Bomb Injuries』(原爆症)という和英両文並記の書を、世界に問うた。

月夜果実店が活動を停止した年の翌一九九三年は、学徒出陣から五十年目の年に当たった。土井さんは、僕らの時代のことを書いてくれないか、君にはできると思う、と言ってくださった。

できるかどうかは分からなかったが、やってみないわけには行かない。僕は岩波書店に出社することと古書店や図書館に行く以外はほとんど出かけることをやめ、五十年前の青年たちが残した文章や、その時代についての資料を読みつつ、しばらく自宅で過ごすことになった。

結果的にその期間は、自分の疲れ乱れた神経を整え、洗っていくような時間になった。抗《あらが》いがたい状況を前にせめて内面の矜持《きょうじ》を保とうとした、その時の自分よりずっと若い魂たち。それらと静かに、向かい合うのだ。

読んでいく中でも、『回天搭乗員の手記』という日記を残した和田稔という人の文章に、とりわけ引き込まれた。以下、ごく一部を写す。

三月一一日(昭和十九年)
夜は少尉に何も知らない消火器のことで叱られるし、それから自習時間中、中尉に呼びつけられ美保子の手紙のことで注意を受ける。こんな手紙を見てどう思うかと聞かれ、「やっぱり妹ですからかわいいと思います」と答えながら涙が出そうだった。くやしかった。手紙を貰って机に帰り読んでみたが、ほんとに何ということもない手紙で、これに明日抗議の手紙を書かねばならぬかと思うと、自分から自分がうらめしかった。
休み時間に家に区隊長と約束した通りの手きびしい手紙を書く。

七月二六日
みんなが和田は大分へばっていると言ってくれる。
今年は雨が少なかった。それで私はくたびれてしまったのだが、今日はまたこうしてしとしとと降る暗い窓の中で百八十畳の柔道場に坐って体育の座学を聞いていると、何百人もの白い作業服がたまらずしんみりとして見える。こんな時には皆家を思い出すのだ。けれども何という私達の落ちつきであろう。父の手紙のあわただしさも私にはもうひとごとめいてしまっているのだ。港の駆逐艦も潜水艦も内火艇の群も、静かな平和な一幅の絵のようないこいにすぎないように見えるのだ。これは簡単な私達の時勢遅れなのであろうか、それとも私達の軍人精神なのであろうか。

十二月三〇日

このごろ努めて私の性格を、非妥協的な強いものにしようとしている。（……）昨日は近江を、今朝は中塚をなぐった。昔の私しか知らない父母は、その時の私の眼にきっと一驚されることであろう。

しかしこの基地隊の中で、一つの団結をつくろうとするものには、これが不可欠の要素なのである。

すでに中島中尉、川崎中尉、河井中尉、四期の連中は出撃して行った。

私たちがここを出るのは、二月の末か三月ごろらしい。多くともあと半年の命である。（しかしこんなことを書くのは、ちょっとちゃんちゃらおかしい気がする。）

二月一日（昭和二十年）

（……）

私にはもう何もいらない。慰めとか、励ましとか、もしそれが喋々とした軍国調や、ハッタリ多きものであるならば、それは私には、腹立たしさ以外の何物でもなくなっているはずだ。何というくだらない、安っぽさの群れであることか、それは。

私に今欲しいのは、私の平和な時代に、私を泣かせたと同じ涙なのだ。

私が何のいろめがねもなしに私を見つめていたころの私の心は、いつか失われてしまっているのではないだろうか。

私がこの春のうちに、私の生を祖国に差し上げるであろうということは、ほぼ確かなことである。しかしそんなことは、もう私の知ったことではない。

四月一八日

あと一か月。(……)死生観とかなんとか、とりたてて何もいう必要のない私たちは幸福である。それともそれが一番大きな死生観なのであろうか。

(……)

戦友は、この二、三日私が疲れた顔をしていると心配する。

その間、私はしいてでも私の死というものに対してある解釈を与えようとしていたのだった。そして、そのようなものがすべて、はっきりと割り切れる一つの感情(正しい三千年以来の私たちの固有の感情)の前では、そのままのかたまりで、すっかり解きあかすことのできることを知ったとき、私は安心もして、そしてさらに私にしか与えられていなかったであろうような、私の心の裏についている冷たさを、そっと撫でさすってみるようになったのである。

五月六日

……それでも、そっと恐れてみることもあるのだ。

うわすべりだったためにのみ

私は今まで平気な冷淡な顔をしていた。

そして今、初めて今、私はほんとうに

私の過去を狼狽している。(……)

五月二九日

……なお出撃前は、さほど感ぜざりしも、今となりてみれば、敵集団の真只中に突入すべき回天に、自己の祖国を明示すべき何らかの印を欲するの情あり。

菊水のしるしの横になりと、日の丸を鮮やかに描かれば、搭乗員としては、真に陛下の御艦にうち乗るの心地して、いかにうれしからん。

六月一二日

午前十一時四十分「回天戦用意」かかる。

敵は空母らしいと。

人間性に対する信頼なき者は憐れむべし。

吾人出撃以来の十数日間は終始、怠惰、安逸のみに過ごされたり。人あるいは、吾人の談笑をして、死を目前とする綽々の余裕なりと感ずるやもしれざれども、こは死を直視する勇気なきものの日常自然の趨勢たるのみにして、何らの価あるものにもあらざるなり。

余今や健康旧に復し、黙すること数日、一種の諦観あり。

余は今にして必中報国の精神、他の誰の追従をも許さざるを、さらに言いてはばかるなし。

最後、六月一二日の手記に、やや唐突であるかのように「人間性に対する信頼なき者は憐れむべし」と挿入されていることに気づかれただろうか。

この一句があるのとないのでは、この遺言の意味は、性質は著しく異なる。それはこの和田稔という人の、二十年の生育史に関わることだ。

読み込んでいくうちに僕は、そういうことが分かるようになってきた。

月夜果実店閉店以来の半年少しをかけて書いた文章は、学徒出陣五十年目の夏に本になった。『三十代が読んだ「わだつみ」』というタイトルで。

無名の書き手の本だったわけだが、その、戦争を想うことになっている八月という月のエポックの如くなり、短い間に増刷が繰り返された。多くの新聞がコラムを立てるなどして異例に長い引用をしてくれた。そこには、新聞の立場による差はあまりなかった。靖国神社で催されるいくつかの戦友会にも呼ばれたし、共産党とか社会党などに期待する人たちの集まりにももちろん呼んでいただいた。筑紫哲也さんには本来の仕事でもすでにお目にかかっていたが、「ニュース23」でもこの本について話し、番組の中では月夜果実店の劇団員の何人かが戦没した若者の日記を読む、という試みのビデオも放映された。何しろ、彼ら彼女らこそが死んだ若者たちと同世代なのだ。僕ではなく。

戦没学徒の文章を編んだものとしては『きけ　わだつみのこえ』（現在は岩波文庫）が最も知られていてもちろん重要な本なのだが、いろいろ読み比べていく過程で、それら死者が遺した文章に「編集」という名目でいろいろに手を入れられていることを僕は知ったし、社会的にもそれが問題になりかかっていた。岩波の編集担当役員だった大塚信一さんの席に行ってそれを話し、「テキ（その頃は「ウヨクは敵」と思っていたので）に指摘される前に当社から本来の原稿に沿った改訂完全版を出すべきです！」と訴えた。大塚さんは僕の本も読んでくださっていて「こういう仕事も、大事だ」と言って下さりつつ、「しかし、君が思うほどそれはたやすいことではないよ」と言った。

『きけ　わだつみのこえ』を守っていこうという趣旨の「わだつみ会」からも声をかけられたが、そこにも内紛のようなものがあることを知っていたので、僕は組織や団体と関わることは避けた。何しろそういうことは、死んだ若い兵士たちとは何の関係もないのだ。ただ、何人かのご遺族とはやりとりが続いた。

幅広い人たちに受け入れられたのは、戦後の社会が思考をはしょって教えてきたように、無知な人たちが、狂って、バカな戦争をした、ということだけではないという当たり前のことを、死者たちの遺したものに導かれて書けたからだと思う。だからあの戦争が「正しい」ということでも、もちろんない。

土井庄一郎さんに提案をいただいたとき「やってみないわけには行かない」と考えた理由。それはこの本をつくっていく過程が、自分自身の父の世代を理解しようとする試みになるだろうと直感したからだった。できればあの戦争について父が示していた考え方と、いくばくかは和解したい。

父は六二歳で亡くなったけれど、「後期戦中派」ともいうべき同世代の人たちはまだ多く生き残っていた。その頃には。その世代の戦没者が遺した文章をとにかく繰り返し読んだ。もちろん、理解できる部分があり、できない部分もまたあった。けれどもそのうちに、いくつかの問いだけは準備できたと感じ、生存している「後期戦中派」の幾人かの方たちに、いろいろな伝手《つて》を辿ってお話しを伺わせていただいた。

わかってきたのは、二十歳前後で敗戦を迎えた彼らの多くが「なぜ、自分が生き残ったのか」という問いを抱えて戦後を出発したということだった。「なぜ生き残ったのか?」という言葉の背後には「なぜ、生き残ってしまったのか?」というより苦しい問いが響いていることがあった。自分より優れた、立派な人たちが、友達が、死んで行った。それなのになぜ俺は生き残ってしまったのか。二十歳で終わると強《し》いてでも思いきめた人生が突然延長される。これから、俺はどのように生きていけばよいというのか。花咲く間もなく中断させられた多くの生の、失われた可能性の、計りようもない巨大さが、生き残った彼らをたじろがせたのだ。

僕はようやく見つけ出した、意志堅固で、見えないところで家族や人に優しく、自分のことはどうでもいいかのような生き方をし「いつ死んでもいいんだ」と酔いの合間に呟いた父の心の底のあたりにあったものを。感情が動くことを「涙がちょちょぎれる」とふざけたふりで表現するほかはなかった、寡黙な世代の含羞《がんしゅう》の意味を。歴史をよく思うことができれば、意味のわかりにくい言葉は、不充分な表現は、いまやじつにはっきりとした音調で響いてくるのだ。われわれの、いま生きている心に。

長い付き合いだった石川泰の父親、石川中さん(直接お目にかかったことは、ほぼなきに等しかった)の焼け跡での歌会の話にひどく打たれるものがあり、『うらで会いましょう』という台本を書いたのも、思えばその後、自分自身の父親がどういう人間であったのか、考えるための準備を成していた。そのことが、いまや分かる。

「世界」を旅する乗り物としての劇

石川が書いた、ブログの文章をさきに引いた。共同活動をしなくなって長い時間が経っていたから、見つけた時はちょっとうれしかった。意外にも、そこにはいくらか、懐かしいようすが感じられたので。

劇場を出発点にして世界を巡った『トランスワールド』の次は〈RADIO SONDE Vol.2〉として再び劇場以外での公演となった。タイトルは『プレゼント／プレゼンス』。会場は西荻窪駅の住宅街の中の喫茶店。「花風詩」（カプーシ）という名の個人経営の喫茶店だったが、現在はもうない。

一九九一年の夏の間そこを断続的に借りられることになった。その場に通っては台本を構想する。行って座っているうちに、すでにそこにある、ありうる、物語が浸みだしてくるはずだというのは、もはや確信になっていた。

喫茶店で、喫茶店を舞台にした物語をやることにした。

夏の日、地図に従って観客が道を辿ってくると、そこには喫茶店がある。入ると「いらっしゃいませ〜♪」という店員の声。お好きな席へ、というので、座る。「ご注文はお決まりでしょうか」というので、アイスコーヒーなり、オレンジジュースなり。

ところで、どこが舞台になるのだろう？　こっち向きに座ってよかったのかな。あっちの、角のスペースが舞台で、そこに役者が立つのだろうか？

わりと広いけど、普通の喫茶店だ。夏の、まだ明るい夕方。窓の外に裏庭の緑が見えて気持ちが好い。あ、蝉が鳴いているな。夏だなー。

他の観客も続々と入ってきて、満席。そろそろ開演時間だけど……。

喫茶店によくあるＢＧＭがいつかフェードアウトしていき、窓の外からの、蝉のすだきだけ。二人の店員は、高校生のアルバイトだろうか。彼女たちはぐるりと「空席」を眺め、ちょっと、ため息をつく。

「お客さん、ぜんぜん来ないね」
「うん。ひまだね」

初日のこの瞬間、息を呑むような気配を発してお客さんの空気ががらりと変わるのを、やはり客席にいた僕は味わった。なにしろ満席。なのにこの女の子たちは「お客さん、ぜんぜん来ない」ということを言う。誰もいない店内の空間を感じ、そういう気分と態度でいる。

「自分たちはここでは、『いない』ことになっている」と観客は一発で感じてくれたようだった。トンネル状の元原酒蔵での〈RADIO SONDE Vol.1〉では至近距離での演技のちょうどいい具合、というのを開発していくのが楽しかったが、今回はもっと近い。「バイトの女の子」たちのうなじの産毛《うぶげ》が見えてしまうくらいの距離で、ふつう人はその距離では落ち着かずじっと他者を観察するのはしにくいはずなのだが、なんか、そばでじっと視ている。彼女たちの表情を。吐息を。観客はここでは視えない霊のようなものになっているので、こうして、自分たちのいない舞台の「この世」に、穏やかに共感をもって関われるのだ。

開演後も「お客さん」(劇のストーリー中の)が入ってきたり郵便局員がスーパーカブに乗って郵便を配達にきたりして、この「花風詩」だけでなくあたりの住宅街までもが舞台の「この世」であることが分かってくる。行軍しながら歌う「義勇軍行進曲」や「三大規律八項注意」が路地の方から聞こえてきたかと思うと、人民解放軍の小隊が到着する。新宿駅方面から中央線沿線を転戦し、いま、西荻窪地方を解放しに来たのだ。

いまは中国に警戒するという人も多いが、思想戦における道徳的優位を確保し、また軍紀と士気を高く保つ必要のためでもあったろう、抗日戦期および続く国共内戦の初期、中国人民解放軍こそは世界一清廉《せいれん》なモラルを持つ軍隊であった、という伝説みたいなものがあった。

一九四七年の時点で再整理された「三大規律八項注意」は、以下のようなものである。

【三大紀律】

一、一切行動聴指揮（すべて、指揮に従って行動せねばならない）

二、不拿群衆一針一線（人民の持ち物は針一本、糸一筋であっても、盗ってはならぬ）

三、一切繳獲要帰公（戦利品はすべて提出し、人民大衆の公有物に帰するべきである）

【八項注意】

一、説話和気（ていねいに穏やかに話しなさい）

二、買売公平（取引は公正に行おう）

三、借東西要還（人から借りたものはちゃんと返しましょう）

四、損壊東西要賠償（ものを壊しちゃったら弁償しましょうね）

五、不打人罵人（人を痛めつけたり悪口を言うのは良くない！）

六、不損壊荘稼（人々の家や畑を荒らしちゃ駄目だ）

七、不調戯婦女（女性をからかうのは最低の男だぜ）

八、不虐待俘虜（捕らえた敵を虐待してはいけない。相手だって兵士として戦ったのだ）

日本語の説明には、ちょっと僕の脚色というか、思いあまったものが入っている。

ふだんは役者はしない（できない）が、宣撫工作隊小隊長、王震は革命期中国の長老軍人・政治家のひとりから名前をいただき、僕がやった。知人にセリフを広東語に訳してもらって、丸暗記で。通訳、賀竜（同じく長老軍人の名より）は石川泰がやった。石川は中国語訛りの日本語の口まねが異様にうまく、その西荻窪の喫茶店には実際に学生上がりで革命に参戦した（という設定の）その時代の中国青年の鬼気迫る説得の言葉が現出し、凄かった。

まあ、王震とか賀竜とかの役をなんで作者とか作曲家がやったかというと、いろんな人が喫茶店に現れる設定だったので役者の人数が足りなかったこともあるが、孫文率いる中華革命党だとか、人民解放軍を構成した八路軍・新四軍とかに関心のある若い役者はいなかったから、ということもある。

かといって、僕も革命に夢を見た世代でもない。近代に対応して生まれたという点で資本主義と共産主義は双子のきょうだいみたいなものだし、現実の政治において民主を語りながら専横を生みうるという点では変わりない。ただ、松戸清裕という堅実な研究姿勢をとる学者の小著『ソ連史』(ちくま新書　二〇一一年)を読んで「なるほど!」と思ったが、冷戦の壁の向こうに共産主義国家というライバルがなければ、西側の福祉国家もおそらく、なかった。僕らが青年だった頃までは、ソ連や中国の内部で何が起こっているのかほとんど分からなかった、ということを思い出してほしい。見えなかったので、そこではより公平公正な政治と行政が行われているという幻想がけっこう広く共有され、「体制間競争」のためには例えば日本の政治も福祉や再分配への関心を高め、表現せざるを得なかった。その競い合いがあり、野党に投票する人も多くなければ、とっくに資本(の自由)主義国家の多くは「今みたいに」、つまり格差と分断の社会になっていただろう。

もとい。王震は賀竜の通訳を介し、アルバイトの女子高生たちに問いかける。

「共に西荻窪地区を圧政から解放しよう。まずはこの三丁目からだ。三丁目の解放を成し遂げた後、われわれは一丁目方面に転戦し喫茶とケーキ『こけし屋』を奪取し杉並地区根拠地を建設する。さあ! 君たちはなにに生命を賭けるのか!?」

毎日の退屈、むずむずする感じ、思いは有り余っているのに自分のやりたいことがわからなかった高校生の女の子、二人はようやく溢れかえる生命力の輝きの、使うべき道を知る。

「行かせてください！」

彼女たちが出て行って、長い年月が経つ。喫茶店にいるのは、例によって狐と狸だ。ハンサムな店長は、動きにちょっとクセがあるな、と思っていたが、人間界に潜んで人間であることのザンコクをひっそり半分感じて生きる、哀しいキツネだった。時々来る店のオーナーは、中年で、ひどく憂鬱なタヌキだ。かれらの間ではドウブツの時間が共有されているので、個体の生命を容易に超え、数世代の時が、劇中では数分で経つ。

二人のアルバイト女子はその後、それぞれに考え、思い、べつべつの道をあゆんだらしい。ひとりは、あらゆる贅沢暮らしも、豪奢《ごうしゃ》な旅行なども経験したらしく「すれっからし」の心で帰ってくる。もうひとりは、世界の歴史、いろいろな魂のいろいろな在り方を、垣間《かいま》見てきたようだ。すれっからしの友だちは、空しい旅を続けるほかはなく「花風詩」をまた出て行き、残されたもうひとりは、暗く絞られた光の輪の中で、歌う。客席の背後の遠く無限の、闇の向こうを見つめて。

♪いろんなことをした
いろんなものを見た
星灯りの街　海の青
いろんなことをした
いろんなものを見た
地の果ての岬　空の青
世界の　涯てまで　旅をした
雲のまにまに　漂って　いつか世界は

　彼女はとくに歌の訓練を受けた人ではなかったが、この喫茶店＝舞台で経った数十年の時間の深さに響く凄味の、清らかな歌い方をした。奇跡のように。いろいろな人の生、僕自身の生、父母や祖先、世界の知らない人たちの生が、ある。それらはここではないところにあり、同時にここにこそ、ある。

　筋道としては混乱した台本から、役者と、作曲家と、照明家らとともにひとすじの芯を見つけ出し、それを人に、自分に、わかるようにする。演劇という手段をとったことによってのみ、僕の場合には得られた、幸福のコンデンス・ミルクのひと匙《さじ》。

『プレゼント／プレゼンス』。プレゼントとは「贈り物」。プレゼンスとは「存在」。それは同じもの。プレゼント／プレゼンス。プレゼントとは「現在」。プレゼンスとは「いま、存在すること」。それらは同じこと。

私たちがいま、生きていること。それは贈り物。どこかから、何かへの。無名の時間から、誰かへの。

私たちそのものが、贈り物。誰かから、何かへの。

だから、箱に入っている。


　このことを最後のセリフで伝えられるようにするまでは、それなりに大変だった。

　まず、喫茶店のＢＧＭとともに聞こえていた蝉の声には、実際にそこで鳴いていた蝉の声に、録音したフェイクが加えてある。それによって蝉の声の量を調整し、外界の実際の街の空間からの隔絶度を観客が意識しないうちに深めたり、「蝉」にまた鳴いてもらって西荻窪の喫茶店のある夏のここ、いま、に戻したりする。喫茶店の店員の日常的な様子という、いわば演技を抜いていく演技から、次第に劇的な強度の演技に持っていくのだが、まだ明るい夏の夕方の格子窓のある喫茶店では、それではとても変な感じになるとわかった。観客の集中に助けられながらでないと、演技の強度を上げることはできない。

いくつかある出窓部分を外部から丸ごと覆う、木枠組みの布の蓋を作成した。出窓の外からだと内部に座る観客の頭の後ろが見えていたりする。気づかれないようにそーっと、喫茶店の店員の演技の声や音が大きい瞬間を狙い、劇の進行による空気の変化に合わせて大窓に蓋をしていく。男性の力で二名以上が必要で、そういう手数もあるので役者の人数が足りない瞬間があり、石川や僕まで役者で出ちゃうことになった。

照明は、どうしても劇場用の照明が吊られている、とわかるようにしたくなかった。「普通の喫茶店」「舞台はどこ?」という状態でないと、開演冒頭の、観客自身に観客としての自分の存在を魂、精神そのもののようにしてもらい、身体があり、その距離が近いことに伴う含羞を消し飛ばす、という技は成功しないと考えた。

八月一六日から九月八日までという比較的長い期間の公演だったが、舞台は毎週の金・土・日。それ以外は喫茶店としての通常営業があるので、使ってよいと許可を頂いたわれわれが、どうすればそれが可能か考えるほかはない。店舗用照明をそれぞれ調光できるようにしようと思ったら壁を剥がして大工事になるし、それをしたとしてもいわゆるブース、照明や音響のオペレーションスペースが見える状態では、空間でウソをつくことがむずかしくなる。また、毎週金曜日に仕込み、日曜日に撤収して原状復帰、というのではみんな疲労して企図ごと破綻しかねない。

どうしたかと言うと、店舗照明の各部分がどう回線分けされてブレーカーに通じているか調べ、いくつかのグループに電線をまとめて延長し、店の外に出せるようにした。音響スピーカー等のシールド類も同様。ワゴン車の内部に調光卓や、かなりの嵩《かさ》の音響機材やシンセサイザーなどを組んでブースを造る。毎週金曜日朝、そのブースカーを花風詩の裏口に横付けして、ユニット化した照明と音響の回路を結線する。日曜日の終演後にはそれらカプラーを外して車をどける。

でも、どうやって照明・音響の操作をするのか。車内にいるオペレーターには花風詩の中は全く見えないのだ。

花風詩の内部をビデオカメラ数台で写し、コードをブースカーの中のブラウン管モニターまで延長していって繋いだ。

こんなことをしてまで劇場ではないところでやれるようになるまでには、われわれなりの試行錯誤の蓄積があった。技術的なことばかりではなく、物語、舞台、空間の質感といった本筋のところについても、そう。

六本木の「穴ぐら」では、閉鎖空間にトリックの外部を生み出した。だから、何でもそこへ、やって来ることができる。『トランスワールド』は通常の劇場での公演だったが、子どもが、ウソと空想と希いの力で、世界じゅうを経巡り、旅した。そいうことができるんだ、演劇では、という自信を得られた。場所そのものが物語を帯びうるし、それは空想でも贋造でも同様に強力なのだ、というのはそれこそ一番最初の旧・シアターモリエールや、『LEXICON』の浅草常盤座でも経験したことだ。

『トランスワールド』でも『プレゼント／プレゼンス』でも主人公は世界を旅するが、『トランスワールド』では、最後に戻ってきたのは、顔の記憶が残らないほど短い期間だけ一緒の生を過ごした、父母との思い出。自分が出発したはずの、遠い記憶の場所。『プレゼント／プレゼンス』では、地球じゅう、あらゆる時代を見て旅して戻ってきたのは、自分自身。自分がいる、いま、ということ。

僕自身、世界がどうやら「ある」らしいということと、自分が「いま」「いる」ということの岩のように堅い事実のようでもあり、しかし夢と同じに儚《はかな》いようでもあるふわふわした感じを何とか接合して、いま生きているということについてのある程度の安心を得たいと思い、演劇を書いていたのだと思う。もしできうれば、仲間と共に、存在について理解する。そして仲間に、人にやさしく。いずれ未来は視えないのだから。

強いてでも安心をする方法を人生に見つけ出さないことには、他者の生を顧《かえり》みる余裕も気力も生まれてこない。それは僕だけの問題ではおそらくないと思うが。

心の故障

述べなければ、この稿もどんどん長くなるばかりで終えられない、とわかっていながら先送りしてきた。が、それを最後に持ってくるとやはり重くにがく閉じるしかなくなるので、今のうちに書いておこう。

一九九二年に『サムシング／エニシング？』という公演を作曲者抜きでなんとかやり遂げたあと、けっこうな抑鬱《よくうつ》に陥っていった。体じゅうが凝り固まり、疲れ、眠くなる。

その頃は『へるめす』というハイカルチャーの雑誌（一九八四年創刊、一九九七年終刊）の編集部にいた。さきにちょっとこの文に出てきた大塚信一さんが、従来のいわゆる岩波文化を破壊し再構成する、というものすごい企図（しかしそれはポストモダンをやりとげるためには、実際必要なことだった）で始めたものだが、大塚さんが役員になり後継の編集長になった坂下裕明さんが、『世界』から「ジュニア新書」に移ったあとの僕が続々とへんな本を企画編集しているのを見て、「面白い」と思って引っ張ってくれたのだ。

けれど僕には岩波にいるような人が持っているはずの幅広い教養というものが足りず、ほんとうに今や、なんて勿《もっ》体《たい》ないことをしていたのか俺は！　と驚いているのだが、『へるめす』の画期性も面白みも理解していなかった。ただ、『構造と力』（勁草書房　一九八三年）で一世を風靡《ふうび》した浅田彰さんの『逃走論』（筑摩書房　一九八四年）をちょっと読んではすぐさま「理屈が上滑りしてるんじゃないの？」と反発し、その頃の現代思想の啓蒙的論文に「知の政治学」とかナントカ、気取りを感じるタイトルが多かったり、若手学者が「戦争論」とか挑戦的なタイトルで語るのに「政治とか戦争とか、おそろしく重いものを軽々とは論じないで欲しい」などと見当外れの攻撃精神を発揮していた。解らないことを仕事にしているので面白くなく、つまり鬱である上に怒っていて、坂下編集長に「せめてこれくらい読め。常識が書いてあるから」と渡された清水幾太郎の超厚い講談社現代新書『現代思想入門』（一九六四年）も読めず、だるくなって社員休憩室に行っては涎《よだれ》を垂らして寝ていた。せっかく期待をかけてくれた、アニキのような坂下さんには申し訳ないことをした。しかし、申し訳なくとも、解らなかった。現代思想の持ちうる意味は。可能性は。その頃には。

ある時思い立ち、学生時代のゼミの恩師、河原宏先生（日本政治思想史）に原稿をお願いした。「日本人の『戦争』

――古典と死生の狭間で――」という論文に、それはなった。学生の時にはそこまで踏み込んで伺うことはなかったのだが、河原先生は敗戦時一七歳。「後期戦中派」の掉尾《とうび》にあたった。最後の夏、敵戦車の下に飛び込んで自爆する訓練をさせられていた河原練習生は死は必至のものと前提した上で「自分はなんの為に死ねるか」と、走りながら、暑熱と草のかけらに塗《まみ》れながら四六時中考え続けていた。そしてある結論を得た。「その時にね、もう人生は終わってしまっているわけなんだ。ぼくらの世代の中にはね、ぼくだけじゃない、そういう人はかなりいる、と思う」。先生は語られた。

論文の内容に僕は非常な感銘を受けたが、坂下編集長にそれを渡すと、読んで、彼はこう言った。

「お前は、ほんとうにこれが、いいと思っているのか?」

「思っています」とようやっと、しかしはっきり答えると、「そうか」と言って編集長はそれを『へるめす』に載せた。

「日本人の『戦争』」は章を加えてやがて築地書館の土井庄一郎さんの手で一冊の本になり、その後も版元を替えながら新版として生き延びていった。現在は、講談社学術文庫に入っている。文庫になった時には先生はもう亡くなられていたので、解説は僕が承《うけたまわ》り、書いた。「右から――このように卑俗な言葉をつかうのは潔しとしないが――中身が左にすぎるとの誹《そし》り、左からは右寄りという指弾」を受けながら、あの戦争について考え続けることだけが、河原先生の戦後だった。

こうして年長・若年どちらの世代にも語りかける言葉を失った私は、しばしば戦時中の死者を羨み、と同時に彼らの中断された問いかけを自らの問いとし、かつ答えることを自らに課した。だから『日本人の「戦争」』とは何だったかを問いかけ、私なりの回答を書きついだのも、先ずは私と同年配の死者たちに、あの戦争とはこういうものだったのだと語りかけたかったからに他ならない。おそらく当時、この戦争とは何なのかをもっとも切実に問いつづけながら生を中断した彼らも、私の説明には納得してくれるだろう。戦後半世紀、およそ一万八千日、このことを思わなかった日は一日もない。

（『日本人の「戦争」』 まえがきより）

ついでに書いておくと、やはり僕に期待して入社させてくれた安江良介さんはその後社長になり、あいかわらず精力的に忙しくしておられた。安江さんは「編集者が自分の机にばっかりいてはイカン」とか「会社の連中と飲んでるようじゃダメだ」とか「会社もいま大変だが、本はいくらでも買っていいぞ」などいろいろ教えてくれたが、入社早々から僕は、本当に自分の机に稀《まれ》にしかいなかった。そうすると結局、僕への電話を先輩に取らせて伝言メモを書かせることになるので「自席の内線電話を留守番電話にしようと思うのですが」と常に冷厳な表情を崩さぬ当時の総務部長に言ったら「馬鹿かお前は」と言われた。合理性、というのは自分の思うようなこととは違うところにキモがあるのだな、と学んだ。

ある日、会社一階ロビーでひさしぶりに安江良介さんと出くわしたら、安江さんは「堀切君、君には話したいことがある！」と大声でおっしゃり、「だが今は忙しい！」と言ってそのまま行ってしまった。岩波新書の『ヒロシマ・ノート』（一九六五年）、『オキナワ・ノート』（一九七〇年）を、大江健三郎さんと一緒に現地を繰り返し訪ねて編集したのは、僕がそうして怒られたのと同じ年齢の頃の安江さんである。いま大きな仕事をしなくていつやるんだ君は？と言いたかったのだろう。

その後安江さんはくも膜下出血で倒れ、長く病床に在ることになった。一九九八年一月六日にそのまま息を引き取られ、彼が話したかったことを僕は聴けなかった。青山斎場での葬儀の日は近年稀に見る大雪で、轟々《ごうごう》とする巨大温風装置の近くで僕は人が死ぬのは悲しいことなのかよくわからなくなって、ただ「一月は、人が死ぬ月」と考えていた。自分の父親が亡くなったのはちょうどその十年前、一九八八年一月六日だった。偶然だが。

社員休憩室で寝てばかりいるか、そもそも会社に来ないか、夕方四時とか、午後の黄色い光に橙《だいだい》色が混じってきたころ出社する状態の僕に、会議室に呼び出しがかかった。いよいよ編集者廃業か、と思ってその人事を聞きに行くと「君を『世界』編集部に戻す」ということだった。

はじめのうちこそ型破りの「二足のわらじ」というのが少しだけ褒《ほ》め言葉の成分を含んで語られ、「面白い新人が来た」という向きもあったが、中堅というべき年齢にもさしかかり、「まだやっているのか」という風当たりは無言無音のまま強くなっていた。あるいは無音などではなく僕の耳がおかしかったのかも知れない。編集で新機軸の働きをするわけでもなく劇団活動も停まって、二足のわらじどころか裸足だったわけだが、そういう奴をなんで看板雑誌の編集部に再度投入するのか。

堀切君はアカデミズムの伴走者の仕事は勉強する根気がないから無理で、瞬間的アクションがそれなりに活きる場面がある、ジャーナリスティックな分野の方がまだしも向いているだろう。あの計画性や注意力や持続性のなさでは校閲《こうえつ》は心許《こころもと》ないし、営業活動でいろいろな人を理解し尊重し合えるような人としての幅や円《まる》みにも欠けているようだ。使うとしたら雑誌の編集でしか使えない。

と、管理職の方々は結論されたのではないかと想像している。結局、勤務した一六年間、編集以外の部門に出ることは、なかった。

魂の衰弱と、養分補給

だるいのと眠いのと将来に見込みがない気がしてくるのとで、カウンセラーがいるところに行く必要がせまってきた。ただしカウンセラーといってもいろいろで、才能があり専門的訓練が行き届いた人とでないと面談が悪化につながりかねない。知っている人から、カウンセラーのところに通っていたがある日カウンセラーの方が自殺しちゃった、という話も聞いていた。

河合隼雄先生の仕事に関心があり、氏の連載も担当するなどして「精神科医はテキですわ」とおっしゃるのも聞いていた。臨床心理士という公的にも運用される資格をつくって育成と技能維持のプロトコルをしっかりさせないと意義のある心理カウンセリングは日本に根付かないと考えられ、実行しておられたわけだが、心理相談と精神医療は顧客が競合する、という考え方をしてしまう動きが精神医学界にもあった。河合さんが国際日本文化研究センター所長になったり、その後文化庁長官を務められたことで、権力亡者のように言う人もけっこういたが、河合さんは臨床心理士制度を医学界の抵抗に潰されたり骨抜きにされることなくつくりあげるためには政治力が必要なので、それらの仕事を引き受けられたのだと僕は理解している。もし権力が欲しければいつでも得られる、物凄く多方面に能力が高い人だから、権力自体に執着する理由がない。むしろ他にいっぱいやりたいことがあるのに、しょうがないからナントカ所長とか長官とかをしていた、と見受けた。

そういう雑学があったので、精神科医と臨床心理士が連携して同じ場所でやっているクリニックを選んだ。カウンセリングにしかできないこともあろうが、きっかけとか軌道調整のために薬効を活かしていくのが、理に適《かな》っている。

インテイク(初回)面接で、「カウンセラーは、同性と異性、どちらを希望しますか?」と院長に問われ、異性の方がいいだろう、と、自分でわかった。同性だと、とくにオトコの場合は自分の置かれた状況に応じた態度の切り分けができず、対抗意識が生まれたりして素直に話ができないのではないか、と馬鹿なオトコは考えた。

そうして会ったカウンセラーは、姉かな、というような年齢の女性。危機に陥るとその後長く恩人になるような人に出会うという幸運に、僕は幾度も遭っているのだが、この時もそうだった。

数回面談した後、僕は「箱庭をやってみたい」と考え、そう言った。先生は「堀切さんは、きっとそう言うだろうと思っていました」とおっしゃった。

考えてみれば、『トナールとナワール』の中で、舞台いっぱいの「巨大箱庭療法」というばかげていて面白いと思った思いつきを原寸大で形にしている。自分がその後箱庭療法を受けることの、先取りをしていたわけだ。

いや。ものすごく遠く霞《かす》んだ思い出なのだが、飼っていた鳩を飼っていた猫が喰っちゃってヒステリー様の身体症状を出して以降、しばらくして僕はいわゆるチック症状が止まらなくなって、母親に連れられ遠くの病院みたいなところに行って、箱庭をやったのだった。考えてみると千葉大学の何かだったのだが、子どもだったその時は「ちばだ・いがく」だと思っていて、ちばだ医学って何だろう？　って思っていた。

考えてみればこのことはこの文章の一番前の方で一度書いたのだったが、忘れていてまた書いている。『トナールとナワール』の時に、自分の九歳か十歳の体験を直接思い出していたのかと思い出してみようとするが、よくわからない。

ただ、記憶の深部にあることは、意識にまで浮上して来ようと来るまいと、その人が行動化することや、それ以前にものごとを感じる仕方そのもの、つまり世界の像に、一生刻印され続けるものなのだろう。それは遠く現在に至るまでの自分を見つめるとき、確かに思うことだ。

クリニックで十数回、つくった箱庭。それはどちらかというと、淋しいものだった。川が流れ、その両岸がある。舟、つまり自分のことだと思うが、それはどちらの岸にも着くことができない。何度くりかえしても。

それよりはずっと賑《にぎ》やかで、多彩で多義的な世界ではあったが、僕の、僕らの舞台は毎回がひとつの箱庭だった。それが単に作者である僕の箱庭であるのにかぎられるのではなく、われわれの箱庭であったことを、いまや強く望む。後ろには戻らないということになっている、人間が知覚する時間の都合を逆行して。

いや、望むまでもなくそれは、われわれの箱庭だった。多くの人がやってきてそこで箱庭の一部になり、つまりは世界のモデルの一部になり、また多くは去って行った。風吹き荒《すさ》び激しく波しぶく「世界」のどこかからやってきて、「月夜果実店」と看板のかけられたせめても仮設された掘っ立て小屋の中で、箱庭をつくる。若い人間たちにとって「世界」は焼け野原同然だったのかも知れないし、バラックの中で行われていたのは一種の歌会であったと考えることもできる。それは自らが再生すべき未来を歌う歌会だ。少なくとも、そう考えてみるのは楽しい。

ぎこちない物識りの踊り

心理療法は十年、二十年と続いた。身に覚えのある人にそんなに落胆《らくたん》してほしくはないが、抑鬱というのは、すっかり「治る」ということはまずないと思う。寛解《かんかい》はすることがあり以前と同様に暮らしを務めていけるようになることは多いが、消えはしない。というのは、抑鬱は「世界を（頭で）どう理解するか」という範囲をはるかに越え、自身の身体のあり方も含めた、世界との接合面の、その人なりのあり方に関係していると思うから。

どうしてそう考えるようになったか、それはまた別の長い長い話なので略す。ただ、トピック的なことだけちょっと。

ＡＤＨＤ（注意欠陥多動性障害 Attention Deficit Hyperactivity Disorder）という呼称はいまやもはや人口に膾炙《かいしゃ》しまくり、という状況になったが、一九九〇年代にはまだ子どものみの問題だと考える人が多かった。やがて「大人のＡＤＨＤ」ということが報告されはじめ、いろいろ読んでみると「俺はこれじゃないの？」と思えてきた。そこで先生に「私はウツということでここに来たわけですが、大人のＡＤＨＤってやつでもあるんじゃないでしょうか？」と問うたところ、先生は明らかに「ハッ」とした気づきの表情をされ、「そうか。そうだね。その方向からは考えてなかった。その可能性はあるかも。ごめんね」と言われた。そしてＷＡＩＳ―Ⅲ（ウェクスラー式成人知能検査のバージョン3）というものを受けることになった。

かなり長い、疲れるくらい長い検査で、試験者の口立てするランダムな数字の列をいったん記憶して逆から言ったり、世界地図の断片のブロックを組み合わせたり、赤と白に塗り分けた立方体を図に示されているのと同じように積んでそのタイムを計ったり、立方体を何段かに積んだ絵からその隠れている部分も含めて総数を数えたり、歴代の総理大臣の名前を言えるだけ言ったりした。

集計して評価するのにも相当な時間がかかったように記憶しているが、結果を伝える面談で先生は「興味深いことがわかった」とおっしゃり、「テストの結果は、完全にＡＤＨＤと診断しうる範疇に入っています。むしろ典型的と言ってもいいものです」。

ＷＡＩＳ―Ⅲでは、ただ知的「能力」の高い低いということではなく、個人の特性による得意なこと不得意なことの差、を計ることが試みられている。その際に使われる測定概念として「言語性ＩＱ」と「動作性ＩＱ」がある。ＩＱで示せるような「能力」は個々の人間のもつさまざまな側面のひとつに過ぎず、価値とは直接関係ないが、結果では僕は動作性ＩＱは高め、言語性ＩＱはきわめて高かった。動作性ＩＱと言語性ＩＱの数値に差があることは、現実の行動としては一種のぎこちなさとして結果するらしい。

「堀切さんのようにはっきりとＡＤＨＤだと、たいていは学習障害を伴うのだけど、ＩＱに表れるような部分の力で補って、障害にはならなかった（つまりそれなりに暮らせてきた）というふうに考えられます」。

ＡＤＨＤ該当、という診断ではあったが、なんだか面白い発見を前にした雰囲気があった。先生もそうだし、聞いている本人も。たぶん、それはそれとしてこれからも生きる方途はある、と二人とも考えていたからだと思う。

心理療法を受けながら、自分の心のタイプをいくらかでも解りたいとじっと本を読んだりもしていたが、そうした年月の中で、これまでの主観が覆《くつがえ》されることがいくつもあった。

たとえば、自分をずっと「外向的」な人間だと思ってきた。子どものころから。だがそうじゃなくて「お山の大将」という言葉の方が合っていた。

たしかに幼いころからひどく元気で社交的で、心理学の用語ではなく一般的な受けとめでは行動は外向的だ。だが、心理分野で、例えばユングの性格分析における内向性・外向性という類型では、ごくかんたんに言うと「他者と自身とどちらの心に、より注意が向いているか・影響を受けるか」ということを見る。

大勢の他者、友だちと付き合ってきたが、僕はしばしば彼ら彼女らの内面を、気持を「忘れ」た。「やろうぜやろうぜこれ面白いじゃんやろうぜ！」と他者を大きく巻き込んできたが、そんなとき自分は「みんなもそう思っている」としか思わず、それを疑いもしなかった。悪気はなかったつもり。違う、と指摘されればきっと謝った。だがどうして「違う」のかは、もし当時指摘されても、うまく理解する能力が欠けていたと思う。

それに較べて、自分の内面で起こっていることには、ひどく敏感だった。自身の身体の状態へ、内部へ、注意が向きすぎている。眠いとかだるいとか具合がわるいとか年がら年中感じている。いわゆる心配性でもある。

価値観が自己中心的というわけではないと自分では思うし、他者への同情や共感は大切なものだと考えているが、何しろ五感が内向的なのだ。注意力が、いつも自分の内側に向かっている。

幼いころから「内言」が多かったというのも、感覚の内向性と関係しているのではないかと気がついた。実際に人と話しているときにもそれとは別の内言はいつも続いていたので、内言に気を取られて人との話がちぐはぐになってもおかしくないのだが、十代前半までだろうか、二つ以上の話を同時に聴いて理解することができていた。授業中に隣の席の奴と話していて教師に注意を受けたりするのだが、指されると、答えられたりする。

もうひとつ、自分の特性について、取り違えていたこと。

瞬間の対応こそが生命。臨機応変、スポンティニアスということこそが精神の一番大事な働き、と決めていた。価値観というよりは美意識、好みに過ぎないのだが。

自分はそういうことがけっこう得意だと手前味噌で思うからこそ、そう思うようになったのだろう。だけれども、言語性ＩＱに較べて動作性ＩＱのスコアが低いというのは、そのような自己イメージとは少々異なるものだった。一般に、ということだが、動作性ＩＱは目前の流動する状況に咄嗟《とっさ》に対応するような力を評価する尺度。その人が生来《せいらい》持っている特質に左右される傾向が大きく、学習や訓練でそうそう変わるものではない。球技をやるスポーツ選手などは、動作性ＩＱが高い人が多いと考えられる。

それに対して言語性ＩＱはよりその人の歴史に関わるもので、それまで学んだり考えたりして蓄積してきた「結晶性知能」の如何により影響を受ける、という。

幼い子どものころから僕はみんなが近所の広場とかでやっている野球遊びなどに興味がなく、したがってルールもよく知らないのでどこが面白いのかよくわからず、それよりは家で寝ころんで『魚貝の図鑑』や『昆虫の図鑑』を眺めている方がずっと楽しかった、と書いた。キャッチボールさえもしなかったのは、おそらく、得意じゃなかったからだ。ボールを扱うことには極めて不器用だった。

身体を精密に使うことに関して不器用でぎこちなかったのは、論理、というよりそれ以前の、思考の便宜《べんぎ》のために切り分けられた概念の操作の、ぎこちなさに繋がる。たぶん、だから、算数や数学は不得意になり、ブロックをできるだけ速く組み合わせるといった、動作性ＩＱの測定の場面になるとおそらくは集中力が不安定になった。

予習・復習はせず問題集をこつこつ解くなどは嫌いで、しなかったが、一方、いろんなことがいつの間にか耳に入っており、そうした断片が蓄積して結晶していったのだと思う。日常的努力をしないのに、けっこう蓄積で生きている、という変な具合だった。そこを、心理の先生も「面白い結果」と言ったのだろう。

それでも、引き続きやはり、僕は「機知」という言葉を好む。不動の権威とともにある知恵ではなく、そのへんに転がっていて、それに気がつき拾い上げる者は、緊迫した状況をも愉快に打開し、対立を和らげ、人々の善意に笑いかけつつ、相対化の果実を実らせる。

無言の父は、実は「機知の人」だった。没後、葬儀に集ったかつての友人たちから、さまざまにそのことが語られた。『二十代が読んだ「わだつみ」』を書くために、父の世代の、死んで行った人たちの文章を読みながら最も心惹かれたのは、身動きならぬ重圧の中で時折彼らが言葉に、行動に見せた、機知のかがやきだった。

どんな時代になっても、事態事態への臨機応変の対応、瞬間的突破への通路は開きうる。圧しつけてくる、人の自然に反する凝固した観念に抗して。

頭がよくはなくても劇ならできるわけ

認知や概念操作、つまり意味を紡《つむ》いでいくことの各場面でＡＤＨＤの特質を持っている人が、演劇をやってきた。これはけっこうあることのようで、周りの演劇人にも、「もしかしてあなたも？」と聞いてみたくなるようなとっちらかった、行動的な人はいる。

結果の側から振り返って考えるのだが、注意を注ぐ対象が次々と遷移《せんい》する人でも、それなりに大きな物語構造をつくれるのが演劇という手段なのだと思う。僕が台本を書く場合にも、予めストーリー、プロットが決まっていることは、ない。あるイメージを強く持てたとき、とにかくひとつ情景を置き、言葉を置く。基本的には登場人物の間で会話があるので、会話の応答性、そこから生じる長短・強弱はいろいろな、しかし何らかの継続性に助けられて、先に進んでいける。

それはまるで、生物の胚《はい》細胞が各器官に分化していくようだ。その細胞の置かれた相対的位置、隣の細胞の条件がどうであるか、といった情報を取り込みつつ、細胞は多彩な機能に向けて動き出し増殖し、そして「胚」のみからは予想だにできないほど複雑なシステムを作りだす。そしてその複雑さは、結果的には一貫した意味を持っている。一貫した「意味」は、「生きられる」という特性を支えている。

月夜果実店の場合は、会話の応答性や継続性に、音楽の生命・生理にとっての応答性や継続性が強く浸透して繋がる。会話＋音楽が、ストーリーの身体をつくっている。

生命活動と演劇がアレゴリーになりうるのは実にわかりやすいこと。最初の設定条件やいちいちの細部の過程に必然性を欠くところがあると、物語の生命が絶えるので、失敗したというそのことはすぐわかる。

舞台という構造物と、生命は、これほどまでに似ている。

生命反応を見ていってもそうだが、もうちょっとメタレベルの、たとえば「人生」という言葉をどーんと置いちゃっても、演劇の作り手は比較的たやすく、あるいは手つきが多少雑で不器用でも、そこを追跡していける。なぜ演劇という形式に拠《よ》ることで「雑な頭脳でも人生を省み理解する」ことができるのかというとたぶん、基本的には、演劇とはさまざまな初期条件・中途条件を投入しながら、ありうる人生を空中に浮かせ描き、それを役者の身体とともになぞることだからだ。そこでは、この現実の中にとてもありえないような夢の生きものが、生き方が、具現化される。ほとんどありえない夢、見たことのない人生が舞台に息づく。それは必然的に、現実の経済システムや政治動向に狭められた思考では到達しづらい、ずばぬけて多様な生への、肯定の想像力を強める。

夢のような生を描きうれば、それはわれわれの暗い前方を照らす。いや、夢のような生を通り越して、生きている夢が、舞台にはたゆたう。

人間だけがストーリーを持つ。魚はおそらく持たない。猫はたぶんちょびっとしか持たない。犬は時に、かわいそうなくらい感情のストーリーを持つようす。猿は、種によるだろうが、人が期待するほど持っていない気がして、むしろ闘争や欲動の短期決戦に生を捧げている気がする。

とにかく魚は、ほとんど記憶も、したがって自己も、ストーリーも歴史ももっていない。

魚の眼を覗き込む物語を書いたのは、それが理由だった。それが快適なことであろうとなかろうと、自分が、人間が歴史を持つ存在だとあらためて心に刻むために。その哀しさを、できれば意味に転化するために。

相棒を失う

一九九一年十一月、『アインシュタイン・ロマン』という公演を行った。ＮＨＫスペシャルで同名の大きな企画が制作されつつあって、そのリーダーの鬼頭春樹さんという方が、どこから聞きつけたのか宇宙だ空間だなんだかんだを演劇でやっている僕らに声をかけてくださり、その頃流行していた「ミクスト・メディア展開」をしたいという意図で、『アインシュタイン・ロマン演劇版』をつくろうというのだ。

題名を指定しての注文による劇作は経験のないことだったが、もちろんアインシュタインの理論は理解しきれなくてもそれこそロマンチックには関心を持ち続けてきた。

渋谷のＮＨＫの広いスタジオを、空いているときには稽古に使えたし、ちゃんとした音響スタジオでさまざまなチェックもできたし、作劇の環境は恵まれたものだった。会場は玉川高島屋S.C.の中にあるアレーナホールというところ。洗練された消費文化の発信地、ということだったが、「深い森の奥に、いまも、アインシュタインの魂が息づいている。何らかの形で」という設定の物語にしたので、アレーナホールを深い森にした。木の葉をリアルにつくるのは手間がかかるので、秋だしってことで、森に積もる落葉を表現するため、二子玉川のお屋敷街に行き実際の落葉を掻《か》き集めてきて、敷いた。

見事な森になった。が、自然の落葉にはダニがいるという当然のことに気が回らず、公演中役者があちこち痒《かゆ》いという副作用は生じた。お客様には被害は出ていない。

評判はよかった。当時のアンケートより、三件。

すごくおもしろかった。感動した。
納得できた。説得力があった。
子どもに見せたいと思った。

（四五歳・主婦）

言葉の海になげこまれたという気がしました。ほんとに。
感想はどうも言葉になりません。ふと何かを感じ、気がついたらひとすじの涙が……という感じでした。

（二一歳・女性・学生）

もう、何と言うか、全身鳥肌立って、ぞくぞくしました。演劇を観てる、と言うより、感じてた、という感じです。本当に、心が揺れてます。何と書いたらいいのかわかりません。でも、自分のこれからが変わるかもしれない。そんなふうに思います。実はテレビの方も見たことがなく、公演も初めてなのです。こんな世界を知らなかったなんて、本当に悔しい。知れたなんて、本当に嬉しい。

（二一歳・女性・学生）

アインシュタインは、「不思議なのは、人間が世界を理解できるということです」という意味のことを言ったそうだが、「理解」は、どういう時に「受容」でもありうるのだろうか、というテーマで台本を書いていた。

公演は成功したと言えるし、これからお客さんも拡がるかな、と考えた。しかし、幾度も触れかけてきたように、この公演を最後に作曲者の石川は劇団を去る。


一九九二年の七月三一日から九月一三日までの毎週金・土・日、まるごとひと夏を費《つい》やして続けられた『サムシング／エニシング？』。〈RADIO SONDE Vol.3〉ということに、それはなる。江東区の埋め立て地にできた広大な住宅展示場の、家を一軒、毎週末借りられることになった。モデルハウスを使って、一軒家で、一軒家で起こることの芝居をしたいと考え、実現した。

留守番電話の情趣《じょうしゅ》、というのはもういまの人にはピンと来ないかも知れない。その頃僕は独り暮らしをしていた。帰ると、闇の中、留守番電話に録音があることを示すランプが点滅している。着替えるなりビールを飲むなりしながら、それらを順番に聴いていく。ときには微笑んだりニヤリとするような声があったり、懐かしいものがあったり、直ぐに対応すべき驚くような報《しら》せがあったり。とにかく声たちが、それぞれ別個の小さな世界を引き連れながら、マイクロカセットテープの中に順番に収まっている。

それはまるですでに滅びてしまった世界たちを、別の世の博物館の展示で順番に観ていくのに似ている。

時には「録音がありません」と押した釦《ぼたん》が答えることもあって、そんな時はちょっとした落胆《らくたん》があって淋しい。着信メールがない、のと同じようなことだが、外から帰ってきて「録音がありません」を聴くと、世界から取り残された気がして少しだが「どすん」とする。

一軒家に三人姉妹が暮らしているのだが、互いに会わない。趣味趣向が全く違う。だが、それぞれの行き先から帰ってきては、彼女らが居間でする行動に、共通点がある。

留守番電話を聞くこと。

奇天烈《きてれつ》な設定だが、三人姉妹の両親は、お前たちも大きくなってきた、お父さんとお母さんはこれからラプラタ河の川下りをして一生を過ごすつもりだ、そう言っていなくなってしまったのだ。

父と母は、娘たちにこうも言い残した。旅の基地となるモンテビデオのアパートに、留守番電話を置く。お前たちはなんでも、思ったこと、感じたこと、考えたことを……そこに録音しなさい。お父さんとお母さんは、それを必ず聴く。必ずだ。ただし返事は、絶対にしない。

ムチャクチャな両親だとも言えるが、つまり、生きてはいないと受け取ってもらってもかまわない。台本を書きながら留守番電話でいろいろ実験したが、電話に声を吹き込む時、吹き込まれた電話の声を聴くとき、相手か自分のどちらかが、死者になったような気がした。

作曲してくれる人がいないので、人の力を借りながら選曲をしていった。ストーリーや仕掛けの構築についても、話し相手がいないと僕の場合は行き詰まる。少し前から協力してくれていた原久路君(現在は写真家)に、その役をやってもらった。

杉並区に僕が借りたアパートから数分のところに彼も住んでおり、だから会合は夜中だろうが朝になりそうだろうが随時行われた。留守番電話によって繋がり、また隔てられたコミュニケーション、というのがこの劇の情緒の中心になると決まってきたころ「国際いたずら電話」という思いつきをして、彼の家からウルグアイのモンテビデオに電話をかけた。

といってもどういう番号にかけたら地球のほぼ反対側、モンテビデオに繋がるのか分からなかったので、NTTの104(覚えていますか?)に電話して「あの〜、近々ウルグアイに移住するのですが、現地の給水事情を知りたく、モンテビデオ市水道局の代表番号を教えていただけますか?」と聞いた。オペレーターは明らかに強い疑念を脳中に生じさせながらも、結局教えてくれた。

地球の反対側だからいま昼の十二時だろう、ってことでこちらの夜中の十二時に電話をかける。「プーッ・プーッ・カチャ」「アロ? アロー?」、若い男が出る。水道局員だろうか。あたりまえとはいえ本当に人が出たのでびっくりして、国際無言電話になってしまった。若い男はあきれた気分を一瞬こちらに送り「ピューィッ!!」と鋭く口笛を吹いて電話を切った。カッコよくてシビレた。口笛は地球を半周して響いたのだ。地球の裏側というのは、ほんとうに、実在する。インターネットが一般人のものではない時代に、その実感は「ズバン!」と強かった。地球各所の現在の映像がどんどん飛び込んでくるいまは、ネットにいくら繋いでもズバン! というすごい音はしない。

設定では十代後半から二十代前半にかけての三姉妹だったが、実際に演じた三人は全員、ほぼ二十歳の夏。劇作上のこれまでの相棒が欠けているので、勢い、原久路君のほか彼女たちと、これまでの役者たちとの関係より深く、感覚を共有しながらつくっていくことになった。

劇の最後は、ビデオテープで終わることにストーリーを決めていた。いまはいない両親と、いまよりもさらに若い頃の三人が、旅行に行ったときのビデオが見つかるのだ。

いま思い出したが、津波が来る、この家も浸水するというので急いで避難しようと持ち出すものを探しているとき、忘れていたそのビデオが見つかるのだった。

劇の最後に映されるそのビデオを、予め製造して一軒家の引き出しに仕込んでおかなければならない。準備していた時節に菜の花がいちめんに咲いていると聞いた、日本海側のある場所にロケに行った。

当時僕が持っていたのは一九六七年型のルノーのコンバーチブルで、エアコンなんか付いてないし、床の穴から路面のアスファルトもちょっと見え、さすがに日本海の近くまでは着かないんじゃないかと心配になるシロモノ。代わりに、以前月夜果実店で幾度か主役をやり、その時はすでに会社で仕事をしていた東畑秀一から、結婚祝いにパートナーの両親から贈られた、まだほとんど新車の深いグリーン・メタリックにセージ色の混じった、実に美しいフォルクスワーゲン・ゴルフを借りた。そのゴルフもカブリオレで、電動の幌は白に近いベージュだった。

ちょうど四人乗れるので、三人の娘を乗せて僕が運転して、初夏になろうとする山や谷を旅する。目的の花畑を撮り、コンバーチブルの座席ではしゃぐ、舞台の時間の四年前という設定の娘たちを、ぐるりと順番に撮っていく。撮っていて映らない自分はいま「死んだのかも知れない父」の位置にある、と撮りながら全身に浸みてきていた。

実際、ほとんど会社にも行かず、二十歳の心を持つ二十歳の女性たちと過ごした夏は、ほとんど死に近い体験だった。抽象的で純粋なことだけが大切な関心事になり、僕はひどく痩せてしまい、ひりひりと張り詰めてしまった。

音楽の才能のある友人に教えられつつ、劇中曲にグレン・グールドのゴールドベルク変奏曲、一九八一年録音のバージョンを使った。その夏何度目かの週末、本番の最中に、僕の耳に霊が何かを唸《うな》っている声が聴こえてくる。空《そら》耳《みみ》かと思い頭を振るが、どうしても聴こえてくる。とうとう俺も頭がおかしくなった、そう確信した。だが、グレン・グールドとは実際にへんな声を出しながら演奏する人だったそうで、音楽に詳しくない僕がその逸話を知らないというだけのことだった。ひとまずほっとした。

一軒家の吹き抜けを使って一階と二階の間の会話や、それぞれの部屋で姉妹たちが聴いているべつべつの音楽の響きを劇構造に活かし、ときには一番若い娘のボーイフレンドがモデルハウス街という住宅街を実際にスクーターで走ってきて玄関のインタフォンを鳴らし、それまで独りの空気で居た一番若い娘が外向きの顔になる、という微細をきわめた演出が企図《きと》だった。いま、生きているここ、を観客と演者、僕も共有したかった。舞台である居間の一方に寄せた客席は二五席のみ。喫茶店で行った喫茶店の劇『プレゼント／プレゼンス』の際よりもさらに、家でやる家の劇では観客席と演技空間は近く、というより空間的に同一。そして家は、ニセの家であっても、観客の内部にそれぞれの思い出を喚《よ》び起こす。

生まれて、生きて、育ってきたこと。だからみんな、ここに。いま。

ある日の終演後、昔からの友人でパルコ劇場のプロデューサーもしていた、観巧者《みこうしゃ》の立石和浩さんが「いやあ堀切さん、やりましたね！」と言ってくれた。成功だったと思う。今までになかったものができたと思う。

秋になり、月夜果実店は長い休止に入る。その時は、また始めるという見込みもなく、事実上、終わりだった。

『サムシング／エニシング？』のラストシーンは、サイモン&ガーファンクルの『四月になれば彼女は』を三人の娘たちが歌うこと、にしようと考えた。それは卓抜な発想だった。変わっていく自分たちへの、それは挽歌《ばんか》となるはず。だが、どうしても演出をそのシーンに繋げていけなかった。実際には、サミュエル・バーバーの不道徳を感じさせるほどまでに悲愴な曲『弦楽のためのアダージョ』で芝居は終わった。行き過ぎた悲壮感が、その向こうに遠く開けた明るさの表情を映しえたにしても。『四月になれば彼女は』を三人の娘たちに歌ってもらうことができなかったのは、その時点での僕の台本と彼女たちとの関係性の到達した地点の限界を、実に正確に示している。

若返っていく「主人公」

そして二十年が経つ。

石川泰と会わなくなってから七、八年経ったころ、再会する機会があった。そのころ書いていた『「30代後半」という病気』（築地書館 二〇〇〇年）にこう記述している。


石川が癌になった、入院している、と聞いたのは、会わなくなってもう数年経ったころだった。どういう癌でどういう状況なのか詳しくは知らなかったが、とにかく手術は成功して今は恢復に向かっているということだったので、病院まで会いに行った。彼は思いの外元気で、近くの喫茶店に僕を誘った。

喫茶店のテーブルについて彼が煙草を取り出すのを見ていると、さすがに懐かしい思いがした。袂を分かつまで、僕らは堅く結ばれた相棒同士だったのだ。堅く結ばれてはいてもドライな関係だったからしょっちゅう彼を思い出していたわけではなかったが、こうして病を得た彼を久しぶりに見ていると、やはり僕らは一種の友人だったのだ、と解る。


それからまた、十二年くらいが、疾《と》くと経つ。

二十代や三十代のころに較べて、実に何もしない年月だったなあ、と思いかけていたが、何もしないなんてことは、実は全然なかった。ただ、やっていたことが、人に観せ、あわよくば褒《ほ》めてもらうようなことではなかっただけ。

二〇〇一年の夏の終わりに娘が生まれた。生まれる前から彼女は、響《ひびき》と名付けられていた。『どうぶつのくに』の主人公の、月森響からとった名。

生まれて三日目に水分さえも摂《と》らなくなりやがて痙攣《けいれん》を起こし、大病院のＮＩＣＵ（乳児集中治療室）に救急車で運ばれた。

十五日間の入院の間、僕ら夫婦はもちろん毎日ＮＩＣＵに通ったが、面会時間は短く制限されているので、あとは何もできず家にいた。

九月一一日。ツインタワーの二本目に航空機が突入するのを生中継で見ていて、ついに頭がおかしくなったか？とまた思う。当時勤めていた大学はまだ夏休みだったので、やはり家にいたのだ。

痙攣の原因はわからず、退院。それから半年近くかけて、東京女子医大病院で確定診断を得る。ミトコンドリア病という、それまで僕ら夫婦の心の世界には存在しもしなかった病名で、その病気の子は長く生きられず、一歳とか二歳とかで命を落とす例も多い、と知る。

長くは生きられないのだから、海を見せに行こう、とセンチメンタルなことを考え、車に乗せて海辺に行く。波は荒い。響は、笑っている。はじめての海や強い風が、楽しいのだ。

名も知らぬ誰もいない公園地の芝生。おろしたてのピクニックシートに響を仰向けに寝かせている。ミトコンドリア病で筋力や神経の発達が弱く、寝かされたままの姿勢で、響は僕らを見あげている。

丸い眼、世界を映す瞳、生まれつきの微笑みで。

写真を撮るが、（この子は死ぬのだ）という気持ちで撮っている。心配もしながらこの数ヶ月を、できることはすべてやろうと、育ててきた。このような強い、痛いほどの愛着は人は、どんな恋人にも感じたことがないだろう。

治らない病気を持って生まれてきた娘のことを、石川に話す機会があった。石川は、

「それは辛《つら》いね」と言った。

「だけどお前も、癌になったじゃないか」と僕は返した。すると石川は、

「自分の辛さは、どれくらいつらいか自分で分かるから、たいしたことない。でも人の辛さは計りようがないから」

という意味のことを言った。

やはり信じられるな、と、強く感じた。


娘の世話をしながら、こんなことを考えていた。演劇をやっていた時代、主人公ははじめ初老の男性だった。それがやがて中学生へ、小学生へと若くなっていった。僕の主人公は、いささか行きすぎた純粋さをもってしまい、バランス良く生きてはおらず、そして、しかし、僕にとっては「善」と呼ぶべきものをもっていた。どんなに惨虐《さんぎゃく》なことが起こる世界でも、零下の宇宙でも、そこに善なる魂が在れば、マイナスの世界ではない。

とうとう主人公は、赤ん坊にまで若返って、僕らの前にやってきた。

選ぶことのできない、僕らの生まれてきた世界に、君も生まれてきた。

響よ、おまえはいま、世界を見ている。まだ何も企みも謀《はか》りごとも持たない。ただ、生きようとしている。そのことは、よいことだよ。

生きようとすることが生きる理由

社会学者の立岩真也さんは僕とほとんど同年だが「生きようとしている者は、生きさせるのが良い」という意味のことを書いているし、言った。基本的な価値を言い当てていると思う。響を療育《りょういく》（障碍《しょうがい》のある子の発達を、理学療法、作業療法などの専門的訓練で助ける）に連れて行った際など、彼女よりずっと見た目も重い障碍の子、さすがに、意識もない

のではないかと思われる子もたくさん、一緒だった。石原慎太郎が「ああいう人ってのは、人格があるのかね」と一九九九年に見て言ったという、そんな光景だ。「生きようとしている者は、生きさせるのが良い」という理路《りろ》は、人間が確かに持つはずの本質に根を張るだけに、質朴《しつぼく》で、強い。

生きようと思う者を生きさせるために、経済も政治もある。

僕個人の学びも、努力も結局、そのためにあった。いまはそう、豊かに意味づけることができる。長く激しい活動期が過ぎ、あとから解ったことの、力として。

この文章を仕上げて閉じようとしている時、突然目眩《めまい》に襲われた。夜中なぜか目が覚めると世界がぐるぐる回転していて、吐いても吐いても、まだ吐く。洗面所のシンクに手はしがみついたまま足許は床にくずおれて、意志とは関係ない泪《なみだ》をじわーっと湧かせながら「これは近来にない苦しさだ」と思った。ひどい目眩なので眼振《がんしん》(目玉が勝手にあっちこっちする)も起こっている。ようやくベッドに戻って、隣のベッドに眠っている娘のことを思った。

響は幼いころ、発作を度々起こしていた。そういうときには片方の黒目がぐるっと、上瞼《うわまぶた》のへりを動いたりした。まだ言葉を持たない時期だったが、響はこんなふうに苦しかったのかな。そう想うと、いまのこの苦しさ(大したものではないが)も体験しておくべきもので、それはかつて響が陥った苦しさに近づいてみることにもなるような思いがした。そこには、この苦痛が意味を持ち、贖《あがな》われる感じが伴っていた。

もう一度眠ろうとこころみながら、遠く一九八八年のことを想いだした。死を忌避し怖れる時期と、そうでもないな、と思う時期が人にはあると思う。僕の場合は数年ごとに両者が入れ替わる(理由はわからない)感じで生きてきたが、父親が亡くなったあと、死が全く怖くない時期が来た。それは「父もこのことを経験したのだから、僕も経験するべきだ」というやや奇態《きたい》な気持ちで、合理でも何でもないのだがしっくりくるものがあった。

天井を見ないように目を瞑《つぶ》り(ぐるぐる回るので)それを考えているとき「俺はいつ死んだっていいんだ」と父がなぜ言っていたのか、とうとうほんとうの答えが出た。

河原宏先生が著作の重要な箇所で書いておられた「共歓・共悲・共苦」という言葉も、あらためて胸に迫った。それは学問の言葉とは認められにくいものだろう。だが先生は、先に死んで行った者らと共に、残った生涯をかけてその言葉を、最も確かなものとして摑《つか》み出したのだ。

プラトンからともドイツ経由とも言うが「真善美」という価値の基準を巡って、とくに近代以降の日本の青年たちは思念《しねん》を凝《こ》らしてきた。「善なる魂」が宇宙の零下や世界の惨虐に対抗しうるのだ、などと書いているのだから僕にもその思念は引き継がれているのだろう。

ただし「善」が鍵だと思う、と言ってみても、友人などには唐突に感じるらしい。もともとが「真善美」はそのどれに重心を落ち着けるものでもなく、決定を拒絶し、動いていく思考を誘うものだから。

美は独自の価値を語られすぎると、真からも善からも遠くなる気がする。真実は美しくもなく善でもない場合も多い。善はみっともないものであることもあるし、嘘が紛れ込む、あるいは嘘そのものであることさえある。

だけれども、これはやむないことだが、「善」の在処を巡って、そこに賭けて、僕の場合は続きをやっていくことになる。演劇で。社会で。「真善美」をあと何周も回って検分していく時間はないだろう。「善」に固執《こしつ》してみようと思うのは、過去の世代に、またこれからを生きる世代にそれを確かに見た、と心から思える経験に恵まれたからだ。そういう偶然から高い樹木が生えることも、あるいはありうるかも知れない。

感覚が内向・内攻していて、自分のことにしか気づかない僕が、子どもや親のことでは、他者の感じているだろうことに共振したいと強く思った。もしかしたらよい演技者というのは、いろいろな人格に対してそれができる人なのかも知れない。だとしたら演技者とは、作者や演出者の道具などではない。独自の存在だ。

私の中の小さな人

ずうっーっと、見下ろしている。熱帯のどこか、密集した雨林を。

大人になった今も、森の繁茂《はんも》を見ると、子どものころの想像の遊びを思い出すことがある。東京の下町の家の狭い庭に僕はしゃがんでいて、想像のヘリコプターの音が、パタパタパタと耳に響いている。密林には手の長い猿が、あるいは黄色い斑《まだら》の虎のような生きものが、ちら、ちら、見え隠れする。それだけではない、小さな小さな、「私」もいる。それを今度は僕は、見逃さなかった。

「私の中の小さな人」、出ておいで。

またいつか台本を書くときは、小さな人のことを書こうと思う。

自分の中に、子どもの自分、少年の自分、青年の自分……そうしたものが実はほぼそのままいて、まるで人間はバウムクーヘンのように層を成して大人になっている。それはわりとよくある考え方だ。

僕もずっと、そう思っていた。だがいまは少し、その像の重なりのイメージが、時の変形を受けている。

劇団時代、劇団員から「堀切さんは女を書けませんから」と言われていたそうだ。それは最初の方に引いた小林道雄さんの『劇団　月夜果実店』に書かれてある。その通り、書けない。書こうとも思わない。そればかりか『劇団月夜果実店』には、こうもある「さらに言えば、書けないのは女だけではなく、大人も書けていない。役として書いてはいるが、私が見た限りでは本当の大人は一人も登場していない。それはすべて大人の格好をした子どもなのである。実のところは大人も書きたくないということかもしれないのだ」。

台本を書いた者は無意識でも鋭く観る人もいて、その通りだと思う。

ものを書いたり表現したりする人には、子どものまま、あるいは子どもじみている人が実際、多い。だけれどももう僕も、大人の中の大人、じゅうぶんな把握と判断の力を持ちうるはずの年齢だ。そんな人間が「自分の中の子ども」とか「永遠の少年」とか言ったり考えたりしている場合ではないだろう。もはや恥ずかしい。それに、社会的にも良くないことだと思う。

僕の「私の中の小さな人」は必ずしも子どもであるだけではない。老人の顔をしているようにも見える。

つまりフィレモン、賢者なのだが、賢者一般ではなく、私の中の老賢者なのだ。彼は例えば、猫かわいがりの飼う猫が、新しく飼い始めた鳩に喰われる、そんな驚愕事の意味でさえ、識っていると思われる。

フィレモンはあるいは、後期戦中派、僕の精神的な父たちの中にもいたし、彼らの顔をしていることもあるだろう。そして、ほんとうの、子どもの中にも、もちろんいるのだろう。

これから、その「小さな人」と、ゆっくり話していく。

三年ほど前、思いがけないことが起こった。

長い間会わなかった石川が、劇団を再開しよう、それも「月夜果実店」というそのままの名前で。そう言うのだ。いいな、と思った。だが僕の手許には現在、演劇の形で表現できることで、気力も許すことはとくに見つからない。石川がストーリーを創り出し、作曲も自分でする、オペラの集団として月夜果実店は再出発した。すでにいま、三作目の歌劇の準備をしている。それらの歌曲には、旧・月夜果実店時代の挿入歌の残響も、ときどき響く。

なぜ石川が劇団を再開しようと言うのか、正確にはわからない。きっと彼の中にはいま、その必然性があるのだろう。

しかし僕は、彼が励ましに来てくれたのだ、とも捉えることにしよう。もはや昔のような激しく不規則な生活はできない。見守るべき障碍の娘がいる。けれど、そして「小さな人」もこの世界に出てきて、彼女とも話したがっている。

なにもかもが終わってしまったと思っていたが、なにもかもまだ、ここにある。

ずっと寝ころんでいたが、今度もまた誰かが起こしに来た。みんな集まっているようだ。楽屋に潜んだスタッフ。未来の観客たちの内面には快活な気分が心地よい圧を保っている。それが、わかる。

「開場するよ」。あの時とは違う声が耳朶《じだ》を打ち、目覚める、あらためて現実の、いまに。

月夜果実店　公演記録

一九八四年

第一回公演　一月　『走れ、走りつづけよ』　新宿モリエール

第二回公演　六月　『宇宙の零下に抗して』　新宿モリエール

第三回公演　八月　『夜の水泳』　池袋シアターグリーン

一九八五年

第四回公演　三月　『うらで会いましょう』　こまばアゴラ

第五回公演　九月　『墜ちる星☆割れる月』　高田馬場　東芸劇場

一九八六年

第六回公演　三月　『うらで会いましょう・改訂版』　池袋シアターグリーン

一九八七年

第七回公演　一月　『そらのはじまり／河口のひかり』　下北沢ザ・スズナリ

第八回公演　六月　『マンボウ20号』　新宿THERTER TOPS

一九八八年

第九回公演　二月　『墜ちる星☆割れる月Ⅱ』　新宿THERTER TOPS

第十回公演　七月　『うたのつばさ』　ラフォーレミュージアム原宿エスパス

一九八九年

第十一回公演　二月　『どうぶつのくに』　下北沢ザ・スズナリ

第十二回公演　七月　『ケルビム↗空の手紙』　新宿シアターサンモール

第十三回公演　九月　『マンボウ20号』　下北沢ザ・スズナリ

第十四回公演　十二月『ＬＥＸＩＣＯＮ』浅草　常盤座
一九九〇年
第十五回公演　六月『トナールとナワール』浅草　常盤座
第十六回公演　十～十一月〈RADIO SONDE Vol.1〉『ジュリア台風』六本木ハートトランド「穴ぐら」
一九九一年
第十七回公演　一月『トランスワールド』新宿シアターサンモール
第十八回公演　八～九月〈RADIO SONDE Vol.2〉『プレゼント／プレゼンス』西荻窪　花風詩
第十九回公演　十一月『アインシュタイン・ロマン』玉川髙島屋S.C.アレーナホール
一九九二年
第二十回公演　七～九月〈RADIO SONDE Vol.3〉『サムシング／エニシング？』ウッディランド東京　木曽アルテック社出展モデルハウス
一九九五年
第二十一回公演　八月・十月『ヘヴンリィ・キッチン』玉川髙島屋S.C.アレーナホール・青山スパイラルビル〈CAY〉
二〇〇二年
第二十二回公演　三月『謎のそばにいて』ラピュタ阿佐ヶ谷「ザムザ」
二〇一五年
第二十三回公演　一月〈きせつのらせんの小さなオペラ〉『ねこの名前は〈ほし〉』Kenクラシックライブハウス
二〇一六年
第二十四回公演　一月『ねこの名前は〈ほし〉2』南青山　曼荼羅
第二十五回公演　九月『ねこの集会☆星の周回』目白「ゆうど」

【著者略歴】

妹尾伸子（せのお・のぶこ）

元高校教諭。千葉大学教育学部卒。国語科教諭として公立高校で32年間勤務。その間、学校教育相談（カウンセリング）、生徒会指導部などを中心に担当。部活動は演劇部顧問を長く勤め、部員全員で一本の脚本を書く「生徒集団創作脚本」の手法を確立した。

嶽本あゆ美（だけもと・あゆみ）

劇作家・演出家。静岡県出身。武蔵野音楽大学卒。1989 〜 2001年劇団四季技術・演出部。2003年文化庁舞台芸術創作奨励賞佳作、2006年日本劇作家協会新人戯曲賞、2014年文化庁芸術祭優秀賞。川辺川ダム、南京事件、大逆事件等を題材に創作活動を行う。日本劇作家協会会員。

堀切和雅（ほりきり・かずまさ）

編集者・劇作家・エッセイスト。早稲田大学政治経済学部政治学科卒。1984年、劇団「月夜果実店」を結成。著書に『三〇代が読んだ「わだつみ」』（築地書館）、『娘よ、ゆっくり大きくなりなさい』（集英社）、『なぜ友は死に、俺は生きたのか』（新潮社）など。

演劇《えんげき》に何《なに》ができるのか？

発行日　2017年9月10日　初版第1刷

著　者　妹尾伸子、嶽本あゆ美、堀切和雅

発行人　茂山和也
発行所　株式会社アルファベータブックス
〒102-0072 東京都千代田区飯田橋2-14-5 定谷ビル
Tel 03-3239-1850　Fax 03-3239-1851
website http://ab-books.hondana.jp/
e-mail alpha-beta@ab-books.co.jp
印　刷　株式会社エーヴィスシステムズ
製　本　株式会社難波製本

ブックデザイン　春日友美
編　集　堀切和雅・春日俊一
カバー・本扉・章扉イラスト　石川 泰

ISBN 978-4-86598-036-3　C0074

アルファベータブックスの本

【改訂新版】演劇は仕事になるのか？

ISBN978-4-86598-021-9 C0074（16・10）

演劇の経済的側面とその未来

米屋尚子 著

演劇で食っていこうじゃないか、はたして食えるのか？…演劇・劇団をとりまく経済的側面とその未来について、経済的側面に焦点を当て、演劇と社会の関係を見直しつつ、演劇の成立のさせ方を考え直す。待望の改訂新版が、データ類を刷新、さらに劇場法成立を踏まえて５、６章を大幅改訂して新たに刊行!!

A5判並製　定価2500円＋税

武智鉄二 歌舞伎素人講釈

ISBN978-4-86598-037-0 C0074（17・07）

武智鉄二 著　山本吉之助 監

四代目坂田藤十郎や五代目中村富十郎などの大物を育て、伝統芸術の評論家・演出家であり「武智歌舞伎」で歌舞伎界の革新に挑んだ武智鉄二の晩年に書かれた貴重な歌舞伎論。　全て『定本武智歌舞伎』(全集・三一書房刊)未収録!!　「武智と古典」に焦点を絞り、彼の多彩な活動の原点にあるものは何かに迫る。

四六判上製　定価2700円＋税

実相寺昭雄 才気の伽藍

ISBN978-4-86598-024-0 C0374（16・12）

鬼才映画監督の生涯と作品

樋口尚文 著

『ウルトラマン』『帝都物語』『オーケストラがやってきた』…テレビ映画、映画、クラッシック音楽などさまざまな分野で多彩な活動を展開した実相寺昭雄。実相寺と交流のあった気鋭の評論家が、作品を論じつつ、その生涯と作品を、寺院の伽藍に見立てて描く。初めて公開される日記、絵コンテ、スナップなど秘蔵図版多数収録。

A5判上製　定価2500円＋税

昭和演歌の歴史

ISBN978-4-86598-023-3 C0073（16・11）

その群像と時代

菊池清麿 著

添田啞蟬坊、鳥取春陽、阿部武雄、大村能章、船村徹、遠藤実……そして、昭和三〇年代から四〇年代にかけて、美空ひばりを頂点にした昭和演歌の隆盛の時代を迎えるまでの、その群像と時代、昭和演歌の歴史を綴る。明治・大正・昭和の日本演歌史年譜(主要ヒット曲一覧入り)付!!

A5判並製　定価3800円＋税

ゴジラ映画音楽ヒストリア

ISBN978-4-86598-019-6 C0074（16・08）

1954 − 2016

小林 淳 著

伊福部昭、佐藤勝、宮内國郎、眞鍋理一郎、小六禮次郎、すぎやまこういち、服部隆之、大島ミチル、大谷幸、キース・エマーソン、鷺巣詩郎……11人の作曲家たちの、ゴジラとの格闘の歴史。音楽に着目したゴジラ映画通史。

四六判並製　定価2500円＋税